Glück für Dummies – Schummelseite

Sind Sie glücklich?

Das hängt davon ab, auf wie viele der folgenden Fragen Sie mit »Ja« antworten:

- ✔ **Fühlen Sie sich im Alltag sicher?** Wenn Sie sich unsicher fühlen, können Sie sich nur darauf konzentrieren – Sie haben weder Zeit noch Raum zum Glücklichsein.
- ✔ **Haben Sie das Gefühl, genug von dem zu haben, was Sie brauchen, um glücklich macht?** Genug von dem zu haben, was Sie *brauchen*, ist nicht dasselbe wie genug von dem zu haben, was Sie *wollen*. Sicher, Sie hätten vielleicht liebend gerne ein neues Auto, aber haben Sie nicht eins, das Sie von A nach B bringt? Wenn ja, dann haben Sie, was Sie brauchen.
- ✔ **Gibt es Momente, in denen Sie das Leben als Ganzes betrachten statt die Ereignisse des Tages?** Man nennt so etwas »Bestandsaufnahme«. Eine solche Bestandsaufnahme hilft Ihnen, Ihr Leben insgesamt in Betracht zu ziehen statt nur den Teil, den Sie heute vor sich haben. Es könnte ja sein, dass Sie nur einen schlechten Tag in einer ansonsten positiven Woche haben.
- ✔ **Finden Sie häufig einen ruhigen Ort, an dem Sie sich einen Moment lang besinnen können?** Eine Zuflucht ist eine feine Sache. Leider haben die meisten Menschen in unserer hektischen, schnelllebigen Zeit viel zu wenig Zufluchtsorte. Ab und zu ein ruhiger Moment kann viel dazu beitragen, wie Sie sich den Tag über fühlen.
- ✔ **Sind Sie mit Ihrer finanziellen Situation, Ihren Beziehungen und Ihrer Karriere zufrieden**? Zufrieden sein bedeutet nicht notwendigerweise auch, dass Sie im Geld schwimmen, eine perfekte Ehe führen und eine atemberaubende Karriere hinlegen. Es heißt nur, dass im Moment alles in Ordnung ist.
- ✔ **Blicken Sie mit Optimismus auf Ihr Leben**? Sieht die Zukunft von dort, wo Sie gerade stehen, rosig aus? Sehen Sie mehr gute Zeiten als schlechte Zeiten auf sich zukommen? Sind Sie hoffnungsvoll für die Zukunft? Wenn ja, dann können Sie in froher Erwartung weiter voranschreiten.
- ✔ **Sind Sie dankbar dafür, wie sich Ihr Leben entwickelt**? Dankbar sein kann eine so einfache Form annehmen wie morgens aufzustehen und »Danke« zu sagen für die Herausforderungen, Verheißungen und Möglichkeiten, die sich Ihnen an diesem Tag bieten.
- ✔ **Erleben Sie häufig einen Zustand innerer Ruhe**? Können Sie sich denken hören, ohne dass die lärmende Außenwelt zu Ihnen vordringt? Können Sie die Kraft der Stille spüren? *Vergessen Sie nicht:* Ein ruhiger Geist sorgt auch für einen ruhigen Körper.
- ✔ **Würden Sie Ihre Gesundheit und Ihr Wohlbefinden als überdurchschnittlich einschätzen**? Sie müssen ja nicht ganz oben in der Skala (bei 10) landen – alles oberhalb von 6 bedeutet, dass Sie gut im Rennen liegen. Wenn Sie sich mit anderen vergleichen, sollten Sie darauf achten, dass der Vergleich nicht hinkt. Als Sechzigjähriger wird man seine Gesundheit nicht als überdurchschnittlich bewerten, wenn man sich daran orientiert, wie man sich mit zwanzig gefühlt hat.
- ✔ **Empfinden Sie häufig Zufriedenheit**? Zufrieden sein bedeutet, dass man sich mit seinem jetzigen Leben wohlfühlt und nicht den brennenden Wunsch nach Veränderungen hat. Das Leben ist sch[illegible] und Sie wollen es geni[illegible]

Glück für Dummies – Schummelseite

Was Glück nicht ist

Wenn es Ihnen wie den meisten Menschen geht, sind Sie sich nicht so ganz sicher, was Glück ist. Ich kann Ihnen sagen, was es *nicht* ist:

- ✔ **Glück hat nichts mit Reichtum zu tun.** Mit Geld kann man sich Komfort, Unterstützung und Handlungsfreiheit kaufen, aber es macht nicht glücklich.
- ✔ **Glück hat nichts mit Macht zu tun.** Bei der Macht geht es darum, anderen Menschen seinen Willen aufzuzwingen. Glück entsteht dadurch, dass man mit anderen so zusammenarbeitet, dass alle zufrieden sind.
- ✔ **Glück hat nichts mit Erfolg zu tun.** Einige der erfolgreichsten Menschen, die ich kenne, sind unglücklich – und umgekehrt. Einzige Ausnahme sind Menschen, die sich vornehmen, erfolgreich glücklich zu werden.
- ✔ **Glück hat nichts mit Aufregung zu tun.** Wenn ich eine Treppe runterfalle, regt mich das ganz schön auf – aber glücklich bin ich nicht darüber. Leider erzeugt Aufregung oft eine Illusion des Glücks – und diese Illusion hält nicht lange an.
- ✔ **Glück ist keine lebensverändernde Erfahrung.** Glück ist eine Sache des Augenblicks – es kommt und geht –, aber es verändert nicht Ihr Leben in signifikanter Weise. Genießen Sie das Glück, solange es da ist!
- ✔ **Glück ist nicht immer leicht zu erreichen.** Die meisten Menschen müssen daran arbeiten, glücklich zu werden. Das ist genau das, worum es in diesem Buch geht.

Wie Sie ein glücklicher Mitarbeiter werden

Wenn Sie es leid sind, am Arbeitsplatz unglücklich zu sein, können Sie einiges dafür tun, dieses Problem zu lösen:

- ✔ **Sagen Sie immer »Bitte« und »Danke« zu Ihren Kollegen.** Je besser Sie andere behandeln, desto bereitwilliger wird man Ihnen helfen, Ihre Arbeit zu bewältigen.
- ✔ **Setzen Sie gesunde Grenzen.** Vermischen Sie nicht private und berufliche Beziehungen – Intimität sollten Sie in jedem Fall in anderen Lebensbereichen suchen.
- ✔ **Meiden Sie toxische Kollegen.** Dazu gehören Schwarzseher, notorische Beschwerdeführer und Spielverderber, die allen anderen das Leben vergällen wollen. Je mehr Sie mit solchen Menschen zu tun haben, desto unglücklicher werden Sie sich fühlen.
- ✔ **Suchen Sie nach Win-win-Lösungen.** Tatsache ist: Mitarbeiter, die Nullsummenspiele spielen, verschwenden viel produktive Energie und zeigen schließlich kontraproduktives Arbeitsverhalten. Was spricht gegen Kompromisse, Anpassung oder Zusammenarbeit? Glauben Sie mir, alles wird viel besser ineinandergreifen.
- ✔ **Nutzen Sie Ihren Ärger konstruktiv.** Wenn Ärger zu Verbesserungen der Beziehungen zwischen Ihnen und Ihren Kollegen und zu einer besseren Zusammenarbeit führt, dann ist er konstruktiv. Wenn er nur dazu führt, dass jemand verletzt wird, ist er es nicht.

Glück für Dummies

W. Doyle Gentry

Glück für Dummies

Übersetzung aus dem Amerikanischen von Hartmut Strahl

WILEY-VCH

WILEY-VCH Verlag GmbH & Co. KGaA

Bibliografische Information der Deutschen Nationalbibliothek
Die Deutsche Nationalbibliothek verzeichnet diese Publikation in der Deutschen Nationalbibliografie; detaillierte bibliografische Daten sind im Internet über http://dnb.d-nb.de abrufbar.

1. Auflage 2009

Printed in Germany

Gedruckt auf säurefreiem Papier

Korrektur Frauke Wilkens, München
Satz Lieselotte und Conrad Neumann, München
Druck und Bindung CPI – Ebner & Spiegel, Ulm
Cover-Illustration © Stock Connection Distribution/Alamy

Dieses Buch ist ein Teil von »Wohlfühlpaket für Dummies« ISBN 978-3-527-70672-3 und einzeln erhältlich unter der ISBN 978-3-527-70515-3

Über den Autor

W. Doyle Gentry, PhD, ist klinischer Psychologe und lebt in Lynchburg, Virginia. Er ist Mitglied der American Psychological Association und war der erste Herausgeber des *Journal of Behavioral Medicine*. Während seiner vierzigjährigen Karriere als Wissenschaftler und praktizierender Psychologe schrieb er zahlreiche Artikel und acht Bücher. Er gilt als Pionier in den Bereichen Gesundheitspsychologie, Verhaltensmedizin und Ärgermanagement. Er war an den Fakultäten des Duke University Medical Center und des Medical Branch der Universität von Texas in Galveston tätig. Gentry hat in den Vereinigten Staaten, Kanada und Europa zahlreiche Seminare für Laien und Fachleute durchgeführt. Für Unternehmen hat er als Berater in Fragen der Konfliktlösung, der Teambildung und der Gesundheitsförderung gearbeitet. Zahlreiche Magazine beziehen sich regelmäßig auf die Arbeiten von Gentry und auch in Radio und Fernsehen wird er immer wieder befragt. Gentry ist auch Autor von *Nicht ärgern für Dummies* (Wiley-VCH, 2008).

Cartoons im Überblick

von Rich Tennant

»Die beiden sitzen immer so da, wenn sie sich eine Folge von Traumschiff ansehen.«

Seite 29

»Er sollte jetzt wieder in Ordnung sein. Ich habe ihm zweieinhalb Stunden in einem Straftäter-Chat aufgebrummt.«

Seite 77

»Ich habe ihnen Motivations-CDs vorgespielt, bei denen es darum ging, die Welt aus einer anderen Perspektive wahrzunehmen.«

Seite 115

»Das Leben ist schön auf dem T-Shirt – aber ein Gesicht wie sieben Tage Regenwetter!«

Seite 179

Seite 239

»Ich weiß, du warst unglücklich, weil du nicht gewonnen hast. Aber musstest du gleich so weit gehen, den 100.000-Euro-Scheck für den zweiten Platz abzulehnen?«

Seite 285

www.the5thwave.com

E-Mail: rich@the5thwave.com

Inhaltsverzeichnis

Anhang

Einführung

Glück gehört nun einmal zum Leben, ebenso wie Ärger, Trauer und Angst: Welche Mutter erkennt nicht den Ausdruck des Glücks im Gesicht ihres neugeborenen Kindes? Menschen haben ein angeborenes, neurologisch verankertes Glückspotenzial. Ob dieses Potenzial aber in der Wirklichkeit zum Tragen kommt, hängt davon ab, wie wir unser Leben gestalten. Das Glück ist also weder ein Zufall noch eine Gnade Gottes, sondern vielmehr ein Geschenk, das man sich selbst machen kann!

Anders als beim sagenumwobenen Shangri-La, einem mythischen Paradies auf Erden, beschränkt sich das Glück weder auf einen bestimmten Ort noch ist es das Ergebnis bestimmter Aktivitäten oder Lebensumstände. Glück ist ein individueller Zustand körperlichen, spirituellen und emotionalen Wohlbefindens, den Sie überall und jederzeit erleben können. Heute Morgen, zum Beispiel, setzte ich mich, bevor ich mich daranmachte, meine Arbeit an diesem Buch fortzusetzen, ein paar Minuten vor mein Haus und beobachtete meine beiden Bassets, Max und Dixie, wie sie die vielfältigen Gerüche eines neuen sonnigen Herbsttages in Virginia neugierig und ausdauernd in sich hineinsogen.

Wenn es Ihnen ähnlich geht wie mir, dann sind Sie viel zu passiv, wenn es darum geht, Glück zu erleben. Sie warten darauf, dass das Glück zu Ihnen kommt, anstatt sich aktiv darum zu bemühen. Gerade an dieser Passivität liegt es aber, dass uns das Glück so flüchtig erscheint! Finden Sie sich damit ab: Wir leben in einer Zeit, in der es auf Eigeninitiative ankommt. Die Menschen überall auf der Welt *warten* nicht auf ihre Freiheit – sie kämpfen dafür. Reichtum wird nicht mehr nur als etwas wahrgenommen, was man erbt (auch wenn Paris Hilton das so sehen mag) – man kann ihn sich *erarbeiten*. Wir Menschen leben immer länger. Warum? Weil wir die Erfahrung gemacht haben, dass wir unsere Lebensqualität verbessern können, wenn wir im Alltag die richtigen Entscheidungen treffen. *Glück für Dummies* sagt Ihnen, was Sie tun müssen, um dem Ziel eines langen, glücklichen Lebens jeden Tag näher zu kommen. Lesen Sie weiter und werden Sie Ihres eigenen Glückes Schmied!

Über dieses Buch

Woran erkennen Sie, dass Sie glücklich sind? Sind Sie so glücklich wie die meisten Menschen? Wenn Sie sich um Geld keine Sorgen machen müssen und beruflich erfolgreich sind, sollten Sie dann nicht auch glücklich sein? Was hat Glück mit Gesundheit zu tun? Gibt es so etwas wie ewiges Glück? Können Sie sich wirklich selbst glücklich machen, indem Sie ein Lächeln aufsetzen? Wenn Persönlichkeiten vom Typ B weniger Freude an materiellem Wohlstand haben als solche vom Typ B, warum sind die Typ-B-Persönlichkeiten dann so viel glücklicher? Das sind nur einige wenige wichtige Fragen, die *Glück für Dummies* beantwortet.

Während ich dieses Buch geschrieben habe, hatte ich fünf Ziele vor Augen:

- ✔ **Ich wollte zeigen, dass Glück nicht nur ein einfaches Gefühl ist – es ist vielmehr eine äußerst komplexe Erfahrung, die aus dem Gefühl der Sicherheit, Zufriedenheit und**

Dankbarkeit entsteht. Wenn Sie die wichtigsten Bestandteile des Glücks kennen, können Sie Ihr eigenes Glücksrezept zusammenstellen.

✔ **Ich wollte Ihnen erzählen, was das Glück nicht ist – es ist weder Macht noch Geld, Erfolg oder Erregung.** Glück ist so viel mehr als das!

✔ **Ich wollte Ihnen vermitteln, wie Sie die persönlichen Eigenschaften entwickeln können, die Ihre Glückfähigkeit maximieren – Optimismus, Robustheit und Gewissenhaftigkeit.** Das sind keine genetisch fixierten Eigenschaften, die man von Geburt an hat oder nicht, sondern erlernbare Persönlichkeitsmerkmale, die Sie auch mithilfe dieses Buches »nachrüsten« können, wenn Sie noch nicht darüber verfügen sollten.

✔ **Ich wollte Ihnen umsetzbare Strategien anbieten, wie Sie Ihr Glück finden können.** Mit anderen Worten: Ich wollte Ihnen zeigen, wie Sie sich dem Fluss des Alltags überlassen, wie Sie scheinbar rabenschwarzen Situationen auch noch etwas Positives abgewinnen, wie Sie ein stabiles Selbstbewusstsein entwickeln und wie Sie es schaffen können, aus den richtigen Gründen zu lächeln. Dieses Buch gibt Ihnen dafür das richtige Werkzeug an die Hand!

✔ **Ich wollte herausstellen, wie wichtig das richtige Gleichgewicht zwischen den gegensätzlichen Kräften ist, die unser Leben bestimmen, etwa zwischen Arbeit und Spiel oder zwischen Egoismus und Großzügigkeit.** Das Glück findet man nie an den Extremen des Lebens, es ist immer in der Mitte.

Glück für Dummies ist keines dieser Zwölf-Schritte-Bücher, in denen Sie zuerst den ersten Schritt gelesen haben müssen, bevor Sie den zweiten Schritt angehen können. Es ist eine Art Handbuch, in das ich alles hineingepackt habe, was ich in vier Jahrzehnten Berufserfahrung als forschender und praktizierender Psychologe und nach mehr als sechs Jahrzehnten Lebenserfahrung als Mensch darüber gelernt habe, wie man glücklich werden kann.

Es kam mir darauf an, dass *Glück für Dummies* greifbare Inhalte statt schöne Luftschlösser bietet. Dieses Buch soll ganz normalen Menschen zeigen, wie sie nach Glück streben und es auch erreichen können. Es ist gewissermaßen eine Wanderkarte, die Sie zum begehrtesten Ziel des Lebens führt – zum Glück. Durch den Erwerb dieses Buches bringen Sie zum Ausdruck, dass Sie dieses Ziel erreichen wollen – *Glück für Dummies* zeigt Ihnen, wie Sie das schaffen!

Konventionen in diesem Buch

Glück für Dummies ist kein Buch über die Wissenschaft des Glücks. Auch wenn die hier vorgestellten Prinzipien teilweise auf wissenschaftlichen Erkenntnissen gründen, habe ich mich jeglicher Fachtermini enthalten und stattdessen Begriffe und Vorstellungen gewählt, die man auch ohne abgeschlossenes Psychologiestudium verstehen kann. Im Vordergrund werden nicht Tabellen und Grafiken stehen, sondern glückliche Menschen. Die Menschen, von denen ich Ihnen erzählen werde, existieren nicht genau so, sondern setzen sich aus Freunden, Verwandten und Klienten zusammen, die ich über die Jahre kennengelernt habe und von denen ich glücklicherweise lernen durfte. Die Zitate und Dialoge, die im Zusammenhang mit diesen Menschen vorkommen, stützen sich ausschließlich auf meine Erinnerungen an die Gespräche mit ihnen.

Und hier und da finden Sie auch einige persönliche Erinnerungen an meine denkwürdigsten Glücksmomente – als Autor hat man nun mal die Aufgabe und das besondere Vergnügen, seine Erfahrungen mit anderen Menschen zu teilen!

Sie müssen sich nicht mit Psychologie auskennen, um von *Glück für Dummies* profitieren zu können. Ich stütze mich allerdings auf ein paar Konventionen, die ich Ihnen hiermit präsentiere:

- ✔ Wenn ich einen neuen Begriff einführe, ist das betreffende Wort *kursiv*. Die jeweilige Definition folgt dann umgehend.
- ✔ Wenn ich mehrere Schritte aufzähle, die Sie nachvollziehen sollen, erscheint der Handlungsteil der Anweisung **fett** gedruckt, damit Sie mir leichter folgen können.
- ✔ E-Mail-Adressen und Webadressen erkennen Sie an `dieser Schrift`.

Sollte es beim Druck dieses Buches vorkommen, dass Webadressen in die nächste Zeile umbrochen werden, folgen wir der Regel, in diesem Fall keinen Trennstrich einzufügen. Wenn Sie also eine Webadresse verwenden, geben Sie nur das in die Adresszeile Ihres Browsers ein, was Sie in diesem Buch abgedruckt sehen, und ignorieren Sie den Zeilenumbruch einfach.

Was Sie nicht lesen müssen

Es ist also gar nicht schlimm, wenn Sie nicht von Anfang bis Ende jedes einzelne Wort dieses Buches lesen. Sie müssen sich auch nicht alles merken. Wenn etwas einen wunden Punkt bei Ihnen berührt, werden Sie sich in jedem Fall daran erinnern!

Sie werden hin und wieder auf Kästen stoßen – grau unterlegte Textpassagen. Diese Kästen machen mich glücklich! Sie sind zwar für den wesentlichen Teil der Botschaft dieses Buches nicht unbedingt nötig, aber sie berichten von Dingen, die Sie vielleicht interessieren werden. Betrachten Sie sie als Beilagen zum Hauptgericht. Wenn Sie, was das Streben nach Glück betrifft, besonders informationshungrig sind, dann sollten Sie zugreifen. Andernfalls lassen Sie sie einfach links liegen und stillen Ihren Appetit auch so.

Überspringen können Sie in jedem Fall auch die Abschnitte, die mit dem Symbol für technische Aspekte gekennzeichnet sind (siehe den Abschnitt »Symbole, die in diesem Buch verwendet werden« weiter hinten in diesem Kapitel).

Törichte Annahmen über den Leser

Als ich dieses Buch schrieb, hatte ich bereits eine gewisse Vorstellung von Ihnen, liebe Leser:

- ✔ **Sie wollen glücklich sein, aber bislang haben Sie das Glück nicht so recht zu fassen bekommen.** Sie haben nach diesem Buch gegriffen, weil Sie es bisher nicht geschafft haben, aus eigenem Antrieb glücklich zu werden, und nicht etwa, weil Sie erst überzeugt werden wollen, dass Glück eine gute Sache ist. Sie wissen, dass es irgendwo da draußen ist, aber Sie wissen nicht, wie Sie es finden können.

- ✔ **Sie sind offen dafür, bessere Möglichkeiten zu entdecken, Ihr Glück zu finden.** Die meisten Menschen erwerben Bücher nicht, um ihre eigenen Vorstellungen vom Leben darin bestätigt zu finden oder sich von anderen Menschen von Erfahrungen berichten zu lassen, die sie bereits selbst gemacht haben. Sie suchen nach etwas Neuem, etwas anderem, nach etwas, das ihnen den Weg zeigt und sie inspiriert – sie wollen nicht nur überleben, sondern das Leben in vollen Zügen genießen.
- ✔ **Sie sehen sich als Teil der »Macher«-Generation und wollen, was das wahre Glück anbelangt, mitspielen, anstatt nur zuzuschauen.** Diese Grundhaltung verweist auf ein wesentliches Persönlichkeitsmerkmal, das eine der Voraussetzungen zum Glücklichsein ist: Robustheit. Vielleicht sind Sie dem Glück ja schon näher, als Sie bisher gedacht haben!

Wie dieses Buch aufgebaut ist

Glück für Dummies ist in sechs Teile und 24 Kapitel aufgeteilt. Hier ist eine grobe Inhaltsübersicht.

Teil I: Glück – was ist das?

In den ersten vier Kapitel geht es um die Grundlagen: Glück als universales Gefühl, die Vorteile positiver Gefühle für die Gesundheit, die wichtigsten Zutaten für das Glück und die Frage, was Glück nicht ist. (Es ist wichtig zu wissen, was Glück *nicht* ist, denn sehr viele Menschen verbringen den größten Teil ihres Lebens damit, das Glück am falschen Ort zu suchen.) Ich zeige Ihnen, wie Sie Ihren GQ – Ihren Glücksquotienten – berechnen, und helfe Ihnen, sich mit anderen Menschen zu vergleichen, damit Sie wissen, ob Sie anderen voraus sind oder hinterherhinken. Außerdem erkläre ich Ihnen, inwiefern das Glück einfach eine Rückmeldung Ihres Nervensystems ist, die Ihnen sagt, ob Sie das für Sie richtige Leben führen – und ich erläutere natürlich auch, was *richtig* in Bezug auf Glücklichsein bedeutet.

Teil II: Persönliche Eigenschaften, die zum Glück führen

In diesem Teil stelle ich Ihnen Konzepte – in diesem Fall sind das persönliche Eigenschaften – aus dem Bereich der positiven Psychologie vor, die in hohem Maße Einfluss darauf haben, inwieweit Sie Glück erleben können. Nicht jeder lernt bereits früh im Leben (wenn überhaupt), optimistisch, robust und gewissenhaft zu sein. Ich werde Ihnen also in den drei Kapiteln dieses Teils erläutern, wie Sie diese Eigenschaften entwickeln und sich so auf dem Weg zum Glück eine bessere Ausgangsposition erarbeiten können. Das ist gar nicht so schwer – vertrauen Sie mir.

Teil III: Den Weg Richtung Glück einschlagen

Die Kapitel 8 bis 12 bringen Ihnen besondere Verhaltensweisen näher – immer in allem das Gute zu sehen versuchen, sich einer höheren Macht anvertrauen, sich täglich die positiven Aspekte des eigenen Leben bewusst machen –, die Ihr Glückspotenzial erhöhen. In Kapitel 12 steht die Macht des Lächelns im Vordergrund. Sie erfahren hier aber auch, welche Arten zu lächeln Ihnen *kein* Glück bringen werden. Dem Ganzen liegt die Maxime zugrunde, dass Glück kein bloßer Zufall ist – man muss auch etwas dafür tun!

Teil IV: Das richtige Gleichgewicht finden

Wenn es Ihnen so geht wie mir, ist Ihr Alltag durch Unausgewogenheit gekennzeichnet. So leid es mir auch tut, Sie fallen von einem Extrem ins andere – Sie arbeiten zu viel und haben zu wenig Muße, Sie haben zu viel Ärger um die Ohren und nicht genug von den vielen kleinen Dingen im Leben, die Spaß machen, und Sie sind entweder zu egoistisch oder zu selbstlos. Habe ich recht? Dieser Teil des Buches soll Ihnen helfen, in den wichtigen Bereichen Ihres Lebens das richtige Gleichgewicht zu finden.

Teil V: Glück in wichtigen Beziehungen

Die meisten Menschen teilen ihren Alltag in drei wesentliche Handlungsfelder ein: den Arbeitsplatz, das Zuhause und intime Beziehungen. Die drei Kapitel dieses Teils bieten für diese Bereiche Strategien an, mit denen Sie glücklicher werden können. In Beziehungen beruht das Glück auf Gegenseitigkeit – oder wie das alte Sprichwort sagt: »Wie man in den Wald hineinruft, so schallt es heraus.« Ich zeige Ihnen unter anderem, wie Sie den Positivitätsquotienten für Ihren Arbeitsplatz berechnen, der darüber entscheidet, ob die Belegschaft aufblüht oder verkümmert. Ich kläre Sie darüber auf, welche Erziehungsstile ein glückliches Familienleben fördern, und ich zeige, dass das Eheglück in Wahrheit ein dreibeiniger Stuhl ist.

Teil VI: Der Top-Ten-Teil

Wenn Sie schnell mal nachschlagen wollen, wie man ein glückliches Kind großzieht, oder wenn Sie die zehn häufigsten Hindernisse, die Ihrem Glück im Wege stehen, auf einen Blick sehen möchten; wenn Sie darüber hinaus auch noch eine einprägsame Checkliste mit den persönlichen Eigenschaften oder Gedanken suchen, die ein glückliches Leben fördern, dann sind Sie hier genau richtig.

Symbole, die in diesem Buch verwendet werden

Mit Symbolen meine ich die kleinen Bildchen, die Sie in diesem Buch hin und wieder neben Textpassagen finden und die Ihre Aufmerksamkeit auf bestimmte Informationen lenken sollen:

Dieses Symbol weist auf praktische Strategien hin, die Ihnen helfen können, glücklich zu werden.

Dieses Symbol weist auf wichtige Ideen und Begriffe hin, die Sie sich vielleicht merken möchten und auf die Sie zurückgreifen können, wenn Sie *Glück für Dummies* gerade mal nicht zur Hand haben.

Ab und zu werden Wissenschaftler ein wenig geschwätzig. Wenn mir das passiert, markiere ich die entsprechenden Passagen mit diesem Symbol. Sie können diese Abschnitte lesen, wenn Sie möchten, aber die darin enthaltenen Informationen sind für das Verständnis der Sache an sich nicht unbedingt erforderlich.

Dieses Symbol taucht immer dann auf, wenn ich der Ansicht bin, dass in einem Punkt Vorsicht geboten ist oder Sie möglicherweise professionelle Hilfe in Anspruch nehmen sollten.

Eine wichtige Anmerkung

Wenn Sie nach der Lektüre von *Glück für Dummies* und einigen Versuchen mit darin beschriebenen Verhaltensstrategien nach wie vor Probleme damit haben, Ihr Glück zu finden, sollten Sie vielleicht das Gespräch mit einem professionellen Berater suchen, etwa einem Psychologen oder Psychiater. Sagen Sie ihm, dass Sie *Glück für Dummies* gelesen haben, und schlagen Sie vor, dass er es ebenfalls liest. So können Sie erreichen, dass Sie beide auf dem gleichen Stand sind, und darüber hinaus dokumentieren, dass Sie Ihre Hausaufgaben gemacht und versucht haben, ein glücklicherer Mensch zu werden.

Ich halte es nicht für angebracht zu versuchen, dem Glück mit Medikamenten auf die Sprünge helfen. Es gibt keine Pille, die einen Zustand andauernden Glücks herbeiführen kann. Man kann mit Medikamenten lediglich das eine oder andere Hindernis in Angriff nehmen, das sich dem Glück in den Weg stellt – ich denke da beispielsweise an Depressionen.

Sollte bei Ihnen eine klinische Depression diagnostiziert worden sein, sind Sie es sich selbst schuldig, Hilfe in Anspruch zu nehmen. Wenn Sie mehr über Depressionen erfahren wollen, kann ich Ihnen das Buch *Depressionen für Dummies* von Laura L. Smith und Charles H. Elliott empfehlen, das ebenfalls im Verlag Wiley-VCH erschienen ist.

Wie es weitergeht

Sie müssen nicht mit Kapitel 1 anfangen und sich dann Seite für Seite bis zum Schluss vorarbeiten. Jeder Teil und jedes Kapitel dieses Buches kann auch für sich allein als Beitrag zum Thema Glück gelesen werden. Ich bin beim Schreiben auch thematisch hin und her gesprungen und habe die Kapitel nicht in einer bestimmten Reihenfolge verfasst. Wenn ich eines abgeschlossen hatte, warf ich einen Blick auf das Inhaltsverzeichnis, überlegte, was mich als Nächstes interessierte, und machte dann damit weiter. Sie können das beim Lesen auch so machen – entscheiden Sie, was Sie interessiert, und schon sind Sie mittendrin.

Vielleicht interessieren Sie sich besonders für die Kapitel, in denen es um das Glück in wichtigen Beziehungen geht – am Arbeitsplatz, zu Hause und mit geliebten Menschen (siehe Teil V). Oder Sie möchten einen kurzen Blick auf die zehn häufigsten Hindernisse werfen, die dem Glück entgegenstehen (siehe Kapitel 22). Sie haben die Wahl. Letzten Endes ist es ganz egal, wo Sie anfangen – wichtig ist, was am Ende daraus wird. Ich hoffe, ein glücklicherer Mensch!

Teil I

Glück – was ist das?

»Die beiden sitzen immer so da, wenn sie sich eine Folge von Traumschiff ansehen.«

In diesem Teil ...

werde ich mich mit dem Glück als universalem Gefühl beschäftigen und werde versuchen, Ihnen zu vermitteln, welch komplexes Erlebnis echtes Glück ist. Ich erkläre Ihnen, warum es so etwas wie anhaltendes oder gar ewiges Glück nicht geben kann und warum es so wichtig ist, die besonderen Glücksmomente zu genießen. Sie werden erfahren, wie man Glück messen und in seine verschiedenen Bestandteile – Freude, Dankbarkeit, Zufriedenheit – zerlegen kann, damit Sie wissen, wie nahe Sie Ihrem Ziel schon sind, ein glücklicher Mensch zu werden. Ich werde Ihnen aber auch erzählen, wo Sie nicht nach Ihrem Glück suchen sollten. Denn wenn es Ihnen im Leben nur um Macht, Status, Reichtum und Erfolg geht, können Sie nur unglücklich werden! Und schließlich kläre ich Sie darüber auf, was Ihr Nervensystem Ihnen mitteilt, wenn Sie einen Glücksmoment erleben – die Antworten auf vier entscheidende Fragen, von denen Ihre Lebensqualität abhängt.

Glücklich sein kann jeder

1

In diesem Kapitel

- Überall Glück erleben
- Glückliche Menschen treffen
- Den Glücksquotienten berechnen
- Von positiven Gefühlen profitieren

Was haben Kinder in einem israelischen Kibbuz, Studenten der Freien Universität Berlin und Mitglieder eines zivilisationsfernen Stammes auf Borneo gemeinsam? Nicht ihre Sprache oder ihre Bräuche. Aber ihre angeborene Fähigkeit, Glück zu erleben. Es gibt keine einzige Gruppe Menschen auf unserem Planeten, die nicht zu Freude, zu Befriedigung, zu innerem Frieden und zu Wohlbefinden fähig wäre.

Anders als seine Gegenstücke – Ärger, Trauer und Angst – ist das Glück ein positives Gefühl. Das Glück ist der Leim, der uns alle zusammenhält. Es ist die Grundlage jeglichen zivilisierten Verhaltens. Glückliche Mitarbeiter sind produktiver. Glückliche Paare haben mehr Spaß am Sex. Glückliche Kinder sind gute Schüler. So wie verärgerte Menschen abstoßen, wirken glückliche Menschen anziehend. Glückliche Menschen erhalten mehr Unterstützung von anderen und haben mehr zwischenmenschliche Kontakte. Das Glück ist ein Gegengewicht zu den Belastungen des Alltags und kann bei Kranken und Schwachen heilende Kräfte entwickeln.

In diesem Kapitel möchte ich Ihnen die vielen Vorteile aufzählen, die positive Gefühle mit sich bringen, und Ihnen zeigen, wie glücklich Sie in Ihrem Leben sind. Ich führe Ihnen vor, dass es, ungeachtet der jeweiligen sozialen und wirtschaftlichen Situation, immer möglich ist, glücklich zu sein. Und ich stelle Ihnen vier Menschen vor, deren Geschichten einige wichtige Zutaten verdeutlichen, die man braucht, um glücklich werden zu können.

Glück: Das universale Gefühl

Glück ist überall – in allen Ländern, Kulturen, großen Städten, im Dschungel und in Schluchten ebenso wie in den Wohnblocks der Welt, kurz, überall, wo Menschen leben. Deshalb wird Glück – neben Ärger, Neugier, Angst, Abscheu und Trauer – auch als universales Gefühl eingestuft.

Der Psychologe Paul Ekman, emeritierter Professor an der Medical School der University of California in San Francisco, hat während seiner vierzigjährigen Karriere die ganze Welt bereist und ist überall den gleichen lachenden Gesichtern begegnet. Seine Forschungen ebneten den Weg für die Erkenntnis, dass Gefühle keine erlernten Verhaltensweisen sind – sie sind uns angeboren. Wir *können* jedoch lernen, die verschiedenen Wege zum Glück zu beschreiten.

Suchen Sie sich einen ruhigen Ort – Ihr Lieblingscafé, eine Parkbank, eine Einkaufspassage – und beobachten Sie wie Dr. Ekman die Gesichter der Menschen um Sie herum. Zählen Sie etwa eine halbe Stunde lang alle lächelnden Gesichter. Sie werden unter Umständen herausfinden, dass es mehr Glück auf der Welt gibt, als Sie dachten.

Glück aus individueller Sicht

Andere Menschen sind die besten Lehrer, egal was Sie zu lernen versuchen. Wenn Sie also wissen möchten, wie man glücklich ist, sollten Sie ruhig Menschen fragen, die einen glücklicheren Eindruck auf Sie machen als andere.

Ich habe mit vier Menschen gesprochen, deren Geschichten nicht nur interessant, sondern auch lehrreich sind. Lesen Sie, was sie mir zu sagen hatten:

- ✔ **Diana** ist 64 Jahre alt und Großmutter von acht Enkeln. Die umtriebige Maklerin ist eine sehr erfolgreiche Frau, verfügt über ein äußerst ansteckendes Lachen und sieht viel jünger aus, als ihr Alter vermuten ließe. Sie hatte bisher, wie sie selbst sagt, »ein glückliches Leben«. Die einzige größere Belastung ist momentan die Pflege eines Elternteils. Sie geht regelmäßig in die Kirche, wie sie es die meiste Zeit ihres Lebens getan hat. Auf einer Glücksskala von 1 bis 10 sieht sich Diana »mindestens bei 9«, eine Einschätzung, die ihrer Meinung nach die Menschen teilen, die sie kennen. Auf meine Frage nach dem Geheimnis ihres Glücks antwortet Diana:

  Da muss ich nicht lange überlegen. Ich hatte glückliche Eltern. Wir hatten nicht viel Geld, aber sie vermittelten mir immer das Gefühl, etwas Besonderes und ein wichtiger Teil ihres Lebens zu sein. Sie standen allem, was ich während meiner Kindheit tun wollte, immer sehr positiv gegenüber. Am wichtigsten aber war, dass sie mir klarmachten, dass ich selbst entscheiden könne, wie ich das Leben betrachte – wenn man das Positive sucht, findet man es auch. Dasselbe gilt natürlich auch, wenn man das Negative sucht.

  Die positive Lebenseinstellung, die sie von ihren Eltern gelernt hatte, kam Diana später im Geschäftsleben zugute. »In der Immobilienbranche«, verriet sie mir, »ist es immer gut, wenn man den Blick auf das Positive richtet, besonders im Umgang mit schwierigen Kunden. Probleme lassen sich dann leichter lösen.«

- ✔ **Leonard** ist 74 Jahre alt und Witwer. Er hat eine erwachsene Tochter und zwei Enkel, die ihm viel Freude machen. Leonard blickt auf eine lange und erfolgreiche Karriere als Börsenmakler zurück. Noch heute arbeitet er ehrenamtlich für verschiedene kommunale Büros. Er ist überzeugt, dass es wichtig ist, der Gemeinschaft etwas zurückzugeben, wenn man sein Leben lang auf der glücklichen Seite gestanden hat. Auch Leonard besucht regelmäßig die Kirche.

  Als ich mit Leonard sprach, gab es keine nennenswerten belastenden Situationen in seinem Leben. Die Jahre davor waren allerdings von Schicksalsschlägen geprägt. Vier seiner Geschwister starben, seine Eltern und seine Frau, alle nach schwerer und langer Krankheit. Trotzdem sieht sich Leonard auf der Glücksskala von 1 bis 10 ganz klar bei der 10. Er glaubt, dass es wichtig ist, immer nach Gelegenheiten zu suchen, sein Glück beim Schopf zu packen und unermüdlich auf dieses Ziel hinzuarbeiten. Sein Motto ist: »Nur *du* kannst es erreichen!«

Wie Diana sieht Leonard jünger aus, als er ist. Er meint: »Ich runzle nicht die Stirn und habe kaum Falten, deshalb halten mich die meisten Menschen für jünger!« Er ist auch überzeugt davon, dass er einen Großteil seines Glücks der Tatsache verdankt, dass er nur selten mit Krankheiten zu tun hatte. Leonard glaubt, dass es die Fähigkeit, Glück zu erleben, seiner Mutter zu verdanken hat, die ihm von klein auf die Devise »Denke jeden Abend, wenn du ins Bett gehst, an etwas Gutes, das du tagsüber getan hast« mit auf den Weg gegeben hat. Genau so beginnt er auch jeden Tag, indem daran denkt, sich mit jemandem zu treffen oder zu unterhalten, der ihm viel bedeutet. Darüber hinaus sagt sich Leonard immer wieder – mal laut, mal innerlich – ganz bewusst: »Das Leben ist schön!«. Das hilft ihm, sich auf das Positive um ihn herum zu konzentrieren. Und schließlich dankt er Menschen, denen er begegnet, ausdrücklich dafür, dass sie »mit ihm lachen«, was sie natürlich auch gerne tun.

✔ **Janine** ist 56 Jahre alt, Mutter von zwei erwachsenen Söhnen und glücklich verheiratet. In letzter Zeit widmet sie sich vermehrt ehrenamtlicher Tätigkeiten, die für sie sowohl Freude als auch Quälerei bedeuten, je nachdem, an welchem Tag man sie danach fragt. Sie geht regelmäßig zum Gottesdienst. Sie strahlt so viel Glück aus, dass man kaum auf die Idee käme, dass sie jahrelang unter einer chronischen Depression litt. Ihre erfolgreiche Bewältigung der Depression ist zum Teil darauf zurückzuführen, dass sie stets versuchte, andere Menschen glücklich zu machen – das Glück der anderen wirkte sich auch auf sie aus und half ihr, die schwierige Zeit zu überstehen.

Was ist ihr Rezept für ein glückliches Leben? Sie erinnert sich: »Meine Mutter lehrte mich, dass es darauf ankommt, was man tut, und so gesehen ist ein Lächeln allemal besser, als die Zähne zu zeigen. Ihre Mutter brachte ihr auch bei, nichts Schlechtes über andere Menschen zu verbreiten, eine Maxime, der Janine auch heute noch folgt. Ihre Mutter, eine unabhängige und großzügige Frau, war ein prägendes Vorbild. Janine fühlt ganz deutlich, dass ihr Glück eine Gabe – gewissermaßen ein Talent – ist, die ihre Mutter an sie weitergegeben hat, an dem sie den Rest der Welt teilhaben lassen muss. Auf der Glücksskala von 1 bis 10 sieht sich Janine bei 9!

✔ **Hermann** ist 60 Jahre alt und noch bei einer Versicherung beschäftigt. Er arbeitet schon seit der Schulzeit in dieser Branche, als er begann, seinen Vater, einen Versicherungsvertreter, zu Kunden zu begleiten. Er ist immer noch mit derselben Frau verheiratet, der er vor Jahrzehnten begegnete und die seiner Meinung nach wesentlich dazu beigetragen hat, dass er konstant glücklich ist – »Sie hat mich schon immer positiv beeinflusst.« Sie hat Hermann auch beigebracht, das Leben lockerer zu nehmen und zu genießen, kurz, das sprichwörtliche Glas immer halb voll zu sehen.

Als Kind litt Hermann an einer Krankheit, die lebenslange Behinderungen mit sich brachte. Er hat die Erfahrung gemacht, dass Humor oft dazu beitragen kann, peinliche Situationen aufzulösen, in die man als behinderter Mensch des Öfteren kommt. Er geht ebenfalls regelmäßig zur Kirche und sieht jünger aus, als er ist. Hermann glaubt, dass Glück für die Gesundheit immens wichtig ist – »In meinem Alter ist es schon etwas Besonderes, wenn man nicht regelmäßig Medikamente einnehmen muss.« Hermanns Medizin ist das Lachen. Er ist bekannt für seine Witze. Einer seiner Freunde hat einmal gesagt: »Man kann einfach keinen Witz erzählen, den Hermann nicht schon erzählt hätte.« Für Hermann ist das Glück ansteckend, und wie es aussieht, tut er sein Bestes, um die Menschen in seiner Umgebung damit zu infizieren.

Jeder dieser Menschen ist einzigartig, aber in ihren Lebensgeschichten finden sich auch Gemeinsamkeiten:

- ✔ Sie führen einen wesentlichen Teil ihres Glücks auf den Einfluss wichtiger Menschen in ihrem Leben (Eltern, Partner) zurück.
- ✔ Sie sind alle davon überzeugt, dass man für sein Glück etwas tun muss – man muss es finden, es kommt nicht von allein.
- ✔ Sie glauben alle, dass man auch dann glücklich sein kann, wenn das Leben nicht immer so läuft, wie man es gerne hätte (beispielsweise wenn man im Alter seine Eltern pflegt, mit Depressionen kämpft, den Tod eines geliebten Menschen betrauert oder selbst schwer krank wird).
- ✔ Sie glauben alle an eine höhere Macht, praktizieren ihre Religion und sehen darin eine Unterstützung ihrer positiven Weltsicht.
- ✔ Sie legen alle Wert darauf, den Tag mit positiven Gedanken zu beginnen und zu beenden, Gedanken, die mit dem Glück in Zusammenhang stehen.
- ✔ Sie sind alle überzeugt, dass Glück die Gesundheit fördert und dafür sorgt, dass man jünger aussieht.
- ✔ Sie gehen alle davon aus, dass das Glück mit zunehmendem Alter ebenfalls zunimmt (lesen Sie dazu den folgenden Abschnitt).

Unterhalten Sie sich mit einem glücklichen Menschen, den Sie kennen, und versuchen Sie herauszufinden, was das Geheimnis seines Glücks ist. Es kann gut sein, dass Sie überrascht sein werden, wie bereitwillig Menschen darüber sprechen, warum sie glücklich sind, wer sie dazu befähigt hat, Glück zu empfinden, und welche Vorteile sie ihrer positiven Haltung zuschreiben.

Die Demografie des Glücks

Glück ist ein sehr demokratisches Gefühl – es beschränkt sich nicht auf bestimmte Gruppen oder Individuen, sondern steht allen zur Verfügung. Es gibt allerdings einige demografische Merkmale, die sich auf die Chancen auswirken, Glück zu empfinden. Darauf werde ich im Folgenden näher eingehen.

Das glücklichste Land der Welt

Wie man so hört, ist Finnland das glücklichste Land der Welt. Ihr Geheimnis, so die Finnen, liege in ihren maßvollen Erwartungen an das Leben. Sie verlangen weniger vom Leben und sind zufrieden mit dem, was sie haben. In Finnland gibt es nur wenige Workaholics und das Wohlstandsgefälle ist gering. Die Menschen dort leiden nicht unter dem sozialen Druck und der Gewalt, die für die meisten Industrieländer typisch sind. Sie haben es sich in ihrer kollektiven Demut behaglich eingerichtet – was materielle Dinge betrifft, geben sie sich mit der Rolle des Underdogs zufrieden.

Alter

Mit zunehmendem Alter scheint sich die Wahrscheinlichkeit zu erhöhen, dass man glücklich wird. Wenn Sie bisher der Meinung waren, dass junge Menschen hier im Vorteil sind, liegen Sie falsch. Sicher sind die meisten jungen Menschen glücklich, aber Untersuchungen zeigen deutlich, dass Sie mit sehr viel größerer Wahrscheinlichkeit Glück erleben, wenn Sie älter werden. Im Rahmen einer Studie berichteten 38 Prozent der Befragten im Alter zwischen 68 und 77 Jahren, sich »sehr glücklich« zu fühlen, während von den Befragten im Alter zwischen 18 und 27 nur 28 Prozent dasselbe von sich behaupteten. Dieselbe Studie ergab eine deutliche Zunahme der »Glückswerte« ab einem Alter von 45 Jahren, die sich bis Mitte siebzig fortsetzte. (Parallel dazu nahmen die negativen Gefühle mit zunehmendem Alter ab.)

Aber warum werden Menschen glücklicher, wenn sie älter werden?

- ✔ **Ältere Menschen haben in ihrem Leben einen Punkt erreicht, an dem sie sich in gewisser Weise gesättigt fühlen.** Sie hatten genug Erfolge und positive Erfahrungen, um Dankbarkeit und Zufriedenheit zu empfinden. Jüngere Menschen sind auf diesem Weg, haben ihre Ziele aber noch nicht erreicht.
- ✔ **Mit dem Alter verändern sich die Erwartungen.** Irgendwann erkennt man, dass man im Leben nicht alles erreicht, was man möchte, und dass das Leben eben nicht perfekt ist. Ich sage den Leuten immer: »Wenn Sie glücklich sein wollen, müssen Sie Ihr Leben nicht mögen – Sie müssen nur akzeptieren, dass es so ist.«
- ✔ **Mit dem Alter gewinnt man an Weisheit – sie ergibt sich aus den Erfahrungen, die man gemacht, und dem Wissen, das man erworben hat –, über die man im Kuddelmuddel der ersten Lebenshälfte eher selten verfügt.**

Es ist kein Zufall, dass die Menschen, mit denen ich gesprochen habe, alle zwischen 56 und 74 Jahre alt waren.

Familienstand

Auch der Familienstand scheint sich auf das Glück des Menschen entscheidend auszuwirken. Verheiratete Menschen sind ganz allgemein glücklicher als unverheiratete. Das gilt sowohl für

Männer als auch für Frauen. Die Ehe gehört zu den wichtigen sozialen Bindungen, auf die ich in Kapitel 16 eingehe. Sie bringt Zusammenhalt in das Leben der Menschen (siehe Kapitel 10), gibt ihnen die Möglichkeit, ihren Egoismus zu überwinden (siehe Kapitel 17) und erlaubt ihnen, die Menschen zu umsorgen und zu schützen, die sie lieben (siehe Kapitel 20).

Auch wenn die meisten Studien sich überwiegend mit dem Glück verheirateter Paare beschäftigen, halte ich es doch für angebracht zu sagen, dass sich die gleichen Vorteile auch in anderen ernsthaften und langfristigen Beziehungen ergeben.

Nicht alle Beziehungen sind glücklich. In Kapitel 20 gehe ich näher auf die Aspekte einer intimen Beziehung ein, die Einfluss auf das Glück eines Paares haben können. Dazu gehören unter anderem:

- ✔ Verständnis dafür, dass man in einer intimen Beziehung auch ein Kamerad und Weggefährte seines Partners ist
- ✔ Eine gleichberechtigte und ausgewogene Beziehung zu gestalten
- ✔ Interessen, Leidenschaften und Intimität zu teilen
- ✔ Vermeiden, dass Ärger in Verachtung umschlägt
- ✔ Einfühlend miteinander umgehen
- ✔ Die magischen Worte sagen: »Es tut mir leid.«

Bildungsstand

Je mehr Bildung man genossen hat, desto höher ist die Wahrscheinlichkeit, dass man glücklich ist. Kann sein, dass dies eine indirekte Auswirkung der positiven Einwirkung von Bildung auf die Verdienstmöglichkeiten, die Gesundheit und die Fähigkeiten im Umgang mit dem Stress und den Belastungen des Alltags und des Lebens insgesamt ist. Kurz gefasst, garantiert Bildung keineswegs, dass man glücklich wird, aber sie verbessert die Chancen erheblich.

Schreiben Sie sich für ein oder zwei Volkshochschulkurse ein. Glauben Sie mir, Sie werden glücklich sein, sich dafür entschieden zu haben.

Glück auf den jeweiligen Ebenen der Selbstverwirklichung

Der Psychologe Adam Maslow, einer der Wegbereiter der positiven Psychologie, spricht von einem selbstverwirklichten Menschen, wenn dieser selbstbewusst (im Gegensatz zu egozentrisch) ist, sich auch allein wohlfühlt, das Bedürfnis hat, dem Gemeinwohl zu dienen, viel Sinn für Humor hat und seinen eigenen Weg gefunden hat, dem Leben zu begegnen. Maslow zufolge entsteht Glück aus der geordneten Befriedigung hierarchisch gegliederter Bedürfnisse. Er vertrat die These, dass der Mensch Glück jeweils auf fünf verschiedenen Ebenen der Selbstverwirklichung erlebt:

- ✔ **Ebene I:** Die erste Ebene der Selbstverwirklichung hat etwas mit der Befriedigung der menschlichen Grundbedürfnisse zu tun – Luft, Wasser, Essen, Schlaf.
- ✔ **Ebene II:** Die zweite Ebene der Selbstverwirklichung betrifft die Sicherheit. Darunter fällt beispielsweise das Bedürfnis nach einer sicheren Wohngegend, das Sicherheitsnetz einer hilfsbereiten Familie oder die harte Arbeit, die das Anlegen eines finanziellen Polsters für den Ruhestand erlaubt.
- ✔ **Ebene III:** Auf dieser Ebene steht die Zugehörigkeit im Mittelpunkt – der Mensch möchte von anderen geliebt und gebraucht werden.
- ✔ **Ebene IV:** Die vierte Ebene hat mit dem Selbstwertgefühl zu tun. Haben Sie das Gefühl, von anderen Menschen respektiert und geschätzt zu werden? Mögen und respektieren Sie sich selbst?
- ✔ **Ebene V:** Diese letzte Ebene nennt Maslow die Selbstverwirklichung. Im Prinzip hat man es hier geschafft, man ist angekommen, hat sein Potenzial ausgeschöpft und den persönlichen Gipfel des Glücks, der Einzigartigkeit und der Kreativität erklommen. Zu den klassischen Beispielen für Menschen, die sich selbst verwirklicht haben, gehören zum Beispiel Thomas Jefferson, Florence Nightingale, Albert Schweitzer, Albert Einstein, Mutter Theresa oder Karl-Heinz Böhm.

Wenn man die Bedürfnisse einer dieser Ebenen befriedigt hat, kann man die nächste in Angriff nehmen, bis man schließlich den Gipfel dessen erreicht hat, was das Leben zu bieten hat.

Fragen Sie sich also: »Wie zufrieden bin ich im Hinblick auf meine biologischen Bedürfnisse, meine Sicherheit, meine Liebe, mein Selbstwertgefühl und meine Kreativität?« Vielleicht haben Sie sich schon weiter selbst verwirklicht, als Sie denken.

Die Vorteile positiver Gefühle

Erst in den letzten Jahren haben die Psychologen die Vorteile positiver Gefühle zu schätzen begonnen – Vorteile wie gesteigerte Kreativität oder ein gestärktes Immunsystem. Dr. Barbara Frederickson von der Universität North Carolina, eine führende Forscherin auf dem Gebiet der positiven Psychologie, untersuchte die Frage »Was nutzen positive Gefühle?« und stieß dabei auf die folgenden Möglichkeiten.

Erweiterung des Horizonts und Erweiterung des Denkens

Positive Gefühle – Neugier, Liebe, Freude, Zufriedenheit, Staunen, Erregung – erweitern unseren Aufmerksamkeitsradius. Wer sich ärgert, konzentriert sich nur auf den jeweiligen Ursprung seiner Frustrationen und das Objekt seines Zorns. Da wird das Denken zur wärmegeleiteten Rakete, die nur auf Zerstörung aus ist.

Betrachten Sie im Vergleich dazu einmal eine Situation, in der Sie eine positive Aufregung verspüren – Ihr Geist öffnet sich und die Ideen fließen Ihnen nur so zu. Die Neugier überwiegt. Aus genau diesem Grund ist für das künstlerische Schaffen die Leidenschaft so wichtig. Und aus genau diesem Grund ist ein hoher Positivitätsquotient am Arbeitsplatz so wichtig, wenn Sie produktiv sein und vernünftige Ergebnisse abliefern wollen. Kurz gesagt, Ihr Gehirn arbeitet am besten, wenn es in Glücksgefühlen schwelgen kann.

Dr. Frederickson vergleicht die kognitiven Veränderungen, die mit positiven Gefühlen einhergehen, mit einem manischen Zustand (großer Erregung). Diese Form der Manie muss allerdings nicht medizinisch behandelt werden.

Jeder der von mir weiter vorn in diesem Kapitel im Abschnitt »Glück aus individueller Sicht« vorgestellten glücklichen Menschen kann auf eine erfolgreiche berufliche Karriere zurückblicken. Als ich mich mit ihnen unterhielt, konnte ich die Aufregung und Leidenschaft in ihren Stimmen hören, ob es um heikle Verhandlungen mit schwierigen Klienten in der Immobilienbranche oder darum ging, wie man in der Versicherungsbranche weiterkommt. Diese Leidenschaft hatte im Alter offensichtlich nicht nachgelassen.

Der Psychologe Jon Kabat-Zinn, der an der Medical School der Universität von Massachusetts lehrt, führt seine Patienten in die Kunst der Achtsamkeitsmeditation– eine buddhistische Meditationsübung – ein, um ihr Bewusstsein für die Dinge zu erweitern, die sie am meisten fürchten, wie chronische Schmerzen und Depressionen. Die Öffnung des Geistes geht dabei mit körperlicher Entspannung einher. Es ist schon seltsam, dass Schmerzen weniger quälend sind, je klarer man an sie denkt. (Wenn Sie sich für Meditation interessieren, aber nicht wissen, wie und wo Sie anfangen sollen, werfen Sie einmal einen Blick in *Meditation für Dummies* von Stephen Bodian (Wiley-VCH). Dieses Buch gibt es übrigens auch als Hörbuchversion mit geführten Meditationen.)

Als Kabat-Zinn und andere Wissenschaftler die Hirnaktivitäten näher unter die Lupe nahmen, die bei solchen Meditationen auftreten, fanden sie heraus, dass der linke Frontallappen des Gehirns im wahrsten Sinne des Wortes hochgefahren wurde. Diesen Teil des Gehirns bezeichnen die Wissenschaftler auch als das »Glückszentrum«.

Die eigene Problemlösungskompetenz verbessern

Der Psychiater Avery Weisman zählt in seinem wunderbaren Buch *The Coping Capacity* (Human Sciences Press) fünfzehn allgemeine Bewältigungsstrategien auf, darunter auch »Lachen Sie es weg – ändern Sie den emotionalen Ton«. Sie haben richtig gehört. Wenn Sie frustriert sind und nicht so recht wissen, wie Sie mit einem Problem umgehen sollen, mit dem Sie konfrontiert sind, sollten Sie mal so richtig lachen. So können Sie sich aus einer gedanklichen Sackgasse befreien. Ihr Humor ist eine Art Schmieröl, das die Räder – Ihre Denkprozesse – wieder beweglich macht und Ihnen ermöglicht, lösungsorientiert zu denken. Was Sie brauchen, um effektiver an Problemlösungen zu arbeiten, ist Kreativität, die Fähigkeit Ihres Gehirns, neue und einzigartige Antworten auf die zahllosen Herausforderungen des Lebens zu finden.

Endorphine: Die Verbindung zwischen Glück und Schmerzbekämpfung

Die gleichen Chemikalien, die den Schmerz ausschalten – man spricht auch von den körpereigenen Schmerzmitteln –, sind auch maßgeblich an der Produktion von Gefühlen wie Lust, Freude und Zufriedenheit beteiligt. Diese als Endorphine bezeichneten Chemikalien wirken sich ähnlich wie Opiate auf den geistigen und emotionalen Zustand des Menschen aus. Ein Beispiel für die Wirkungsweise der Endorphine ist das sogenannte Runner's High, ein euphorischer Zustand, der den mit der körperliche Anstrengung während eines Langstreckenlaufs verbundenen Schmerz unterdrückt. Abgesehen von sportlichen Aktivitäten führen auch alle möglichen kreativen Tätigkeiten, Wettbewerbssituationen (solange man dabei keinen Ärger empfindet), Kameradschaft mit anderen Menschen, Gebete, gesunder Sex und das Erlebnis von Schönheit zur Ausschüttung von Endorphinen.

In den zehn Jahren, in denen ich ein ambulantes Rehabilitationsprogramm für chronische Schmerzpatienten leitete, konnten wir wesentlich effektiver arbeiten als die meisten anderen medizinisch orientierten Programme, weil wir alles Erdenkliche taten, um eine positive Umgebung für unsere Patienten zu schaffen. In den fünf Wochen mit täglich vier Stunden Behandlungszeit boten wir unseren Patienten viel mehr an als Spritzen und Pillen. Ich kann Ihnen versichern, dass es keine leichte Aufgabe ist, Menschen, die rund um die Uhr unter Schmerzen leiden, aufzuheitern und zum Lachen zu bringen. Aber ich bin nun mal davon überzeugt, dass Lachen das beste Schmerzmittel auf dem Markt ist. Innerhalb von nur wenigen Tagen begannen einander fremde Menschen, deren einzige Gemeinsamkeit der Dauerschmerz war, zu lachen, zu kichern und sich gegenseitig zu necken. Zum ersten Mal seit Jahren zeigten sie Zeichen von Hoffnung und Optimismus. Plötzlich waren diejenigen, die sich bisher stur geweigert hatten, ihrem Körper auch nur das Geringste abzuverlangen, bereit, sich aufs Laufband oder aufs Rad zu schwingen und ihren Körper mit Gymnastik auf Trab zu bringen. In Gruppengesprächen wurden kreative Lösungen erarbeitet, wie man besser mit den Schmerzen leben könnte, während die meisten noch vor Kurzem ein Leben voller Elend und Einschränkungen vor sich gesehen hatten. Man konnte regelrecht sehen, dass sie sich freier bewegten. Sie gingen schneller, bewegten sich flüssiger und zeigten mehr Widerstandskraft. Sie hatten den aktiven Umgang mit ihren Schmerzen als eine Chance begriffen, die sie ergreifen wollten, anstatt davor wegzulaufen.

Körperliche, intellektuelle und soziale Reserven schaffen

Positive Gefühle bauen auf folgenden Reserven auf:

- ✔ **Körperliche Reserven:** Der Mensch ist eher zum Spielen aufgelegt, wenn er glücklich ist – er interessiert sich für Golf, Tennis, Marathonlaufen, Ballspiele, Schnorcheln und Wasserskisport. Glückliche Menschen treiben eher regelmäßig Sport. Das liegt zum Teil daran, dass glückliche Menschen ein höheres Selbstbewusstsein haben. Kurz gesagt: Glück drückt sich in körperlicher Fitness aus – in stärkeren Muskeln, einer besseren Herz-Lungen-Funktion und mehr Flexibilität.

Diese Verbindung zwischen Glück und körperlichen Reserven erklärt auch zum großen Teil, warum die Babyboomer-Generation eine höhere Lebenserwartung und weniger Gesundheitsprobleme hat als vorherige Generationen – als Gruppe betrachtet waren sie ihr Leben lang glücklicher und körperlich aktiver und haben nicht die Absicht, ihre Lebensweise im Rentenalter zu ändern.

Wenn Sie sich das nächste Mal richtig glücklich fühlen, sollten Sie darüber nachdenken, regelmäßig Sport zu treiben. Das machen alle glücklichen Menschen!

- **Intellektuelle Reserven:** Mit einer positiven Gemütsverfassung lernt es sich besser.

  Ich habe vor Jahren an einem Seminar von Patch Adams teilgenommen, jenem umstrittenen Arzt, der davon überzeugt ist, dass positive Gefühle heilen können. Ungewöhnlich an diesem Seminar war, dass mir einer der Assistenten – die allesamt in Clownskostümen steckten – zu Beginn des Nachmittagsseminars eine rote Nase malte. Er bat mich nicht um mein Einverständnis – er tat es einfach! Und wissen Sie was? Dieses Seminar war eine der besten Lernerfahrungen meines gesamten Berufslebens – ich kam mir zwar ein wenig dämlich vor, aber ich lernte sehr viel. Bescheidenheit öffnet den Geist, entspannt den Körper und steigert die Bereitschaft zur Aufnahme von Informationen.

  Die besten Lehrer sind die, bei denen das Lernen Spaß macht – Lachen macht Kinder aufmerksamer, und Aufmerksamkeit ist der Schlüssel zum Lernen. Das gilt auch für das kontinuierliche Lernen nach der Schule. Sie hören sicher auch lieber einem Redner zu, der sich in seinem Fachgebiet nicht nur auskennt, sondern auch unterhaltsam sein kann.

  Ich rate meinen Studenten immer, vor dem Lernen etwas zu tun, was ihnen Spaß macht, damit sie später erfolgreicher abschneiden. Wenn man Spaß hatte, ist das Gehirn wie ein glücklicher Schwamm, der alles aufsaugt, was man ihm offeriert.

- **Soziale Ressourcen:** Menschen wenden sich positiven Menschen zu und von negativen Menschen ab.

  Denken Sie an das biblische Gebot »Behandle andere Menschen so, wie du von ihnen behandelt werden möchtest« und überlegen Sie, wie Sie behandelt werden möchten. Möchten Sie mit Füßen getreten werden, dann sollten Sie unbedingt andere Menschen mit Füßen treten. Ziehen Sie es jedoch vor, dass man Ihnen mit einem Lächeln begegnet, müssen Sie anderen auch ein Lächeln entgegenbringen und ihr Leben positiv zu beeinflussen versuchen. In den meisten Fällen wird Ihr Gegenüber es genauso tun.

Negativen Gefühlen entgegenwirken

Glück ist ein Gegenmittel gegen Wut. Optimismus kann ein Gegenmittel gegen Angst und Zynismus sein. Freude ist das Gegenteil von Leid. Humor schwächt den Wunsch nach Rache.

Positive und negative Gefühle können nicht zur selben Zeit existieren. Das eine schließt das andere aus.

Als ich einmal selbst wegen einer Depression in Behandlung war, regte ich mich über Dinge auf, die meine Familie meiner Meinung nach getan hatte, um mich zu verärgern. Mein Therapeut unterbrach mich und fragte: »Lieben Sie Ihre Frau?« Ohne zu zögern antwortete ich: »Natürlich liebe ich sie.« Er bat mich nun, weiter über meine Familie herzuziehen, aber das war mir jetzt nicht mehr möglich. Mein Kopf wollte zwar, aber ich war nicht mehr mit dem Herzen dabei – so schnell ging das. Immer wenn ich merke, dass ich mich über Menschen ärgere, die mir sehr nahestehen, stelle ich mir diese eine Frage: »Liebe ich diesen Menschen?« Und schon ist der Ärger verflogen.

Wenn Sie das nächste Mal ein negatives Gefühl empfinden – Aufregung, Verärgerung, Trauer –, versuchen Sie, es durch ein positives Gefühl zu ersetzen, und warten Sie ab, was passiert. Denken Sie an jemanden, der Sie zum Lachen bringt, der Sie anregt, oder an etwas, das Ihnen Freude macht – vielleicht können Sie sich damit von den negativen Gefühlen befreien.

Die eigene Gesundheit schützen

Sie wissen wahrscheinlich bereits, dass Aufregung und Ärger Ihren Blutdruck in die Höhe treiben und, im schlimmsten Fall, einen Herzinfarkt oder Schlaganfall auslösen können. Aber wussten Sie auch, dass positive Gefühle Ihren Blutdruck senken und das Risiko einer Herzerkrankung mindern können? Das ist tatsächlich so.

Der falsche Zeitpunkt zum Glücklichsein

Es gibt eine Situation, in der sich das Glücklichsein nicht auszahlt – wenn Sie nämlich versuchen, in einem Konflikt oder im Rahmen eines Geschäftsabschlusses eine Lösung auszuhandeln. Wenn Ihr Gegenüber merkt, dass Sie guter Dinge sind, wird sich die Liste seiner Forderungen mit einiger Wahrscheinlichkeit verlängern.

Forschungen belegen, dass Verhandlungspartner einem verärgerten Gegenüber mehr Zugeständnisse machen als einem glücklichen. Wenn Sie also auf einen erfolgreichen Abschluss aus sind, lassen Sie das Lächeln aus Ihrem Gesicht verschwinden und ziehen Sie lieber die Stirn in Falten – auch wenn Sie sich nicht so fühlen. Das ist einfach besser fürs Geschäft!

Wenn man einen glücklichen und zufriedenen Eindruck erweckt, wirkt man nicht als harter Verhandlungspartner. Man wird eher so eingeschätzt, dass man mit allem zufrieden ist, was man abgeboten bekommt. Die Gegenseite wird so ermutigt, nicht von ihrer Linie abzuweichen und Ihnen keinen Zentimeter entgegenzukommen. Wenn Sie also das nächste Mal eine größere Anschaffung machen wollen – ein Auto oder ein Haus beispielsweise, wobei es immer Verhandlungsspielraum gibt –, setzen Sie lieber ein ernstes Gesicht auf. Lächeln können Sie immer noch, wenn das Geschäft unter Dach und Fach ist.

Die Arbeit von Barbara Frederickson hat gezeigt, dass gestresste Menschen, die einen Film anschauten, der sie amüsierte und zufrieden machte, schneller wieder eine normale Herzfunktion erreichten. Sie fand darüber hinaus heraus, dass sich bei gestressten Menschen, die lächelten, während sie einen traurigen Film ansahen, die Herzfrequenz schneller normalisierte als bei Zuschauern, die nicht lächelten. Sie vertritt die These, dass positive Gefühle die negativen Auswirkungen von Stress neutralisieren können und daher die Gesundheit langfristig schützen.

Andere Studien haben gezeigt, dass selbst etwas so Banales wie eine leichte Berührung der Hand durch einen mitfühlenden Freund oder das Streicheln eines Haustiers die Normalisierung des Blutdrucks unterstützen kann, und das ohne jedes Rezept, ohne jeden Ärger mit der Krankenversicherung und ohne jede Nebenwirkung.

Es ist nicht immer leicht, glücklich zu sein

Wir gehen gerne davon aus, dass es leicht ist, glücklich zu sein, aber das ist beileibe nicht immer der Fall. Man muss mit wachen Augen durchs Leben gehen. Man darf es nicht eilig haben. Und man muss offen sein für diese Erfahrung. Wie Sie das anstellen, erläutere ich in den folgenden Abschnitten.

Achtsamkeit

Achtsam sein bedeutet aufmerksam sein. Achtsamkeit verlangt, dass man im Augenblick lebt, im Hier und Jetzt. Das ist nicht so einfach für Menschen, deren Denken immer um Vergangenes oder Zukünftiges kreist. Wenn man die unmittelbare Umwelt aufmerksam wahrnimmt, ist man achtsam. In Bezug auf Gefühle wie Glück ist man achtsam, wenn man genau weiß, was man fühlt. Gerade dafür tun die meisten Menschen zu wenig.

Achtsam sein bedeutet, in der Lage zu sein, die Gedanken auf eine Sache zu konzentrieren – etwa wie man sich fühlt – und alles andere außen vor zu lassen. Das ist für manche Menschen schwieriger, als es sich anhören mag. Wenn ich zum Beispiel männliche Klienten frage, wie sie in einer bestimmte Situation empfunden haben, erzählen sie mir, was sie *gedacht* oder was sie *getan* haben. Sie sind einfach nicht daran gewöhnt, in emotionalen Begriffen zu denken. Wenn es gar nicht anders geht, sage ich dann schließlich: »Hören Sie, es interessiert mich nicht, was Sie gedacht oder getan haben. Ich will nur wissen, wie Sie sich in dieser Situation gefühlt haben – zum Beispiel verärgert, traurig oder froh. Was traf auf Sie zu?«

Achtsam sein bedeutet auch, dass man das, worauf man seine Aufmerksamkeit gerade richtet, nicht in irgendeiner Weise klassifiziert oder bewertet. Wie man sich fühlt, ist keine Frage von Richtig oder Falsch. Wenn Sie glücklich sind, ist das in Ordnung, wenn nicht, ist das auch in Ordnung.

Es kann durchaus sein, dass Sie glücklicher sind, als Sie denken, weil Sie nicht darauf achten. Ihr Kopf ist ganz woanders, Sie machen sich Sorgen über dies oder das oder haken Punkte auf der nie endenden Liste der zu erledigenden Dinge ab und so weiter. Halten Sie einfach einmal einen Moment inne und hören Sie – achtsam – in sich hinein. Vielleicht stellen Sie fest, dass Sie sich richtig gut fühlen.

Im Augenblick verweilen

Verweilen bedeutet »sich an einem Ort länger als gewöhnlich oder als erwartet aufhalten«. Insofern ist verweilen eine Art Zeitmaß, in unserem Zusammenhang etwa die Zeit, die man sich nimmt, um einen Moment des Glücks zu genießen. Das Gegenteil von verweilen ist eilen. Wenn man in Eile ist, springt man schnell von einer Erfahrung oder Aufgabe zur nächsten. Man sagt sich, dass man keine Zeit hat, sich lange mit der einen oder anderen Sache zu beschäftigen. Es muss weitergehen, es gibt schließlich noch so viel zu tun.

In Kapitel 15 gehe ich auf die Unterschiede zwischen Persönlichkeiten vom Typ A und vom Typ B ein und erläutere, wie sich die verschiedenen Eigenschaften dieser Typen auf das Gleichgewicht zwischen Arbeit und Spiel auswirken. Die A-Typen sind immer in Eile, während die B-Typen eher zum Verweilen neigen.

Christine, eine hochintelligente, dreißigjährige, alleinlebende Frau war sehr gebildet und kultiviert, aber auch sehr unglücklich. Sie war Workaholic und verbrachte täglich wenigstens zehn bis zwölf Stunden im Büro. Wenn es etwas zu tun gab, Christine erledigte es – ein lupenreiner A-Typ! Als ich sie nach ihren Gefühlen fragte, antwortete sie verärgert:

> Dr. Gentry, ich habe keine Zeit für Gefühle – ich habe zu viel zu tun. Meine Mitarbeiter, ja, *die* haben Gefühle. Ständig jammern sie oder regen sich über irgendetwas auf. Das hält sie natürlich von der Arbeit ab. Wenn Sie mich fragen, wie ich mich fühle, muss ich ehrlicherweise sagen: »Ich habe keine Ahnung«.

Nachdem ich Christine schließlich helfen konnte, ihre Gefühle zu erkunden, wurde ihr schmerzlich bewusst, wie traurig, deprimiert, sorgenvoll und niedergeschlagen sie sich die meiste Zeit fühlte. (Manchen Menschen geht es im Laufe einer Behandlung zunächst schlechter, bevor sie sich schließlich erholen.) Sie stand nun vor der Frage: »Möchte ich mich am Arbeitsplatz die nächsten 30 Jahre so fühlen oder möchte ich lieber Freude an meiner Arbeit haben und glücklich mit dem sein, was ich erreicht habe?« Ich bin froh, sagen zu können, dass Christine sich für Letzteres entschied.

Fazit: Manche Menschen nehmen sich auch an einem arbeitsreichen Tag einige Augenblicke für das Glück Zeit, andere dagegen nicht. Zu welcher Gruppe gehören Sie?

Glücklich sein, weil man glücklich ist

Manche Menschen machen es sich sehr schwer mit dem Glück. Nehmen wir zum Beispiel Klaus. Er möchte glücklich sein – ganz bestimmt –, aber sobald er merkt, dass er das Leben genießt, schleichen sich sorgenvolle Gedanken ein. Tief in seinem Unterbewusstsein ist Klaus von zwei Dingen fest überzeugt:

- ✔ Sobald er sich gestattet, auch nur ein bisschen glücklich zu sein, wird etwas passieren, das alles wieder kaputt macht.
- ✔ Aus irgendeinem Grund verdient er es nicht, glücklich zu sein.

Woher in aller Welt hat Klaus diese verschrobenen Ideen? Klaus wuchs in einer vom Alkoholismus beherrschten Familie auf. Seine Eltern waren emotional instabil, unberechenbar in ihrem Verhalten und zeitweise auch gewalttätig. Wenn Klaus und seine Brüder glücklich und zufrieden zusammen spielten, konnte im nächsten Moment die Hölle losbrechen, und am Ende ging es nie ohne Verletzungen ab. »Wir hatten Angst, uns zu entspannen und Spaß zu haben, weil von einem Augenblick zum anderen die Harmonie ins Chaos kippen konnte«, erzählte er. 35 Jahre später hat Klaus immer noch Angst und wartet nur darauf, dass das scheinbar Unvermeidliche passiert. Unbewusst versucht er damit, sich selbst zu schützen. Die Logik dahinter ist einfach: Was ich nicht habe, kann ich nicht verlieren.

Und warum hat Klaus das Gefühl, dass er es nicht verdient, glücklich zu sein? Weil das Kind in ihm – der Teil seiner Persönlichkeit, der nie wirklich erwachsen geworden ist – genau wie alle anderen Kinder denkt: »Wenn meine Eltern verärgert oder unglücklich sind, muss ich etwas falsch gemacht haben«. Und Kinder, die etwas falsch gemacht haben, müssen bestraft werden. Was gibt es für eine bessere Strafe als ein unglückliches Leben?

Auf das richtige Timing kommt es an

Vielleicht ist es so gedacht, dass das Glück eher die *Ausnahme* ist als die *Regel*. Wenn man die meiste Zeit glücklich ist, kann man sich zu wohlfühlen, zu selbstgefällig werden. Man richtet sich mit den Gegebenheiten ein und sträubt sich gegen Veränderungen. Wenn die Menschen zum Beispiel glücklich damit gewesen wären, ihr Heim mit Kerzen zu beleuchten, hätten wir Thomas Edison und seine Erfindung der Glühbirne nicht gebraucht. Wenn die Menschen im Wilden Westen mit dem Pony Express als Hauptkommunikationsmittel zwischen dem Osten und dem Westen zufrieden gewesen wären, hätten wir keinen Telegrafen, kein Telefon und letztlich keine globale Telekommunikation gebraucht. Wären die Amerikaner glücklich damit gewesen, ihre Felder mithilfe von Pferden zu pflügen und mit Pferdekutschen in die nächste Stadt zu fahren, hätte Henry Ford uns niemals mit Traktoren und Autos beglückt.

Das könnte auch erklären, warum der Mensch mit zunehmendem Alter glücklicher zu werden scheint. Vielleicht hat es einen Sinn, dass junge Menschen eher frustriert, verärgert und rastlos durchs Leben gehen – diese Gefühle sorgen für die nötige Energie, die man braucht, um produktiv, unternehmerisch, kreativ und erfindungsreich zu sein.

Worauf ich hinauswill, ist, dass das Glück unter Umständen weniger für die Jungen gedacht ist und besser zu den Menschen passt, die bereits die zweite Lebenshälfte erreicht haben. Warum sonst sollten 38 Prozent der Menschen im Alter zwischen 68 und 77 Jahren angeben, sie seien »sehr glücklich«, während das in der Altersgruppe zwischen 18 und 27 Jahren nur 28 Prozent von sich behaupten?

Sie müssen das positiv sehen: Wenn Sie unter 40 sind, können Sie sich auf etwas freuen – auf die vor Ihnen liegenden glücklicheren Jahre. Wenn Sie über 40 sind, sind Sie bereits auf dem besten Wege, ein glückliches Leben genießen zu können.

Wenn Sie einen glücklichen Augenblick erleben, hören Sie dann in ihrem Hinterkopf eine Stimme flüstern: »Sei vorsichtig, lass dir nichts vormachen – du hast es nicht verdient«? Wenn ja, dann sollten Sie vielleicht die Hilfe eines Psychologen in Anspruch nehmen. Es gehört zu den Aufgaben eines Psychologen, Menschen dabei zu helfen, die aus der Kindheit herrührenden Stimmen zum Schweigen zu bringen, die ihnen das Leben als Erwachsene unnötig schwer machen.

Wie glücklich sind Sie?

Fast jeder Mensch ist ab und zu glücklich. Wie alle Gefühle – Ärger, Schmerz, Trauer – ist Glück eine persönliche Erfahrung. Nur *Sie selbst* können wissen, wie glücklich Sie sind. Wo würden Sie sich auf einer Skala von 1 bis 10 einordnen (1 ist überhaupt nicht glücklich und 10 ist das höchste Glücksgefühl)? Teilen Sie diese Zahl durch 10 (wenn Sie die 6 gewählt haben, teilen Sie 6 durch 10 und erhalten 0,6 oder 60 Prozent), und Sie haben Ihren Glücksquotienten (GQ).

Im positiven Bereich sind die Glückswerte in der Regel ein wenig verzerrt. Das bedeutet entweder, dass der Durchschnittsbürger sich typischerweise irgendwo zwischen 5 und 10 einordnet oder nicht möchte, dass andere denken, er sei unglücklich. Wahrscheinlich kommt beides zum Tragen.

Wenn Ihr Quotient bei 50 Prozent oder darunter liegt, sind Sie weniger glücklich als die meisten Menschen. Liegt Ihr Wert beim 10 Prozent, 20 Prozent oder 30 Prozent, heißt das im Grunde, dass Sie unglücklich sind. Liegt Ihr aktueller Glücksquotient bei 80 Prozent oder höher, können Sie sicher sein, dass Sie etwas richtig machen!

Der Glücksquotient schwankt – bei manchen Menschen mehr als bei anderen. Einige bewegen sich durchgängig im positiven Bereich der Kurve, andere meistens im unteren Bereich. Wenn Sie Ihre GQ-Werte über eine gewisse Zeit verfolgen möchten, sollten Sie sich 30 Tage lang täglich etwa zur selben Zeit einschätzen. Machen Sie sich neben dem jeweiligen Wert ein paar Notizen, damit Sie am Ende rückblickend nachvollziehen können, was in Ihrem Leben passiert ist, als Sie am glücklichsten und als Sie weniger glücklich waren. Betrachten Sie das Ganze als eine Art *Glückstagebuch*.

Das Glücksrezept

2

In diesem Kapitel

- Glück ist eine komplexe Sache
- Primäre und sekundäre Glückskomponenten
- Wie weit es noch bis zum Glück ist und wie Sie ihm näher kommen

Jedes Mal, wenn meine Frau Catherine sich entschließt, ihren legendären Schichtsalat zu machen, ist das ein Glückstag für Freunde, Familie und gelegentlich sogar für Fremde. Bei diesem Salat werden nicht einfach grüner Salat und Tomaten zusammen in eine Schüssel geworfen. Vielmehr besteht er aus einer sorgfältig vorbereiteten Mischung aus zwölf Zutaten, die zusammen eine wahre Gaumenfreude sind.

Catherines Salatrezept

1. **Schichten Sie die folgenden Gemüse in der angegebenen Reihenfolge in eine hohe Schüssel:**

   1 kleiner Kopfsalat, mundgerecht zerkleinert

   ½ bis ¾ Tasse fein gestiftelter Sellerie

   ½ bis ¾ Tasse gehackte grüne Paprikaschote

   1 Dose Wasserkastanien, in Scheiben geschnitten

   1 kleine rote Zwiebel, in Ringe geschnitten

   1 Paket Tiefkühlerbsen, gegart

2. **Bedecken Sie das Ganze mit zwei Tassen Mayonnaise.**
3. **Streuen Sie einen Teelöffel Zucker darüber.**
4. **Darauf kommt nun eine dicke Schicht geriebener Pecorino-Käse.**
5. **Stellen Sie die Schüssel über Nacht oder wenigstens acht Stunden in den Kühlschrank.**
6. **Vor dem Servieren mit den folgenden Zutaten garnieren:**

   2 hartgekochte Eier, gehackt

   4 mittelgroße Tomaten, gewürfelt

   ½ Pfund knusprig ausgebratene Schinkenspeckstreifen, zerpflückt

Genau so ist es mit dem Glück. Im Grunde ist ein Salat die perfekte Metapher für das Glück, das letztendlich das Ergebnis des Zusammenwirkens von *mindestens* acht verschiedenen Komponenten darstellt. Wie Sie in diesem Kapitel erfahren werden, sind einige dieser Komponenten Hauptzutaten (etwa Sicherheit), während andere (etwa Dankbarkeit und das Gefühl der Zufriedenheit) wichtige Ergänzungen sind, die das Glück anreichern.

Dieses Kapitel zeigt Ihnen, wie nahe Sie dem perfekten psychischen Salat sind, den man Glück nennt.

Die vier Hauptzutaten

Die Grundlage wahren Glücks besteht aus vier Hauptzutaten:

- ✔ Dem Gefühl der Sicherheit
- ✔ Dem Gefühl der Sättigung
- ✔ Dem Blick für das Ganze
- ✔ Ruhe

Diese vier Zutaten sind unbedingt nötig, wenn Ihr Ziel das Glück ist. Es ist doch so: Ohne Huhn können Sie keine Hühnersuppe machen. Aber vielleicht wirft Ihr Nachbar in seine Hühnersuppe Zutaten, die Sie sich in Ihrer Suppe einfach nicht vorstellen könnten. Die vier Zutaten, von denen ich hier spreche, sind das Huhn, und alles andere, worauf ich später noch zu sprechen komme, sind die optionalen Zutaten, die Sie verwenden können oder auch nicht.

Sicherheit

Nicht jeder lebt in einer sicheren Umgebung. Es gibt unsichere Wohngegenden, in denen viele Verbrechen geschehen und wo die Fenster grundsätzlich vergittert sind. Es gibt unsichere Beziehungen, in denen die Wahrscheinlichkeit, dass ein Partner verletzt wird – sei es körperlich oder psychisch –, sehr hoch ist. Und nicht jeder hat ein Sicherheitsnetz in finanziell schwierigen Zeiten. Wenn man sich unsicher fühlt, sind Angst, Ungewissheit und körperliche Anspannung nicht weit. Das ist sicher kein Umfeld, in dem man damit rechnen kann, glücklich zu sein.

Ich fragte einmal meinen Freund Toni, ob er eine glückliche Kindheit hatte. Er antwortete: »Ja und nein.« In seiner leiblichen Familie war Toni nie wirklich glücklich. Sein Vater war ein unberechenbarer Alkoholiker, der auch schon mal zuschlug. Seine Mutter schwankte zwischen liebender Fürsorge und plötzlichen Wutanfällen. Im Kreis seiner Familie war Toni immer angespannt, vorsichtig, ängstlich und hielt ständig Ausschau nach Anzeichen für einen plötzlichen Umschwung ins Negative.

Wenn Toni aber bei seiner Tante und seinem Onkel war, die keine eigenen Kinder hatten, war er unendlich glücklich. Warum? Weil die beiden Gemütsmenschen waren, denen man ansah, dass sie sich freuten, wenn er da war. »Ich kann mich nicht erinnern, jemals einen von ihnen verärgert oder außer Kontrolle erlebt zu haben«, sagte Toni und fügte hinzu: »Wenn es schön war, dann blieb es auch schön.« Ironischerweise fühlte sich Toni bei seiner Tante und seinem Onkel sicherer – und glücklicher – als bei seinen Eltern.

Wie sicher fühlen Sie sich? Wenn Sie sich nicht sicher fühlen, sind Sie nicht glücklich.

Sättigung

Einfach ausgedrückt bedeutet Sättigung, dass man satt ist. Ein glücklicher Mensch ist einer, der – *zumindest im Augenblick* – satt ist. Er hat genug von etwas, das er sehr schätzt.

Sie fragen sich vielleicht: »Wer entscheidet denn, wann ich von etwas genug habe?« Das entscheiden *Sie* selbst. So einfach ist das. Sie ganz allein bestimmen, wann Sie genug haben. Wenn Sie nie genug haben, wird Ihre Suche nach dem Glück nie enden!

Auf der Suche nach dem Glück kann man sich schon mal vorkommen wie auf dem Laufband. Sie sagen sich: »Wenn ich doch nur einen Freund hätte, wäre ich glücklich.« Und wenn Sie dann einen Freund haben, erwischen Sie sich dabei, wie Sie denken: »Wenn ich doch verheiratet wäre, dann wäre ich glücklich.« Haben Sie dann endlich einen Ring am Finger, denken Sie: »Mit Kindern wäre ich wirklich glücklich.« Kurz gesagt: Das Glück ist immer einen Schritt von da entfernt, wo Sie gerade stehen.

Nehmen Sie sich einen Moment Zeit und fragen Sie sich: »Von welchen Dingen, die mir sehr wichtig sind, habe ich genug, und von welchen nicht?«

Wenn genug nicht genug ist

Ernst hat sein Leben lang hart gearbeitet und dabei ein beachtliches finanzielles Polster für den Lebensabend angesammelt – einige Millionen, um genau zu sein. Dennoch schuftet er sich mit seinen 68 Jahren buchstäblich zu Tode. Mindestens zweimal im Monat ruft er seinen langjährigen Finanzberater an und fragt verzweifelt: »Habe ich genug Geld zurückgelegt, um mich zur Ruhe setzen zu können? Meine Frau nervt mich ständig, ich soll endlich aufhören zu arbeiten, damit wir unsere letzten Jahre zusammen genießen können.«

Sein Berater sagt ihm dann schon fast verzweifelt: »Natürlich hast du genug – du kannst von den Zinsen allein gut leben und den größten Teil immer noch deinen Kindern oder sonst jemandem vererben.« Ernst kann er damit nicht überzeugen. Und so schuftet er Tag für Tag weiter, während seine Frau eine Reise nach der anderen macht, das neue Haus am See genießt und die Kinder und Enkel besucht. Aus irgendeinem Grund ist Ernst nicht bereit, einen Schlussstrich zu ziehen und »genug ist genug« zu sagen, und damit auch nicht bereit, glücklich zu sein.

Man braucht schon echten Mut, um einen Punkt im Leben zu erreichen, an dem man allen anderen klar und deutlich sagt: »Genug ist genug!« Mit anderen Worten: Man braucht Mut, um sich zu erlauben, glücklich zu sein.

Niemand hat jemals alles, was er gerne hätte. Sie haben vielleicht genug Geld, aber nicht genug Freunde. Sie haben vielleicht genug Freunde, aber nicht genug Geld. Sie können glücklich sein, auch wenn Ihr Leben nicht zu 100 Prozent erfüllt ist, aber Sie können nicht glücklich sein, wenn Ihr Leben leer ist.

Der Blick für das Ganze

Wenn man das Glück finden will, muss man einen Schritt vom Alltag zurücktreten und darüber nachdenken können, worum es im Leben überhaupt geht. Man spricht auch von einer ganzheitlichen Perspektive – und die haben in unserer hektischen Welt nicht viele von uns! Wir sind viel zu sehr damit beschäftigt, die Bäume vor unserer Nase zu fällen, um den Blick für den Wald als Ganzes frei zu haben. Was wir brauchen, ist ein Blick auf unser Leben aus der Vogelperspektive. Beim Glück geht es nicht vordergründig darum, was man gerade macht – wichtig ist, welche Wirkung das hat, was man mit seinem Leben anfängt, positiv oder negativ. Wirkt es sich positiv aus, lässt auch das Glück nicht lange auf sich warten. Wirkt es sich negativ aus, folgt das Unglück auf dem Fuß.

Wie sieht Ihr Wald aus? Ist er üppig und grün oder sieht er eher verwüstet aus, als hätten die Holzfäller darin gewütet?

Ruhe

Das Glück kann Sie nicht im größten Lärm finden – es kommt zu Ihnen, wenn Sie in einer ruhigen Umgebung sind. Sie brauchen einen Ort, an dem Sie mit den anderen drei grundlegenden Komponenten in Berührung kommen können, einen Ort, an dem Ihnen klar werden kann, wie sicher Sie sich fühlen, an dem Sie merken können, wie satt Sie sind, und an dem es nicht so schwer ist, das Ganze zu sehen. Sie müssen immer mal wieder aus der täglichen Tretmühle ausbrechen können, den Wettbewerb hintanstellen und Luft holen.

Ruhe können Sie unter anderem an einem der folgenden Orte finden:

- ✔ In einer Bibliothek
- ✔ In einer Kirche oder einem Museum
- ✔ Auf einem Waldweg
- ✔ An einem abgelegenen Tisch in einem Restaurant
- ✔ Am Swimmingpool, wenn sonst keiner da ist
- ✔ Am Strand, frühmorgens oder am Abend
- ✔ Auf der Fahrt nach Hause nach einem langen, arbeitsreichen Tag im Büro
- ✔ Während einer langen Autofahrt
- ✔ In einem schönen Garten

Und hier ein paar Orte, an denen Sie sicher keine Ruhe finden werden:

- ✔ In einem lauten Restaurant
- ✔ In einer beliebten Bar
- ✔ In einem Fußballstadion an einem Samstagnachmittag
- ✔ Auf einer Hochzeit
- ✔ An einem Ort, an dem Sie mit anderen in Wettbewerb treten
- ✔ Im Büro
- ✔ Auf einem vollem Flughafen, auf dem Weg von einem Schalter zum nächsten
- ✔ In einer Warteschlange für umkämpfte Konzerttickets
- ✔ In einem Auto mit hyperaktiven Kindern

Was Sie brauchen, ist ein Ort, an dem Sie sich denken hören können, ein Ort ohne Ablenkungen und frei von Verantwortung. Ideal ist, wenn Sie wenigstens 20 Minuten am Tag in Ruhe verbringen können. Es muss nicht immer derselbe Ort sein – an einem Tag finden Sie Ruhe im Garten, an einem anderen vielleicht eher am Strand. Es kommt nicht so sehr darauf an, wo Sie Ruhe finden, wichtig ist nur, dass Sie sie finden, denn ohne Ruhe ist es schwierig, glücklich zu sein.

Die restlichen Zutaten

Die bisher vorgestellten Zutaten sind für jedes Glücksrezept unverzichtbar. Wenn Sie diese vier Zutaten in die Schüssel gegeben haben, können Sie noch ein wenig hiervon und ein wenig davon hinzufügen. Um dieses »Hiervon« und »Davon« wird es in den folgenden Abschnitten gehen.

Für das perfekte Glücksrezept brauchen Sie die vier Hauptzutaten und alle fünf weiteren in diesem Abschnitt aufgezählten Zusätze. Geringfügig reduzierte Glückserlebnisse sind jedoch mit nur einem oder zwei dieser Zusätze ebenfalls möglich.

Befriedigung

Befriedigung ist nicht dasselbe wie Sättigung (die ja zu den Hauptzutaten gehört). Sättigung ist das Gefühl, von etwas, das man sehr schätzt, genug zu haben. Befriedigung (manche Menschen sprechen lieber von Zufriedenheit) ist das Gefühl der Erfüllung oder der Behaglichkeit, das mit der Sättigung einhergehen kann, aber nicht muss.

Sind Sie schon einmal mit knurrendem Magen in ein Restaurant gegangen und haben so viel gegessen, bis Sie nicht mehr konnten? Das ist ein Beispiel für Sättigung – Sie hatten schließlich genug gegessen. Nun beantworten Sie mir die folgende Frage: Wie haben Sie sich gefühlt, als Ihr Bauch so voll war? Wenn Sie befriedigt waren – zufrieden, dass Ihr Bauch voll war –, dann wollten Sie sicher nicht noch mehr essen. Aber manchmal denkt man ja so etwas wie »Ich bin zwar jetzt gerade satt, aber ein leckeres Dessert könnte ich mir schon noch vorstellen«. Wenn Ihnen dieser Gedanke vertraut vorkommt, sind Sie zwar manchmal satt, aber noch nicht zufrieden.

Wie *zufrieden* sind Sie mit Ihrer jetzigen Lebenssituation?

Eine Inspiration

Meine vor Kurzem verstorbene Mutter lebte die letzten 20 Jahre ausschließlich von der sozialen Grundsicherung, etwa 1.000 Dollar im Monat. Nachdem sie alle Rechnungen bezahlt hatte – da war sie immer sehr gewissenhaft –, hatte sie nur 75 bis 100 Dollar zur freien Verfügung übrig. Nicht, dass sie viel auf der hohen Kante gehabt hätte. Aber jedes Mal, wenn mein Bruder oder ich versuchten, ihr ein wenig unter die Arme zu greifen, lehnte sie höflich ab und sagte uns klar und deutlich: »Danke, aber das schaffe ich schon.« Meine Mutter war nicht satt (sie hatte nicht genug Geld), aber sie war zufrieden und glücklich mit dem, was sie hatte.

Man kann satt sein, aber unzufrieden, und man kann zufrieden sein, ohne satt zu sein. Es kann beides zutreffen oder keines von beiden. Satt und zufrieden sind eben zwei völlig verschiedene Paar Schuhe.

Freude

Glück ist eine Erfahrung, die Freude bereitet. Es ist ein Wohlfühl-Gefühl. Man kann allgemein sagen, dass man das Glück leichter findet, wenn man ein Leben führt, das einem gefällt. Wenn Sie jemanden sagen hören: »Diese Arbeit würde ich auch ohne Bezahlung machen«, dann kann das nur jemand sein, der Freude an seiner Arbeit hat. Wenn Sie sich Ihren Ehemann ansehen und denken: »Ich würde ihn für kein Geld der Welt hergeben«, dann haben Sie offensichtlich Freude an diesem Menschen, mit dem Sie jede Nacht das Bett teilen und am nächsten Morgen aufwachen.

Die Freuden des Alltags haben ihre Wurzeln sowohl im *Sein* als auch im *Tun*. Lassen Sie mich Ihnen einige Beispiele für die Freuden geben, die sich aus Ihrem Handeln ergeben können:

- ✔ Eine gute Tat
- ✔ Eine Aufgabe meistern, die andere nicht geschafft haben
- ✔ Etwas tun, weil es richtig ist, nicht weil es gut ankommt
- ✔ Etwas tun, was einem nicht so leichtfällt, etwa einen kranken Freund im Krankenhaus besuchen oder einem Freund Geld leihen, von dem man weiß, dass er es wahrscheinlich nie zurückzahlen können wird
- ✔ Eine Aufgabe vollenden
- ✔ Jemandem einen Gefallen tun, ohne darum gebeten worden zu sein
- ✔ Etwas tun, ohne dafür entschädigt zu werden

Und hier einige der Freuden, die sich aus dem Sein ergeben können:

- ✔ Gesund sein
- ✔ Mitgefühl mit Bedürftigen haben
- ✔ Zu seinem Wort stehen
- ✔ Ein guter Freund sein
- ✔ In Beziehungen treu sein
- ✔ Anderen gegenüber offen sein und sagen, was man denkt und fühlt
- ✔ Je nach den Umständen stark und zärtlich sein

Versuchen Sie einmal, alles aufzuschreiben, was Ihnen Freude macht. Lesen Sie sich Ihre Liste durch und fragen Sie sich: »Wann bin ich das letzte Mal so gewesen oder wann habe ich das zuletzt gemacht?«

Dankbarkeit

Wenn es eine zusätzliche Zutat gibt, die am ehesten dem Glück zuträglich ist, dann ist es Dankbarkeit. Dankbarkeit ist die Bereitschaft, seine Wertschätzung für die Dinge zu zeigen, die Freude ins Leben bringen. (Sehen Sie, wie die Zutaten ineinandergreifen?) Dankbarkeit ist das Bedürfnis, Danke zu sagen, ein Gefühl, das manche Menschen den ganzen Tag haben.

Dankbarkeit ist das Gegenteil von Anspruchsdenken – der Vorstellung, dass man etwas verdient hat oder dass das Leben einem etwas schuldig ist (siehe Kapitel 22). Anspruchsdenken hat damit zu tun, was Sie von anderen erwarten oder fordern. Dankbarkeit ist dagegen eine Reaktion auf das Unerwartete. Wenn Sie in einem Restaurant essen gehen, sagen Sie dann jedes Mal »Danke«, wenn der Kellner Ihr Glas füllt, oder setzen Sie das als selbstverständlichen Service voraus und achten gar nicht weiter darauf?

Helena und Katrin arbeiten beide im mittleren Management desselben Unternehmens. Ihr Gehalt rangiert im sechsstelligen Bereich. Als die jährlichen Bonuszahlungen verteilt werden, erhalten beide 2.500 Euro. Katrin hatte viel mehr erwartet, weil sie das ganze Jahr über hart gearbeitet hatte. Sie ist enttäuscht und kann keine Dankbarkeit empfinden. Zwar bedankt sie sich bei ihrem Chef, aber der Ton ihrer Stimme und ihr ausdrucksloses Gesicht können ihre wahren Gefühle nicht verbergen: Katrin ist sehr unglücklich. Helena dagegen hat sich schon vor langer Zeit geschworen, dass sie nie einen Bonus erwarten würde. Sie freut sich wie ein Schneekönig über die 2.500 Euro, die sie in eine schöne Reise zusammen mit ihrem Mann investieren möchte. Wem sind Sie ähnlicher – Helena oder Katrin?

Denken Sie zu Beginn jedes Tages ein paar Minuten lang an die Dinge, für die Sie dankbar sein müssen, und bedanken Sie sich dann im Stillen oder laut für jedes einzelne. Glauben Sie mir, es gibt keinen besseren Start in den Tag, wenn man sich die Möglichkeit eröffnen möchte, Glück zu erleben.

Gelassenheit

Gelassenheit hat etwas mit innerer Ruhe zu tun. Das Glück dringt nicht in einen Kopf vor, in dem sich Sorgen, Ängste, Ärger, Stress und was auch immer den Platz streitig machen. Bei der Ruhe geht es darum, einen ruhigen *Ort* zu finden; bei der Gelassenheit geht es um ein ruhiges *Gemüt*. Man hat es natürlich an einem ruhigen Ort leichter, Gelassenheit an den Tag zu legen.

Wie die meisten jungen und dynamischen Berufsanfänger ist Elisabeth nicht in der Lage, Gelassenheit zu empfinden, sobald ihre Füße den warmen Sand des Strandes berühren. Ihr Kopf ist voller unerledigter Dinge im Büro und diesem und jenem, was unbedingt sofort gemacht werden muss, wenn sie aus dem Urlaub zurück ist. Es wird wohl mindestens drei bis vier Tage regelmäßiger Strandspaziergänge, ausgiebigen Schlaf und einen guten Roman dauern, bis sie sich zu entspannen beginnt und so etwas wie innere Ruhe aufkommen spürt. Weil Elisabeth weiß, dass sie so ist, hat sie schlauerweise zwei Wochen Urlaub genommen. Bevor sie diese Erkenntnis hatte, musste sie immer schon wieder die Koffer packen, wenn sie sich gerade zu erholen begann.

Eine gute Möglichkeit, Gelassenheit zu entwickeln, ist die Meditation. Ich empfehle Ihnen dazu *Meditation für Dummies* von Stephen Bodian (Wiley-VCH), das unter dem gleichen Titel auch als Hörbuch mit geführten Meditationen erhältlich ist. Zum Mitnehmen in der praktischen Pocket-Edition ist *Entspannen durch Meditation für Dummies* gedacht, ebenfalls von Stephen Bodian.

Wohlbefinden

Niemand wird ernsthaft bestreiten wollen, dass man es als gesunder Mensch leichter hat, glücklich zu sein, denn als Kranker. (Andererseits ist es natürlich nicht unmöglich für einen Menschen, Glück zu empfinden, wenn es ihm nicht gut geht – es fällt eben nur nicht so leicht.)

In den letzten 40 Jahren meiner Berufskarriere habe ich Männer und Frauen beobachtet und behandelt, die unter verschiedenen chronischen, andauernden Schmerzen des Bewegungsapparats litten (etwa chronische Rückenschmerzen). Dabei ist mir ein interessanter Aspekt aufgefallen. Ein Handlungsfeld, das die Betroffenen bald nach ihrer Verletzung aufgeben, ist das soziale Umfeld und alles, was mit Erholung zu tun hat. Ironischerweise wenden sie sich verstärkt den Haushaltspflichten zu (Staubsaugen, Kochen, Waschen – wodurch sich ihre Schmerzen nur verschlimmern), anstatt weiter ihre Familie und Freunde zu besuchen, ihren Enkeln beim Sport zuzusehen oder zur Kirche zu gehen. Das bringt mich zu dem Schluss, dass der eigentliche Grund, warum 70 Prozent der chronischen Schmerzpatienten unter Depressionen leiden, nicht in ihren Schmerzen, sondern vielmehr in der Aufgabe aller Aktivitäten zu suchen ist, die ihnen in ihrem bisherigen Leben Freude gemacht hatten. In unserem Rehaprogramm helfen wir den Betroffenen, die freudvollen Aktivitäten wieder aufzunehmen, die sie auch in ihrem eingeschränkten Gesundheitszustand wahrnehmen können. Und was passiert? Plötzlich sind wir von glücklichen Schmerzpatienten umgeben.

Die moderne Wissenschaft hat bewiesen, dass Pfefferminz und Lavendel das subjektive Wohlbefinden verbessern, das Gefühl der Erholung steigern und eine bessere Stimmungslage herbeiführen. Möchte jemand noch einen Tee?

Wenn es Ihnen körperlich und psychisch nicht gut geht, kann es sein, dass Sie professionelle Hilfe in Anspruch nehmen müssen, um glücklich werden zu können. Haben Sie keine Angst, Ihrem Arzt anzuvertrauen, dass Sie unglücklich sind. Fragen Sie ihn, ob er Sie an einen entsprechend geschulten Psychologen überweisen kann.

Wie nah sind Sie dran?

Wenn Sie wissen wollen, wie nah Sie dem Glück schon sind, habe ich hier einen kleinen Selbsttest für Sie vorbereitet. Aber denken Sie dran: Seien Sie ehrlich zu sich selbst, sonst haben Sie nichts davon.

Kreuzen Sie bei den folgenden Fragen jeweils eine Antwort an:

1. **Ganz allgemein gefragt, wie sicher fühlen Sie sich im Alltag?**
   - Überhaupt nicht: 1
   - Ein wenig: 2
   - Einigermaßen sicher: 3
   - Sehr sicher: 4
2. **Wenn Sie es recht bedenken, haben Sie genug von dem, was Sie glücklich macht?**
   - Überhaupt nicht: 1
   - Möglicherweise: 2
   - Wahrscheinlich: 3
   - Absolut: 4
3. **Betrachten Sie gelegentlich das Leben als Ganzes und nicht nur das, was im Moment passiert?**
   - Überhaupt nicht: 1
   - Gelegentlich: 2
   - Regelmäßig: 3
   - Recht oft: 4

4. **Wie oft finden Sie einen ruhigen Ort oder ein ruhiges Umfeld, wo Sie einen Moment wirklich über sich selbst nachdenken können?**
   - Überhaupt nicht: 1
   - Selten: 2
   - Gelegentlich: 3
   - Sehr oft: 4
5. **Wie zufrieden sind Sie mit bestimmten Aspekten Ihres Lebens – Finanzen, Beziehungen, Karriere?**
   - Überhaupt nicht: 1
   - Irgendwie: 2
   - Einigermaßen: 3
   - Sehr: 4
6. **Wie zufrieden sind Sie mit Ihrer allgemeinen Lebenssituation?**
   - Überhaupt nicht: 1
   - Ein wenig: 2
   - Mäßig: 3
   - Sehr: 4
7. **Wie dankbar sind Sie dafür, wie sich Ihr Leben entwickelt?**
   - Überhaupt nicht: 1
   - Irgendwie: 2
   - Einigermaßen: 3
   - Sehr: 4
8. **Wie oft haben Sie das Gefühl innerer Ruhe?**
   - Nie: 1
   - Selten: 2
   - Gelegentlich: 3
   - Sehr oft: 4
9. **Wie würden Sie Ihr allgemeines psychisches und körperliches Wohlbefinden einschätzen?**
   - Schlecht: 1
   - Durchschnittlich: 2

- Überdurchschnittlich: 3
- Hervorragend: 4

10. Wie oft erleben Sie das Gefühl der Zufriedenheit?

- Nie: 1
- Selten: 2
- Gelegentlich: 3
- Sehr oft: 4

Zählen Sie Punkte für Ihre Antworten zusammen. Wenn Sie weniger als 20 Punkte erreicht haben, sind Sie weit davon entfernt, glücklich zu sein. Liegt Ihr Ergebnis bei 35 Punkten oder darüber, sind Sie entweder schon glücklich oder stehen kurz davor. Und wenn Sie zwischen 20 und 35 Punkte erzielt haben, sind Sie weder glücklich noch fühlen Sie sich schlecht.

Sie sollten diesen Test öfter machen, während Sie dieses Buch lesen und auch danach, wenn Sie es mit einigen der in diesem Buch beschriebenen Strategien versucht haben. So können Sie nachvollziehen, ob Sie auf dem Weg zum Glück den richtigen Kurs eingeschlagen haben.

Nehmen Sie sich einen Moment Zeit und sehen Sie sich Ihre Antworten auf die einzelnen Fragen noch einmal an. Konzentrieren Sie sich besonders auf die Fragen, bei denen Sie nur wenige Punkte erzielt haben – einen oder zwei. Das sind die Zutaten, die Ihnen in Ihrem Glücksrezept fehlen und an denen Sie arbeiten müssen. Wenn Sie sich auf diese Zutaten konzentrieren, werden Sie Ihrem Ziel, ein glücklicherer Mensch zu werden, näher kommen.

Was Glück nicht ist

3

In diesem Kapitel

- Was Geld wirklich kaufen kann
- Die Grenzen von Macht und Erfolg
- Glücksmomente genießen
- Was tun, wenn Sie alles haben?

Für Paul und Hans, es sind die besten Zeiten und die schlimmsten Zeiten.

Paul ist 72 Jahre alt und Rentner und leidet seit 15 Jahren an chronischen Rückenproblemen. Er ist seit 45 Jahren mit seiner Frau verheiratet und lebt in einem bescheidenen, aber abbezahlten Haus. Er hat zwar ein wenig Geld für seine alten Tags zur Seite gelegt, kommt aber nicht ohne Sozialhilfe aus. Die meiste Zeit ist er damit beschäftigt, kleinere Reparaturen im Haus zu erledigen oder Freunden oder Nachbarn zu helfen, die weniger glücklich sind als er. Paul stammt aus armen Verhältnissen, hatte eine schwere Kindheit. Weil er aufgrund einer Lernschwäche seine Schullaufbahn nicht erfolgreich abschließen konnte, reichte es nur für eine Arbeiterlaufbahn. Viele Jahre lang wurde sein Verhältnis zu seiner Frau und seinen Kindern immer wieder durch seine Wutausbrüche getrübt. Und trotz alledem beeilt sich Paul, jedem, der ihm zuhört, zu versichern: »Das ist die glücklichste Zeit meines Lebens!«

Hans ist 68 Jahre alt, erfreut sich bester Gesundheit und ist, wie Paul, seit über 40 Jahren verheiratet. Er hat studiert und jahrelang erfolgreich ein Unternehmen geführt. Das hat ihm ein stattliches Vermögen, ein Haus in den Bergen, ein neues Haus in der Stadt und ein dickes Auto beschert. Sein Leben ist vergleichsweise ungetrübt und ruhig verlaufen. Nie hatte er irgendwelche Probleme mit schlechter Laune, Ärger oder Wut. Und trotzdem ist Hans nicht glücklich.

Warum ist Paul mit so wenig glücklich? Und warum ist Hans unglücklich, obwohl er doch alles zu haben scheint? Warum arbeitet Hans immer noch wie ein Besessener und sorgt sich ständig, er könnte nicht genug Geld haben? Warum war er seit drei Jahren nicht mehr in seinem Haus in den Bergen? Warum reist er nicht mehr und genießt das Leben mit seiner Frau, die sich auf ihren gemeinsamen Lebensabend freut?

In diesem Kapitel werde ich auf diese Fragen Antworten geben. Wenn es Ihnen so geht wie mir, neigen Sie dazu, Glück mit den in unserer Kultur so hochgeschätzten Attributen Macht, Reichtum und Erfolg durcheinanderzuwerfen. Dieses Kapitel macht Schluss mit dieser Verwirrung! Wie die Überschrift schon andeutet, werden Sie hier erfahren, wo Sie besser *nicht* nach dem Glück suchen.

Der reichste Mann, den ich kenne

Die meisten Menschen messen Reichtum in Scheinen und Münzen. Meiner Meinung nach kann man Reichtum auch daran erkennen, wie viele Menschen an der Beerdigung eines Menschen teilnehmen.

Einige Jahre lang hatte ich einen Nachbarn, Martin, der alles für mich getan hätte. Er hätte mir sein letztes Hemd gegeben – ich hätte ihn nur fragen müssen. Er hatte ein bescheidenes Vermögen. Obwohl er nie im Geld schwamm, war er ein großzügiger Mensch. In seinen letzten Lebensjahren litt Martin an einer fortschreitenden Herzerkrankung. Er starb mitten in einem Gespräch mit Freunden und seiner Familie am Strand.

Seine Beerdigung war sehr beeindruckend! Hunderte Menschen wollten von ihm Abschied nehmen – sie passten nicht alle in die Kirche. Als die Zeit gekommen war, ein paar Worte über Martin zu sagen, warteten viele Menschen ungeduldig darauf zu erzählen, wie er ihr Leben positiv beeinflusst hatte – junge und alte Menschen, Freunde aus dem Zweiten Weltkrieg und Menschen, die er erst vor Kurzem kennengelernt hatte, Nachbarn wie ich und Mitglieder des Sportvereins, Würdenträger der Universitätsklinik und viele andere.

Als ich so dasaß und ihren Worten lauschte und an diesen guten Mann dachte, kam mir unweigerlich der Gedanke in den Sinn: »Das ist der reichste Mann, den ich kenne.«

Was man mit Geld wirklich kaufen kann

Vor Kurzem las ich eine Schlagzeile, die ich sehr bezeichnend fand: »Konjunktureinbruch kommt bei den Rentnern an«. Der Autor argumentierte, dass Menschen mit festem Einkommen unter den sinkenden Aktienkursen leiden – sie gehen weniger häufig in Restaurants, heizen im Winter weniger und nutzen in den Supermärkten verstärkt die Sonderangebote. Bedeutet das etwa auch, dass sie unglücklicher sind? Keineswegs – es bedeutet aber, dass sie weniger komfortabel leben und ihr Leben nicht ganz so gestalten können, wie sie vielleicht wollen.

Komfort

Mit Geld kann man körperlichen Komfort kaufen. Das gilt für Papierprodukte ebenso wie für Unterwäsche und Möbel. Ich habe in meiner Ehe schon früh gelernt, dass der Komfort eines Sofas mit steigendem Preis zunimmt. Je komfortabler das Ambiente eines Restaurants ist, desto teurer sind die Vorspeisen. Wenn Sie schon einmal in seidenen Laken und gut gestopften Kissen geschlafen, italienische Slipper getragen und einen Mercedes gefahren haben, werden Sie wissen, wovon ich spreche.

Aber Komfort ist nicht das Gleiche wie Glück. Wenn es so wäre, hätte ich in den letzten 40 Jahren nicht so viele reiche Menschen – Anwälte, Ärzte, Geschäftsleute – in meiner Praxis begrüßen können. Nehmen Sie nur einmal Georg, der mit seinen 43 Jahren in 2.000-Euro-

Anzügen herumläuft, ein 75.000 Euro teures Auto fährt und mit seinen zwei Ferienhäusern angibt. Trotz alledem ist er hoffnungslos depressiv. Oder Annemarie, die schon in jungen Jahren ein großes Vermögen erbte und heute mit Mitte fünfzig unglücklich und ohne echte Freunde dasteht. Beide haben ein sehr *komfortables* Leben – aber sie sind nicht glücklich.

Unterstützung

Mit Geld kann man auch emotionalen Komfort in Form von Unterstützung in schwierigen Zeiten kaufen. Dafür sind Anwälte, Steuerberater, Lebensberater, Finanzberater, Psychotherapeuten, Barkeeper, politische Berater, Publizisten und – wenn Sie ein Star sind – »persönliche Manager« nun einmal da. Auf die eine oder andere Weise verdienen sie alle ihr Geld damit, dass sie Ihnen helfen, Ihre Probleme zu bewältigen – finanzielle, emotionale oder juristische. Je mehr Unterstützung Sie sich leisten können, desto besser können Sie die Klippen des Alltagslebens umschiffen.

Zu den unterstützenden Dienstleistungen, die man mit Geld kaufen kann, gehören unter anderem:

- ✔ **Emotionale Unterstützung:** Ein Lebensberater oder Therapeut, der voll hinter Ihnen steht und Sie in allen widrigen Lebenslagen anfeuert
- ✔ **Unterstützung durch Information:** Ein Steuerberater, der Sie darüber informiert, wie Sie Ihre Steuerlast minimieren können
- ✔ **Handfeste Unterstützung:** Direkte Hilfe, beispielsweise wenn ein Anwalt Sie aus dem Gefängnis holt oder eine Haushaltshilfe Ihr Haus putzt
- ✔ **Unterstützung durch Einschätzung der Lage:** Ihr Hausarzt, der Sie über Ihr erhöhtes Infarktrisiko aufklärt, wenn Sie weiter rauchen und nicht abnehmen

Freiheit

Mit Geld kann man wirtschaftliche Freiheit kaufen:

- ✔ Freiheit von finanziellen Sorgen
- ✔ Freiheit, sein Leben nach den eigenen Vorstellungen zu gestalten, anstatt sich mit dem zufriedengeben zu müssen, was sich so bietet
- ✔ Freiheit, Risiken einzugehen – beispielsweise eine gut bezahlte Stelle aufzugeben und ein eigenes Geschäftsmodell umzusetzen, bei dem man selbst die Richtung vorgibt, anstatt Weisungen von anderen anzunehmen
- ✔ Freiheit, Urlaub zu machen, wann und wo man will, anstatt sich auf das zu beschränken, was man sich leisten kann
- ✔ Freiheit, sein Leben nach seinen Wünschen einzurichten statt nach seinen Bedürfnissen
- ✔ Freiheit, sich die besten gesundheitlichen Dienstleistungen zu leisten

- Freiheit, sich den Menschen gegenüber, die man liebt, großzügig zu zeigen
- Freiheit, für die eigenen Überzeugungen einzustehen, ohne Restriktionen fürchten zu müssen – etwa den Verlust der Arbeit
- Freiheit, so viele Kinder haben zu können, wie man will
- Freiheit, in den besten Geschäften einzukaufen
- Freiheit von Schulden
- Freiheit von den zeitlichen Einschränkungen einer normalen Ganztagsstelle

Wenn Sie genau wissen wollen, wie es um Ihre wirtschaftliche Freiheit momentan bestellt ist, dann stellen Sie Ihre Aktivposten (alles, was Sie momentan besitzen) Ihren Verbindlichkeiten (alles, was Sie zahlen müssen) gegenüber und errechnen Sie Ihren Nettowert. Ich kann Ihnen nicht versprechen, dass Sie mit dem Ergebnis glücklich sein werden, aber so wissen Sie wenigstens, wie die Dinge stehen.

Die Elixiere des modernen Lebens

Ein *Elixier* ist ein Heilmittel für etwas, das Sie plagt. Die Elixiere unserer Tage sind vor allem drei Dinge: Macht, Erfolg und Erregung. Wenn Sie davon genug haben, müssen Sie doch glücklich sein, oder nicht? Eher nicht! Im Folgenden erkläre ich Ihnen, warum das so ist.

Macht

Macht gibt es in verschiedenen Geschmacksrichtungen. Politische Macht, zum Beispiel, hat unter anderem mit der Beeinflussung des Wählerwillens vor einer Wahl und mit der Arbeit an Regeln und Gesetzen für das Zusammenleben in einer Gemeinde oder auf Staatsebene zu tun. Wirtschaftliche Macht ist die Macht des Portemonnaies – sie kann sich etwa darin zeigen, dass ein dominanter Mann das Leben seiner Frau kontrolliert, indem er ihr nur erlaubt, Geld für Dinge auszugeben, die *er* für wichtig hält. Es gibt juristische Macht, die Macht der Presse, die Polizeimacht und die körperliche Macht, die viel zu viele Menschen dazu missbrauchen, andere einzuschüchtern. Und es gibt soziale Macht – oft auch als *Status* bezeichnet (zusammen mit dem Einkommen trennt der Status die »Wohlhabenden« von den »Habenichtsen«).

Letzten Endes laufen alle Formen der Macht darauf hinaus, die Kontrolle über die unmittelbare Umwelt zu erlangen – etwas, das wir alle wollen und anstreben, ob wir es nun wahrhaben wollen oder nicht. Ironischerweise sind die Menschen mit der meisten Macht am Ende oft die unglücklichsten. Hier ein Beispiel:

> Vor ein paar Jahren suchte mich der Inhaber eines lokalen Unternehmens – mit einem Jahresumsatz von etwa 40 Millionen Euro – auf und bat mich um Hilfe. Sein Problem: »Ich bin es leid, immer wieder dazwischengehen zu müssen, wenn sich meine Topleute gegenseitig an die Gurgel gehen. Im letzten Monat musste ich zweimal zwei meiner leitenden

Angestellten trennen, die sich auf der Toilette prügelten. Ich habe keine Zeit für so einen Mist!«

Der Mann war von dem rüpelhaften Benehmen seiner einflussreichsten Angestellten schockiert. Immerhin zahlte er ihnen ein sechsstelliges Gehalt mit allerlei zusätzlichen Vergünstigungen und räumte ihnen Handlungsspielräume ein, wie man es in anderen Unternehmen selten findet. Er beauftragte mich mit der Durchführung eines Workshops, bei dem seine gesamte Führungsriege an drei aufeinanderfolgenden Samstagvormittagen lernen sollte, wie sie besser mit ihrem Ärger umgehen können. Das war vielleicht eine Erfahrung – lauter unglückliche Menschen!

Man musste kein Wissenschaftler sein, um herauszufinden, wo das Problem lag: Sie versuchten alle nach Kräften, sich im Tagesgeschäft gegenseitig in Schach zu halten. Ich drückte ihnen einen Test in die Hand, mit dem sie ihre Aggressivität messen sollten – sowohl in Bezug auf die Verfolgung von Zielen als auch auf forderndes oder provokatives Verhalten. Schließlich kam ich zu dem Schluss, dass es keine Chance gab, dass man zwei aus der Gruppe zusammen an eine Aufgabe setzen konnte, ohne dass ein Machtkampf entbrennen würde – es ging einfach nicht! Diese Typen versuchten buchstäblich, sich gegenseitig kaltzustellen!

Genau die Eigenschaft, die es Menschen ermöglicht, eine Karriere zu machen und Machtpositionen zu besetzen – Aggressivität –, kann auch ihren Niedergang herbeiführen und dabei viel Unglück heraufbeschwören.

Erfolg

Macht und Erfolg sind zwei Seiten einer Medaille. Erfolg ist immer relativ – er bedeutet, dass man besser war und mehr erreicht hat als die Menschen, mit denen man im Wettbewerb steht.

Mit einer erfolgreichen Geschäftsidee gehört man bald zum Club der Millionäre, egal was man verkauft. Ein erfolgreicher Börsenmakler bringt seinen Klienten mehr Geld ein als alle seine Kollegen. Die erfolgreichsten Menschen unserer Gesellschaft werden reich, berühmt, finden sich auf den Titelblättern der Illustrierten wieder und können sich in manchen Fällen sogar schließlich eine Nobelpreis- oder Pulitzer-Preis-Urkunde ins Wohnzimmer hängen.

Manchmal geht der Erfolg aber auch mit Unglück und tragischen Ereignissen einher. Der amerikanische Schriftsteller Ernest Hemingway war ohne Zweifel sehr erfolgreich – am Ende brachte er sich um. Marthe Stewart, eine der erfolgreichsten Geschäftsfrauen unserer Tage, landete am Ende im Gefängnis. Winston Churchill und Abraham Lincoln – beide erfolgreiche Politiker ihrer Zeit – litten ihr Leben lang unter chronischen Depressionen.

Kurz gesagt: Erfolg ist weder ein Heilmittel gegen Elend und Leid noch eine Garantie für ein glückliches Leben.

Was Sie bei der Vorstellung nicht erfahren

Wenn ich meine Seminare abhalte, höre ich immer gerne zu, wenn mich jemand ankündigt und dabei die vielen Erfolge meiner akademischen Karriere aufzählt – Verwaltungsvorsitzender hier, Gründungsmitglied da, Autor von diesem, jenem und einem anderen Buch. Das ist wie ein Spaziergang in die Vergangenheit.

Was die Redner dem Publikum allerdings nicht verraten, ist der Preis, den ich für all diese Erfolge bezahlen musste – einen Nervenzusammenbruch im Alter von 45 Jahren, der mich fünf unglückliche Jahre kostete. Ich musste auf die harte Tour lernen, dass zu viel von etwas schädlich sein kann – auch zu viel Erfolg.

Nervenkitzel

Wenn Sie Nervenkitzel suchen, den besonderen Kick, dann sind Sie in Las Vegas, New York, Paris, London, Hongkong oder Hollywood an der richtigen Adresse, kurz, überall, wo viel los ist, wo der Bär steppt, die Energie pulst, alles in Bewegung ist und Enthusiasmus, Spannung und Leidenschaft in der Luft liegen. Tun Sie was auch immer Ihr Nervensystem in Wallung bringt und den Adrenalinspiegel in Ihrem Körper und den Dopaminspiegel in Ihrem Gehirn ansteigen lässt. Spielen Sie, bis Sie pleite sind, kaufen Sie bis zum Umfallen, essen Sie, bis Ihnen der Magen wehtut, oder tanzen Sie, bis Sie Ihre Füße nicht mehr spüren.

Das Problem ist, dass der Nervenkitzel eine Illusion des Glücks erzeugen kann. Meine Frau und ich sind gerne in Las Vegas, auch wenn keiner von uns spielt. Ich höre dort gerne den Menschen zu, wenn sie spät in der Nacht auf den Straßen unterwegs sind, laut lachen und sich gegenseitig erzählen, wie viel Spaß sie dabei hatten, ihre Geld zu verlieren: »Hast du mich am Blackjack-Tisch gesehen? Ich habe über 600 Dollar verloren! Ist das die Möglichkeit? Morgen früh werde ich mich dafür hassen, aber das hat verdammt noch mal Spaß gemacht!« Nervenkitzel? Ja. Glücklich? Nein.

Erstellen Sie eine Liste mit zehn Dingen, die Sie aufregend finden. Fragen Sie sich, wie glücklich Sie sich im Anschluss an diese Dinge gefühlt haben und beziehen Sie sich dabei auf die Definition von Glück in Kapitel 2 – empfinden Sie Dankbarkeit, Zufriedenheit und Gelassenheit?

Das Problem des Lebens im Überfluss

Zwischen 1957 und 2005 hat sich das Durchschnittseinkommen der Amerikaner um ganze 278 Prozent erhöht. Trotzdem ist der prozentuale Anteil derer, die sich selbst als »sehr glücklich« bezeichnen, praktisch gleich geblieben – etwa 30 Prozent. Schon aufgrund dieses Ergebnisses sind die Glücksforscher überzeugt davon, dass der gehobene Lebensstil kaum Auswirkungen darauf hat, wie positiv der Mensch sich fühlt.

Dafür gibt es drei mögliche Erklärungen:

- ✔ **Das Phänomen der hedonischen Anpassung oder die Tretmühle des Glücks:** Jedes Mal, wenn wir ein Ziel erreicht und eine neue Ebene erklommen haben, passen wir unsere neutrale Ebene an – die Bezugsebene, auf der wir die Welt um uns herum weder positiv noch negativ betrachten. Von dort aus betrachtet brauchen wir dann wieder etwas mehr, um glücklich zu sein. Im Grunde vergleichen wir das, was wir heute haben, mit dem, was wir gestern hatten. Glücklich macht uns jeweils die Veränderung, nicht die Ebene an sich, die wir erreicht haben.

  Wenn Sie 30.000 Euro im Jahr verdienen, macht Sie eine Gehaltserhöhung auf 35.000 Euro glücklich – aber nur eine Zeit lang. Sie gewöhnen sich schnell an die höhere Summe und werden erst wieder Glück empfinden, wenn Sie 43.000 Euro verdienen. Und so geht es immer weiter und weiter und weiter. Die Menschen in der Tretmühle des Glücks sind nie richtig glücklich mit dem, was sie haben – immer wollen sie mehr. Und es gibt immer etwas, was man noch wollen könnte.

- ✔ **Relativer Mangel:** Der Mensch vergleicht sich ständig mit anderen Menschen – meist mit denen, die mehr haben als er selbst – und hat dann schnell das Gefühl, relativ schlecht dazustehen, was die Dinge betrifft, die ihn mutmaßlich glücklich machen.

  Anstatt zum Beispiel zufrieden und dankbar zu sein (siehe Kapitel 2), dass man in einem Haus wohnt, das doppelt so groß wie das Haus ist, in dem man aufgewachsen ist und in dem die eigenen Eltern immer noch wohnen, fühlt man sich unglücklich, weil das Haus der Nachbarn noch größer ist.

  Wenn Sie häufig Ihren Lebensstandard mit dem anderer Menschen vergleichen, sollten Sie darauf achten, dass Sie Ihre Situation auch mit der von Menschen vergleichen, denen es weniger gut geht als Ihnen. So fällt es Ihnen leichter, mit dem zufrieden zu sein, was Sie haben.

- ✔ **Eskalierende Bedürfnisse:** Das Gefühl des Menschen dafür, was er zum Leben braucht, ist leider sehr unstet und allzu oft maßlos übertrieben. Man kann es auf einen einfachen Nenner bringen: Je mehr man hat, desto mehr will man! Das ist kein bewusster Prozess – die meisten Menschen sind sich dieser Eigenschaft der menschlichen Natur nicht bewusst. Aber in Ihrem Hinterkopf arbeitet er und hält Sie davon ab, glücklich zu sein – immer.

  Negative Gefühle wie Neid, Eifersucht, Gier und Verbitterung (siehe Kapitel 22) sind die emotionalen Nebenprodukte dieser ungesunden Vergleiche. Es geht immer darum, dass man nicht mehr glücklich ist mit dem, was man hat, und stattdessen anderen Menschen übel nimmt, dass sie mehr haben als man selbst. Im Prinzip fühlt man sich durch den Erfolg *der anderen* selbst weniger erfolgreich, durch die Macht *der anderen* selbst machtlos und durch die Freiheit *der anderen* selbst weniger frei. Es geht immer um die anderen!

Wirtschaftlicher Rückgang und Gesundheit

Ob Sie's glauben oder nicht, die Amerikaner werden immer gesünder, je schlechter es der Wirtschaft geht – jedenfalls während einer Rezession. Der Ökonom Christopher J. Ruhm von der Universität North Carolina in Greensboro hat tatsächlich ausgerechnet, dass etwa 14.000 Menschen weniger sterben, wenn die Arbeitslosigkeit nur um ein Prozent steigt. Warum? Weil die Menschen mehr Freizeit haben und weniger Geld, verlieren sie Gewicht, rauchen weniger, bewegen sich mehr, fahren weniger – und sind weniger an Unfällen beteiligt – und haben weniger Kontakte mit Menschen, die gefährliche Viren übertragen könnten.

Glück ist keine Erfahrung, die ein Leben umkrempelt

Gerne würde ich Ihnen weismachen, dass ein Glücksmoment Ihr Leben zum Besseren wenden kann, aber das kann ich leider nicht. Glück ist ein Gefühl, und Gefühle sind nun mal per Definition sehr kurzlebig – sie kommen und gehen wie die Wellen am Strand. Sind Sie gerade glücklich und freudig erregt, ist das kurz drauf schon wieder vorbei.

Auch wenn das Erlebnis des Glücks Ihre Lebenssituation nicht nennenswert verändert, so *legt es doch die herausragenden und einzigartig positiven Dinge in Ihrem Leben fest*.

Bei jedem Menschen sind es andere Dinge, die ihn glücklich machen. Diese Unterschiede sagen uns etwas Wichtiges über uns selbst. Sehen Sie sich zum Beispiel die glücklichsten Momente meines Lebens an:

- ✔ Ich erinnere mich, dass ich als ganz kleines Kind eine Orange in der Garage herumkullern ließ, während meine Mutter bügelte. Diese Orange herumkullern zu sehen und möglicherweise auch die Tatsache, dass ich meine Mutter ganz für mich allein hatte, machte mich glücklich.
- ✔ Als ich in die katholische Schule in unserer Nähe gehen durfte, war ich sehr glücklich, auch wenn ich gar nicht katholischen Glaubens war. Der Klassenraum war ordentlich und klar strukturiert und ich lernte dort mehr als in der Gemeindeschule. Ich weiß das, weil ich dort vorher war. Es war einfach nur schrecklich!
- ✔ Ich war total glücklich, als mein älterer Bruder zur Armee ging, nachdem er den Highschool-Abschluss gemacht hatte – das war das erste Mal in meinem Leben, dass ich ein Bett für mich allein hatte.
- ✔ Ich war sehr glücklich, als ein Mädchen, das ich um ein Rendezvous bat, tatsächlich Ja sagte! (Sie war nicht die erste, die ich fragte, aber die erste, die Ja sagte.)
- ✔ Ich war sehr glücklich, als mein Englischlehrer in der elften Klasse vor versammelter Mannschaft meine Kurzgeschichte vorlas und anschließend meinte: »Dieser junge Mann ist begabt.«

- ✔ Ich war sehr glücklich, als ich mich mit meiner Frau verlobte, die auch nach 41 Jahren noch meine Partnerin ist.
- ✔ Ich war sehr glücklich, als meine Kinder geboren wurden – daran musste ich mich allerdings immer wieder selbst erinnern, als sie in der Pubertät waren!
- ✔ Ich war jeden Tag ziemlich glücklich, seit ich vor zehn Jahren aufgehört habe, Alkohol zu trinken.

Und hier sind ein paar Dinge – auch positive –, die mich nie glücklich gemacht haben, auch wenn man meinen könnte, sie hätten mich glücklich machen sollen:

- ✔ Mehr Geld zu verdienen als die meisten meiner Kollegen
- ✔ Ein neues Auto zu kaufen
- ✔ Mitglied im Golfklub zu sein
- ✔ Meinen hundertsten Artikel in einer Fachzeitschrift veröffentlicht zu sehen. Die ersten ein oder zwei haben mich glücklich gemacht, aber danach gehörte es einfach zu meinem Job.
- ✔ Befördert zu werden
- ✔ Den Börsenmarkt boomen zu sehen
- ✔ Einen neuen Kaschmirpullover zu bekommen

Gönnen Sie sich einen ruhigen Augenblick, schließen Sie die Augen und erinnern Sie sich an die zehn glücklichsten Momente Ihres Lebens. Mit wem waren Sie zusammen? Was haben Sie gemacht? Wo waren Sie? Schreiben Sie sie auf ein Blatt Papier und achten Sie darauf, was sie über Sie aussagen. Erstellen Sie eine zweite Liste mit positiven Ereignissen in Ihrem Leben, von denen Sie dachten, sie würden Sie glücklich machen; die es aber dann nicht taten. Was sagt Ihnen diese Liste? Wonach Sie hier suchen, sind die Dinge, die Ihnen wichtig sind, Ihre Prioritäten.

Glück ist eine Sache des Augenblicks, nicht von Stunden, Tagen, Wochen, Monaten oder Jahren. Manchmal dauert dieses Erlebnis nur ein paar Sekunden, manchmal sogar ein paar Minuten. Aber es wird unweigerlich enden. Es kommt darauf an, diesen Augenblick zu genießen und sich daran zu erinnern, dass er vorbei ist, bevor man es merkt. Ich möchte in diesem Buch versuchen, Ihnen zu zeigen, wie man solche Augenblicke selbst schafft und mehr davon genießen kann als je zuvor.

Glück ist ein Zeichen, kein Symptom

4

In diesem Kapitel

- Auf das Nervensystem hören
- Das richtige Maß finden
- Die richtigen Fragen stellen
- Die nötigen Veränderungen vornehmen

So wie negative Gefühle wie Ärger und Depressionen uns sagen, dass wir nicht im Einklang mit unserem Umfeld leben, ist das Glücksgefühl die Art unseres Nervensystems, uns mitzuteilen, dass wir ein sinnvolles und gesundes Leben führen – wir sind eins mit der Welt.

Zu behaupten, dass Matthias nicht glücklich war, wäre eine Untertreibung. Am bezeichnendsten dafür war das, was man *nicht* sah und hörte. Matthias lächelte nie und lachte selten. Seiner Stimme fehlte jede Energie und seine Bewegungen waren apathisch oder gleichgültig. Matthias hatte Arbeit, aber sie regte ihn nicht an – er saß den ganzen Tag an seinem Arbeitsplatz im Großraumbüro und starrte auf den Bildschirm seines Computers, obwohl er doch eigentlich lieber unter Menschen gewesen wäre, um etwas zu verkaufen, das anderen Menschen nützlich sein könnte. Davon träumte er, wenn er tagsüber einige private Minuten hatte. Aber er verdiente gut und profitierte von den guten Sozialleistungen seines Arbeitgebers und hatte sich mit den gegenwärtigen Umständen arrangiert. »Und überhaupt«, versuchte er sich einzureden, »warum sollte ich versuchen zu machen, was ich will, wenn ich hier eine sichere Stelle habe?«

Matthias hatte keine Depression. Er zeigte keine Symptome, die man gemeinhin bei einer Stimmungsstörung erwarten würde – Schlafprobleme, Reizbarkeit, Traurigkeit. Aber man sah, dass er unglücklich war, und das war ein Zeichen, dass in seinem Leben etwas Wichtiges fehlte. Sein Nervensystem sagte ihm das ganz deutlich. Aber Matthias hörte nicht zu.

In diesem Kapitel erläutere ich, wie Gefühle funktionieren und warum wir Gefühle brauchen. Ich stelle die Frage in den Raum, ob ein Mensch zu glücklich sein kann. Und schließlich mache ich Sie mit den vier wichtigsten Fragen vertraut, auf die Sie auf der Suche nach echtem Glück treffen werden. Die Antworten auf diese Fragen können Ihr Gefühlsleben für alle Zeiten verändern.

Hallo, hier spricht dein Nervensystem ...

Die meisten Menschen glauben tatsächlich, dass sie ihr Verhalten vollständig im Griff haben – dass sie das Sagen haben und dass alles, was sie sagen und tun, ihrem Willen und ihrer Absicht entspricht. Nun, wer das glaubt, den muss ich enttäuschen: Niemand hat sein Leben derart im Griff.

Was lassen Sie durchblicken?

Vor Kurzem referierte ein Expertin für Körpersprache in einer Nachrichtensendung darüber, wie schwer – eigentlich unmöglich – es für Menschen sei, Gefühle zu verbergen. Sie erklärte, dass die im Inneren verborgenen Gefühle früher oder später nach außen durchscheinen und für andere sichtbar würden.

Beispiele dafür sind etwa ein verärgerter Mann, der die Fäuste ballt, und gleichzeitig lächelt und sich zu beherrschen versucht, eine ängstliche Frau, die die Hände wringt, während sie ihrer Familie und ihren Freunden versichert, dass es ihr gut geht, oder die Person, die immer dann einen traurigen Gesichtsausdruck bekommt, wenn das Gespräch ins Stocken gerät.

Die gute Nachricht ist, dass man nicht nur negative Gefühle nicht verbergen kann. Manche Menschen lassen auch positive Gefühle durchscheinen. Sie zeigen sich in einem Lächeln, einem herzhaften Lachen und einem Glitzern in den Augen. Was lassen Sie durchblicken?

Sie entscheiden nicht, ob Sie Hunger oder Durst haben – diese Gefühle werden von Ihrem Nervensystem erzeugt, das Sie darüber informiert, wenn es an der Zeit ist, etwas zu trinken oder sich etwas zu essen zu holen. Wenn wir keinen Hunger oder Durst empfänden, würden wir wahrscheinlich weder essen noch Flüssigkeiten zu uns nehmen und einfach sterben. Unser Nervensystem – das *zentrale Nervensystem* (dazu gehört das Gehirn und das Rückenmark) und das *vegetative Nervensystem* (das die Gefühle regelt) – hat nur einen Tagesordnungspunkt: unser Überleben. Deshalb brauchen Sie Ärger und deshalb müssen Sie glücklich sein.

Unser Überleben hängt vom Informationsaustausch zwischen Ihrem Nervensystem und Ihnen ab. Wenn Sie plötzlich gereizt sind, sagt Ihnen Ihr Nervensystem, dass Sie irgendeinem ungewollten Stress oder einer Bedrohung ausgesetzt sind – das kann einfach eine nervige Person sein, die sich in Ihrer Nähe aufhält, oder eine Situation, in der es zu heiß ist. Wenn Sie diese Reizumgebung verlassen (sich von der Person entfernen oder die Klimaanlage anschalten), sagen Sie damit Ihrem Nervensystem, dass es damit aufhören kann, sich gereizt zu fühlen – und das tut es dann auch.

So ist das auch mit dem Glück. Wenn Sie plötzlich Befriedigung, Freude oder Zufriedenheit empfinden, spricht Ihr Nervensystem mit Ihnen. Es sagt: »Das ist toll! Das ist genau das, was du wolltest. Das macht dich glücklich. Ich finde das schön – lass uns das öfter machen.«

Gefühle dienen als Kommunikationsmittel zwischen Ihnen und Ihrem Nervensystem, das Ihnen hilft zu überleben. Je gesünder diese Kommunikation ist, desto länger werden Sie leben und desto besser wird Ihre Lebensqualität sein. Das ist es, was hinter dem Wort *Wohlbefinden* steckt, und deshalb wird es so oft mit der Vorstellung von Glück gleichgesetzt.

Das »E« in Ihren Emotionen

Das Wort Emotion besteht aus zwei Teilen. Das *E* steht für Energie und *motion* verweist auf Bewegung. Setzt man beides zusammen, sind Emotionen – positive wie negative – eine Quelle emotionaler Energie, die Sie beständig auf bestimmte Aspekte Ihrer Umgebung zu bewegen oder von ihnen entfernen. Wenn Sie kein aggressiver Mensch sind, bewegt Sie Angst von dem weg, was Sie fürchten. Verfügen Sie dagegen über eine gewisse Aggressivität, kann Angst dazu führen, dass Sie der Ursache dieses Gefühls gegenübertreten. Das Gleiche gilt für Ärger und Wut. Ein aggressiver Mensch wird zum Angriff übergehen, wenn er verärgert ist, während ein nicht-aggressiver Mensch sich von dem distanzieren wird, was ihn in Rage bringt.

Wir beziehen auch aus Glücksgefühlen Energie. Wenn man glücklich ist, möchte man die Arme ausbreiten und die ganze Welt umarmen! Glück verbindet Menschen miteinander und führt zu wechselseitig unterstützenden Beziehungen. Wie ich in Kapitel 2 beschreibe, treibt das Glück den Menschen an, zunächst seine Grundbedürfnisse wie Nahrung und Schutz und später komplexere Bedürfnisse wie Zugehörigkeit, Akzeptanz und Selbstbewusstsein zu befriedigen. Es ist der Motor auf der Suche nach Sicherheit und Sättigung und einer ausreichenden Versorgung mit allem, was zum Überleben nötig ist.

Traurig, wütend und froh

Jeder Mensch kennt eine ganze Bandbreite von Gefühlen. Dazu zählen allgemeine Gefühle wie Aufregung oder Nervosität, aber auch spezifischere wie Ärger, Traurigkeit, Neugier, Schuld, Abscheu – und natürlich auch Freude.

Gefühle haben einen Zweck: Sie versuchen uns etwas darüber zu sagen, wie wir leben. Die Frage ist nur, was sie uns sagen wollen. Wenn Sie glücklich sind, dass Sie pleite sind, kann das bedeuten, dass Ihnen Geld nicht so wichtig ist. Wenn Sie und Ihr Partner keine Kinder zusammen haben, aber sich glücklich fühlen, wenn Sie die Kinder anderer Leute erleben, dann ist vielleicht die Zeit gekommen, eine Familie zu gründen. Es ist Ihre Aufgabe, aus den glücklichen Augenblicken, die Sie erleben, etwas darüber zu lernen, wie Ihr Leben idealerweise aussehen soll.

Trauer teilt Ihnen mit, woran Sie am meisten hängen. Wenn Sie nicht traurig sind, wenn Ihr Hund stirbt, dann war er nicht wirklich *Ihr* Hund. Wenn Sie traurig sind, aus einer Gemeinde wegzuziehen, in der Sie 25 Jahre lang gelebt haben, dann waren Sie Teil dieser Gemeinde – wenn Sie nicht traurig sind, haben Sie nur dort gelebt. Gefühle erzählen Ihre Lebensgeschichte – die glücklichen Jahre, die traurigen Zeiten, die ärgerlichen Augenblicke – und gehen dabei über das hinaus, was man mit Worten ausdrücken kann.

Nehmen Sie sich ein paar Minuten Zeit und denken Sie über Ihr Gefühlsleben nach. Fragen Sie sich, an welche Gefühle Sie sich am besten erinnern können. Vielleicht erinnern Sie sich am ehesten an Trauer oder Freude. Fragen Sie sich, ob Ihr Leben ein gesundes Verhältnis von Trauer, Ärger und Freude hatte oder ob es mehr zu einer Seite neigte? Wenn Sie ein zusammenfassendes Urteil abgeben müssten, würden Sie dann sagen, Sie hatten ein überwiegend glückliches oder ein von Ärger geprägtes Leben? Denken Sie nun darüber nach, wie Sie sich in den letzten drei Monaten gefühlt haben, und stellen Sie sich dieselben Fragen. Stimmt Ihre langfristige Gefühlsperspektive mit der kurzfristigen überein? Wenn Sie in der Vergangenheit glücklicher waren als in letzter Zeit, woran kann das Ihrer Meinung nach liegen? Hat sich etwas verändert? Wenn Sie momentan glücklicher sind als in der Vergangenheit, worauf führen Sie diese Veränderung zum Positiven zurück?

Zu viel Glück gibt es nicht

Negative Gefühle können wirken wie ein Gift. Lange Phasen der Trauer – etwa nach dem Tod eines geliebten Menschen – können in eine Depression führen, die lebensbedrohliche Ausmaße annehmen kann. (Depressionen werden mit Herzerkrankungen in Verbindung gebracht und gelten als Risikofaktor für Herzinfarkte.) Zu viel Angst kann dazu führen, dass Menschen ihre Wohnung nicht mehr verlassen (ein Zustand, der unter dem Namen Agoraphobie bekannt ist, der »Angst vor öffentlichen Orten«), ständig Kopfschmerzen haben und unter Geschwüren und hohem Blutdruck leiden.

Das Gleiche gilt, wenn Sie sich ständig mit Ärger herumplagen müssen. Wie viel Ärger ist zu viel? In *Nicht ärgern für Dummies* (Wiley-VCH) spreche ich von *toxischem Ärger*, wenn die Betroffenen täglich mehr als 25 Minuten am Stück intensiven Ärger (der Stärke 7 auf einer Zehnerskala) erleben. Warum 25 Minuten? Weil die Mehrzahl der Menschen innerhalb dieser Zeitspanne ihren Ärger überwindet.

Die gute Nachricht ist, dass positive Gefühle einschließlich des Glücks nicht toxisch sind. Sie können nicht zu glücklich sein. Wenn Sie also einen Glücksmoment erleben, seien Sie dankbar dafür und hoffen Sie, dass er länger als 25 Minuten dauert!

Wenn Sie das nächste Mal einen glücklichen Augenblick erleben, versuchen Sie, die Intensität des Gefühls auf einer Zehnerskala einzuordnen (1 steht dabei für »gerade mal glücklich« und 10 für »ekstatisch«) und halten Sie fest, wie lange das Gefühl anhält. Je glücklicher Sie sind, desto länger sollte es dauern.

Mit dem eigenen Umfeld in Einklang leben

Ihre Gefühle werden von der Welt beeinflusst, in der Sie leben – Ihrem physischen und sozialen Umfeld. Wenn Sie mit diesem Umfeld in Einklang stehen, sind Ihre Chancen, Glück zu erleben, viel größer.

Nehmen Sie zum Beispiel Erik, einen Mann Anfang zwanzig, der nach dem College-Abschluss in New York lebte. Erik war hochintelligent und hatte eine gut bezahlte Stelle als Ökonom in einem großen Unternehmen an Land gezogen. Zunächst genoss er die vielen Anregungen, die sich in New York boten – Museen, Konzerte und die Shows am Broadway. Es dauerte jedoch nicht lange, da fühlte er sich einsam und begann die Einfachheit des Lebens zu vermissen, das er zu Hause in Virginia hatte. Nach einigen Monaten wurde er immer unglücklicher, bis er schließlich seine Stelle kündigte und zurück nach Hause zog.

Bettina dagegen ist eine echte Großstadtpflanze. Sie zog vor sieben Jahren nach Washington, D.C., und kann sich gar nicht mehr vorstellen, woanders zu leben, trotz der hohen Lebenshaltungskosten, des täglichen Verkehrschaos, der hohen Kriminalitätsrate und der Touristen, die überall im Weg rumstehen. Für sie ist die Stadt ihr Zuhause!

Und dann ist da noch Paul, der irgendwie dazwischen rangiert. Er mag das einfache Leben in der Kleinstadt, in der er lebt – kaum Verkehr, keine langen Wartezeiten in den Restaurants, ein sicheres Gefühl, wenn man abends zu Fuß unterwegs ist. Aber er muss auch zugeben, dass es hier nicht allzu viel gibt, was ihn interessiert. Paul ist nicht unglücklich, aber er verspürt eine gewisse Langeweile.

Wie sieht es bei Ihnen aus? Leben Sie im Einklang mit Ihrem Umfeld? Würden Sie sagen, dass Sie gut in Ihre Umgebung passen, schlecht oder gar nicht? In den folgenden Abschnitten helfe ich Ihnen, diese Frage zu beantworten.

Sie müssen nicht unbedingt in allen Aspekten mit Ihrem alltäglichen Umfeld – Ort, Menschen, Aktivitäten, Motivation – in Einklang leben, um glücklich sein zu können. Es liegt aber auf der Hand, dass Sie glücklicher sein werden, je besser Ihr Umfeld zu Ihnen passt.

Glück ist ein Zeichen dafür, dass man am richtigen Ort ist

Die physische Umgebung ist wichtiger, als den meisten Menschen bewusst ist. Die Vorstellung, dass der Mensch überall glücklich werden kann, wenn er nur will, ist schlichtweg falsch. Es kommt schon auf den Ort an – und mit Ort meine ich unter anderem:

- ✔ Das Land, in dem man lebt
- ✔ Die Region, in der man lebt (wenn Sie in Deutschland leben, wäre das, grob gesagt, der Norden, der Süden, der Westen oder der Osten)
- ✔ Die Größe der Gemeinde
- ✔ Die Architektur
- ✔ Das geografische Profil (zum Beispiel Mittelgebirge, Küste, Ebene)
- ✔ Die Menge an Sonnenlicht, der Sie ausgesetzt sind
- ✔ Wie eng Sie an Ihre Nachbarn heranrücken
- ✔ Wie Sie wohnen (zum Beispiel Wohnung, Haus, Landhaus, Loft)
- ✔ Wie der Geräuschpegel ist
- ✔ Wie »grün« die Umgebung ist (zum Beispiel ein Betondschungel oder ein Viertel mit vielen Bäumen und Parkanlagen)

Führen Sie sich vor Augen, wo Sie jetzt leben. Fragen Sie sich, ob Sie an diesem Ort glücklich sein können. Wenn Sie mit Ja antworten, wissen Sie, dass Ihre Umgebung nicht der Grund ist, warum Sie unglücklich sind. Antworten Sie mit Nein, käme sie als Grund infrage. Wenn dies der Fall ist, sollten Sie eine »geografische Therapie« erwägen – ziehen Sie in eine Gegend, die im Winter mehr Sonne bietet, oder in eine Stadt, in der Sie sich nicht so langweilen.

Glück ist ein Zeichen dafür, dass man mit den richtigen Menschen zusammen ist

Glück ist auch ein Nebenprodukt des sozialen Umfelds, in dem man sich bewegt – die Menschen, mit denen man zu tun hat. Müssen Sie Ihre Familie nahe bei sich haben, um glücklich sein zu können? Müssen Sie Menschen Ihrer eigenen Altersgruppe um sich haben? Haben Sie den ganzen Tag über ausreichend Kontakt zu anderen Menschen? Sind diese Menschen hilfsbereit? Teilen die Menschen, mit denen Sie die meiste Zeit des Tages verbringen, Ihre Interessen – Radfahren, Sport, Kultur? Sind Sie intellektuell auf einer Wellenlänge? Leben Sie allein in einem Umfeld, in dem alle anderen verheiratet zu sein scheinen? Sind Sie ein Liberaler, der sich gegen eine Gruppe Konservativer durchsetzen muss, oder der einzige Konservative in einer Gruppe Liberaler? Die Antworten auf diese Fragen können sehr viel damit zu tun haben, wie glücklich Sie sind.

Denken Sie an die Menschen, mit denen Sie jeden Tag zu tun haben – Ihre Nachbarn, Kollegen, Ihre Familie und Freunde. Leben Sie mit Menschen zusammen, die Sie glücklich machen? Wenn ja, dann wissen Sie, dass andere Menschen nicht der Grund dafür sind, dass Sie unglücklich sind. Wenn nicht, versuchen Sie, neue Freunde zu finden, oder suchen Sie Ihr Glück außerhalb Ihres Berufslebens und Ihrer Nachbarschaft. Davon abgesehen gibt es kein Gesetz, das Ihnen verbietet, näher beim Rest Ihrer Familie zu leben, wenn Sie das glücklich macht,

Glück ist ein Zeichen dafür, dass man das Richtige tut

Ein anderer Bereich Ihres Umfelds hat mit den Aktivitäten zu tun, mit denen Sie Tag für Tag beschäftigt sind. Dazu gehören häusliche Aktivitäten (Ehe und Familie), berufliche Aktivitäten und Gemeinschaftsaktivitäten (etwa die Teilnahme an religiösen oder sportlichen Veranstaltungen und Engagement in Initiativen und Gruppen).

Denken Sie darüber nach, womit Sie Ihre Zeit die Woche über verbringen. Sind Sie allgemein ausreichend aktiv? Betrachten Sie Ihre berufliche Arbeit als sinnvoll oder verdienen Sie nur Ihr Geld damit? Wenn Sie Kinder haben, wie stark sind Sie an ihrer Erziehung beteiligt? Engagieren Sie sich in irgendeiner Form in Ihrer Gemeinde – helfen Sie beispielsweise in einer Suppenküche, besuchen Sie alte Menschen oder arbeiten Sie als freiwilliger Helfer in einer Bibliothek? Helfen Sie regelmäßig Ihren Nachbarn? Sind Sie im Stadt- oder Gemeinderat tätig? Leiten Sie eine Pfadfindergruppe oder trainieren Sie eine Jugendmannschaft? Engagieren Sie sich in der Elternmitarbeit in einer Schule oder einem Kindergarten? Oder sitzen Sie den ganzen Tag zu Hause auf dem Sofa, sehen fern und laufen alle halbe Stunde in die Küche, um sich etwas zu trinken oder zu knabbern zu holen?

Fragen Sie sich, ob Sie etwas tun, das Sie glücklich macht. Wenn Sie mit Ja antworten, ist die Sache einfach: Machen Sie weiter so. Wenn Sie mit Nein antworten, sollten Sie es mit anderen Aktivitäten versuchen – die eben erwähnten Möglichkeiten sind denkbare Aufgaben.

Glück ist ein Zeichen dafür, dass man die richtigen Beweggründe hat

Wenn man glücklich sein möchte, muss man nicht nur die richtigen Dinge am richtigen Ort mit den richtigen Leuten tun – man muss auch noch die richtige Motivation dafür haben. Wenn Sie nur deshalb mit Ihrem Arbeitskollegen Golf spielen, damit Sie ihm zeigen können, wie viel besser Sie sind – und Ihnen die Kameradschaft völlig egal ist –, dann werden Sie wohl gewinnen, aber keine große Freude daran haben. Wenn Sie sich nur deshalb ein Fußballspiel Ihres Kindes ansehen, weil Sie Ärger mit Ihrer Frau bekommen, wenn Sie es nicht tun, dann ist das nicht die richtige Motivation. Und wenn Sie Ihrem Nachbarn nur deshalb helfen, weil Sie darauf zählen, dass er Ihnen dann in Zukunft verpflichtet ist, sind Sie eigentlich kein guter – oder glücklicher – Nachbar.

Veränderungen, auf die es ankommt

Ich kann Ihnen gar nicht sagen, wie viele Menschen ich kenne, die ihr Leben dramatisch verändert und es später bereut haben. Ralf, zum Beispiel, verließ ganz plötzlich seine Frau nach 30 Jahren Ehe – er packte seinen Koffer und spazierte einfach zur Tür hinaus mit den Worten »Ich bringe ein paar Sachen in meine neue Wohnung und komme heute Nachmittag noch mal, um den Rest zu holen«. Seine Frau hatte keine Ahnung, dass ihr Mann so unglücklich war und an Scheidung dachte, und war natürlich am Boden zerstört. Ralf veränderte vieles. Er färbte seine Haare, kaufte sich teure Golfschläger, ließ sich einen Oberlippenbart wachsen, kleidete sich komplett neu ein, um jünger auszusehen, und entfremdete sich grundlegend von seinen drei erwachsenen Kindern.

Aber war er auch glücklich, nachdem er sich so verändert hatte? Nein, denn er änderte nichts in den Bereichen, auf die es ankam. Ralfs Frau war nicht das Problem – das Problem war, dass Ralf jede Menge Ärger und Groll wegen der Fehler und Verluste in seinem Leben in sich hineingefressen hatte. Er war sehr niedergeschlagen und einsam. Golfschläger und ein Oberlippenbart helfen da gar nichts!

Die Lektüre von *Glück für Dummies* kann Ihnen helfen festzustellen, an welchen Punkten Sie Ihr Leben verändern müssen, um glücklich zu werden. Richten Sie Ihr Augenmerk zunächst auf die persönlichen Eigenschaften – Optimismus, Widerstandskraft und Gewissenhaftigkeit –, die das Gefühl der Freude und des Wohlbefindens bewirken (siehe Kapitel 5 bis 7). Anschließend können Sie sich in Verhaltensweisen üben, die Glück hervorrufen. Versuchen Sie es mit dem Flow, stellen Sie sich einer der vielen Herausforderungen des Lebens und entwickeln Sie einen schlüssigen und selbstbewussten Lebensstil (siehe Kapitel 8 bis 12). Danach können Sie damit anfangen, Ihr Leben so umzugestalten, dass sich Arbeit und Freizeit, Geselligkeit und Alleinsein sowie Eigeninteresse und Großzügigkeit ausgewogener gegenüberstehen (siehe Kapitel 13 bis 17). Das sind die Veränderungen, auf die es ankommt – alles andere ist nur Kosmetik!

Schauen Sie sich genau an, was Sie machen – alle Ihre Aktivitäten (von der Arbeit bis zur Freizeit und alles, was dazwischenliegt –, und fragen Sie sich: »Warum?« Tun Sie das, was Sie mit und für andere tun, aus den richtigen Gründen? Wenn Sie darauf mit Ja antworten, müssen Sie nichts ändern. Lautet die Antwort Nein, müssen Sie sich andere Gründe für Ihre Aktivitäten suchen, zum Beispiel: »Ich möchte das Fußballspiel meines Kindes miterleben, damit es auch positive Erinnerungen an mich hat, wenn ich einmal nicht mehr da bin« oder »Golf ist eine prima Art, sich zu bewegen – viel angenehmer als ins Fitnessstudio zu geben und sich auf dem Laufband umzubringen«.

Alle Möglichkeiten nutzen

Vielleicht haben Sie es noch nicht gemerkt, aber das Leben bietet Ihnen vielfältige Möglichkeiten für konstruktive Veränderungen – Möglichkeiten, Dinge gerade zu rücken und richtig zu machen.

Ob eine Veränderung sich als Chance oder als Fluch entpuppt, hängt nicht von der Veränderung selbst, sondern davon ab, was Sie daraus machen. Wenn Sie eine Stelle verlieren, die Sie immer gehasst haben, und sich dazu durchringen, eine neue Stelle zu suchen, die Ihnen besser gefällt, wird Ihr Leben viel glücklicher sein. Entscheiden Sie sich dagegen, sich eine Stelle zu suchen, die genau so ist, wie die, die Sie verloren haben, werden Sie dadurch nicht glücklicher. Es hängt alles von Ihnen ab.

Nehmen Sie sich ein paar Minuten Zeit, über Ihr Leben nachzudenken und fragen Sie sich: »Wie viele Chancen hatte ich, mein Leben zum Besseren zu wenden?« Versuchen Sie, sich diese Punkte in Ihrem Leben ins Gedächtnis zu rufen und erinnern Sie sich genau, wie Sie auf diese Chancen reagiert haben. Waren es verpasste Chancen oder konnten Sie Ihr Leben neu ausrichten? Vielleicht haben Sie diese Chancen verstreichen lassen, weil Sie zu pessimistisch in die Zukunft blickten (siehe Kapitel 5). Vielleicht haben Sie die jeweiligen Situationen als Katastrophen angesehen statt als Chancen (siehe Kapitel 6). Wenn Sie aber der Typ Mensch sind, der in der Vergangenheit die ihm aufgenötigten Chancen (solche, die Sie sich nicht selbst ausgesucht hätten) zu seinem Vorteil genutzt hat, dann haben Sie die besten Voraussetzungen, mit allem fertig zu werden, was noch auf Sie zukommt.

Teil II

Persönliche Eigenschaften, die zum Glück führen

»Er sollte jetzt wieder in Ordnung sein. Ich habe ihm zweieinhalb Stunden in einem Straftäter-Chat aufgebrummt.«

In diesem Teil ...

mache ich Sie mit Erkenntnissen der aufstrebenden Disziplin der positiven Psychologie bekannt, die Sie auf Ihrem Weg ins Glück weiterbringen können. Wenn Sie glücklich sein wollen, hilft es Ihnen sicher weiter, wenn Sie zu den Menschen gehören, für die ein Glas »halb voll« ist – wenn Sie sich vorstellen können, glücklich zu sein, können Sie es auch erreichen!

In diesem Teil werden Sie entdecken, wie Sie das umsetzen können, was Psychologen und Psychiater transformierende Bewältigungsstrategien nennen (man kann auch sagen »aus einem Ackergaul ein Rennpferd machen«). Sie werden erkennen, dass es sich mit Blick auf das Glück auszahlt, ein an ethischen Prinzipien orientierter, ehrlicher und vertrauenswürdiger Mensch zu sein. Anders ausgedrückt: Ihr Gefühle – Ärger oder Glück – spiegeln Ihren Charakter und Ihre wahre Persönlichkeit wider. Sie sind wie ein Spiegelbild im Spiegel des Lebens.

Sollten Sie zu der Erkenntnis gelangen, dass Sie gar nicht so optimistisch, hart im Nehmen und selbstbewusst sind, müssen Sie sich keine Sorgen machen – es ist noch nicht zu spät! In den drei Kapiteln dieses Teils mache ich Sie mit Strategien bekannt, mit deren Hilfe Sie diese positiven Eigenschaften entwickeln und fördern können.

Optimismus

5

In diesem Kapitel

- Optimismus messen
- Die Schlacht gegen die negativen Erwartungen gewinnen
- Den Pessimismus überwinden

Glückliche Menschen betrachten das Glas immer als halb voll – sie sind Optimisten! Egal was den Tag über ihren Weg kreuzt – Enttäuschungen, Krankheiten, Tragödien –, sie sehen immer die Möglichkeit, dass sich alles zum Guten wendet. Optimisten gehen davon aus, dass sie Probleme erfolgreich lösen können, ihre Ziele erreichen und, was das Wichtigste ist, sie erwarten, dass sie glücklich sind.

In diesem Kapitel zeige ich Ihnen, wie Sie Ihre *Weltsicht* – die Art und Weise, wie Sie in die Zukunft blicken – so verändern können, dass sie nicht länger von Zynismus und Pessimismus geprägt ist (»Alles, was schiefgehen kann, wird auch schiefgehen.«), sondern positiv und voller Hoffnung und Zuversicht (»Meistens kriege ich alles so hin, wie ich es gerne hätte.«).

Warum sollten Sie sich diese Mühe machen? Ganz einfach: Mit einer rosigen *Zukunft* vor Augen ist es in der *Gegenwart* leichter, glücklich zu sein.

Was ist so toll am Optimismus?

Abgesehen von der einfachen Erkenntnis, dass Optimisten glücklichere Menschen sind (Sie wollen doch glücklicher sein, oder?), hat der Optimismus noch andere Vorteile zu bieten:

- ✔ **Optimisten sind im akademischen Bereich erfolgreicher als Pessimisten.** Weil optimistische Studenten es für möglich halten, einen guten Abschluss hinzulegen, studieren sie mit mehr Fleiß und Geschick. Sie wählen eine optimale Lernumgebung (sie gehen in die Bibliothek anstatt in ihrer Bude zu hocken) und nehmen bei Bedarf die Hilfe anderer in Anspruch (Kommilitonen, Dozenten). Optimismus, so scheint es, ist ein ebenso verlässlicher Faktor für die Einschätzung der Erfolgsaussichten von Studenten wie ein Eignungstest.
- ✔ **Optimisten sind weniger gefährdet, der Spielsucht zu verfallen, als Pessimisten.** Optimisten sind Realisten und wissen, dass bei Wettspielen die Chancen *immer* zugunsten der Bank verteilt sind. Pessimistische Spieler (das sind die meisten Spieler) vertrauen eher auf ihre »Außenseiterchance« als auf ihre eigene Fähigkeit, Erfolge auf die altmodische Art durch harte Arbeit und Eigeninitiative zu erzielen. Wenn ein Optimist im Spiel verliert, hört er damit auf. Pessimisten dagegen können ihre Verluste nicht abhaken und spielen weiter, in der Hoffnung sie wieder auszugleichen. Da sich ihre Gewinnchancen dabei nur verringern, funktioniert diese Strategie nicht!

- **Optimisten setzen sich meist spezifischere Ziele als Pessimisten (zum Beispiel: »Ich möchte meine Verkaufszahlen dieses Jahr um 20 Prozent steigern.«).** Je konkreter ein Ziel ist, desto höher ist auch die Wahrscheinlichkeit, dass man es erreicht. Ein optimistischer Student möchte in einem Semester einen Notendurchschnitt von 2 erreichen; der pessimistische Student möchte »gut abschneiden«. Auch auf der Suche nach dem Glück sind die Erfolgschancen höher, wenn Sie sich zum Ziel setzen, »eine bessere Ausgewogenheit zwischen Arbeit und Freizeit herzustellen« (siehe Kapitel 15) oder »doppelt so viele aufbauende Erfahrungen pro Woche zu machen« (siehe Kapitel 13), als nur die Parole »Ich möchte glücklich sein.« auszugeben.
- **Optimisten sind selbstbewusster als Pessimisten.** Sie glauben mehr an *sich* als an die Macht des Schicksals. (Sie setzen auch eher auf sich als auf Pferde!)
- **Optimisten sind meist bessere Problemlöser als Pessimisten.** Wenn pessimistische Studenten in einem Test eine 5 kassieren, denken sie so etwas wie »Ich wusste, dass ich dieses Studienfach besser nicht genommen hätte. Psychologie liegt mir nicht. Ich verschwende meine Zeit – und das Geld meiner Eltern.«. Wenn ein optimistischer Student schlecht abschneidet, sagt er sich: »Das kann ich besser. Ich habe mich einfach nicht genug angestrengt bei diesem Test. Das kann ich ändern. Beim nächsten Mal schneide ich besser ab.« Und das tut er dann auch!
- **Optimisten sind ausdauernder und halten durch.** Sie geben nicht so leicht auf!
- **Optimisten tun mehr für ihr Glück als Pessimisten.** Warten Sie darauf, dass das Glück zu Ihnen kommt? Wenn ja, sind Sie wohl eher ein Pessimist. Wenn Sie wissen, dass das Glück draußen auf Sie wartet, irgendwo in der Zukunft, und Sie willens sind, es zu finden (mithilfe der Strategien, die ich Ihnen in diesem Buch anbiete), sind Sie ein Optimist. So einfach ist das.
- **Optimisten nutzen nach einem Misserfolg eher ihre zweite Chance als Pessimisten.** Optimisten nehmen beim Golf immer einen *Mulligan* (eine straflose Wiederholung eines missglückten Schlages am *ersten* Abschlag) in Anspruch. Warum? Weil sie davon ausgehen, dass sie beim zweiten Versuch besser abschneiden.
- **Optimisten sind anderen Menschen gegenüber aufgeschlossener als Pessimisten.** Ich liebe diesen Satz aus dem Film *Besser geht's nicht*, wenn Carol Kennedy (Helen Hunt) Melvin Udall (Jack Nicholson) fragt, warum er eine Beziehung mit ihr eingehen möchte, und er antwortet: »Du machst, dass ich ein besserer Mensch sein will.« Aufgeschlossene Menschen glauben, dass die Zeit, die sie mit anderen Menschen verbringen, sie in irgendeiner Weise besser macht – klüger, interessanter, attraktiver. Leider sehen die Pessimisten, wenn überhaupt, nur einen geringen Nutzen darin, sich anderen Menschen zuzuwenden.
- **Optimisten sind nicht so einsam wie Pessimisten.** Weil Pessimisten keinen großen Sinn darin sehen, die Gesellschaft anderer Menschen zu suchen, gehen sie in ihrem Leben viel weniger soziale und emotionale Bindungen ein, und das ist schließlich ein Merkmal von Einsamkeit. (In Kapitel 16 unterscheide ich zwischen allein sein und einsam sein.)
- **Optimisten nutzen die Unterstützung durch andere Menschen besser als Pessimisten.** Sie haben keine Angst davor, in schwierigen Zeiten die Hand auszustrecken.

- ✔ **Optimisten schieben die Schuld für ihre Misserfolge seltener auf andere als Pessimisten.** Wenn man die Schuld für die eigene Misere bei anderen sucht, sagt man damit eigentlich: »Du bist die *Ursache* meines Problems und deshalb musst du auch zu seiner *Lösung* beitragen.« Optimisten haben in ihrem Leben mit ebenso vielen Problemen zu kämpfen wie Pessimisten – sie nehmen aber eher die Verantwortung für die Lösung ihrer Probleme an.

- ✔ **Optimisten achten eher darauf, Safer Sex zu praktizieren, als Pessimisten.** Studien zeigen, dass homosexuelle Männer mit einer optimistischen Grundhaltung eher dazu neigen, beim Sex auf Nummer sicher zu gehen – weniger Partner, Verwendung von Kondomen – als solche, die ihre Chancen, sich mit HIV zu infizieren und die Krankheit weiterzugeben, pessimistisch (man könnte auch sagen fatalistisch) einschätzen.

- ✔ **Optimisten können Stress besser bewältigen als Pessimisten.** Pessimisten machen sich Sorgen, Optimisten handeln. Ein pessimistischer Patient mit einer Erkrankung der Herzkranzgefäße »betet und hofft«, dass er nicht bald wieder einen Herzinfarkt erleidet. Der optimistische Patient überlässt möglichst wenig dem Zufall. Er treibt regelmäßig Sport, macht Meditationsübungen, hält eine cholesterinarme Diät ein und achtet darauf, dass er ausreichend schläft (Kardiologen lieben optimistische Patienten!).

- ✔ **Optimisten kümmern sich eher um Gesundheitsvorsorge als Pessimisten (beispielsweise indem sie Sonnenschutzcreme benutzen, um Hautkrebs vorzubeugen).** Pessimisten warten grundsätzlich, wie sich ihr Gesundheitszustand entwickelt, während Optimisten sich aktiver dafür einsetzen, dem Entstehen von Krankheiten entgegenzuwirken.

- ✔ **Optimisten lassen sich mit geringerer Wahrscheinlichkeit von chronischen Schmerzen aus der Bahn werfen.** Nachdem ich 40 Jahre mit chronischen Schmerzpatienten gearbeitet habe, weiß ich, dass ein Patient, der am Ende des Tunnels nichts anderes als seine körperliche Behinderung sehen kann, sich von vornherein wie ein Behinderter verhält. Am Anfang eines effektiven Schmerzmanagements steht die optimistische Einschätzung, dass man zwar Schmerzen haben kann, aber trotzdem nicht an einem einigermaßen normalen Leben gehindert werden muss.

- ✔ **Optimisten sorgen eher für einen ausgeglichenen Vitaminhaushalt als Pessimisten.** Optimisten beugen in Bezug auf ihre Gesundheit und ihr Wohlbefinden vor.

- ✔ **Optimisten streben nach einem Herzinfarkt eher eine Rehamaßnahme an als Pessimisten.** Wenn Sie nicht davon überzeugt sind, dass eine Rehamaßnahme gut für Sie ist, was soll sie dann nutzen? Bei einigen Patienten muss man erst einmal das Denken in die Reha schicken (damit sie optimistischer in die Zukunft blicken lernen), bevor man den Körper nachkommen lässt.

- ✔ **Optimisten leiden seltener unter Depressionen und begehen seltener Selbstmord als Pessimisten.** Optimisten – selbst depressive Optimisten – sehen immer ein Licht am Ende des Tunnels. Das ist bei depressiven Pessimisten anders. Sie sehen nur eine unendliche Finsternis, aus der Verzweiflung und Hoffnungslosigkeit dringen. (Ein großer Teil der Behandlung von Menschen mit Depressionen zielt darauf, ihnen mit aller Anstrengung so lange eine optimistische Sichtweise zu erhalten, bis man ihre Stimmungsstörung heilen kann.)

- ✔ **Optimisten haben ein widerstandsfähigeres Immunsystem als Pessimisten.** Das Grundprinzip der Gesundheitspsychologie und der Verhaltensmedizin ist die Überzeugung, dass Körper und Geist aufgrund unserer Lebensweise untrennbar miteinander verbunden sind. Wenn Sie ein stabiles, gesundes und glückliches Leben leben – was Ihnen sicher leichter fallen wird, wenn Sie optimistisch in die Zukunft blicken –, haben Sie auch ein widerstandsfähiges Immunsystem, einen unsichtbaren Schutzschild, der Sie vor Schäden bewahrt und Sie schnell wieder auf die Beine bringt, wenn Sie krank werden. Eine verbesserte Immunabwehr ist ohne Frage auch auf eine gesunde Ernährung, sicheren Sex, ein sozial aktives Leben und eine gute gesundheitliche Vorsorge zurückzuführen – so sehen es zumindest die Optimisten!

Optimismus ist einfach unschlagbar, wenn … nun, wenn es um alle Lebensbereiche geht, von der Gesundheit bis zu Beziehungen. Seine Vorteile können gar nicht hoch genug geschätzt werden!

Halten Sie durch

Meine Tante Lilian ist ein Paradebeispiel für Optimismus! Sie hatte kein leichtes Leben, aber sie machte immer einfach weiter und hielt immer bis zum Ende durch. Ihre Eltern starben, als sie noch ein kleines Kind war, und ihre Geschwister wuchsen schließlich in einem Waisenhaus auf. Mit Anfang zwanzig wurde sie in einen schweren Autounfall verwickelt, bei dem ihr Knie zertrümmert wurde. Ihr Bein blieb steif, und nicht zuletzt deshalb heiratete sie schließlich einen viel älteren Mann und konnte keine eigenen Kinder haben.

Sie musste ihr Leben lang als Sekretärin arbeiten – schon zu Zeiten, als Frauen noch nur ungern außer Haus arbeiteten – und verdiente nie viel Geld. Eines Tages fiel ihr Mann aufgrund eines geplatzten Aneurysmas von einer Sekunde auf die andere tot um, sodass Lilian die letzten 20 Jahre ihres Lebens allein verbrachte. Mit Mitte siebzig erlitt sie einen Schlaganfall und lebte die letzten zehn Jahre ihres Lebens halbseitig gelähmt in einem Pflegeheim.

Dennoch hat sich Lilian nie beklagt. Immer hatte sie ein hinreißendes Lächeln auf den Lippen, nie verlor sie über andere Menschen auch nur ein schlechtes Wort. Sie lachte viel und sorgte dafür, dass sich alle Menschen, die mit ihr zu tun hatten – mich eingeschlossen –, wohlfühlten. Ich erinnere mich noch an den Abend, als ich meiner Familie mitteilen musste, dass ich durchs Examen gerasselt war und unter Umständen meine Ausbildung nicht würde abschließen können. Die anderen machten einen geschockten und niedergeschlagenen Eindruck, außer Tante Lilian. Sie umarmte mich und sagte: »Mach dir keine Sorgen, Schatz, das wird schon. Du kriegst das hin. Du wirst sehen.« Und sie hatte recht.

Wie optimistisch sind Sie?

Sie sind sich nicht sicher, wie optimistisch Sie sind? Für den Fall habe ich einen kleinen Bewertungskatalog für Sie zusammengestellt, der Ihnen helfen kann herauszufinden, wie positiv (oder negativ) Sie Ihre Zukunft sehen. *Vergessen Sie nicht:* Wenn Sie etwas von diesem Fragebogen haben möchten, müssen Sie absolut ehrlich antworten.

Kreuzen Sie bei den folgenden Aussagen jeweils eine Bewertung an:

1. **Wenn Sie sich nicht sicher sind, wie sich die Dinge in der Zukunft entwickeln werden, sind Sie hoffnungsvoll.**
   - Mit Sicherheit falsch: 0
   - Falsch: 1
   - Richtig: 2
   - Mit Sicherheit richtig: 3
2. **Sie glauben, dass es im Leben viele Situationen gibt, denen man nichts Positives abgewinnen kann.**
   - Mit Sicherheit falsch: 0
   - Falsch: 1
   - Richtig: 2
   - Mit Sicherheit richtig: 3
3. **Sie glauben, wenn Sie in der Vergangenheit Fehler gemacht haben, werden Sie diese auch in Zukunft machen.**
   - Mit Sicherheit falsch: 0
   - Falsch: 1
   - Richtig: 2
   - Mit Sicherheit richtig: 3
4. **Wenn Sie vor einer Herausforderung stehen, ist Ihr erster Gedanke immer ein positiver.**
   - Mit Sicherheit falsch: 0
   - Falsch: 1
   - Richtig: 2
   - Mit Sicherheit richtig: 3
5. **Nur weil andere Leute sagen, dass etwas unmöglich ist, muss es nicht so sein.**
   - Mit Sicherheit falsch: 0
   - Falsch: 1

- Richtig: 2
- Mit Sicherheit richtig: 3

6. Sie betrachten jeden Tag als eine willkommene neue Chance.

- Mit Sicherheit falsch: 0
- Falsch: 1
- Richtig: 2
- Mit Sicherheit richtig: 3

Jetzt können Sie die Punktwerte Ihrer Antworten addieren. Wenn Sie bei 9 Punkten oder höher liegen, sind Sie definitiv ein Optimist. Liegt Ihr Ergebnis unter 9 Punkten, müssen Sie noch etwas an Ihrem Optimismus arbeiten. Das Ergebnis dieser Auswertung ist in der Regel zwar relativ stabil über die Jahre, aber ich kann Ihnen versichern, dass Sie Ihre Punktzahl mit etwas Einsatz durchaus *verbessern* können.

Ob Sie es glauben oder nicht, es ist möglich, allzu optimistisch zu sein. Wenn Sie zwischen 15 und 18 Punkte erreicht haben, leiden Sie möglicherweise unter *übertriebenem Optimismus* – Sie glauben nicht nur, dass Ihnen in der Zukunft Gutes widerfahren *kann*, Sie bestehen sogar darauf, *dass es so kommt*. Ich hoffe für Sie, dass Sie recht haben – aber nicht für jedes Problem gibt es eine Lösung, und vielleicht erkennen Sie nicht, wann es an der Zeit ist, aufzugeben und sich anderen Dingen zuzuwenden. (Sie glauben mir nicht? Lesen Sie den Kasten »Sechzehn Jahre und kein Ende« in diesem Kapitel.)

Sechzehn Jahre und kein Ende

Eine meiner früheren Klientinnen kam zu ihrer ersten Behandlungsstunde, gut angezogen und mit einem Lächeln im Gesicht. Als wir uns gesetzt hatten und ich sie fragte, wie es ihr ginge, brach sie unvermittelt in Tränen aus und konnte sich 20 Minuten lang kaum beruhigen. Ich konnte sehen, dass sie in großer emotionaler Bedrängnis war, also blieb ich bei ihr sitzen und ließ sie weinen. Als sie sich beruhigt hatte – das Gesicht von Maskara verschmiert und ihre Seidenbluse nass von Tränen –, stellte ich ihr eine zweite Frage: »Meine Güte, wie lange fühlen Sie sich schon so?«

»Sechzehn Jahre«, antwortete sie, und dann schluchzte sie weitere 20 Minuten lang.

Ich fragte weiter: »Warum haben Sie sich nicht schon früher Hilfe geholt – vor zehn oder vor fünf Jahren – warum haben Sie bis heute gewartet?«

Ihre Antwort werde ich nie vergessen: »Ich habe halt gedacht, es würde von selbst besser.« Das ist falsch verstandener Optimismus. Man *kann* also auch etwas an sich Gutes übertreiben. Es ist nichts Schlimmes daran zuzugeben, dass man schlecht dran ist und Hilfe braucht.

Glück: Eine sich selbst erfüllende Prophezeiung

Das Leben ist nicht annähernd so stark von Zufällen geprägt, wie wir manchmal gerne annehmen – und das gilt auch für das Glück. Sie sind in jedem Fall besser dran, wenn Sie nicht auf glückliche Fügungen, das Schicksal oder die Vorsehung bauen und stattdessen Ihre Zukunft als eine sich selbst erfüllende Prophezeiung betrachten. Einfach ausgedrückt: Ihre Einstellungen von *heute* bestimmen im Großen und Ganzen, wie sich die Dinge *morgen* für Sie entwickeln.

Kann nicht, konnte noch nie

Hier ein Gespräch zwischen Andreas und seinem Onkel, wie es die beiden in Andreas Jugendzeit öfter hatten:

Onkel: Und, wie geht's? Wie war dein Tag?

Andreas: Anstrengend. Ich bin nicht sicher, ob ich für diese Arbeit gemacht bin.

Onkel: Warum nicht? Du bist jung und gesund. Wo liegt das Problem?

Andreas: Es ist eben einfach anstrengend – anstrengender als ich dachte.

Onkel: Sicher, die meisten Dinge im Leben sind schwieriger, als wir uns das vorstellen. Aber wir passen uns an, gewöhnen uns daran, und dann ist es gar nicht so schlimm.

Andreas: Ich weiß nicht. Ich denke darüber nach, aufzuhören. Ich glaube, ich kann das nicht schaffen.

Onkel: Lass dir eines gesagt sein, mein Lieber: Kann nicht konnte noch nie!

Wenn Andreas bloß jedes Mal, wenn sein Onkel diesen Satz sagte, einen Cent bekommen hätte – Kann nicht konnte noch nie –, dann wäre er heute wohl ein reicher Mann. Die Botschaft war simpel, aber tiefsinnig: Wenn man sich selbst versichert, dass man etwas nicht schafft, dann findet man auch eine Möglichkeit, es nicht zu schaffen. Je mehr man an die Möglichkeit des Versagens denkt, desto eher wird man versagen – in der Schule, am Arbeitsplatz, in Beziehungen. Und je öfter man tatsächlich versagt, desto eher erwartet man, weiter zu versagen. Das ist der Teufelskreis des Pessimismus. Man wird sein eigener Unheilsverkünder!

Herzglück

Forscher an der Harvard School of Public Health haben in einer zehn Jahre laufenden Studie mit 1.300 gesunden Männern herausgefunden, dass Pessimisten ein doppelt so hohes Infarktrisiko tragen als Optimisten. Dabei wurden auch die traditionellen Risikofaktoren wie Rauchen berücksichtigt. Sie können darauf wetten, dass die optimistischen Männer – und ihre Familien – über dieses Ergebnis sehr glücklich waren.

Stellen Sie sich jeden Morgen, wenn Sie aufstehen, vor den Spiegel und sagen Sie sich die folgenden Sätze zehnmal laut auf: »Ich bin bereit, mich dem Leben zu stellen. Ich werde heute Gutes erleben – ich weiß es. Ich werde alle Hindernisse, die sich mir in den Weg stellen, überwinden.« Machen Sie dann weiter wie gewohnt, und Sie werden sehen, wie es Ihnen ergeht.

Ich weiß, ich kann's, ich weiß, ich kann's ...

Meiner Meinung nach kann man aus Kinderbüchern einige wichtige psychologische Erkenntnisse gewinnen. Ich verwende sie deshalb auch als therapeutische Hilfsmittel in der Behandlung von Kindern und gelegentlich auch von erwachsenen Klienten. Eines meiner absoluten Lieblingsbücher in dieser Hinsicht ist die Geschichte *Die kleine Dampflokomotive* (Original: *The Little Engine That Could*). Als Kind war ich ganz verrückt nach dieser Geschichte und auch heute finde ich sie immer noch lehrreich.

Die kleine Dampflokomotive ist eine optimistische Geschichte. Es geht darum, dass man erfolgreich ist, wenn man sich sagt: »Ich weiß, ich kann's, ich weiß, ich kann's ...« Darüber hinaus vermittelt die Geschichte folgende Einsichten:

- ✔ Mit Optimismus kann man unerwartete Hindernisse überwinden.
- ✔ Man braucht Optimismus, um anderen in der Not helfen zu können.
- ✔ Optimismus ist nicht notwendig, wenn man es leicht hat im Leben – nur wenn es richtig dick kommt.
- ✔ Optimismus ist hilfreich, wenn keiner da ist, der einem helfen kann.
- ✔ Optimismus ist ein gutes Mittel gegen Traurigkeit.
- ✔ Optimismus ist auch für die verfügbar, die sich selbst als unwichtig betrachten.
- ✔ Es gibt sehr viele pessimistische Menschen da draußen.
- ✔ Optimismus gibt Kraft – mit seiner Energie kann man Berge versetzen.
- ✔ Alle lieben Optimisten!

Negative Erwartungen in die Flucht schlagen

Josef, ein Psychologe im mittleren Alter, ist das, was man einen »verkappten Pessimisten« nennt. Nach außen hin sieht und klingt Josef wie ein Optimist. Seinen Klienten und seiner Familie und seinen Freunden gibt er jederzeit gerne Ratschläge wie »Das wird schon wieder – du wirst sehen« oder »Es kommen auch wieder bessere Zeiten«. Aber was seine eigene Zukunft betrifft, ist Josef viel pessimistischer. Er sagt: »Jedes Mal, wenn das Telefon klingelt, ist mein erster Gedanke: ›Mein Gott, was ist jetzt schon wieder passiert?‹ Ich hasse mich dafür, aber ich kann es nicht ändern – der Gedanke kommt ganz automatisch.«

Josef denkt wie ein Pessimist. Wie Millionen andere Menschen, wuchs er in einer Alkoholikerfamilie auf. Josef schildert es so: »In unserer Familie trennte uns immer nur eine weitere Dose Bier vom Chaos. Unsere Zukunft stand immer auf wackeligen Beinen.« Als Kind hoffte Josef immer das Beste, aber er erwartete das Schlimmste – das ist die Überlebensstrategie von Alkoholikerkindern. Das Problem ist nur, dass der Pessimismus, der Josef in seiner Kindheit schützte, hartnäckig in ihm weiterlebt und heute sein psychisches und emotionales Leben unnötig kompliziert.

Wenn Sie sich in Josefs Geschichte wiedererkennen, kann ich Ihnen eine gute Nachricht überbringen: Sie können die Schlacht gegen Ihre negativen Erwartungen gewinnen. *Vergessen Sie nicht:* Alles, was man gelernt hat, kann man auch wieder verlernen. Sie haben gelernt, mit dem Schlimmsten zu rechnen, und Sie können es wieder verlernen. Dazu gilt es, fünf einfache Regeln zu befolgen:

- ✔ **Akzeptieren Sie die Tatsache, dass Sie im Grunde ein Pessimist sind.** Sie müssen es ja nicht überall herumerzählen, aber sich selbst gegenüber sollten Sie ehrlich eingestehen, dass Sie vor der Herausforderung stehen, ein positiv denkender Mensch zu werden.
- ✔ **Akzeptieren Sie die Tatsache, dass Ihr erster Gedanke immer ein negativer ist – das ist einfach so.** Aber diesen Gedanken müssen Sie ja nicht weiterverfolgen. Verweilen Sie nicht dabei und lassen Sie diesen Gedanken in diesem Moment nicht Ihr Verhalten bestimmen.
- ✔ **Denken Sie daran, dass der zweite Gedanke zählt.** Lernen Sie, sich gegen Ihren ersten pessimistischen Gedanken zu wehren, indem Sie einen optimistischen Gedanken dagegensetzen. Aus »Ich weiß nicht, ob ich das schaffe« wird »Toll, was für eine große Chance!«
- ✔ **Trennen Sie die Vergangenheit von der Gegenwart (und der Zukunft).** Fangen Sie damit an, sich zu sagen: »Das war damals; das ist heute.« Verbinden Sie das Chaos Ihrer frühen Jahre (oder jegliche andere negative Erfahrungen aus dieser Zeit) nicht länger mit den Erwartungen, die Sie an Dinge knüpfen, die heute für Sie wichtig sind.
- ✔ **Belohnen Sie sich für diese selbst initiierte Veränderung Ihrer Denkweise.** Klopfen Sie sich wohlwollend auf die Schulter oder gönnen Sie sich Ihren Lieblingseisbecher im Eiscafé.

Den Pessimismus überwinden

Wenn Sie herausgefunden haben, dass Sie ein Pessimist sind, was können Sie dann tun, um das zu ändern? Sehr viel! Hier meine Empfehlungen:

- ✔ **Kämpfen Sie nicht dagegen – ändern Sie es.** Zunächst müssen Sie die Tatsache akzeptieren, dass Sie immer zuerst einen negativen Gedanken haben, und sich dieser Tatsache nicht widersetzen. Dieser Widerstand ist reine Energieverschwendung. Je mehr Sie sich dagegen sträuben, desto hartnäckiger wird sich Ihr Pessimismus halten – versuchen Sie mal, nicht an das Wort *Elefant* zu denken, und warten Sie, was passiert. Nun können Sie nämlich an nichts anderes denken als an Elefanten! Der Schlüssel liegt also darin, die eigene Denkweise zu ändern.

- ✔ **Bauen Sie Ihre Gedanken so um, dass Sie immer mit einer positiven Aussage enden.** Anstatt zum Beispiel zu denken: »Ich kann das schaffen, aber es wird schwer werden.«, sollten Sie sich sagen: »Es wird schwer werden, aber ich kann es schaffen.« Das Letzte, was Ihr Gehirn hört, sollte etwas Positives sein.
- ✔ **Suchen Sie die Gesellschaft optimistischer Menschen.** Einstellungen sind ansteckend. Kennen Sie jemanden, für den das Glas immer halb voll ist? Mit dieser Person sollten Sie sich einmal zusammensetzen!
- ✔ **Entwickeln Sie einen persönlichen Aktionsplan zur Neugestaltung Ihrer Einstellung.** Ihre negativen Denkweisen haben Sie fest im Griff. Aus dieser Umklammerung müssen Sie sich befreien. Mit der folgenden Methode kann Ihnen das gelingen:

1. **Suchen Sie sich ein wichtiges Ziel aus – etwas, das Sie erreichen wollen, aber bisher zurückgestellt haben oder fürchten, nicht erreichen zu können.**

   Am besten fangen Sie klein an – wählen Sie etwas, das minimalen Aufwand erfordert, aber einen großen Nutzen hat. Die Neugestaltung Ihrer Einstellung soll eine Evolution sein – eine langsam fortschreitende Veränderung – keine Revolution.

   Sie könnten zum Beispiel sagen: »Ich möchte nach Berlin reisen und meine Schwester besuchen.«

2. **Benennen Sie die Motivation für das Erreichen dieses Ziels.**

   Hier ist der Grund gefragt, aus dem Sie dieses Ziel verfolgen. Warum zum Beispiel möchten Sie Ihre Schwester in Berlin besuchen? Eine Antwort könnte sein: »Ich möchte die Freude spüren, alte Familienbindungen wieder aufleben zu lassen. Ich brauche mal einen Tapetenwechsel. Ich will meiner Alltagsroutine mal wieder entfliehen.«

3. **Fragen Sie sich, wie stark Sie sich auf einer Skala von 1 bis 10 für dieses Ziel einsetzen.**

4. **Zählen Sie drei Dinge auf, die Sie benötigen, um das Ziel zu erreichen.**

   Wenn Sie zum Beispiel Ihre Schwester in Berlin besuchen wollen, müssen festlegen, wie Sie dorthin kommen wollen, Ihre Schwester anrufen und einen Termin ausmachen und ein zuverlässiges und komfortables Fahrzeug haben.

5. **Fragen Sie sich, ob Sie irgendwelche Hindernisse sehen, die Sie davon abhalten könnten, Ihr Ziel zu erreichen.**

6. **Fragen Sie sich, wie zuversichtlich Sie sind, dieses Ziel erreichen zu können.**

   Sie können sich für etwas engagieren, aber dennoch nicht davon überzeugt sein, dass Sie sich durchsetzen. Engagement hat mehr damit zu tun, Anstrengungen auf sich zu nehmen, Zuversicht mehr mit dem Glauben an sich selbst.

7. **Bringen Sie den Ball ins Rollen, indem Sie den ersten Schritt aus Schritt 4 machen, den Sie tun müssen, um Ihr Ziel zu erreichen.**

   Nachdem Sie den ersten Schritt getan haben, belohnen Sie sich mit einem symbolischen Schulterklopfen oder sagen laut: »Gut für mich!«

8. **Erledigen Sie den zweiten Punkt, den Sie in Schritt 4 aufgelistet haben. Anschließend arbeiten Sie auch den dritten Punkt ab.**

   Vergessen Sie nicht, sich nach jedem Schritt zu belohnen – das hält Sie auf Kurs.

Was Sie hier versuchen, ist eine Änderung Ihrer pessimistischen Einstellung, indem Sie *erst* Ihr Verhalten ändern. Normalerweise denkt man, dass die Einstellungen das Verhalten steuern – wie ein Pferd, das einen Wagen zieht. Ich möchte aber, dass Sie es genau anders herum machen und sich vorstellen, dass Ihre Einstellung Ihrem Verhalten *folgt* – im Prinzip spannen Sie damit den Wagen vor das Pferd!

Der hier beschriebene Ansatz, den Wagen vor das Pferd zu spannen, ist im Grunde das, was man heute Verhaltensmedizin nennt. Kennzeichnend für diese neue Herangehensweise an unsere Gesundheit und unser Wohlbefinden, an deren Entwicklung ich die Ehre hatte beteiligt zu sein, ist, dass man sein Ziel, in unserem Fall das Glück, mithilfe seiner Verhaltensweisen erreicht.

Sport und Optimismus

Vor einigen Jahren führte ich zusammen mit mehreren Kollegen in einem kommunalen Krankenhaus eine kleine Studie mit Herzpatienten durch, bei der wir ihren Optimismus testeten und überprüften, wie gut sie ihr Bewegungsprogramm befolgten, das ihr Kardiologe ihnen verordnet hatte. Wir waren nicht überrascht, dass zwischen diese beiden Faktoren ein Zusammenhang bestand. Die Patienten, deren Einstellung am optimistischsten war, führten das Programm am intensivsten durch, und umgekehrt waren diejenigen, die am intensivsten trainierten, die optimistischsten Probanden. Das legt nahe, dass man selbst dann, wenn man anfangs nicht optimistisch ist, schließlich optimistisch wird, wenn man sich an das Bewegungsprogramm hält.

Robuste Persönlichkeit

6

In diesem Kapitel

- Meister des eigenen Schicksals sein
- Ein sinnvolles Leben führen
- Wie robust sind Sie?
- Krisen als Herausforderungen sehen
- Stress als Energiequelle

Rudi war ein faszinierender Mann. Geboren in Deutschland in den frühen Dreißigerjahren, war er einer von Millionen Juden, die vom Holocaust betroffen waren – in einer Zeit voller unaussprechlicher Gräueltaten. Rudi hat das Konzentrationslager Auschwitz-Birkenau überlebt, das größte deutsche Vernichtungslager. Am meisten beeindruckt hat mich jedoch die Tatsache, dass Rudi über seine Kriegserfahrungen ohne eine Spur von Bitterkeit oder Leiden sprechen konnte. Keine Frage, er war ein Opfer, aber in gewisser Weise auch wieder nicht. Vierzig Jahre nach seinen schrecklichen Erlebnissen war Rudi ein glücklicher Mann, ein erfolgreicher Architekt, ein liebender Ehemann und Großvater und ein guter Nachbar.

Was war sein Geheimnis? Was ermöglichte ihm, den Albtraum Auschwitz zu überleben und sein Leben weiterzuführen? Was hatte er, was andere weniger glückliche Menschen nicht hatten? Die Antwort auf diese Fragen findet sich in der Arbeit des Psychologen Salvatore Maddi, der als Erster das Konzept der *robusten Persönlichkeit* in die wissenschaftliche Diskussion einführte. Dr. Maddi zufolge sind Menschen mit einer robusten Persönlichkeit wie winterharte Pflanzen und Tiere – sie sind widerstandsfähig. Sie überleben alle Widrigkeiten, meistern die Stürme des Alltags und werden dabei im Laufe ihres Lebens stärker, kompetenter und glücklicher.

Der Holocaust: Gestern und heute

Eine Untersuchung mit 38 Überlebenden des Holocaust ergab, dass die Opfer, die das Trauma ihrer Vergangenheit immer weiter durchlebten, in der Zeit seit dem Kriegsende mit größeren psychischen Problemen zu kämpfen hatten – etwa Ängste, Phobien, Schlaflosigkeit, Depressionen, Weinkrämpfe, Selbstmordgedanken, Feindseligkeit und Selbsthass – als diejenigen Opfer, die Wege gefunden haben, ihr Leben nicht so sehr von den schrecklichen Erlebnissen während des Krieges beeinflussen zu lassen. Die weniger robusten Seelen, die sich nicht von ihrer Vergangenheit lösen konnten, wurden zu ewigen Opfern ihrer schrecklichen Vergangenheit.

In diesem Kapitel helfe ich Ihnen herauszufinden, ob Sie eine robuste Persönlichkeit haben, und wenn nicht, wie Sie widerstandsfähiger werden können. Anders als Dr. Maddi und seine

Kollegen von der Universität Chicago, die sich hauptsächlich für die Verbindung zwischen Robustheit und körperlicher Gesundheit interessierten, möchte ich Ihre Aufmerksamkeit auf den Einfluss der Robustheit auf Ihre psychische Gesundheit lenken.

Robustheit entwickeln

Robustheit ist eine komplexe persönliche Eigenschaft, die aus drei wesentlichen Elementen besteht: der Kontrolle über das eigene Leben, dem Engagement für Dinge und andere Menschen und der Fähigkeit, Herausforderungen positiv anzugehen. Alle drei Elemente sind gleichermaßen wichtig, entscheidend ist, dass sie zusammen wirken.

Was ist also der Unterschied zwischen robusten und nicht robusten Persönlichkeiten und welche Rolle spielen dabei Kontrolle, Engagement und Herausforderung? Robuste Persönlichkeiten

- ✔ **möchten die Kontrolle über ihr Leben in der Hand haben.** Nicht robuste Persönlichkeiten dagegen überlassen sich mehr dem Glück, Schicksal, Zufall und dem Tun anderer Menschen. Weil sie die Kontrolle abgeben, sieht ihr Leben anders aus.
- ✔ **engagieren sich für die Dinge und Menschen, die ihnen am wichtigsten sind.** Nicht robuste Persönlichkeiten fühlen sich ihrer Umwelt entfremdet und weniger verbunden. Robuste Arbeitnehmer beispielsweise sind im Beruf mit Herz und Seele bei der Sache, während für die nicht robusten die Arbeit nur dazu dient, den Lebensunterhalt zu verdienen.
- ✔ **betrachten ihr Leben als eine Reihe von Herausforderungen.** Nicht robuste Menschen betrachten ihr Leben dagegen als »ein verdammtes Problem nach dem anderen«.

In den nachfolgenden Abschnitten gehe ich detaillierter auf diese drei Elemente ein.

Kontrolle

Möchten Sie der Herr Ihres eigenen Schicksals sein? Vertrauen Sie auf Ihre Fähigkeit, mit allem fertig zu werden, was das Leben Ihnen in den Weg stellt? Glauben Sie an das Sprichwort »Erfolg ist 10 Prozent Inspiration und 90 Prozent Transpiration«? Wenn Sie von anderen Menschen ausgenutzt werden, sagen Sie sich dann: »Das liegt nur daran, dass ich es zulasse«? Geben Sie regelmäßig Ihre Stimme ab, weil Sie denken, dass Ihre Stimme zählt? Wenn Sie diese Fragen mit Ja beantwortet haben, dann ist Ihnen das besonders wichtig, was auch als innere Kontrolle bezeichnet wird: Sie glauben daran, dass Ihr Glück im Leben letztlich von Ihren inneren Werten – Intelligenz, Mut, Kreativität – abhängt.

Wilhelm hat sein Leben lang viel innere Kontrolle gezeigt. Als im Alter von 17 Jahren sein linker Lungenflügel zu bluten begann, brach mit einem Mal seine ganze Welt zusammen – ein großer Teil seiner Lunge musste entfernt werden, er musste die Schule verlassen und brauchte ein ganzes Jahr, um wieder einigermaßen auf die Beine zu kommen. Da er sich nicht mit der Opferrolle anfreunden konnte, fragt Wilhelm sich: »Was kann ich tun, um mein Leben und meine Gesundheit wiederzuerlangen?« Die Antwort war einfach: eine Rehamaßnahme. Dabei ging es nicht nur um die körperliche Rehabilitation (wenn es auch damit anfing), sondern auch um einen spirituellen, sozialen und emotionalen Wiederaufbau. Wilhelm stemmte Gewichte und unterzog sich anderen kräftigenden Übungen. Er nahm Verbindung zu seinen Freunden auf und verbrachte viel Zeit damit, das Leben neu schätzen zu lernen – er merkte, wie glücklich er war, eine zweite Chance bekommen zu haben. Wilhelm hatte alle Hände voll zu tun! Aber es lohnte sich. Er konnte danach ein gesundes und produktives Leben führen. Auch heute noch, mit nunmehr 61 Jahren, ist er quicklebendig.

Ob Sie's glauben oder nicht, Wilhelms Schwester Annegret erlitt das gleiche Schicksal im etwa gleichen Alter. Leider war sie innerlich nicht so gefestigt wie Wilhelm. Nach ihrer Lungenoperation weigerte sie sich standhaft, irgendetwas zu ihrer Genesung beizutragen. Annegret sah sich selbst als eine zerbrechliche Person. Sie tat sich selbst leid und verbrachte den Rest ihres Lebens damit, sich auf die eine oder andere Art von anderen Menschen pflegen zu lassen. Sie gab ihr Schicksal in die Hände dieser anderen Menschen. Sie starb im Alter von 42 Jahren.

Der Unterschied zwischen Wilhelm und Annegret liegt in ihren Persönlichkeiten, nicht in ihrer Krankheit. Beide litten an einer schweren chronischen Lungenstörung, die schon in jungen Jahren ausbrach. Dass Wilhelm seine Schwester um jetzt schon 20 Jahre überlebte, ist kein Zufall. Er wollte seine Zukunft selbst in die Hand nehmen, Annegret dagegen nicht. So einfach ist das!

Nehmen Sie sich ein paar Minuten Zeit, schließen Sie die Augen und stellen Sie sich vor, Sie hätten das gleiche Gesundheitsproblem wie Wilhelm und seine Schwester. Fragen Sie sich: »Wie würde ich auf eine solche Hiobsbotschaft reagieren? Mehr wie Wilhelm oder mehr wie Annegret?« Denken Sie über die langfristigen Folgen Ihrer Antwort nach.

Der Schlüssel zum Kontrollaspekt der Robustheit ist das Wort *Ich* – Wilhelm fragte sich: »Was kann *ich* tun, um mir selbst zu helfen?« Er sagte sich selbst: »*Ich* muss Gewichte stemmen, *ich* muss kräftigende Übungen machen, *ich* muss Kontakt mit meinen Freunden aufnehmen, wenn *ich* meine Gesundheit wiedererlangen und mein Leben wieder in die eigene Hand nehmen können will.« Seine Schwester dachte nur an *Du* und *Ich* – »Was kannst *du* tun, damit *ich* besser dran bin?«.

Nehmen Sie Ihre Erkrankung an – oder ein beliebiges anderes Problem, vor dem Sie stehen – und Sie nehmen damit auch Ihre Genesung an.

Engagement

Robuste Persönlichkeiten haben sehr viel Sinn für emotionales Engagement. Sie spielen mit und sind nicht nur Zuschauer. Robuste Persönlichkeiten sind leidenschaftlich – sie beteiligen sich an allem, was um sie herum passiert, und beginnen und beenden jeden Tag mit dem Gefühl, dass ihr Leben einen Beweggrund hat.

Robustheit und Problembewältigung

Robuste Persönlichkeiten können Stress besser bewältigen als nicht robuste. Je robuster Sie sind,

- **desto eher gehen Sie problemorientiert an Fehlentwicklungen in Ihrem Leben heran, anstatt immer nur auf die Gefühle zu reagieren, die Sie im Augenblick empfinden.** Es ist besser, den platten Reifen zu reparieren, als sich verärgert hinzustellen und gegen den Reifen zu treten.
- **desto eher bitten Sie andere um Unterstützung, wenn Sie gerade anstrengende Zeiten durchmachen.**
- **desto weniger neigen Sie dazu, Ihre Zeit damit zu verschwenden, sich zu wünschen, dass es Ihnen besser ginge (anstatt aktiv dafür zu sorgen, dass es Ihnen besser geht).**
- **desto weniger versuchen Sie, nicht an das vor Ihnen liegende Problem zu denken oder sich um eine Lösung zu kümmern.**

Welchen Beweggrund haben Sie? Welche Aktivitäten geben Ihrem Leben einen Sinn? Wofür begeistern Sie sich? Wenn eine Leidenschaft verblasst, finden Sie dann eine Alternative, für die Sie sich engagieren können?

Leonore war ihren beiden Kindern eine liebende Mutter. Sie unterbrach ihre Karriere als Beraterin, damit sie für die beiden in den prägenden Jahren da sein konnte. Sie kochte, nähte, ging zu den Elternabenden in der Schule, begleitete sie auf Schulausflügen, pflegte sie, wenn sie krank waren, und bemühte sich, ihnen Werte zu vermitteln, die ihnen in ihrem Erwachsenenleben eine Orientierung sein konnten. Leonore war eine leidenschaftliche Mutter und sie war glücklich!

Aber schließlich wurden Leonores Kinder groß, zogen von zu Hause aus und hatten bald selbst alle Hände voll zu tun mit ihren eigenen sinnvollen Leben. Leonores Vollzeitjob als Mutter war zu Ende, aber sie war nicht bereit, die Freude aufzugeben, die sie hatte, wenn sie mit jungen Menschen zu tun hatte und sich um sie kümmerte. Sie beteiligte sich an einer Bürgerinitiative, die Geld für Stipendien für begabte Gymnasiastinnen sammelte. Sie hatte sich sicher nicht vorgestellt, dass aus den wenigen Stunden, die sie anfangs ab und zu leistete, mit der Zeit ein ganzjähriges Engagement für diese sinnvolle Sache werden würde, die ihr viel Energie abverlangte. (In Kapitel 14 geht es um das leere Nest, mit dem Leonore vielleicht zu kämpfen gehabt hätte, wenn sie nicht ihrem Leben mit neuen sinnvollen Aktivitäten eine neue Ausrichtung gegeben hätte.)

In welchen Lebensbereichen engagieren Sie sich momentan?

- Intime Beziehung
- Familie
- Karriere

- ✔ Freunde
- ✔ Hobbys und Erholung
- ✔ Gemeinde
- ✔ Religion
- ✔ Politik

Wölflinge gegen den Club

Drei Jahre lang waren mein Freund Rob und ich Gruppenleiter einer achtköpfigen Wölflingsgruppe (Jungpfadfinder). In dieser Zeit veranstalteten wir einige Vater-Sohn-Exkursionen, die Vätern eine Chance bieten sollten, ein paar schöne Tage zusammen mit ihren Söhnen in der freien Natur zu verbringen. Zu meiner Überraschung begleitete uns nicht einmal einer der Väter. Ich erinnere mich an eine Gelegenheit, als wir einen ganzen Tag im Herbst durch die Wälder um das kleine Dorf Appotomax in Virginia wanderten, wo Robert E. Lee (der General der amerikanischen Südstaaten-Armee) sich Ulysses S. Grant (dem Oberbefehlshaber der Unionsarmeen) ergab und damit im Grunde dem Amerikanischen Bürgerkrieg ein Ende setzte. Ein Vater nach dem anderen lieferte seinen Sohn bei uns ab, und alle hatten irgendeine Entschuldigung parat, warum sie uns nicht begleiten konnten.

Der letzte Vater schließlich brachte seinen Sohn zu mir und meinte: »Ich finde das toll, was sie für meinen Sohn tun. Das wird bestimmt ein toller Tag. Ich wünschte, ich könnte mitkommen, aber ich habe ein Tennisspiel im Club.« Den traurigen und enttäuschten Gesichtsausdruck seines Sohnes habe ich nie vergessen.

Wenn man etwas tut, weil man es für wichtig hält, sollte man es auch gut machen, das gilt auch für das Elternsein. Gute Eltern zu sein bedeutet mehr, als die Kinder zu ernähren, ihnen Schutz zu bieten und sie zu kleiden, mehr, als ihnen die neuesten Computerspiele oder Handys und MP3-Player zu kaufen. Wichtig ist, für sie da zu sein, etwas mit ihnen zusammen zu machen und manchmal auch, eigene Pläne aufzugeben, um etwas machen zu können, was die Kinder möchten. Denken Sie darüber nach, wie Sie sich als Eltern verhalten. Wenn Sie sich für nichts anderes im Leben engagieren, dann doch wenigstens für Ihre Kinder.

Sollte Ihre Antwort »in keinem« lauten, fühlen Sie sich in Ihrer Umgebung möglicherweise entfremdet. Da sind Sie nicht allein, wie Robert Putnam, Professor für Politik in Harvard, in seinem Bestseller *Bowling Alone* behauptet. Die kulturellen Umwälzungen in der amerikanischen Kultur, so seine These, haben in der öffentlichen Gesellschaft zu einem Gefühl der Entrechtung beigetragen. Putnam empfiehlt eine Wiederbelebung gemeinschaftlicher Aktivitäten, damit Otto Normalverbraucher wieder das Gefühl der Gemeinschaft und der Zugehörigkeit entwickeln kann, etwa so, wie das vergangenen Generationen möglich war. Als Beispiele nennt er etwa, die Kunst wieder in die Schulen zu tragen (etwa durch Chöre) und die Arbeitsumgebungen so umzugestalten, dass sie »familienfreundlicher und gemeinschaftsorientierter« sind. Andere Möglichkeiten, wie entfremdete Menschen wieder ein Gefühl für ein sinnvolles und engagiertes Leben entwickeln können, sind Radiosendungen, an denen man sich telefonisch beteiligen kann (und damit regelmäßig und ungefährdet an einem sinnvollen Dialog teilnehmen kann) und Internet-Chaträume.

In manchen Fällen hat Entfremdung auch etwas mit den persönlichen Eigenschaften (etwa Schüchternheit) und emotionalen Problemen (etwa Sozialangst) zu tun. In diesen Fällen sind Sie besser beraten, sich zunächst an einen Psychologen oder Psychiater zu wenden, um Ihre Schüchternheit oder Sozialangst zu überwinden. Wenn Sie sich stattdessen unvorbereitet in Aktivitäten stürzen, kann es sein, dass Ihre Ängste Sie zu einem Rückzug nötigen.

Herausforderungen

Ob man etwas als Herausforderung betrachten kann, hat damit zu tun, welches Verhältnis man zu Stress hat. Gehören Sie zu den Menschen, die ein Problem oder einen Konflikt grundsätzlich als Katastrophe, Unglück oder Krise betrachten? Das ist nicht die Sichtweise einer robusten Persönlichkeit. Sie müssen die Herausforderung in einem Problem sehen – problembeladene Ereignisse und Umstände stellen Ihren Mut, Ihre Stärke und Ihren Einfallsreichtum auf die Probe.

Lesen Sie das folgende Gespräch, das ich mit einem jungen Mann namens Thomas führte, der kurz zuvor aus heiterem Himmel erfahren hatte, dass seine Arbeitszeiten so geändert worden waren, dass er kein freies Wochenende mehr haben würde. Als Thomas in meine Praxis kam, war er völlig aufgebracht.

Thomas: Das ist lächerlich. Das können die doch nicht mit mir machen. Das habe ich nach all den Jahren, die ich dort geschuftet habe, nicht verdient. Ich habe immer gut gearbeitet und mir den A... aufgerissen, damit die Firma läuft, und jetzt fallen sie mir so in den Rücken. Ich werde kündigen.

Ich: Kündigen können Sie immer, aber helfen Sie mir erst einmal zu verstehen, wo für Sie das Problem bei den veränderten Arbeitszeiten liegt.

Thomas: Das wirft *alles* über den Haufen. Ich kann am Wochenende nicht mehr mit meinen Kumpeln Fußball spielen. Ich muss mich daran gewöhnen, zwölf Stunden am Tag zu arbeiten. Alles wird sich ändern!

Ich: Sehen Sie vielleicht auch etwas Positives – *irgendeine* Möglichkeit – oder erscheint es Ihnen als Katastrophe?

Thomas: Möglichkeit? Zum Beispiel?

Ich: Nun, Sie hatten zum Beispiel davon gesprochen, dass Sie sich gerne eine andere Stelle suchen würden, aber während der Woche keine Zeit hätten, sich umzuschauen. Jetzt haben Sie Zeit. Wir haben auch schon darüber gesprochen, dass Sie ein oder zwei Kurse an der Volkshochschule machen könnten, aber auch das ist bisher daran gescheitert, dass die Termine immer unter der Woche lagen. Jetzt könnten Sie vielleicht einen passenden Kurs finden. Daran dachte ich.

Thomas: So habe ich das wohl noch nicht betrachtet. Was Sie sagen, ergibt Sinn. Ich würde mir wirklich gerne eine neue Stelle suchen, eine, bei der ich weiterkommen und mehr verdienen kann. Bei meinem jetzigen Arbeitgeber komme ich nicht mehr weiter.

Ich: Genau. Die jetzige Veränderung hat Sie sehr unvorbereitet getroffen. Auch wenn das jetzt etwas ist, was Sie nicht wollen, vielleicht können Sie es für Ihre Zwecke nutzen?

Thomas: Ich glaube schon – einen Versuch ist es jedenfalls wert.

Ich: Das meine ich auch – was haben Sie schon zu verlieren?

Können Sie Thomas' anfängliche Sichtweise nachvollziehen? Die meisten Menschen denken bei Stress zunächst an etwas Negatives. Sie hören nur die kleine Stimme in ihrem Kopf, die sagt: »Oh, mein Gott! Das ist schrecklich!« Aber schließlich können Sie – von selbst oder mit der Hilfe anderer Menschen – erkennen, dass Sie nicht das Ende der Welt vor sich haben, sondern mit einer Herausforderung konfrontiert sind, bei der Sie herausfinden können, aus welchem Holz Sie geschnitzt sind.

Denken Sie wie die Chinesen

Im Chinesischen hat das Wort für *Konflikt* eine doppelte Bedeutung: Gefahr und Möglichkeit. Das gefällt mir, weil es einem die Wahl lässt, wie man einen Konflikt betrachten und wie man damit umgehen kann. In Kulturen, die Konflikte als etwas Negatives betrachten, werden die Menschen dazu ermutigt, Konflikte zu vermeiden oder möglichst gering zu halten. Damit lassen sie sich aber die darin enthaltenen Möglichkeiten entgehen.

Wie robust sind Sie?

Nehmen Sie sich einen Moment Zeit und beantworten Sie die folgenden Fragen. *Und vergessen Sie nicht:* Seien Sie ehrlich zu sich selbst.

Kreuzen Sie die Antwort an, die am ehesten auf Sie zutrifft.

1. **Gewöhnliche Arbeit kann aufregend sein.**

   Richtig

   Falsch

2. **Ob man im Leben bekommt, was man will, hat nichts mit Glück zu tun.**

   Richtig

   Falsch

3. **Die Bürger sind für eine schlechte Regierung verantwortlich, nicht die Politiker.**

   Richtig

   Falsch

4. Wenn ich etwas zusammenbauen muss, lese ich oft vorher die Anleitung.

Richtig

Falsch

5. Ich bin keiner, der andere oft um Rat fragt.

Richtig

Falsch

6. Wenn ich auswärts essen gehe, probiere ich gerne mal was aus.

Richtig

Falsch

7. Ich verschwende selten Zeit.

Richtig

Falsch

8. Wenn man von anderen nicht respektiert wird, dann weil man es nicht verdient.

Richtig

Falsch

9. Meine Freunde sind ganz verschieden.

Richtig

Falsch

10. Ich liebe Sportwetten.

Richtig

Falsch

11. Ich bin nicht der Ansicht, dass Lehrer Noten *geben*. Die Schüler *verdienen* sie sich.

Richtig

Falsch

12. Ich kann es morgens gar nicht erwarten, zur Arbeit zu kommen.

Richtig

Falsch

13. Das Pech anderer Menschen kommt von den Fehlern, die sie machen.

Richtig

Falsch

14. Wenn ich in Rente gehe, habe ich ganz viel vor.

Richtig

Falsch

15. Wenn ich in einem Geschäft etwas nicht finde, suche ich so lange, bis ich es gefunden habe.

Richtig

Falsch

Zählen Sie, wie oft Sie mit »Richtig« geantwortet haben. Liegt Ihr Ergebnis zwischen 0 und 5, ist es nicht weither mit Ihrer Robustheit. Bei Ergebnissen zwischen 6 und 10 können Sie von einer mäßigen Robustheit sprechen. Und wenn Sie mehr als 11 Punkte erzielt haben, liegen Sie im oberen Bereich der Robustheitsskala. In den nachfolgenden Abschnitten werde ich erläutern, wie Sie robuster werden können.

Nicht robuste Persönlichkeiten vom Typ A: Das Schlimmste überhaupt

Sie kennen sicher jemanden, der alle Eigenschaften eines A-Typs zeigt – ein Freund etwa, der Sie nie einen Satz zu Ende bringen lässt, ohne ein Dutzend Mal »Ja klar« eingeworfen zu haben, eine Person, die immer lange vor allen anderen mit dem Essen fertig ist, ein Kollege, dessen Augen ständig im Raum umherwandern, während Sie mit ihm sprechen, ein Klient, der das Leben allzu ernst nimmt und ständig nervös ist. A-Typen sind medizinischen Forschungen zufolge die Menschen, die ein höheres Herzinfarkt- und Schlaganfallrisiko tragen und unter zahlreichen anderen Krankheiten leiden – und nebenbei auch die Menschen, die nie glücklich zu sein scheinen.

Wie sich herausstellt, befinden sich A-Typen, denen es an Robustheit fehlt, in Bezug auf ihre Gesundheit in einer ausweglosen Situation. Genauer gesagt: Weniger robuste Persönlichkeiten mit hohem Typ-A-Anteil werden dreimal häufiger krank (von kleinen Wehwehchen bis hin zu ernsteren Krankheiten) als robuste Persönlichkeiten mit geringem Typ-A-Anteil.

Wenn Sie den Verdacht haben, ein A-Typ zu sein, werfen Sie einmal einen Blick in Kapitel 15. Dort können Sie lernen, wie Sie zum B-Typ werden können – die Menschen, die gelassen und geduldig sind, nicht immer alles gleich bewerten und lieber zu Fuß gehen als mit dem Auto fahren.

Wenn Sie mehr als 11 Punkte erreicht haben, könnte das auch für eine *übertriebene Robustheit* sprechen. Sie haben dann das Gefühl, alles kontrollieren zu können (oder zu sollen), Sie engagieren sich über die Maßen und sind allzu bereit, Herausforderungen anzunehmen. Übertriebene Robustheit kann leicht zum Burn-out führen. *Vergessen Sie nicht:* Wie bei den meisten Dingen im Leben kommt es auf das richtige Maß an.

Transformierende Bewältigungsstrategien

Robuste Persönlichkeiten gehen mit Stress anders um als nicht robuste. Sie neigen weniger dazu zurückzuweichen, wenn das Leben ihnen Hindernisse in den Weg stellt. Wenn sie sich in einer unangenehmen Situation befinden, versuchen sie, die Situation zu verändern – man nennt das auch *transformierende Bewältigungsstrategie*. Robuste Persönlichkeiten sind optimistisch (mehr dazu in Kapitel 5). Sie glauben, dass in jeder Situation, und sei sie noch so schwierig, die Möglichkeit einer positiven Entwicklung gegeben ist. Und den Stress packen sie einfach bei den Hörnern, anstatt ihm auszuweichen.

Robust sein ist eine Frage des Verhaltens

Robustheit drückt sich mehr im Handeln aus als in der inneren Einstellung. Typisch für robuste Persönlichkeiten sind unter anderem folgende Verhaltensweisen:

- ✔ Freiwillige Arbeit für die Gemeinschaft
- ✔ Wählen gehen
- ✔ An Stadt- oder Gemeinderatssitzungen teilnehmen
- ✔ Zusammen mit den Kindern aktiv werden
- ✔ Dinge sammeln – von Flaschendeckeln bis hin zu Teddybären
- ✔ Raftingtouren machen
- ✔ An Volkshochschulkursen teilnehmen
- ✔ Sich seinen Haustieren widmen
- ✔ Meinungen mit anderen Menschen austauschen
- ✔ Neue berufliche Herausforderungen und Möglichkeiten suchen
- ✔ Sich um misshandelte und vernachlässigte Kinder kümmern
- ✔ Als Wahlhelfer arbeiten
- ✔ Marathon laufen
- ✔ Führungspositionen annehmen
- ✔ Regelmäßig Vorsorgeuntersuchungen durchführen lassen
- ✔ Zeit mit geliebten Menschen verbringen
- ✔ Für wohltätige Zwecke spenden
- ✔ Die Herausforderungen des Lebens annehmen

Diese Liste soll nur zur Veranschaulichung der vielen verschiedenen Dinge dienen, die robuste Persönlichkeiten tun. Sie können robust sein und trotzdem keine Raftingtour machen oder nicht zur Kirche gehen. Der rote Faden, der sich durch all diese Aktivitäten zieht, ist die aktive regelmäßige Durchführung – es bleibt nicht dabei, dass man nur darüber nachdenkt, etwas zu tun.

Die besten und die schlechtesten Zeiten

Das Leben ist oft paradox. Die vermeintlich schlimmsten Zeiten im Leben stellen sich nicht selten am Ende als die besten heraus. Nehmen Sie nur Gernot, einen Mann Ende fünfzig, der gerade erfahren hat, dass seine Stelle im mittleren Management gestrichen wurde. »Ich kam wie immer um 8 Uhr morgens zur Arbeit und fand einen Brief in meinem Eingangskorb, in dem mir mitgeteilt wurde, dass man mir mit sofortiger Wirkung gekündigt habe – und ich müsse das Gelände bis 17 Uhr am selben Tag verlassen haben«, erzählte er. »Ich konnte mich noch nicht einmal aufregen, so geschockt war ich.«

Robustheit und Sport: Von allem das Beste

Im Jahre 1982 untersuchten die Psychologen Suzanne Kobasa, Salvadore Maddi und Mark Pucetti bei einer Gruppe von 137 Angestellten des mittleren und gehobenen Managements eines großen Unternehmens, wie sich Robustheit und Sport zusammen auswirken. Sport wurde dabei danach definiert, wie viele Stunden jeder Angestellte regelmäßig für anstrengende sportliche und nicht sportliche Aktivitäten (etwa Gartenarbeit oder Do-it-yourself-Projekte) aufwendete. Die Probanden wurden auch aufgefordert, sämtliche allgemeinen körperlichen und psychischen Symptome oder Krankheiten zu nennen, mit denen sie zu tun hatten. Dazu gehörten etwa Schleimbeutelentzündungen, Heuschnupfen, Schuppenflechte, Hyperventilation, Nasenbluten, Migränekopfschmerz und Gallensteine.

Die Ergebnisse der Studie waren verblüffend: Die Angestellten mit einem niedrigen Wert auf der Robustheitsskala und kaum regelmäßigem Sport waren siebenmal öfter krank als die Kollegen, die robuster waren und mehr Sport trieben. Diejenigen, die entweder robust waren oder Sport trieben (aber nicht in beide Kategorien einzuordnen waren), rangierten irgendwo dazwischen. Warum also nicht beides kombinieren und die Vorteile beider Aspekte genießen?

Gernot bat mich um einen Rat, wie er nun vorgehen sollte: »Wie kann ich meiner Frau beibringen, dass ich keine Arbeit mehr habe. Wer stellt schon einen Mann in meinem Alter ein?« Er litt sichtlich.

Ich dachte einen Moment nach und fragte ihn dann: »Haben Sie mir nicht neulich erzählt, Sie hätten da noch eine kleine Nebenbeschäftigung, so zum Spaß – war das nicht irgendetwas mit Schmuck?«

Ja, das sei richtig, sagte er, er verkaufe Schmuck – überwiegend Diamanten – an Freunde und Familienmitglieder. »Und haben Sie Spaß daran und bringt es genug ein?«, fragte ich weiter.

Danke für ~~nichts~~ alles

Vielleicht können Sie sich in Gernots Situation hineinversetzen. Sie haben einen Rückschlag erlitten und merken erst später, dass sich dadurch Ihr Leben zum Besseren gewendet hat. Da habe ich eine Idee: Warum sollte man nicht der Person, die für diesen Rückschlag verantwortlich war, einen Dankesbrief schreiben? Erinnern Sie sich: Dankbarkeit ist eine der Hauptzutaten für das Glücksrezept (die anderen Zutaten finden Sie in Kapitel 2). Ein solcher Brief könnte etwa so aussehen:

> Sehr geehrter Herr Müller,
>
> es ist schon einige Zeit her, dass Sie mich entlassen haben, aber ich möchte, dass Sie erfahren, wie es mir seither ergangen ist. Unmittelbar nach der Entlassung war ich sehr aufgeregt – ja sogar wütend. Ich hasste Sie, weil Sie mir meine sicher geglaubte Stelle weggenommen hatten und mich damit zwangen, mich auf dem Arbeitsmarkt neu zu orientieren. Aber – und das ist der eigentliche Grund meines Schreibens – es hat sich schließlich herausgestellt, dass Sie mir einen Riesengefallen getan haben.
>
> Ich habe erst erkannt, wie gestresst und unbeachtet ich mich an meinem Arbeitsplatz fühlte, als Sie mich vor die Tür gesetzt haben. Erst in dem Moment merkte ich, wie unglücklich ich mit der Stelle war und woran das lag. Ganz einfach ausgedrückt, habe ich im falschen Bereich gute Arbeit geleistet (auch wenn Sie das sicher nicht so gesehen haben). Ich weiß jetzt, dass ich gerne mit anderen Menschen arbeite. Deshalb war es für mich nicht das Richtige, den ganzen Tag nur vor einem Bildschirm zu sitzen. Heute mache ich das, wofür ich am besten geeignet bin: Ich arbeite als Textilverkäuferin und habe jeden Tag mit vielen interessanten Menschen zu tun. Ich kann es morgens kaum erwarten, zur Arbeit aufzubrechen. Als ich noch für Sie arbeitete, kannte ich dieses Gefühl nicht. Ich weiß, dass es nicht Ihre Absicht war, mir ein besseres Leben zu ermöglichen, als Sie mich entlassen haben, aber es ist so gekommen. Ich wollte, dass Sie das wissen. Und ich möchte mich dafür bedanken, dass Sie mich zu einer beruflichen Neuorientierung gezwungen haben.
>
> Mit freundlichen Grüßen
>
> Janina Pinke

Hinweis: Sie müssen einen solchen Brief nicht unbedingt abschicken, um etwas von dieser Übung zu haben – allein der Gedanke zählt!

»Oh ja«, antwortete er. »Ich mag es, wenn die Leute glücklich sind, wenn sie merken, dass hochwertige Diamanten nicht unerschwinglich sein müssen.«

Meine letzte Frage lautete: »Und warum sind Sie nicht schon längst in die Schmuckbranche gewechselt?«

Gernot antwortete: »Weil ich eine Arbeit hatte und nur in meiner Freizeit Schmuck verkaufen konnte.«

Da meinte ich: »Nun, jetzt haben Sie keine Arbeit mehr, oder? Vielleicht sollten Sie jetzt darüber nachdenken, eine neue Karriere zu beginnen.«

Fünf Jahre später war Gernot stolzer Besitzer eines Schmuckladens. Heute verdient er mehr Geld, als es bei seiner alten Stelle je möglich gewesen wäre – die er immer noch hätte, wenn man ihn nicht »freigestellt« hätte. Und er ist ein viel glücklicherer Mann. Der Verlust der Arbeitsstelle ist nicht immer eine Katastrophe, aber das hängt davon ab, was man daraus macht, wenn der Fall eintritt. Robuste Persönlichkeiten tun oft etwas, das aus der schlimmsten Zeit die beste Zeit ihres Lebens macht.

Nehmen Sie Gernots Geschichte als Vorbild und skizzieren Sie den Prozess, der aus einer potenziellen Katastrophe eine Chance macht:

1. **Beschreiben Sie klar und deutlich die Stresssituation, in der Sie sich befinden.**

   Gernot zum Beispiel wurde fristlos entlassen und war plötzlich arbeitslos. Noch entscheidender war, dass er sich Sorgen machte, in seinem Alter eine neue Stelle zu finden.

2. **Betrachten Sie die Situation aus anderer Sicht und machen Sie daraus eine Chance.**

   Gernot konzentrierte sich verständlicherweise auf das, was er verloren hatte – seine Arbeit –, statt auf das, was er in dieser unerwarteten Situation gewinnen konnte. Wenn Sie vor einem Problem stehen, das Sie nicht meistern zu können glauben, fragen Sie sich: »Gibt es in dieser Situation irgendetwas, das ich schon immer tun wollte, aber nie umsetzen konnte?« Anders ausgedrückt: Hat sich eine Tür geschlossen und dafür eine andere geöffnet? Die meisten Menschen tragen unverwirklichte Ambitionen mit sich herum, die erst dann zutage treten, wenn sich ihre Situation deutlich verändert.

3. **Nennen Sie vorhandene Ressourcen, auf die Sie bei der Veränderung Ihrer Situation zugreifen können.**

   Gernot konnte auf die Unterstützung durch seine Familie zählen und auf Ersparnisse zurückgreifen, um sich über Wasser zu halten, bis sein neues Geschäft gut lief. Außerdem hatte er früher schon Erfahrungen mit schwierigen Situationen gesammelt.

4. **Entwickeln Sie einen Plan.**

   Nachdem ich Gernot vorgeschlagen hatte, seine missliche Lage dazu zu nutzen, über einen Karrierewechsel nachzudenken, war er gefordert. Er musste einen Geschäftsplan ausarbeiten – Produkt, Finanzierung, Zielvorgaben, Wettbewerbsanalyse, Verwaltungsausgaben. Wenn man aus den schlimmsten Zeiten die besten Zeiten seines Lebens machen möchte, braucht man einen Plan!

5. **Setzen Sie den Plan um.**

   Gernot fragte bei seiner Hausbank nach einem Geschäftsgründungsdarlehen. Gernot suchte einen Immobilienmakler auf, um ein geeignetes Ladenlokal für sein Schmuckgeschäft zu finden. Gernot flog nach New York, um sich mit den Schmucklieferanten zu treffen.

6. **Passen Sie den Plan gegebenenfalls an.**

   Wenn man einen Plan für eine Übergangsphase umsetzt, sind oft Anpassungen erforderlich. Weichen Sie dem nicht aus. Gernots Geschäft wuchs beispielsweise so schnell, dass er schneller Personal einstellen musste, als er gedacht hatte. Das ist zwar ein eher angenehmes Problem, es muss aber dennoch gelöst werden.

7. **Feiern Sie den Weg aus der Krise in den Erfolg!**

   Es ist an der Zeit, dass Sie sich ausgiebig auf die Schulter klopfen!

Gewissenhaftigkeit

7

In diesem Kapitel

- Ehrlich und vertrauenswürdig sein
- Sich angemessen im Leben engagieren
- Was es mit der Ethik auf sich hat
- Sich fügen, um zurechtzukommen

In ihrem kleinen Buch *The Roseto Story: An Anatomy of Health* (University of Oklahoma Press) beschreiben John Bruhn und Stewart Wolf die kleine italoamerikanische Gemeinde Roseto im östlichen Pennsylvania. Die Einwohner von Roseto schienen gegen Herzinfarkte immun zu sein, obwohl die meisten übergewichtig waren, zu viel Fett konsumierten, wie die Schlote rauchten und sich kaum bewegten. Roseto wurde im Jahre 1887 gegründet und verzeichnete den ersten Herzinfarkt erst im Jahre 1971.

Was war das Geheimnis der Gesundheit der Bürger von Roseto? Bruhn und Wolf zufolge waren einige *schützende soziale Kräfte* im Spiel:

- ✔ Ungewöhnlich enge Familienbindungen
- ✔ Starke religiöse Überzeugungen
- ✔ Die Tatsache, dass alte Menschen in Roseto in Ehren gehalten wurden
- ✔ Ein sehr starker Sinn für die Gruppenidentität
- ✔ Ein ungewöhnlich starkes Gefühl, sich aufeinander verlassen zu können

Um die Rolle zu veranschaulichen, die diese sozialen Kräfte für den Schutz der Gesundheit der Rosetaner spielten, verweisen Bruhn und Wolf auf die Fallstudie eines Mannes, der im Alter von 41 Jahren an einem Herzinfarkt starb. Der Mann war sein ganzes Leben lang chronisch unglücklich gewesen. Er wollte studieren, ließ sich aber durch seine Frau davon abbringen und gab schließlich vor, nicht das nötige Geld dafür zu haben – so kam es, dass er 22 Jahre einer ungeliebten Arbeit nachgehen musste. Er gab an, nicht gerne in Roseto zu leben – »Ich passe nicht hierher, ich bin so anders als die Menschen hier.« –, blieb aber dennoch dort. Er hatte kaum Freunde und kaum Kontakt mit der Familie, obwohl sie in der Nähe lebte. Und schließlich gehörte er keinem der vielen sozialen und bürgerlichen Vereinen an, die den Eckpfeiler des Lebens der Rosetaner bildeten. Nach Bruhn und Wolf schwamm der Mann einfach gegen den Strom des kulturellen Lebens in Roseto, eine Situation, in der sie den Grund für seinen frühen Tod sehen.

Ich glaube, was den Mann umbrachte, ist, dass er sein Leben lang *eine Lüge lebte*. Er behauptete, ein liebender Familienvater zu sein, aber in Wahrheit war die Beziehung zu seiner Frau belastet, und er hatte einige außereheliche Affären. Er konnte es sich leisten, seinen Sohn zur

Universität zu schicken, und seine beiden Brüder finanzierten sich ihr Studium selbst. Warum also konnte er sich ein Studium nicht leisten? Eine weitere Lüge. Er behauptete, an seinem Arbeitsplatz nicht weiterzukommen, machte aber nie die geringste Anstrengung, eine andere Stelle zu finden. Noch eine Lüge. All diese Lügen und die damit verbundenen körperlichen und psychischen Beschwerden behielt er für sich. Am Ende war das sein Ende.

In diesem Kapitel zeige ich Ihnen, wie die Wahrheit – nicht nur die *ausgesprochene*, sondern die *gelebte* Wahrheit – zum Glück führt. Gewissenhaftigkeit hat mit Wahrheit, Ethik, Moral, Aufrichtigkeit und Vertrauenswürdigkeit sowie Integrität zu tun. Auch Selbstdisziplin gehört dazu. Wenn Sie auf einen gewissenhaften Menschen treffen, sehen Sie genau, den Sie vor sich haben – es gibt weder versteckte Überraschungen noch belastenden Stress. In Kapitel 2 spreche ich darüber, dass Sicherheit eine Voraussetzung für Glück ist. Wenn man eine Lüge lebt, kann man sich nie ganz sicher fühlen – man muss immer damit rechnen, dass jemand die Wahrheit aufdeckt.

Leben Sie ein ehrliches Leben?

Es ist nicht immer leicht herauszufinden, ob man ein ehrliches und gewissenhaftes Leben führt. Manchmal muss man sich schwierigen Fragen stellen und hoffen, dass man mit den Antworten fertig werden kann. Beispiele gefällig?

- **Ärgern Sie sich zu oft?** Ärger entsteht oft aus Konflikten und Frustrationen. Wenn Sie einen inneren Konflikt mit sich herumtragen – etwa zwischen Ihrem Gefühl und Ihrem Verhalten –, kann sich das in Feindseligkeit, Unhöflichkeit und Reizbarkeit gegenüber anderen auswirken. Wenn die anderen dann versuchen herauszufinden, was sie falsch gemacht haben, ist die Antwort: »Nichts« – Sie sind der Grund für Ihren Ärger!
- **Sind Sie zu oft angespannt?** Der menschliche Körper ist so programmiert, dass er sich kurz anspannt (Herzrasen, steigender Blutdruck, angespannte Muskeln, sich zusammenballender Magen), wenn das Gehirn eine Bedrohung oder Gefahr meldet. Aber er ist nicht so konstruiert, dass er diese Anspannung dauerhaft aushält. Dann entstehen stressbedingte Krankheiten wie Spannungs- und Migränekopfschmerz, Bluthochdruck, Geschwüre und Erkrankungen der Herzkranzgefäße. Die Anspannung ist nicht nur ein Schutz gegen Bedrohungen von außen. Sie kann auch davor schützen, dass andere unser wahres Selbst entdecken.
- **Entschuldigen Sie sich ständig?** Unter Umständen stellen Sie fest, dass Sie sehr viel Zeit damit verbringen, sich bei anderen für das eine oder andere zu entschuldigen – »Tut mir leid, ich bin spät dran«, »Tut mir leid, dass dir das Essen nicht schmeckt« oder »Tut mir leid, dass ich nicht die perfekte Tochter für dich bin«. Ich habe festgestellt, dass die meisten Entschuldigungen nicht ausgesprochen werden, weil die Betreffenden etwas falsch gemacht hätten – sie entschuldigen sich einfach dafür, dass sie den Erwartungen anderen Menschen nicht entsprechen.

✔ **Fühlen Sie sich überwiegend entmutigt, niedergeschlagen und unzufrieden?** All diese Gefühle spiegeln einen chronischen Zustand des Unglücklichseins wider, der mit großer Wahrscheinlichkeit daher rührt, dass Sie einen Teil von sich verleugnen und nicht nach Ihren Vorstellungen leben.

✔ **Meiden Sie oft andere Menschen?** Wenn ja, dann liegt das wahrscheinlich daran, dass Sie mit der betreffenden Person noch ein Hühnchen zu rupfen haben.

Ich habe einmal einem Verwandten Geld geliehen. Er versprach mir, es bald zurückzuzahlen. Ich hätte ihm das Geld auch so gegeben, aber er bestand darauf, dass es ein Darlehen sei – er wollte kein Almosen, nur eine Hilfestellung. Monate gingen ins Land und ich hörte hintenherum, dass er sich finanziell wieder berappelt hatte und dass es ihm recht gut gehe. Aber er machte keine Anstalten, das Geld zurückzuzahlen. Wir besuchten unsere Familie im nächsten und übernächsten Jahr einige Male, aber jedes Mal achtete er peinlich darauf, uns nicht über den Weg zu laufen, wenn wir in der Stadt waren – er hatte immer irgendeine Ausrede. Später erfuhr ich, dass er gar nicht die Absicht hatte, das Geld zurückzuzahlen, weil er der Ansicht war, dass man unter Verwandten geliehenes Geld nicht zurückzahlt wie bei einer Bank. Ich wünschte, er wäre ehrlich zu mir gewesen und hätte nicht zugelassen, dass wegen ein paar Hundert Dollar eine Kluft zwischen uns entstand.

✔ **Scheuen Sie vor der Wahrheit zurück, wenn sie wehtut?** Ein Freund erzählte mir davon, wie seine Schwester mit Mitte vierzig an einer schweren Krankheit gestorben war. Sie lag im Krankenhaus und wurde immer weniger, bis der Tod schließlich kurz bevorstand. In einem ruhigen Augenblick, der ihr letzter gemeinsamer sein sollte, fragte sie ihn: »Werde ich sterben?« Entweder hatten die Ärzte ihr nicht offen gesagt, wie es um sie stand, oder sie wollte die Wahrheit von dem Menschen hören, dem sie am meisten vertraute, ihrem Bruder. Es brach ihm das Herz, aber er dachte ein wenig nach und sagte dann ehrlich: »Ja.« Sie fragte noch einmal nach: »Wird es bald sein?« Er schluckte seine Tränen herunter und sagte wieder: »Ja.« Ein gewissenhafter Mensch sagt auch dann die Wahrheit, wenn es wehtut.

✔ **Gibt es einen Teil von Ihnen, auf den Sie nicht stolz sind und den Sie gerne vor anderen Menschen verbergen?** Menschen, die ein Doppelleben führen, sind heuchlerisch – sie täuschen andere, sind unehrlich und unaufrichtig. Sie haben ein öffentliches Gesicht und zeigen im Privatleben ein ganz anderes. Alkoholiker und Drogensüchtige sind heuchlerisch. Viel zu viele Politiker sind es auch. Männer, die ihre Frauen betrügen, sind heuchlerisch, und genauso Frauen, die ihre Männer betrügen. Heuchler sind nie glücklich, weil sie immer Angst haben müssen, dass jemand die Wahrheit über sie herausfindet – und weil sie so viele andere Menschen unglücklich machen.

Sorgen Sie dafür, dass Sie vertrauenswürdig sind

Sind die Menschen, mit denen Sie zusammenarbeiten, die Sie lieben und von denen Sie jeden Tag abhängig sind, vertrauenswürdig? Können Sie sich auf sie verlassen – etwa darauf, dass sie ihr Wort halten und das tun, was sie versprochen haben? Können Sie ihnen Ihre ureigensten Gefühle und Gedanken anvertrauen, ohne sich Sorgen zu machen, hintergangen zu werden? Und können diese Menschen sich umgekehrt auf Sie verlassen?

Vertrauen ist nicht nur in intimen Beziehungen wichtig (siehe Kapitel 20); es hat viel damit zu tun, wie lange Sie leben. Meine Freundin und Kollegin Dr. Ilene Siegler vom Duke University Medical Center und ihre Mitarbeiter haben die Auswirkungen von Vertrauen auf die Lebensdauer an 100 alten Männern und Frauen untersucht und fanden heraus, dass Vertrauen – die verallgemeinerte Erwartung, sich auf andere verlassen zu können – mit folgenden Faktoren verbunden ist:

- ✔ Bessere Gesundheit (nach eigener Einschätzung)
- ✔ Weniger krankheitsbedingte Behinderungen
- ✔ Größere Zufriedenheit mit dem Leben
- ✔ Weniger negative Gefühle (wie Ärger oder Einsamkeit)
- ✔ Längere Lebenszeit

Die Teilnehmer der Studie, die großes Vertrauen hatten, hatten nur ein halb so hohes Sterblichkeitsrisiko wie diejenigen, die anderen nach eigenen Angaben weniger Vertrauen entgegenbrachten.

Vergessen Sie nicht: Sie können das Leben Ihrer Lieben verlängern, indem Sie eine vertrauenswürdige Person sind. Damit machen Sie sie und sich selbst glücklich!

Wenn Sie wirklich wissen wollen, ob andere Menschen Sie als vertrauenswürdig betrachten, bitten Sie fünf Ihrer engsten Freunde und Familienmitglieder, auf einer Skala von 1 bis 10 (1 entspricht überhaupt nicht und 10 völlig) zu bewerten, wie sehr sie Ihnen die überwiegende Zeit vertrauen. Errechnen Sie den Durchschnitt aus allen Werten, dann wissen Sie, ob Sie an diesem Teil Ihrer Persönlichkeit noch arbeiten müssen.

Wenn Sie kein ehrliches Leben führen, können Sie sich ändern. Ich habe im Folgenden einige Ansätze aufgezählt, mit denen Sie anfangen können:

- ✔ **Hören Sie auf, sich dafür zu entschuldigen, wer und was Sie sind.** Wenn Sie ein Schuft sind, geben Sie es zu. Sind Sie ein anständiger Mensch, der nicht den Erwartungen anderer entspricht, überlassen Sie dieses Problem den anderen – es ist nicht ihres.
- ✔ **Fangen Sie damit an, Ihr Leben so zu leben, als sei es tatsächlich Ihr eigenes.** Treffen Sie Ihre eigenen Entscheidungen und akzeptieren Sie die Konsequenzen, die sich daraus ergeben. Seien Sie immer offen für den Rat anderer Menschen, aber verstehen Sie ihn

nicht als Auftrag, Ihr Leben danach auszurichten. Wenn Sie das tun, werden Sie immer die Schuld bei den anderen suchen, wenn etwas nicht nach Ihren Vorstellungen läuft.

- ✔ **Achten Sie darauf, dass Ihr äußeres Selbst mit Ihrem inneren Selbst übereinstimmt.** Andernfalls sind Sie immer in einem Zwiespalt gefangen.
- ✔ **Geben Sie sich selbst gegenüber zu, was wirklich hinter Ihrem Ärger und Ihrer Unzufriedenheit steckt.** In meinem Buch *Nicht ärgern für Dummies* erkläre ich, wie einfach das geht.
- ✔ **Hören Sie auf, Ausreden dafür zu finden, dass Sie sich nicht mit schwierigen oder schmerzhaften Aspekten Ihres Lebens auseinandersetzen.** Wenn Sie nicht den Mut haben, einen sterbenden Freund im Krankenhaus zu besuchen, seien Sie ehrlich und sagen Sie ihm, wie Sie sich fühlen. Versuchen Sie nicht sich einzureden, Sie hätten keine Zeit oder es gäbe wichtigere Dinge, die Sie erledigen müssen. Bewegen Sie lieber Ihren Hintern zum Krankenhaus und erkennen Sie, dass es viel leichter ist, mit Ihrer Unbehaglichkeit zu leben, als zu sterben.

Wie engagiert sind Sie?

Gewissenhaftigkeit bedeutet auch, dass man sich für Dinge engagiert, die man für wichtig hält. Es reicht nicht aus, etwas für wichtig oder sinnvoll zu halten – man muss es auch tun. Wenn Sie glauben, dass es wichtig ist, wohltätig zu sein, aber sich nie die Zeit nehmen, ein paar Stunden in einer Suppenküche zu verbringen oder in einer karitativen Organisation mitzuarbeiten, sind Sie kein gewissenhafter Mensch. Wenn Sie davon überzeugt sind, dass es wichtig ist, Mitgefühl zu haben, aber nie ein paar Münzen in die Sammelbüchse der Heilsarmee oder des Roten Kreuzes gesteckt haben, dann sind Sie kein gewissenhafter Mensch. Gewissenhaftigkeit beschränkt sich nicht auf reden – handeln ist gefragt!

Wenn Sie messen wollen, wie gewissenhaft Sie sind, wenn es um Ihr Engagement geht, beantworten Sie die folgenden drei Fragen:

1. **Erscheint Ihnen das meiste, was Sie im Alltag tun, als trivial und unwichtig?**
   - Sehr: 0
   - Ein bisschen: 1
   - Eigentlich nicht: 3
2. **Sind Ihnen die Dinge, die Sie jeden Tag tun, wichtig?**
   - Eigentlich nicht: 0
   - Ein bisschen: 2
   - Sehr: 3

3. **Denken Sie mehr daran, sich für sinnvolle Dinge zu engagieren, als Sie dafür tun?**

   - Sehr viel: 0
   - Ein bisschen: 1
   - Eigentlich nicht: 3

Je näher Ihre Ergebnis an 6 Punkten liegt, desto gewissenhafter sind Sie in Bezug auf die Aktivitäten, die dem Leben einen Sinn geben. Und was haben Sie davon, wenn Sie engagiert sind? Studien zeigen, dass dieses Engagement mit mehr positiven Gefühlen und Zufriedenheit mit dem Leben einhergeht – immerhin zwei Hauptkomponenten des Glücks.

Wenn Sie sich überhaupt nicht engagieren, sollten Sie sich selbst fragen:

- ✔ **Was ist mir im Leben etwas wert? Was sind meine Ziele?** Was will ich vom Leben – Gesundheit, Wohlstand, lange dauernde Beziehungen? Antworten Sie so präzise wie möglich. Es gibt hier keine richtigen Antworten – jedem Menschen sind andere Dinge wichtig. Ziele geben Ihrem Leben eine Richtung, einen Punkt, auf den Sie sich zu bewegen können. Ohne Ziele bewegen Sie sich nur im Kreis!
- ✔ **Wie erreichbar sind diese Ziele?** Anders ausgedrückt: Können Sie sich vorstellen, das zu erreichen, was Sie im Leben am meisten wollen? Wenn nicht, welche Hindernisse halten Sie davon ab? Wenn Sie zum Beispiel zu einer ethnischen Minderheit gehören, sind Sie der Meinung, dass Sie dadurch daran gehindert werden, finanziell auf eigenen Beinen zu stehen? Wenn Sie in eine arme Familie geboren wurden, glauben Sie daran, dass es Ihr Schicksal ist, Ihr Leben lang arm zu sein? Gibt es Fähigkeiten, die Ihre Chancen, Ihr Ziel zu erreichen, deutlich verbessern würden? Was können Sie tun, um Ihre Ziele in Reichweite zu rücken? Haben Sie schon daran gedacht, sich weiterzubilden – zum Beispiel über die Volkshochschule? Würden Sie die Dinge, die Ihnen wichtig sind, eher erreichen, wenn Sie andere Menschen um Hilfe bitten würden – oder ist es Ihnen wichtiger, allein zurechtzukommen?

Was sagt uns die Ethik?

Einer meiner Freunde ist Ethiker – er verdient seinen Lebensunterhalt damit, dass er anderen Menschen etwas über Ethik im Allgemeinen und medizinische Ethik im Besonderen erzählt. Er sagt, dass es bei Ethik um beispielhaftes Verhalten geht, die Dinge also, die wir tun sollten, wenn wir ein glückliches und erfolgreiches Leben führen wollen. Ethik ist nicht dasselbe wie Moral. Moral unterscheidet unmittelbarer zwischen richtig und falsch. Es gibt verschiedene Ausprägungen von Ethik. Die puritanische Arbeitsethik beispielsweise gibt vor, dass die Menschen kontinuierlich zum Wohle der Gesellschaft arbeiten und darin ihr Seelenheil finden sollen. Heutzutage sind die in Aussicht gestellten Nutzen eher wirtschaftlicher Wohlstand und materielle Güter.

Substanz geht über Form

Das Wort *Substanz* hat mehrere Bedeutungen, die alle positiv sind. Ein Mensch, dem wir Substanz zusprechen, ist wertvoll, stark, solide, robust, eindrucksvoll und grundsätzlich tadellos. Wenn Sie für alle Welt einen substanziellen Beitrag leisten, hat Ihr Leben Wert und Wirkung – und wird von anderen Menschen mit Respekt betrachtet.

Form dagegen hat etwas mit dem Erscheinungsbild zu tun – das, was andere sehen, wenn ihr Blick auf Sie fällt. Die Form kann täuschen, die Substanz nicht.

Wenn man erkennt, dass das eigene Leben mehr auf Form als auf Substanz gründet (tolle Fassade, aber nichts dahinter), kann das sehr viel Unzufriedenheit verursachen. Die Betroffenen machen nach außen hin unter Umständen einen glücklichen Eindruck, sind aber innerlich weit davon entfernt, glücklich zu sein. Glück kommt von innen. Jemand, der einen substanziellen Beitrag zum Leben leistet, kann deshalb in vollem Umfang sein Glück genießen.

Erik Erikson, einer der großen amerikanischen Psychologen, bemerkte einmal, dass der Mensch mit dem Eintritt ins höhere Alter entweder das Gefühl der *Erfüllung* angesichts seiner sinnvoll auf der Erde verbrachten Jahre oder aber das Gefühl der *Verzweiflung* empfindet, weil er so vieles nicht vollbracht und Ziele nicht erreicht hat.

Egal wie alt Sie sind, nehmen Sie sich einen Moment Zeit und denken Sie darüber nach, was Sie in den letzten Jahren Ihres Lebens rückblickend empfinden möchten. Noch besser, denken Sie darüber nach, wie Sie nächste Woche empfinden möchten! Würden Sie lieber stolz und zufrieden zurückblicken oder mit einem Gefühl des Bedauerns? Sie haben die Wahl! Sie können Ihre Zukunft jederzeit beeinflussen. Auch heute können Sie sich entscheiden, aufzubrechen, um Freude und Erfüllung zu finden.

Meinem Freund zufolge ist es nicht allzu schwer einzuschätzen, ob sich ein Mensch ethisch verhält. Wenn er die allgemeinen gesellschaftlichen Vorgaben erfüllt, ist er ein ethischer Mensch. Wenn nicht, ist er keiner. Ethische Studenten schummeln nicht. Ethische Therapeuten hüten sich vor intimen Beziehungen mit ihren Klienten. Ethische Sportler verschaffen sich keine Vorteile durch Manipulation ihrer Ausrüstung oder die Einnahme von Dopingmitteln.

Ein ethischer Mensch führt ein in sich stimmiges Leben (siehe Kapitel 10), ist zuverlässiger im Umgang mit anderen Menschen und hat deshalb auch größere Chancen, glücklich zu werden – man könnte das auch als eine Art emotionales Seelenheil betrachten. Ein anderer Anhaltspunkt dafür, dass man es mit einem ethischen Menschen zu tun hat, ist ein Lächeln im Gesicht (siehe Kapitel 12). Warum sollte jemand lächeln, wenn er nicht tut, was er tun sollte?

Sie können Ihr Leben mehr an ethischen Gesichtspunkten ausrichten, wenn Sie

- ✔ **Prinzipien entwickeln, die Ihnen helfen, nach den Erwartungen der Gesellschaft zu leben.** Wenn Sie beispielsweise die Überzeugung verinnerlichen, dass »zwei mal falsch nicht richtig ergibt«, dann hält Sie das davon ab, auf schlechtes Verhalten mit mehr schlechtem Verhalten zu reagieren.

- **immer versuchen, sich in die Lage des anderen zu versetzen.** Wenn Sie nicht von anderen ausgenutzt werden möchten, dann sollten Sie auch nicht andere Menschen ausnutzen. Wenn Sie sich darüber aufregen, von jemandem angelogen zu werden, dem Sie vertraut haben, dann erinnern Sie sich daran, wenn Sie vorhaben, jemand anders anzulügen.
- **offen mit anderen umgehen.** Sagen Sie, was Sie denken. Ihr Gegenüber mag das zwar manchmal nicht schön finden, aber derjenige weiß wenigstens, woran er mit Ihnen ist.
- **beständig bleiben.** Sagen Sie nicht heute »hü« und morgen »hott«, wenn es um ein und dieselbe Sache geht.
- **versuchen, rechtschaffen zu sein, anstatt immer recht zu haben.** Recht haben bedeutet, dass man etwas sagt, was faktisch richtig ist. Rechtschaffen sein ist eine Tugend und bedeutet so viel wie ehrenwert, fair und aufrecht sein. Der Einzelne entscheidet, ob er recht hat – über die Rechtschaffenheit befindet die Gesellschaft.

Ethisch sein ist nicht dasselbe wie gewissenhaft sein, aber es ist ein wichtiger Bestandteil der Gewissenhaftigkeit.

Konformität zählt

Ein Aspekt der Gewissenhaftigkeit hat mit sozialer Anpassung zu tun – der Ausrichtung des Verhaltens an gesellschaftlich akzeptierten Normen und dem Eintreten für Tugenden, die von der Gesellschaft hochgehalten werden. Sich anpassen bedeutet, zumindest in den westlichen Gesellschaften, dass man sich nach Kräften bildet, eine Arbeit findet, Steuern bezahlt, zur Wahl geht, die Nation ehrt, heiratet, sich um seine Kinder kümmert, ältere Menschen respektiert, seine Rechnungen rechtzeitig bezahlt, an einer roten Ampel hält und erst weiterfährt, wenn sie auf Grün springt, sich die Hände vor dem Essen wäscht, seinen Hund an die Leine nimmt und so weiter und so fort.

Eine Studie kam zu dem Ergebnis, dass Studenten, die gut angepasst waren, besser mit Stress umgehen konnten und gesünder waren als diejenigen unter ihren Kommilitonen, die nach ihren eigenen Regeln lebten. Und ich wette, sie waren auch glücklicher.

Sind Sie ein Verweigerer?

Wenn Sie wissen wollen, wie gewissenhaft Sie sind, machen Sie am besten den folgenden Test. Je ehrlicher Sie antworten, desto genauer ist das Ergebnis.

Kreuzen Sie jeweils eine Antwort zu den folgenden Fragen an:

1. **Haben Sie schon einmal das Gefühl gehabt, eine Lüge zu leben?**
   - Nein: 0
   - Kann sein: 1
   - Wahrscheinlich: 2
   - Sicher: 3
2. **Haben Sie Geheimnisse, von denen niemand jemals etwas erfahren soll – selbst die Menschen nicht, die Sie lieben?**
   - Nein: 0
   - Kann sein: 1
   - Wahrscheinlich: 2
   - Sicher: 3
3. **Betrachten andere Menschen Sie als vertrauenswürdig?**
   - Sicher: 0
   - Wahrscheinlich: 1
   - Kann sein: 2
   - Nein: 3
4. **Wie stark engagieren Sie sich für Dinge, die Ihnen am wichtigsten sind?**
   - Überhaupt nicht: 0
   - Ein wenig: 1
   - Recht stark: 2
   - Sehr stark: 3
5. **Stimmen Sie der Aussage »Aussehen ist alles« zu?**
   - Nein: 0
   - Kann sein: 1
   - Wahrscheinlich: 2
   - Sicher: 3
6. **Verhalten Sie sich immer so, wie Sie es im Alltag tun sollten?**
   - Sicher: 0
   - Wahrscheinlich: 1

- Kann sein: 2
- Nein: 3

7. **Würden Sie bei einem Test schummeln, wenn Sie dadurch einen Kurs bestehen könnten, den Sie für Ihren Abschluss brauchen?**
   - Nein: 0
   - Kann sein: 1
   - Wahrscheinlich: 2
   - Sicher: 3
8. **Geben Sie bei Kommunal-, Landtags- und Bundestageswahlen Ihre Stimme ab?**
   - Immer: 0
   - Meistens: 1
   - Gelegentlich: 2
   - Nie: 3
9. **Glauben Sie, dass es wichtiger ist, auf Ihre Rechte zu achten als auf Ihre Pflichten?**
   - Nein: 0
   - Kann sein: 1
   - Wahrscheinlich: 2
   - Sicher: 3
10. **Wenn Sie über Ihr Leben nachdenken, empfinden Sie dann ein Gefühl des Bedauerns?**
    - Nein: 0
    - Kann sein: 1
    - Wahrscheinlich: 2
    - Sicher: 3

Wenn Sie 15 oder weniger Punkte erreicht haben, sind Sie ein sehr gewissenhafter Mensch – das ist gut für Sie! Bei 16 oder mehr Punkten sieht es schon schlechter aus. Es könnte sein, dass Sie im Grunde nicht gewissenhaft sein wollen – ob Ihnen das bewusst ist oder nicht. In diesem Fall verbauen Sie sich einige Möglichkeiten, Glücksmomente zu erleben.

In diesem Kapitel gebe ich den einen oder anderen Hinweis, wie man ein gewissenhafterer Mensch werden kann. Greifen Sie einen davon auf und bemühen Sie sich aktiv, den jeweiligen Aspekt Ihres Verhaltens zu ändern. Wenn Sie sich ein solches Ziel setzen, ist das schon ein erster Schritt hin zu einer gewissenhafteren Lebensweise.

Teil III

Den Weg Richtung Glück einschlagen

»Ich habe ihnen Motivations-CDs vorgespielt, bei denen es darum ging, die Welt aus einer anderen Perspektive wahrzunehmen.«

In diesem Teil ...

biete ich Ihnen einen ganzen Sack voller erprobter Verhaltensstrategien an, mit deren Hilfe Sie Ihre Chancen auf das wahre Glück deutlich verbessern können. Die hier erörterten Glücksstrategien sind sämtlich wissenschaftlich fundiert, auch wenn ich sie in verständliche Worte verpacke und auf Fachchinesisch verzichte.

Ich bringe Sie in vier Schritten in den »Flow« und ermögliche Ihnen, die Freude und das Vergnügen zu erleben, die sich daraus ergeben. Ich zeige Ihnen, wie Sie es anstellen, glückliche Momente zu erleben, auch wenn Sie (oder ein Ihnen nahestehender Mensch) unter weniger glücklichen Umständen leiden – etwa Krankheiten, Arbeitslosigkeit oder posttraumatische Belastungen.

Sie werden überrascht sein, wie Sie durch einfache und irgendwie paradoxe Schreibübungen glücklich werden können und wie belebend die Macht eines richtigen Lächelns sein kann.

Den Flow erleben

8

In diesem Kapitel

- Auf der Suche nach dem wahren Selbst
- Herausfinden, was Sie glücklich macht
- In die Offensive gehen
- Den Flow regelmäßig erleben
- Zufrieden zurückblicken

Wenn Renate ihren Ehemann sagen hört: »Ich gehe eine Weile an den Computer«, dann weiß sie, dass seine Schmerzen unerträglich geworden sind. Vor vielen Jahren erlitt er einen schweren Arbeitsunfall und hat seitdem chronische Schmerzen. Früher konzentrierten sich die Schmerzen auf den unteren Rückenbereich. Heute haben sie den ganzen Körper im Griff – ein hartes Schicksal, das ihn auf dem Arbeitsmarkt chancenlos macht, eine körperliche Behinderung darstellt und zuweilen dazu führt, dass er fast den Verstand verliert.

In den ersten Jahren nach seinem Unfall ließ sich Detlev von seinen Ärzten Schmerzmittel verschreiben. Sie probierten verschiedene Präparate aus und versuchten es auch mit Physiotherapie, aber der Erfolg blieb aus. Schließlich musste Detlev, wie Millionen andere Schmerzpatienten, allein mit seinen Schmerzen fertig werden. An diesem Punkt entdeckte er die wundersame Wirkung des »Flow«, ein Konzept, das Dr. Mihaly Csikszentmihalyi, Psychologieprofessor an der Claremont Graduate University in Claremont, Kalifornien, in die wissenschaftliche Diskussion einbrachte. Der *Flow* ist ein positiver Bewusstseinszustand, der bei Menschen auftritt, die in einer Aktivität aufgehen, die sie gleichermaßen fordert und befriedigt. Manche Menschen nehmen an, dass der Flow entsteht, wenn man sich in einer sinnvollen Aktivität verliert, aber eigentlich passiert genau das Gegenteil. Beim Flow geht es darum, sich zu finden – sein wahres Selbst –, indem man sich auf eine Aktivität einlässt, die glücklich macht.

Wenn Sie Detlev fragen, was mit seinen Schmerzen passiert, wenn er ein oder zwei Stunden lang an seinem Computer sitzt (längere Sitzungen verschlimmern den Schmerz meist), dann antwortet er: »Ich habe keine Schmerzen. Ich bin absolut schmerzfrei. Schmerzen habe ich erst wieder, wenn ich aufhöre.« Der Schlüssel zu Detlevs Schmerzlinderung hat, wie es scheint, damit zu tun, dass er sich nicht nur *an* den Computer setzt, sondern *in* der Arbeit am Computer aufgeht. Und warum verschwinden die Schmerzen, wenn er das tut? Weil Detlev die Arbeit am Computer liebt. So sehr, dass er den Flow erreicht (einen tranceartigen Zustand, in dem nichts anderes wichtig ist und das Zeitgefühl verloren geht), der seinem Kopf gestattet, seinen schmerzenden Körper hinter sich zu lassen. Der Flow funktioniert!

In diesem Kapitel verbinde ich das Konzept des Flow mit der Suche nach dem Glück. Ich erkläre Ihnen, warum es wichtig ist, die besten Augenblicke Ihres Lebens zu erkennen, und warum Sie sich im Leben nicht mit dem zufriedengeben sollten, was Sie haben, sondern nach dem streben sollten, was Sie wollen. Und abschließend führe ich Sie Schritt für Schritt in den Flow.

Zwölf Regeln, wie man den Flow trotz Schmerzen erreicht

Detlev ist trotz seiner ständigen Schmerzen ein glücklicher Mann. Wie ist das möglich? Ganz einfach: Er richtet seinen Tag nach den folgenden zwölf Regeln aus:

- ✔ Denke daran, dass du das Recht hast, glücklich zu sein – egal was passiert.
- ✔ Höre auf, deine Schmerzen zu fürchten.
- ✔ Denk an dich – sorge für dich selbst, anstatt dich von anderen abhängig zu machen.
- ✔ Akzeptiere dich wie du bist – gib dir selbst das Gefühl, das Recht dazu zu haben.
- ✔ Sei dein bester Freund, nicht dein schlimmster Feind – tue nichts, von dem du weißt, dass es deine Schmerzen verschlimmert.
- ✔ Kämpfe gegen die Depression an.
- ✔ Nutze deinen Ärger für etwas Positives (zum Beispiel für Fitnesstraining)
- ✔ Bleibe intellektuell und sozial mit anderen in Kontakt.
- ✔ Behalte nach Möglichkeit die Zügel in der Hand – sei damit zufrieden, die kleinen Dinge zu kontrollieren.
- ✔ Halte im Alltag nach Möglichkeiten Ausschau, kleine Siege zu feiern.
- ✔ Konzentriere dich auf etwas anderes als auf deine Schmerzen (etwa auf ein Hobby, deine Enkel, deinen Garten).
- ✔ Bringe wieder einen Schuss Abenteuer in dein Leben – habe keine Angst davor, ab und zu ein Risiko einzugehen.

Wo der Flow zu finden ist: Die besten Augenblicke Ihres Lebens erkennen

Wenn ich Sie bitten würde, die zehn besten Augenblicke Ihres Lebens zu nennen, könnten Sie das? Wenn es Ihnen schwerfällt, dann kann das daran liegen, dass sie nicht so viele »beste Augenblicke« hatten oder dass der letzte schon so lange her ist, dass Sie sich nicht mehr daran erinnern können. Sind Sie zu beschäftigt damit, im täglichen Konkurrenzkampf nicht ins Hintertreffen zu geraten, um über eine solche Frage nachdenken zu können?

Ich habe eine kleine, aus Freunden und Familienmitgliedern bestehende Gruppe nach den besten Augenblicken ihres Lebens gefragt, Momenten, in denen sie das Hochgefühl erlebten, das der Flow mit sich bringt – und das waren ihre Antworten:

»Vor ein paar Jahren habe ich an meinem Arbeitsplatz ein computergesteuertes Spritzfahrzeug zur Ausbringung von Dünger und Pestiziden restauriert. Ich habe alle alten Verkabelungen herausgerissen, das komplette Sprühsystem auseinander genommen und im Grunde einen neuen Lastwagen zusammengebaut. Ich habe alles selbst gemacht und hatte das Gefühl, etwas Großartiges geleistet zu haben.«

»Ich bin Fotograf und erhielt einen Anruf, dass einige Fotos, die ich an ein großes Museum geschickt hatte, für eine Ausstellung vorgesehen waren. Als ich dorthin fuhr, um meine Arbeiten persönlich zu übergeben, war das ein sehr befriedigendes Gefühl.«

»Ich nähe für mein Leben gern. Damit verdiene ich meinen Lebensunterhalt – ich nähe Damenhandtaschen. Ich verbringe meine Zeit damit sehr kreativ. Die Zeit vergeht wie im Flug. Ich esse nichts. Ich gehe in dem auf, was ich tue. Das Ergebnis ist so befriedigend – jede Handtasche ist einzigartig.«

»Ich bin glücklich, wenn ich in meinem Garten arbeite – alles wächst, blüht und sieht so schön aus. Es macht mich auch glücklich, wenn ich meine Pflanzen an andere Menschen weitergebe – so können andere auch Freude an ihnen haben.«

»Ich liebe es, in alten Zeitungen zu schmökern, die sich im Laufe der Jahre bei mir gestapelt haben. Ich kann einen ganzen Tag im Schlafanzug auf dem Boden sitzen und Hunderte Magazine durchblättern, Geschichten und Fotos ausschneiden und dabei höchst zufrieden sein.«

»Die besten Augenblicke meines Lebens sind die, die ich in meiner Küche verbringe. Ich koche für mein Leben gern – alte Lieblingsgerichte, aber auch immer wieder interessante neue Rezepte. Meine Mutter brachte mir das Kochen bei, als ich noch ein junges Mädchen war. Sie war eine tolle Köchin. Wir hatten nicht viel Geld, aber wir haben gegessen wie bei Königs.«

Was haben alle diese »besten Augenblicke« gemeinsam?

- ✔ **Es handelt sich um Aktivitäten und Erfahrungen, die Menschen in ihrem Leben haben wollen, nicht um solche, die sie glauben, haben zu müssen.** Man verbringt nicht den ganzen Tag damit, verstaubte Magazine durchzublättern, weil das zu den Aufgaben gehört, die auf der Liste der zu erledigenden Dinge stehen. Man entscheidet sich dafür, weil man dabei glücklich ist.

Vielleicht kommt Ihnen das Durchblättern alter Magazine genauso schrecklich vor wie andere lästige Arbeiten, die man regelmäßig machen muss. Entscheidend ist aber, dass es für diese Person etwas ist, was *sie* liebt.

- ✔ **Diese Augenblicke erfordern volle Aufmerksamkeit.** Wenn man den Flow erreichen will, muss man achtsam sein. Man muss in den Augenblick eintauchen. Das ist eine Alles-oder-nichts-Erfahrung.

- ✔ **Die Augenblicke ereignen sich im Zusammenhang mit herausfordernden und kreativen Aktivitäten.** Vergessen Sie Routinearbeiten wie Putzen, Wäschewaschen und die meisten Verrichtungen am Arbeitsplatz, die keine innere Beteiligung erfordern.

- **Die Augenblicke verschaffen unmittelbar das Gefühl der Befriedigung.** Es ist das dem Augenblick innewohnende Vergnügen, das ihn zu etwas Besonderem macht. Sie müssen nicht auf eine spätere Belohnung warten, obwohl das auch eine feine Sache sein kann.
- **Die Augenblicke haben etwas mit aktivem Handeln zu tun.** Der Flow entsteht durch die Nutzung eigener Fähigkeiten – musikalische, mechanische, kulinarische –, die man im Laufe seines Lebens erworben hat. Je mehr Fähigkeiten man hat, desto einfacher ist es, den Flow zu erreichen.
- **Die Augenblicke können sich überall einstellen.** Auf einem Tennisplatz, unter der Motorhaube eines Lkw oder in Ihrer Küche.
- **Die Augenblicke wurzeln in der Selbsterkenntnis.** Der Flow hat nichts damit zu tun, sich zu verlieren oder zu flüchten. Es geht darum, sich selbst zu finden, das wahre, das glückliche Selbst. Deshalb hat auch jeder Mensch ganz eigene »beste Augenblicke«.

Für Sie ist nicht entscheidend, bei welchen Aktivitäten meine Familie und Freunde den Flow erlebt haben. Sie müssen herausfinden, welche Aktivitäten in Ihrem Leben für diesen Zweck infrage kommen. Nehmen Sie sich einen Zettel und notieren Sie am oberen Rand die folgenden vier Elemente, die den Flow ausmachen:

- Aktivitäten, die ich ausüben *will*
- Aktivitäten, in denen ich *aufgehen* kann
- Aktivitäten, die ich als *herausfordernd und kreativ* empfinde
- Aktivitäten, die *unmittelbar befriedigend* sind

Notieren Sie nun am linken Rand die Aktivitäten, die Sie am Arbeitsplatz und in Ihrer Freizeit ausüben und von denen Sie annehmen, dass Sie möglicherweise den Flow ermöglichen. Wenn Sie Lehrerin sind und Ihren Beruf lieben, können Sie »Unterrichtsvorbereitung« in die Liste aufnehmen. Sind Sie ein Sammler, wäre »Flohmärkte besuchen, um nach neuen Schätzen für meine Sammlung zu suchen« ein möglicher Eintrag. Setzen Sie ein Häkchen an den Schnittpunkt der jeweiligen Spalte und Zeile, um anzuzeigen, welches Flow-Kriterium auf die einzelnen Aktivitäten zutrifft. Aktivitäten, auf die drei oder vier Flow-Kriterien zutreffen, sind für Sie interessant, wenn Sie das Glück erleben wollen, das aus dem Flow entsteht. (Denken Sie daran, dass der Flow nur eine mögliche Glücksquelle ist – ich stelle in diesem Buch noch viele weitere Quellen vor.)

Wer sind Sie wirklich?

Eine der Voraussetzungen, den Flow zu erfahren, ist sich selbst zu kennen; damit meine ich nicht nur Name, Rang und Seriennummer: »Ich heiße Doyle Gentry, bin Psychologe mit einer Frau und zwei Kindern.« Es geht um mehr als das:

- Was treibt Sie an?
- Was macht Sie einzigartig?

✔ Was befriedigt Sie und macht Sie glücklich?

✔ Was gibt Ihrem Leben einen Sinn?

Sicher wird es manchen unter Ihnen schwerfallen, diese Fragen zu beantworten. Das kann zum Teil daran liegen, dass Sie möglicherweise so tief im Alltagstrott stecken, dass Sie kaum Zeit haben, ab und zu in sich hineinzuhorchen (Ihr inneres Selbst zu untersuchen). Sollten Sie zu den ko-abhängigen Persönlichkeiten gehören, auf die ich in Kapitel 17 näher eingehe, wissen Sie mehr darüber, was andere Menschen antreibt, einzigartig und glücklich macht und ihrem Leben einen Sinn verleiht, als Sie das von Ihrem eigenen Leben wissen.

Ich stelle diese Fragen jetzt, damit es Ihnen leichter fällt, die Schritte nachzuvollziehen, die ich im Abschnitt »In vier Schritten direkt in den Flow« weiter hinten in diesem Kapitel beschreibe.

Sie brauchen kein ganzes Leben, um herauszufinden, was einzigartig an Ihnen ist. Mitunter haben schon Zwanzigjährige eine klare Vorstellung davon, wer sie sind, und können diese Frage ohne Zögern beantworten. Andere Menschen dagegen sind schon in der zweiten Lebenshälfte angekommen und haben immer noch keinen blassen Schimmer.

Jede Erfahrung, die Sie im Leben machen – ob gut oder schlecht –, formt Sie und definiert letztlich, wer Sie sind. Ihre Aufgabe ist es, aus all Ihren Erfahrungen zu lernen und langsam, aber sicher zu einem Zustand zu gelangen, den der bedeutende amerikanische Psychologe Abraham Maslow als Selbstverwirklichung bezeichnet hat. Nach Maslow kann man diesen Zustand nur erreichen, wenn die biologischen Bedürfnisse angemessen und dauerhaft befriedigt sind, wenn man sich sicher fühlt, wenn man sich geliebt und von den Seinen unterstützt fühlt und wenn man das Gefühl hat, das Leben zu meistern. Auch auf diesen Zustand muss man nicht bis an sein Lebensende warten. Einige Menschen kommen jedoch nie dorthin, egal wie lange sie leben. (Mehr über Abraham Maslow können Sie in Kapitel 1 nachlesen.)

Einiges über sich selbst – was man als befriedigend empfindet und was dem Leben einen Sinn gibt – erfährt man unter Umständen auf der Suche nach der richtigen Arbeitsstelle. In manchen Fällen kann die neu erworbene Kenntnis auch eine Midlife-Crisis auslösen. Beide Fälle sind Gegenstand der beiden folgenden Abschnitte.

Warum es gut ist, sich eine schlechte Arbeit zu suchen

Dr. Csikszentmihalyi stellte fest, dass viele Menschen, anders als man sich das vielleicht vorstellt, am Arbeitsplatz mehr Möglichkeiten hatten, den Flow zu erreichen, als in ihrer Freizeit. Das hängt natürlich davon ab, ob man seinen Beruf mag oder nicht. Meine Frau und ich haben unsere Kinder, seit sie alt genug waren, Verantwortung zu übernehmen (ab der neunten Klasse), stets ermutigt, sich hin und wieder einen Job zu suchen. Es ging uns nicht primär darum, dass sie Geld verdienten oder etwas über das Arbeitsleben erfuhren, sondern darum, dass sie lernen konnten, welche Art Arbeit zu ihnen passt – und ihnen Freude macht – und welche nicht. Es ist nun einmal so, dass man den größten Teil seines wachen Lebens in irgendeiner

Funktion arbeitet. Da ist es besser, wenn man eine Arbeit hat, die dem Leben Sinn gibt und Freude macht, eine Arbeit, die einem erlaubt, seine Stärken täglich zu nutzen.

Bei jeder neuen Arbeit, einschließlich derer, die sie während der Studienzeit und nach dem Examen annahmen, hörte ich sie oft sagen: »Diese Arbeit macht keinen Spaß. Ich dachte, das wäre etwas für mich, aber ich habe mich geirrt. Die Bezahlung ist gut, aber ich bin zu Tode gelangweilt – das macht mich echt depressiv.« Meine Antwort war immer die gleiche: »Gut, ich bin froh, dass du das sagst!« Natürlich wollten meine Kinder wissen, was so gut daran sein sollte, dass sie gemerkt hatten, dass sie ihre Jobs nicht mochten. Ich pflegte dann zu sagen: »Es ist gut, weil ihr jetzt wieder eine Sache kennengelernt habt, die ihr nicht euer ganzes Leben lang machen wollte – eine Arbeit, die euch nie glücklich machen wird. Das ermöglicht euch, nach etwas anderem zu suchen, was besser zu euch passt.«

Wenn Sie eine Arbeit haben oder eine andere Erfahrung machen, die Sie unglücklich macht, betrachten Sie das als einen Hinweis mehr, der Ihnen sagt, was Sie nicht machen wollen. Anders ausgedrückt: Immer wenn Sie eine Arbeit haben, die Sie nicht mögen, sind Sie einen Schritt näher daran, eine Arbeit zu finden, die Sie mögen.

Das Leben ist ein Experiment, und wie bei allen Experimenten geht es darum, die Wahrheit zu finden – in diesem Fall die Wahrheit darüber, wer Sie sind und was Sie glücklich macht. Die Wissenschaftler sehen das so: Jedes fehlgeschlagene Experiment bringt Sie der Wahrheit einen Schritt näher. So ist es auch im Leben. Entscheidend ist, dass Sie immer weiter experimentieren!

Wie man eine Midlife-Crisis vermeidet

Wenn Sie wissen, wer Sie sind, hilft Ihnen das nicht nur, den Flow zu erleben, sondern es hält Ihnen auch die gefürchtete Midlife-Crisis vom Hals, von der man so viel hört.

Die Vorstellung, dass die Midlife-Crisis unausweichlich kommt, wenn man die 40 überschreitet, ist schlicht falsch. Wenn Sie 40 Jahre alt werden und noch nicht damit angefangen haben, auf eigenen Füßen zu stehen und nach Ihrer Auffassung zu leben, dann könnten Sie in eine Krise schlittern. Aber das muss nicht so sein.

Lesen Sie das folgende Gespräch zwischen mir und einem 47-jährigen Mann, der mich in einem depressiven und erregten Gemütszustand aufsuchte:

Klient: Ich habe einfach die Nase voll, immer nur das zu tun, was andere Leute wollen. Nie kann ich machen, was ich will. Immer heißt es: »Du musst noch dies, du musst noch das. Geh hierhin, geh dahin.« Das hört nie auf.

Gentry: Dann sagen Sie mir doch mal, was Sie am nächsten Wochenende vorhaben.

Klient: Am Samstag muss ich mit meinem Sohn zum Fußball, und meine Frau will …

Gentry: (unterbrechend) Entschuldigung, aber ich habe gefragt, was Sie vorhaben, nicht was die anderen von Ihnen wollen. Das ist es doch, worüber Sie sich beklagen – dass Sie keiner fragt, was Sie tun wollen. Nun, ich frage Sie.

Klient: (schweigt und sieht noch erregter aus)

Gentry: Es scheint Ihnen schwerzufallen, meine Frage zu beantworten. Wie fühlen Sie sich jetzt gerade?

Klient: Ich rege mich auf – ich bin verärgert – weil ich nicht weiß, was ich sagen soll.

Gentry: Genau. Ich sehe, dass Sie sich ärgern – Ihr Gesicht ist ganz rot und Sie haben die Hände zu Fäusten geballt. Versuchen Sie doch mal, es aus meiner Perspektive zu sehen. Sie sind ein Mann mittleren Alters, der alles getan hat, was das Leben von ihm verlangt hat. Sie sind ein echter Pfadfinder! Und Sie sind, was die materielle Seite des Lebens betrifft, recht erfolgreich. Aber Sie können mir nicht sagen, wie Sie einen Tag in Ihrem Leben verbringen möchten, ohne an die Bedürfnisse aller anderen zu denken statt an ihre eigenen. Finden Sie das richtig?

Klient: (blickt traurig drein, mit Tränen in den Augen) Nein, finde ich nicht.

Gentry: Gut, dann sind wir einer Meinung. Jetzt müssen wir nur noch die Antwort auf meine Frage finden und dann können Sie vielleicht zur Abwechslung damit anfangen, Ihr Leben zu genießen.

Dieser Mann befand sich nicht in einer Krise wegen seines Alters oder weil er viel Geld verdiente, auch nicht, weil er eine reizende Frau und drei tolle Kinder hatte – er befand sich in einer Krise, weil er mitten im Leben stand und keine Ahnung hatte, wer er eigentlich war.

Mit einer Midlife-Crisis muss man sich auseinandersetzen, bevor sie da ist. Warten Sie nicht, bis alle Räder gleichzeitig abfallen (im übertragenen Sinne). Die meisten Menschen fühlen sich in der Mitte ihres Lebens gut und sind mit ihrem Leben zufrieden. Sie haben ausreichende Flow-Erlebnisse, um das Gefühl zu haben, ein sinn- und freudvolles Leben zu führen. Das ist es, was sie in der zweiten Hälfte ihres Lebens stützt. Wenn Sie allerdings nicht zu diesen glücklichen Menschen gehören, dann möchten Sie sicher wissen, wie Sie mehr Flow in Ihr Leben bringen können. Das werden Sie weiter hinten in diesem Kapitel erfahren.

Heute glücklich sein – nicht nächste Woche, nächsten Monat, nächstes Jahr

Was den Flow betrifft, so sollten Sie sich auf die Fahnen schreiben: Schluss mit dem Warten! Sorgen Sie heute für einen glücklichen Tag – warten Sie nicht bis morgen. Sorgen Sie vor. Flow-Aktivitäten werden Ihnen nicht immer auf einem silbernen Tablett serviert, Sie müssen sie selbst *schaffen*.

Stellen Sie sich vor, der junge Mann, von dem ich weiter vorn in diesem Kapitel erzähle, hätte sich entschieden, nicht seine Zeit damit zu verschwenden, alte Magazine durchzublättern. Stellen Sie sich vor, der andere junge Mann hätte es als zu mühsam angesehen, seine Fotos an das bekannte Museum zu schicken. Stellen Sie sich vor, sich von der Küche fernzuhalten, obwohl

Sie doch ein exzellenter Koch sind, weil es für zwei Personen billiger ist, essen zu gehen. Ohne all diese Erfahrungen hätten die Leute es schwer, Glücksmomente zu erleben.

Die Nachtisch-Theorie des Glücks

Manche Menschen sind von der Nachtisch-Theorie des Glücks überzeugt. Sie glauben, dass ihr Glück nur ein Nebenprodukt der Befriedigung der Bedürfnisse anderer Menschen ist. Eine Ehefrau denkt unter Umständen etwa, die Vorspeise bestehe daraus, die Bedürfnisse und Wünsche ihres Mannes zu erfüllen, dann auch die der Kinder, der Eltern, der Schwiegereltern und so weiter. Um ihre eigenen Bedürfnisse kümmert sie sich erst ganz zum Schluss – ein süßer Augenblick am Ende eines langen, ermüdenden Tages. Das Problem ist, dass sie, wenn der Nachtisch endlich kommt, längst den Appetit verloren hat!

Ein Flow-Erlebnis sollte keine zweitrangige Option sein. Es sollte etwas sein, das Sie sich in wiederkehrenden Abständen am Tag gönnen, solange Sie noch die nötige Energie haben, kreativ zu sein und Ihre Fähigkeiten in herausfordernden Aktivitäten einzusetzen. Ordnen Sie Ihre Prioritäten neu und essen Sie den Nachtisch zuerst. Widmen Sie sich erst der Nummer eins, bevor Sie sich um die Nummern zwei, drei und so weiter kümmern.

Das Schiff, das nie kam

Vielleicht gehören Sie auch zu den Menschen, die das Glück als eine Belohnung ansehen, die man automatisch bekommt, wenn man ehrlich und hart arbeitet. Als ich noch ein Kind war, hörte ich meinen Vater oft sagen: »Ich warte darauf, dass mein Schiff in den Hafen einläuft.« Er spielte damit auf seine Hoffnung an, als Entschädigung für seine jahrzehntelange Schufterei einen friedlichen, entspannten und vergnüglichen Lebensabend verbringen zu dürfen. Auf dieses Ziel arbeitete mein Vater unermüdlich Tag für Tag hin, ohne sich je zu beklagen. Glücklich sah ich ihn nur, wenn er zum Angeln ging – das war sein Flow-Erlebnis. Er lebte ein sehr unausgeglichenes Leben – nur Arbeit und keine Muße (siehe Kapitel 15) – und bezahlte schließlich dafür, indem er viel früher starb als die meisten seiner Brüder und Schwestern. Als wir nach der Beerdigung in seinem alten, klappernden Auto zu seinem Haus fuhren, musste ich daran denken, dass er sein Leben lang auf ein Schiff gewartet hatte, das nie in den Hafen einlief.

Streben Sie jeden Tag danach, glücklich zu sein. Man kann durchaus hart arbeiten und trotzdem Glücksmomente erleben. Mein Vater hat das nie verstanden. Ich hoffe, Sie machen es besser.

Wenn Sie verstanden haben, wie wichtig es ist, jetzt und hier glücklich zu sein, wird Sie das hoffentlich motivieren, meiner Anleitung zu folgen, mit der ich Sie weiter hinten in diesem Kapitel Schritt für Schritt in den Flow – und ins Glück – schicken möchte.

Nach dem streben, was Sie wollen, nicht nach dem, was Sie schon haben

Wenn es Ihnen so geht wie mir und Millionen anderen, verbringen Sie den größten Teil Ihrer Zeit und Ihrer Energie damit, den Dingen nachzujagen, die Sie bereits haben, anstatt sich auf das zu konzentrieren, was Sie wollen. Sie stehen jeden Morgen auf und gehen derselben Arbeit nach, die Sie seit Jahren machen. Sie pflegen dieselbe Handvoll Beziehungen mit der Familie und Freunden, die Ihnen über die Jahre Wohlbefinden und Unterstützung geboten haben. Sie spielen mit denselben Partnern Golf auf demselben Golfplatz und schlagen jede Woche den ersten Ball zur gleichen Zeit am gleichen Tag ab. Das ist das, was Sie tun. Ich frage Sie nun: Was tun Sie nicht?

Richten Sie Ihr Leben mithilfe einer Therapie neu aus

Sich selbst zu entdecken – und das Glück, das sich daraus ergibt – kann man nicht immer planen. Es ist auch keine Reise, die jeder allein antreten kann. In diesem Fall kann eine Therapie sehr hilfreich sein.

Susanne war sehr skeptisch, als ihr Orthopäde sie an einen Psychotherapeuten überwies. Sie hatte nach einem Arbeitsunfall ständig Rückenschmerzen und fragte sich: »Wie in aller Welt kann ein Psychologe dabei helfen, meine Schmerzen loszuwerden?« Die Antwort, auf die Susanne zu dieser Zeit nie gekommen wäre, lautet: »Indem er ihr den Weg in ein glückliches und produktives Leben zeigt.« Wie die meisten Menschen, die an hartnäckigen Schmerzen leiden, suchte Susanne verzweifelt nach jemandem, der ihr das Leben wiedergeben konnte, das sie vor ihrer Verletzung geführt hatte. Ein neues, *neu ausgerichtetes* Leben lag jenseits ihrer Vorstellungskraft.

Susanne hatte eine klinische Depression. Sie war ohne jede Hoffnung und stand kurz vor einem Selbstmordversuch. »Auf was soll ich mich noch freuen«, fragte sie, »auf ein Leben voller Schmerzen und Einschränkungen? Ich werde nie mehr glücklich sein können und die Dinge tun, die ich bisher gerne getan habe. Warum soll ich noch weiterleben?« Susanne war an einem toten Punkt angelangt.

Ihr Therapeut half Susanne in den folgenden Monaten und Jahren zu verstehen, dass das menschliche Gehirn so gestrickt ist, dass Freude den Schmerz immer überlagert. Mit seiner Hilfe lernte Susanne wieder lächeln (siehe Kapitel 12), und zum ersten Mal nach langer Zeit lachte wie wieder mehr als sie weinte. Langsam, aber sicher fand Susanne neue Dinge, die ihr Freude machten. Vor ihrer Verletzung hatte sie ihr Flow-Erlebnis, wenn sie ihre zwei Morgen große Wiesenfläche mähte (sie stellte sich vor, die größte, genaueste Mäherin zu sein und mit der Präzision eines Chirurgen ihren Garten zu gestalten). In ihrem neuen Leben war sie nun die »Comic-Königin«, die Stunde um Stunde Magazine und Zeitungen nach Cartoons absuchte, die sie dann regelmäßig an Freunde und die Familie (sogar an ihre Ärzte) verteilte. Und was war in dieser Zeit mit ihren Schmerzen? Die wurden von Freude und Zufriedenheit in den Hintergrund gedrängt und konnten so nicht mehr ihr Leben bestimmen. Susanne, da bin ich mir sicher, ist irgendwo da draußen und genießt einen »besten Augenblick« nach dem anderen – mit oder ohne Schmerzen.

Sie fordern sich nicht. Sie erwerben keine neuen Fähigkeiten. Und Sie bewegen sich nicht auf die von Maslow beschriebene letzte Stufe der persönlichen Entwicklung zu, die *Selbstverwirklichung*, der Zustand, in dem der Mensch am glücklichsten ist. Ohne es zu wissen oder bewusst zu wollen, haben Sie die Selbstentdeckung zugunsten Ihrer Sicherheit und der Unterstützung durch andere aufgegeben. Damit haben Sie sich, verständlicherweise, einen großen Teil der Ängste und Unsicherheiten vom Hals gehalten.

Wir sind glücklich, wenn wir – in welcher Lebensphase auch immer – in unserem Leben die Dinge erreichen, die wir wollen. Das Problem ist nur, dass sie uns, sobald wir sie haben und uns daran gewöhnt haben, nicht mehr glücklich machen. Wir müssen dann etwas anderes finden, das wir wollen, um wieder glücklich zu sein. Das nennt man die *hedonische Anpassung* oder, etwas anschaulicher, die *Tretmühle des Glücks*.

Wenn Sie mit Ihrem Status quo nicht mehr glücklich sind, habe ich ein paar Anregungen für Sie:

- ✔ **Erkunden Sie das Leben.** Sie sollten keine Angst davor haben, etwas Neues zu versuchen – neue Rezepte, neue Urlaubsorte oder neues Lesefutter (zum Beispiel die *Financial Times* statt des Lokalblatts). Machen Sie Körper und Geist mit Orten vertraut, an denen sie noch nie waren.
- ✔ **Hinterfragen Sie das Leben.** Wenn Sie sich die Nachrichten anhören, sollten Sie nicht einfach hinnehmen, was die Kommentatorin von sich gibt – stellen Sie ihre Aussagen infrage: »Stimme ich mit dem überein, was diese Frau zum Irak-Krieg sagt oder nicht?«
- ✔ **Nehmen Sie das Leben unter die Lupe.** Achten Sie aufmerksamer darauf, was um Sie herum passiert, und legen Sie alle bedeutungsvollen Dinge in Ihrem Leben unter das Mikroskop. Abtreibung, Zuwanderung und Rassismus, Diskriminierung, Homosexuelle als Eltern oder milliardenschwere Hilfspakete für Banken – alles keine einfachen Themen, die näher untersucht werden müssen, bevor man sich entscheiden kann, wie man darüber denkt.
- ✔ **Beurteilen Sie das Leben.** Haben Sie keine Angst vor Ihrem eigenen Urteil, wenn es um richtig oder falsch, fair oder unfair, gerecht oder ungerecht und glücklich oder nicht glücklich geht – Sie haben ein Recht darauf.
- ✔ **Denken Sie über die Möglichkeiten des Lebens nach.** Arrangieren Sie sich nicht einfach mit dem Leben, wie es jetzt ist. Fragen Sie sich: »Was wäre, wenn alles anders wäre?« Öffnen Sie sich für Alternativen, egal um welchen Aspekt Ihres Lebens es geht.
- ✔ **Erleben Sie alles, was das Leben zu bieten hat.** Ich hatte einmal eine Anstecknadel mit der Aufschrift »Das Leben ist keine Kostümprobe«. Wie wahr!
- ✔ **Gestatten Sie sich, etwas zu empfinden – auch wenn es sich um unangenehme Gefühle handelt.** Sie sind nun mal so gestrickt, dass Sie ganz verschiedene Gefühle haben können – Freude, Ärger, Angst, Trauer. Wie ich in Kapitel 4 ausführe, teilt Ihnen Ihr Nervensystem über diese Gefühle ohne Worte etwas mit.

Wenn Sie Ihre Gefühle abblocken, können Sie diese wertvollen Botschaften nicht empfangen.

- ✔ **Lernen Sie, Ihren Gefühlen zu vertrauen.** Intuition ist eine feine Sache. Ihr Gehirn sagt Ihnen: »Ich war schon einmal in einer ähnlichen Situation und ich denke, du solltest dich jetzt so verhalten.«
- ✔ **Betrachten Sie das Leben als ein halb volles statt als ein halb leeres Glas (siehe Kapitel 5).** Optimismus erzeugt immer Hoffnung. Pessimismus führt sehr oft zu Verzweiflung.
- ✔ **Suchen Sie in allem die Vielfalt.** Wenn man die Vielfalt des Lebens akzeptiert und begrüßt, sieht man auch die Einzigartigkeit jedes Menschen.
- ✔ **Lassen Sie sich von Ihrer Neugier leiten.** Neugier ist das Gefühl, das es uns erleichtert, die Welt zu erkunden, zu hinterfragen, zu untersuchen und darüber nachzudenken, was das Leben zu bieten hat.
- ✔ **Zügeln Sie nicht länger Ihre Leidenschaft.** Wenn Sie etwas glücklich macht, posaunen Sie es in die Welt hinaus.
- ✔ **Strecken Sie Ihre Fühler aus und verlassen Sie immer mal wieder das gewohnte Umfeld.** Probieren Sie ab und zu etwas aus, das Sie noch nicht kennen, etwas, das alles Gewohnte infrage stellt und von dem Sie nicht wissen, wie es ausgeht.

In vier Schritten direkt in den Flow

So, jetzt sind Sie absolut begeistert von dieser Flow-Geschichte und wollen nun natürlich auch davon profitieren. Aber wie? Da sind Sie hier genau richtig. Auf den folgenden Seiten führe ich Sie Schritt für Schritt durch einen Prozess, der Ihnen helfen wird, sich so in etwas zu vertiefen, dass Ihnen alles andere völlig egal sein wird.

Erster Schritt: Ihre Flow-Quelle finden

Den Flow kann man erleben, wenn man seine Fähigkeiten in einer herausfordernden Situation anwendet.

Wenn Sie über Fähigkeiten verfügen, sie aber nicht fordern, können Sie allenfalls auf ein entspanntes Gefühl hoffen, das schnell in Langeweile umschlägt. Ein Beispiel wäre jemand, der ein Händchen für die Gestaltung von Gärten hat, aber immer nur den Rasen mäht.

Wenn Sie sich in einer herausfordernden Situation befinden, aber nicht über die nötigen Fähigkeiten verfügen, die Situation erfolgreich zu bewältigen, bekommen Sie es mit der Angst zu tun oder ärgern sich.

Wenn Sie weder über Fähigkeiten verfügen noch sich nicht fordern, verlieren Sie schließlich jegliches Interesse und werden apathisch und unzufrieden.

Man ist nie zu alt, einen Traum zu verwirklichen

Schon als Kind hatte ich den Wunsch, Schriftsteller zu werden. Ich träumte davon, Romane zu schreiben und so berühmt zu werden wie Edgar Allen Poe, Ernest Hemingway oder Paul Auster. Das Schreiben ging mir leicht von der Hand, und meine Lehrer sagten mir oft, ich sei »talentiert«. Wenn ich etwas schrieb, war ich immer glücklich – selbst als ich an meiner Doktorarbeit saß, ob Sie's glauben oder nicht! Trotzdem habe ich nie daran gedacht, das Schreiben zum Beruf zu machen.

An der Universität schrieb ich mich zunächst für das Studium der Chemie ein, wechselte aber schnell zur Wirtschaftslehre, von dort zur Soziologie und landete schließlich bei der Psychologie – an ein Studium der Englischen Literatur und Sprache verschwendete ich nicht einen Gedanken. Mit dem akademischen Schreiben hatte ich keine Probleme – für viele meiner Kommilitonen waren die Semesterarbeiten eine Qual, für mich nicht.

Erst gegen Ende meiner beruflichen Karriere gestattete ich mir schließlich, mich mit meiner Identität als Schriftsteller anzufreunden. Ich trat einem Literaturverein bei und sagte meinen Kindern: »Wenn ich tot bin und die Leute fragen, womit euer Vater sein Geld verdiente, sagt ihnen, ich sei Schriftsteller gewesen.« Während ich hier sitze und *Glück für Dummies* schreibe, bin ich ein glücklicher Mann. Ich bedaure nur, dass es 55 Jahre gedauert hat, bis ich diesen Sprung gewagt habe.

Wenn es etwas gibt, das Sie schon immer einmal machen wollten, jetzt ist der richtige Zeitpunkt! Man ist nie zu alt – das kann ich bestätigen!

Fangen Sie damit an, alle Fähigkeiten aufzulisten, die Sie in den Bereichen Sport, Hobbys, Beruf, Gesellschaft und Kunst haben. Die folgenden Beispiele sollen Ihnen ein wenig auf die Sprünge helfen:

- Gedichte schreiben
- Organisieren von Veranstaltungen am Arbeitsplatz und in der Gemeinde
- Romane oder Sachbücher schreiben
- Ehrenamtlich tätig sein
- Fliegenfischen
- Münzen oder Briefmarken sammeln
- An historischen Spielen teilnehmen
- Malen
- Gartengestaltung

- ✔ Kunsthandwerk (wie Töpfern, Körbe flechten, Schmuck entwerfen und herstellen)
- ✔ Kochen
- ✔ Karten spielen
- ✔ Wein keltern
- ✔ Freiwillige Mitarbeit bei Wahlkämpfen

Wenn Sie Ihre Fähigkeiten notiert haben, stellen Sie sich drei einfache Fragen:

- ✔ Wann habe ich zuletzt eine dieser Fähigkeiten genutzt?
- ✔ Gibt es Aktivitäten, mit denen ich noch keine Erfahrungen habe, die ich aber gerne ausprobieren möchte?
- ✔ Lasse ich meine Fähigkeiten einrosten, indem ich sie nicht nutze?

Wenn Sie gerne Bridge spielen, haben Sie sich schon einmal für ein Bridge-Turnier gemeldet? Wie wäre es, wenn Sie das nächste Mal einen neuen – und anspruchsvolleren – Golfplatz wählen? Wenn Sie gerne schreiben, aber sich mit einem ganzen Buch zurzeit überfordert fühlen, wie wäre es, wenn Sie einen Artikel schreiben und an eine Zeitung schicken? (Wie auch immer es ausgeht, Sie werden Ihren Namen gedruckt sehen!)

Zweiter Schritt: Den Sprung wagen

Den Flow erreicht man im Laufe eines Prozesses, und wie jeder andere Prozess hat auch dieser einen Anfang, bevor er den Mittelteil und den Schluss erreicht. Weiter vorn in diesem Kapitel spreche ich davon, wie wichtig es ist, nach dem zu streben, was man will, anstatt sich mit dem zufriedenzugeben, was man hat, und dass man sich schaden kann, wenn man es immer wieder hinausschiebt. Jetzt ist die Zeit gekommen, zu handeln! Bleiben Sie nicht den Rest Ihres Lebens vorn auf dem Sprungbrett stehen, weil Sie Angst davor haben, zu springen – springen Sie und machen Sie einen großen Platscher!

Ich höre die Leute – auch mich selbst – oft sagen: »Ich habe keine Zeit zu schreiben, ins Theater zu gehen, mit meinen Freunden eine Fahrradtour zu machen.« In Wirklichkeit haben Sie aber die gleiche Zeitspanne von 24 Stunden zur Verfügung, die Sie am Tag Ihrer Geburt hatten und die Sie Tag für Tag haben werden, bis Sie sterben – nicht mehr und nicht weniger. Der Flow ist keine Frage der Zeit, die Sie zur Verfügung haben. Die Frage ist, wie Sie Ihre Zeit nutzen. Warum fangen Sie nicht an, Ihre Zeit so zu nutzen, dass Sie glücklich dabei sind?

Dritter Schritt: Sich genug Zeit lassen

Der Flow ist ein Zustand, in dem die Zeit keine Rolle spielt, aber man braucht eine gewisse Zeit, bis man ihn erreicht. Man darf es nicht eilig haben oder versuchen, ihn herbeizuzwingen.

Ich hatte einmal einen Klienten, der zu mir kam, um besser mit seinem Ärger umgehen zu lernen. Ich gab ihm eine Kassette mit einer 20-minütigen Entspannungsübung und schlug ihm vor, sie einmal am Tag zu hören. Als er in der Woche darauf zur Sprechstunde erschien, fragte ich nach der Kassette, und er antwortete: »Ich hatte keine Zeit, sie zu hören – aber Sie sagten, sie dauert 20 Minuten, haben Sie nicht etwas Kürzeres?« Anstatt lange zu diskutieren, gab ich ihm eine 10-Minuten-Kassette. In der nächsten Woche dann das gleiche Spiel: »Ich hatte wirklich keine Zeit – haben Sie nicht eine noch kürzere Übung, vielleicht vier oder fünf Minuten?« Sehen Sie, wie dumm das klingt? Es ist sinnlos, sich selbst zu sagen: »So, nun entspann dich mal ganz schnell.« Und genauso sinnlos ist es, sich zu sagen: »So, und jetzt schnell in den Flow und alles ist wunderbar.«

Das Paradoxe ist, dass die Zeit keine Rolle mehr spielt, wenn man den Flow erreicht hat. Man denkt überhaupt nicht mehr daran. Die Zeit ist nur *vorher* und *nachher* von Bedeutung.

Beim Flow geht es darum, sich so in eine Aktivität hineinzufinden, dass man die Zeit vergisst. Am besten legen Sie Ihre Uhr ab, wenn Sie versuchen, in den Flow zu gelangen – es fällt leichter, nicht mehr an die Zeit zu denken, wenn man nicht weiß, wie spät es ist. (In Kapitel 15 können Sie mehr darüber nachlesen.)

Vierter Schritt: Den Flow in Ihren Alltag einbauen

Die Leute stopfen alles Mögliche in ihren Tagesablauf hinein – darunter auch negative Dinge wie Wutausbrüche, Drogenmissbrauch, eine öde und langweilige Arbeit und Beziehungen auf Knopfdruck. Warum sollte man da nicht noch ein paar Möglichkeiten einbauen, in den Flow zu gelangen, Dankbarkeit zu empfinden oder etwas zu tun, woran man Spaß hat?

Jakob kam in der Regel jeden Tag in der Woche erschöpft und in gereizter Stimmung nach Hause. Meistens schrie er schließlich Frau und Kinder wegen irgendeiner Nichtigkeit an. Seine Abende zu Hause waren beileibe nicht idyllisch. Deshalb freute er sich auch nicht auf seinen Feierabend. Dann änderte er seinen Tagesablauf und hielt auf dem Weg nach Hause am Sportplatz einer nahe gelegenen Schule an, um auf der Laufbahn dort zu walken. Er konnte sich schnell steigern und schaffte bald fünf bis acht Kilometer ohne große Anstrengung. Während er auf der Bahn seine Kreise zog, war er in einer anderen Welt und nahm die Außenwelt kaum wahr. Er befand sich im Flow. Wenn Jakob schließlich nach Hause kam, war er in einer guten, aufnahmebereiten Verfassung und es gab für ihn keinen Grund mehr, herumzuschreien. Er war glücklicher denn je und seine Familie auch.

Wie können Sie Ihren Tag bereichern und den Flow erleben? Wenn Sie den Flow nur selten oder nie erleben, versuchen Sie zunächst, einmal in der Woche ein Flow-Erlebnis zu erreichen. Wenn Sie das geschafft haben, versuchen Sie es drei- bis viermal in der Woche. Und danach können Sie dann versuchen, den Flow jeden Tag zu erreichen.

Ein Blick zurück – mit Bedauern oder mit Befriedigung

Der bedeutende Psychologe Erik Erikson mahnt uns, dass der Mensch am Ende seines Lebens darüber nachdenkt, was für ein Mensch er war und was für ein Leben er geführt hat. Wenn Sie das richtige Leben gelebt haben – eines, das Sie glücklich gemacht hat –, dann empfinden Sie am Ende Befriedigung und Erfüllung. Andernfalls sind Sie am Ende Ihres Lebens voller Bedauern und Verzweiflung. Im Angesicht des Todes findet man Trost in den »besten Augenblicken« seines Lebens, an die man sich dann gerne erinnert.

Die Herausforderungen des Lebens für sich nutzen

9

In diesem Kapitel

- Das Gute im Schlechten sehen
- Eine positive Sichtweise entwickeln
- Die entscheidenden Fragen stellen
- Die eigenen Energien in die richtigen Bahnen lenken
- Das Leben neu ordnen

In diesem Kapitel möchte ich Ihnen vermitteln, wie Sie widrige Umstände sinnvoll nutzen können – nach einer Nutzenanalyse. Dabei geht es darum, das Gute im Schlechten zu finden. Wenn man in einer düsteren Situation einen Silberstreif am Horizont entdeckt, lindert das nicht nur das Leiden, sondern führt auch dazu, dass man schätzen lernt, was das Leben zu bieten hat, und dass man eine bessere Verbindung zu seinem inneren Selbst und mehr Mitgefühl entwickelt. All das kann dazu führen, dass man glücklich wird.

Ein Mittel gegen die Entmutigung

Der Gesundheitspsychologe Roger Katz und seine Kollegen von der University of the Pacific haben untersucht, wie an Krebs und Geschwüren leidende Patienten mit ihrer Krankheit fertig wurden. Sie waren überrascht, dass die Mehrzahl der Patienten davon sprach, dass ihre Krankheit auch Vorteile böte, anstatt sich entmutigt, hilflos und angegriffen zu fühlen oder sich in Zynismus zu flüchten. Sie gaben zum Beispiel an, dass die Hilfe, die sie in Anspruch nahmen, ihnen half, offener mit ihren Familien zu kommunizieren und selbst bessere Freunde zu werden. Die Wahrnehmung eines Nutzens führte auch zu einer Verringerung der Schmerzen und des Leidens – einschließlich Ärger, Depressionen und Müdigkeit.

Ich fragte Tom, der mit mir verwandt ist und im Alter von 45 Jahren einen schweren Herzinfarkt erlitten hatte, ob er meine, dass sein Leben danach besser geworden sei. Er antwortete:

> Oh ja, absolut. Ich hatte die Möglichkeit, über mein Leben nachzudenken und mir darüber klar zu werden, wo ich vorher stand und wo ich jetzt stehe. Vor dem Infarkt machte ich viele Überstunden und hatte viel Stress. Ich liebe meine Familie, aber ich habe das alles für selbstverständlich gehalten. Ich erkannte, dass ich nicht für meine Familie da war, abgesehen vom materiellen Aspekt, und dass ich viel verpasst habe. Also habe ich meine Prioritäten neu geordnet – jetzt steht die Familie an erster Stelle und dann erst kommt

die Arbeit. Ich bin jetzt Teil ihres Lebens, nicht mehr nur ein Fremder, der jeden Abend nach Hause kommt und das Essen auf den Tisch stellt.

Der Infarkt hat auch dazu geführt, dass ich meine Mitarbeiter anders behandele. Ich habe meine Stundenzahl reduziert und meinen Angestellten und meinem Partner mehr Verantwortung übertragen. Ich habe nichts von dem wieder an mich genommen, was ich während meines Krankenhausaufenthalts und der Reha delegiert hatte. Ich habe die Erfahrung gemacht, dass ich darauf vertrauen kann, dass die Arbeit gut erledigt wird – das habe ich vorher nie so empfunden. Man könnte sagen, wir sind jetzt mehr wie eine Familie. Wir verlassen uns mehr aufeinander als vorher.

So ein unvorhergesehenes Ereignis zwingt einen, sich Gedanken darüber zu machen, was im Leben wirklich wichtig ist. So war es jedenfalls bei mir. Das mag jetzt komisch klingen, aber wenn ich nicht vor sechs Jahren diesen Herzinfarkt gehabt hätte, wäre ich jetzt tot.

Tom musste sich einer Herausforderung stellen und er hat darin einen Nutzen für sich entdeckt. Wenn Sie dazu in der Lage sind, kann Ihnen das helfen, ein glücklicherer Mensch zu werden. In diesem Kapitel werde ich Ihnen zeigen, wie das geht.

Krankheit als Bild

Im Rahmen eines Seminars zum Thema Gesundheitspsychologie bat ich meine Studenten, Krankheit bildlich darzustellen. Ich wollte, dass sie sichtbar abbildeten, wie sie sich das Kranksein vorstellten – und wie sie sich verhalten würden, wenn sie krank wären.

Als sie mit ihren Zeichnungen fertig waren, sahen wir uns die Ergebnisse an. Jeder Student kam mit seinem Bild nach vorn und erklärte, was er da gemacht hatte. Alle hatten etwas Negatives zu Papier gebracht. Krankheit, so schienen sie es zu betrachten, war düster, traurig, einschränkend und eine Erfahrung, die das Leben stark beeinträchtigte. Krankheit war echt Sch…! Wenn man eine solche Erwartung hat, ergeht es einem in der Regel aber auch entsprechend. Es ist eine Sache, körperliche Schmerzen zu erdulden – durch Krebs oder Arthritis verursacht –, eine ganz andere aber, emotional zu leiden – Bitterkeit, Frustration, Depression. Das passiert jedoch, wenn Menschen sich einer Krankheit ergeben und die damit verbundenen Behinderungen als unausweichlich akzeptieren.

Mitch Albom zeigt in seinem bedeutenden Buch *Dienstag bei Morrie: Die Lehre eines Lebens* (Goldmann), dass es möglich ist, einen furchtbaren Tod zu sterben, ohne seinen Optimismus, seinen Humor und seine Lebenslust zu verlieren.

Die richtige Perspektive

Anders als andere Tiere haben die Menschen die Gabe der Perspektive, und Perspektive hat etwas mit Wahlfreiheit zu tun! In Kapitel 5 gehe ich darauf ein, dass man das Leben als ein halb volles (optimistisch) oder ein halb leeres Glas (pessimistisch) betrachten kann. In Kapitel 6 geht es um robuste und nicht robuste Persönlichkeiten – alles hängt davon ab, ob man Probleme als

Herausforderung oder als Krise betrachtet. Die richtige Perspektive ist also ganz entscheidend dafür, ob man glücklich wird. In diesem Abschnitt zeige ich Ihnen, wie man diese Perspektive findet, wenn man vom Leben vor eine Herausforderung gestellt wird.

Stürzt der Himmel wirklich ein?

Wenn ein tragisches Ereignis geschieht, fühlen sich die meisten Menschen zunächst, als sei das das Ende der Welt. Für eine solche Reaktion muss man sich nicht schämen – sie ist menschlich. Wichtig ist jedoch, dass man diese anfängliche Reaktion überwindet und die Situation relativieren kann. Um das zu schaffen, sollten Sie

- ✔ **sich erinnern, wie Sie sich in ähnlichen Situationen in Ihrem Leben verhalten haben.** Ähnlich heißt nicht, dass es sich unbedingt um die gleiche Situation handeln muss. Wenn Sie beispielsweise mit der schockierenden Nachricht ringen, dass Sie an Prostatakrebs erkrankt sind, können Sie sich fragen: »Was habe ich gemacht, als ich vor ein paar Jahren meine Stelle verlor, mit der ich so glücklich war?« oder »Was habe ich gemacht, als meine Frau mich verließ und mir sagte, dass sie mich nicht mehr liebe?«. Schließlich ist eine Krise eine Krise, und wenn der Himmel beim letzten Mal nicht eingestürzt ist, wird er diesmal wohl auch oben bleiben.
- ✔ **sich erinnern, wie andere sich in der gleichen Situation verhalten haben.** Wie hat Ihr Bruder reagiert, als er erfuhr, dass er Krebs hat? Wenn Sie es nicht sicher wissen, dann rufen Sie ihn auf jeden Fall an und fragen Sie ihn, wie er es geschafft hat, nicht in Panik zu verfallen. Versuchen Sie, den Himmel aus seiner Perspektive zu betrachten.
- ✔ **nicht in Katastrophenbegriffen denken.** Anstatt zu denken: »Das ist furchtbar, schrecklich, katastrophal«, sagen Sie sich: »Das ist schlecht – das wollte ich bestimmt nicht hören.« *Vergessen Sie nicht:* Ihr Gehirn hört nicht nur, was Sie sagen, sondern auch, was Sie denken. Wenn Sie denken, dass der Himmel einstürzt, wird sich Ihr Gehirn entsprechend verhalten und sich machtlos fühlen.

Wenn mir etwas Schlimmes widerfährt, denke ich an die schlimmsten Augenblicke in meinem Leben und frage mich dann, ob das, was gerade passiert ist, genauso schlimm ist. Die Antwort ist immer ein lautes Nein. Ich sage mir dann: »Wenn ich die schlimmsten Zeiten meines Lebens überlebt und danach wieder bessere Zeiten erlebt habe, wird das diesmal auch so sein.« Und so kommt es dann auch. Wenn Sie jünger sind als ich (ich bin 64 Jahre alt) und noch nicht so viele Krisen in Ihrem Leben hinter sich gebracht haben, mag es vielleicht schwieriger sein, kein Katastrophenszenario an die Wand zu malen. Da kann es helfen, über die vor Ihnen liegende Herausforderung mit jemandem zu sprechen, der älter ist, und sich seine Sicht der Dinge schildern zu lassen. Neben den eigenen Eltern können dabei Berater und auch Seelsorger (besonders wenn Sie sich in einer spirituellen Krise befinden) helfen.

Optimistisch sein

Wenn man ein optimistischer Mensch ist, hat man es entschieden leichter, positive Aspekte zu sehen. Optimisten leugnen nicht, dass sich Schlimmes ereignet, sie weigern sich lediglich, nur die negative Seite zu betrachten, und lassen sich die Möglichkeit offen, das Gute im Schlechten zu entdecken.

Nicole, eine junge Frau Ende dreißig mit einer Rückenverletzung, die sie sich als Krankenschwester zugezogen hat, war eine Optimistin. »Zunächst war ich entmutigt. Ich war gerne Krankenschwester und habe den Beruf nur widerstrebend aufgegeben. Aber mit solchen Schmerzen konnte ich nicht weiterarbeiten«, erzählte sie. »Schließlich entschloss ich mich, die positive Seite zu sehen: Ich wollte zwar nicht arbeitslos ein, aber so konnte ich bei meinen drei Kindern sein, während sie aufwuchsen. Wir haben jetzt ein engeres Verhältnis, das wir sicher sonst nicht gehabt hätten. Wenigstens kann ich dafür dankbar sein.«

Ben, ebenfalls Mitte dreißig und von chronischen Schmerzen geplagt, war kein Optimist. Er konnte nur die negativen Seiten sehen, die das Leben nach seiner Verletzung für ihn bereithielt – Einkommensverluste, kein Kontakt mehr zu den Kollegen und das Gefühl, zu nichts mehr zu gebrauchen zu sein. Er war ein verärgerter Mensch, voller Bitterkeit und völlig blind für die Möglichkeit, dass er doch noch ein sinnvolles Leben führen konnte. Im Alter von 41 Jahren starb Ben an einem Herzinfarkt und selbst sein Kardiologe gab zu, dass dies auf ein gebrochenes Herz zurückzuführen sei.

Optimisten erholen sich schneller

Eine im Magazin Health Psychology veröffentlichte Studie von Forschern der Universität Helsinki mit 5.000 Angestellten untersuchte die Auswirkungen optimistischer und pessimistischer Grundhaltungen auf die Erholung von starkem Stress – nach dem Tod oder einer schweren Erkrankung eines Familienmitglieds. Die sehr optimistischen Probanden meldeten sich nicht so lange krank wie ihre weniger optimistischen Kollegen. Keinen Unterschied machte es indessen, ob die Angestellten nur ein wenig oder sehr pessimistisch waren.

Fazit: Pessimismus mag nicht wehtun, aber eine optimistische Perspektive ist ganz sicher hilfreich.

Es hat einige klare Vorteile, wenn man das Leben optimistisch betrachtet. Hier eine Auswahl (eine ausführlichere Liste finden Sie in Kapitel 5):

- ✔ Optimisten haben mehr Selbstvertrauen.
- ✔ Optimisten haben eine bessere Problemlösungskompetenz.
- ✔ Optimisten geben nicht auf.
- ✔ Optimisten nutzen gerne die zweite Chance.
- ✔ Optimisten suchen seltener einen Schuldigen für ihr Unglück.

Die richtigen Fragen stellen

Wenn man das Gute im Schlechten finden will, muss man die richtigen Fragen in Bezug auf die Auswirkungen einer Tragödie auf das eigene Leben stellen. Dazu müssen Sie in sich hineinhorchen, ehrlich zu sich selbst sein und eine Verbindung zu Ihrem inneren Selbst herstellen. Sie müssen entscheiden, ob Ihre negative Lebenssituation auch eine gute Seite hat – das können nicht andere für Sie tun.

Was kann ich jetzt tun, was ich vorher nicht konnte?

Verluste, persönliche Tragödien und Widrigkeiten verändern die Betroffenen auf die eine oder andere Art. Wenn das Schicksal Sie ereilt, lautet deshalb die erste Frage, die Sie an sich richten müssen: »Was kann ich jetzt tun, was ich vorher nicht tun konnte?«

Tom, mein Cousin, der einen Herzinfarkt erlitt, fand für sich heraus, dass sich eine ganze Reihe neuer Möglichkeiten für ihn eröffneten:

- ✔ Er lernte, dass er Verantwortung an andere abgehen und trotzdem ein erfolgreiches Unternehmen führen konnte.
- ✔ Zum ersten Mal in seinem Leben konnte er jemand anders als sich selbst vertrauen.
- ✔ Er war ein besserer Ehemann und Vater, weil ihm klar wurde, dass es nicht nur darum ging, der Ernährer und Fürsorger zu sein.
- ✔ Er konnte offener mit der Familie und Freunden kommunizieren.
- ✔ Er zeigte mehr Gefühle – er umarmte mehr, weinte mehr und lachte mehr.
- ✔ Er konnte seine Prioritäten neu ordnen und seine Familie an die erste Stelle vor seine Arbeit setzen.

Wenn man das alles zusammenfasst, war Toms Antwort auf die Frage »Was kann ich jetzt tun, was ich vorher nicht tun konnte?« ganz einfach: »Ich kann ein liebender Mensch sein!«

Erinnern Sie sich an irgendein Unglück, das Ihnen in Ihrem Leben widerfahren ist, und stellen Sie sich dieselbe Frage. Denken Sie ernsthaft darüber nach, bevor Sie antworten. Wenn Sie sich nicht sicher sind, fragen Sie jemanden, der Ihnen nahesteht, ob er nach diesem Ereignis eine positive Veränderung an Ihnen festgestellt hat. Möglicherweise hat sich etwas verändert, ohne dass Sie es gemerkt haben.

Warum erhalte ich diese Möglichkeit?

An diesem Punkt sagen Sie sich wahrscheinlich: »Möglichkeit? Welche Möglichkeit? Wie können Tragödien und Herausforderungen mir Möglichkeiten verschaffen?« Perspektive hat etwas mit Wahlfreiheit zu tun, erinnern Sie sich? Und mit der Wahlfreiheit sind auch Möglichkeiten gegeben – Möglichkeiten, zu wählen, wie man reagiert.

Die Frage ist, warum ich und warum jetzt? Das sind keine einfachen Fragen. Sicher gibt es Redewendungen wie »Gott gibt uns keine Aufgabe, die wir nicht bewältigen können«, aber ich habe den Verdacht, dass es so einfach nicht ist. Vielleicht hat Tom die Möglichkeit erhalten, sein Leben im Alter von 45 Jahren zu überdenken, weil er bis dahin lange genug gelebt hatte, um die Strukturen in seinem Leben zu verstehen, die ihn zerstörten. Solche Strukturen – gute wie schlechte – brauchen ihre Zeit, um sich zu entwickeln. Vielleicht bot sich ihm diese Möglichkeit, weil er noch jung und ansonsten gesund genug war, um den Infarkt zu überleben, denn, wie er selbst sagte, wenn es ihn später getroffen hätte, wäre er gestorben. Es könnte auch sein, dass er diese Möglichkeit erhalten hat, weil es einen größeren Sinnzusammenhang in seinem Leben gibt – etwas, das noch vor ihm liegt –, den er noch nicht entdeckt hat.

Sie müssen nicht an Gott oder das Schicksal oder sonst irgendeine Macht glauben, um davon überzeugt zu sein, dass Sie diese Möglichkeit aus einem bestimmten Grund bekommen haben. Sie müssen sich nur entscheiden, welches der Grund ist – Sie haben die Wahl.

Bewältigungsstrategien: Was funktioniert und was nicht

Untersuchungen zeigen, dass die Menschen, die am besten mit den Belastungen des Lebens (von den kleinen Ärgernissen bis zu den größeren Katastrophen) fertig werden, dazu in der Lage sind, weil sie in jedem Fall nach einer Problemlösung suchen und die Unterstützung anderer Menschen in Anspruch nehmen. Auf der anderen Seite neigen die Menschen, die mit dem gleichen Stress schlecht fertig werden, zu Wunschdenken (»Ich wünschte, das wäre nicht passiert.«), impulsivem Verhalten (Wutanfälle), Leugnen (»Problem, welches Problem?«) und Schuldzuweisungen (»Das ist ihre verdammte Schuld!«). Sie haben die Wahl.

Kann ich der Herausforderung standhalten?

Meine jahrelange klinische Praxis hat mich gelehrt, dass die meisten Menschen dazu fähig sind, schwierige – selbst riesige – Herausforderungen zu meistern. Die meisten Menschen sind stärker und robuster, als sie meinen. *Vergessen Sie nicht:* Robuste Persönlichkeiten haben ein ausgeprägtes Gefühl für innere Kontrolle (Was kann ich tun, um von dieser Erfahrung zu profitieren?) und gehen schon aktiv durchs Leben, bevor sie ein schlimmes Schicksal ereilt. Sie sind in der Regel auch glücklicher als weniger robuste Menschen.

Die Vergangenheit gibt manchmal Hinweise für die Zukunft. Wenn Sie widrigen Umständen gegenüberstehen, fragen Sie sich: Wie bin ich mit einem solchen Unglück in der Vergangenheit umgegangen? Ich habe es geschafft, zu überleben, oder nicht? (Wenn nicht, würde ich jetzt nicht hier sitzen und *Glück für Dummies* lesen.) Was habe ich getan, um es zu schaffen? Kann ich die gleichen Hebel wieder ansetzen?

Den Nutzen erkennen

Das Gute im Schlechten findet man nicht von selbst. Wenn man gerade im Auge des Orkans sitzt, denkt man nicht: »Toll, so schlimm ist es ja gar nicht.« Den Nutzen für sich selbst zu finden, ist ein Prozess – einer, der Energie kostet, der verlangt, dass man sich mit nahestehenden Menschen noch enger verbindet. Man durchläuft mehrere Stufen der Anpassung und muss schließlich einen konkreten Plan entwickeln, wie man sein Leben zum Besseren wenden kann.

Ihre Energien richtig kanalisieren

Sich den Widrigkeiten des Lebens entgegenzustellen, erfordert eine Menge Energie, sowohl körperliche als auch psychische, insbesondere wenn man einsehen muss, dass man die Umstände nicht kontrollieren kann. Am Anfang kann das bisschen Energie, das man noch hat, leicht in negative Gedanken, Gefühle und Handlungen abfließen, die Sie davon abhalten, mit Ihrem Leben weiterzukommen.

Ben, der pessimistische junge Mann mit dem Rückenschmerzen, ist dafür ein gutes Beispiel. Die ganzen elf Jahre zwischen seinem Unfall und seinem Tod war er verärgert und verbittert. Seine Frau war nicht überrascht, als er mitten in einem Streitgespräch am Telefon einfach tot umfiel – Sie hatte das schon lange kommen sehen. In seinem unendlichen Groll hatte er sich geweigert, mit seinen früheren Kollegen in Kontakt zu bleiben. Schlimmer noch, er hatte sie zurückgewiesen, als sie ihm ihr Mitgefühl ausdrücken wollten: »Ich brauche niemanden, der Mitleid mit mir hat!« Die Last seines Ärgers wurde schließlich zu schwer. Sein Herz konnte es nicht mehr ertragen.

Ben hatte zu viel Energie an die Vergangenheit und seine Verluste verschwendet, die er nach seinem Unfall hatte hinnehmen müssen. Ebenfalls viel Energie floss in die Verhaltensweisen, die ihm ermöglichten, den Tag zu überleben – seinen Ärger an anderen auslassen, um die aufgestaute Anspannung abzubauen, vom Liegesessel zum Bett hin- und herwechseln, um die richtige Stellung zu finden, und den Bemühungen von Familie und Freunden widerstehen, etwas Produktives mit seinem Leben anzufangen. Ben liebte Kinder und war in seiner Jugend ein guter Baseballspieler gewesen. Deshalb wurde er immer wieder gebeten, die Mannschaft seines Sohnes zu trainieren. Seine Antwort war immer dieselbe: Nein!

Eine Willensfrage

Eine Untersuchung mit 136 Patienten, die seit durchschnittlich 16 Jahren an rheumatischer Arthritis (RA) litten, kam zu dem Ergebnis, dass die Probanden, die ihrer Krankheit einen zwischenmenschlichen Nutzen abgewinnen konnten, körperlich weniger stark eingeschränkt waren – sie konnten beispielsweise gehen und sich selbst anziehen – als diejenigen, die ihre Erkrankung als durchgehend negative Erfahrung betrachteten.

Wie können Sie Ihre Energien so verteilen, dass Sie angesichts einer Herausforderung nicht am Ende demoralisiert, hoffnungslos und hilflos dastehen? Wie können Sie eine Herausforderung zu Ihrem Vorteil nutzen? Oder noch besser, wie können Sie ihr eine kleine Dosis Glück abtrotzen? Sie müssen einfach

- ✔ **Ihren Zeitrahmen anpassen.** Der Nutzen, den Sie erzielen wollen, liegt in der Zukunft, nicht in der Vergangenheit. Wenn Sie nur darüber nachgrübeln, was war oder Vergangenem nachtrauern, bleiben Sie in der Sackgasse, in der Sie sich jetzt befinden – in einem Zustand dauernden Leidens. Sorgen Sie dafür, dass Ihr Denken auf die Tage, Wochen und Monate ausgerichtet ist, die vor Ihnen liegen – »Ich mache heute Nachmittag ein paar Besorgungen für meine Frau. Ich freue mich schon darauf, übermorgen mit meinem Enkel in den Zoo zu gehen. Nächsten Monat fahren wir für eine Woche ans Meer – wenn ich am Strand herumlaufen kann, habe ich nicht so starke Schmerzen.«
- ✔ **Ihr Augenmerk auf das richten, was Sie selbst in der Hand haben.** Ben kann weder seine Schmerzen kontrollieren noch alles wiederbekommen, was er nach seiner Verletzung verloren hat. Was er stattdessen tun könnte, ist über die zahllosen Dinge nachzudenken, die er immer noch machen kann. Stattdessen badet er lieber in Selbstmitleid und Wehmut (das ist zwar verständlich, bringt ihn aber nicht weiter). Denken Sie »ich kann« statt »ich kann nicht« und Sie werden sich gleich viel besser fühlen – glauben Sie mir!
- ✔ **im Denken und Handeln produktiv sein.** Ein vor Jahren erlittenes Trauma Tag für Tag immer wieder zu durchleben, ist kontraproduktiv, wenn Sie den einen oder anderen glücklichen Augenblick erleben möchten – Sie denken dabei nur an den Schmerz. Allen Bemühungen eine Absage zu erteilen, die Sie zurück ins Leben bringen könnten, bringt Sie ebenfalls nicht weiter. Sie sollten sich fragen: »Was kann ich tun?«, und es dann auch in die Tat umsetzen.

Engere Bindungen zu Ihren Mitmenschen fördern

Den größten Nutzen nach einem persönlichen Schicksalsschlag können die Betroffenen aus ihren zwischenmenschlichen Beziehungen ziehen. Die meisten Menschen schmieden in dieser Zeit engere Bindungen an ihr Umfeld. Wie machen sie das? Sie beherzigen dabei die folgenden Ratschläge:

- ✔ **Wenn Ihnen ein geliebter Mensch seine Hilfe anbietet, nehmen Sie sie dankend an, anstatt ihn abzuweisen.** Jetzt ist nicht die Zeit für falschen Stolz. Damit hält man andere Menschen nur auf Distanz. Helfen ist ein menschliches Anliegen, also lassen Sie es zu. Und denken Sie immer daran, sich zu bedanken.
- ✔ **Wenn andere Menschen Ihnen Mitgefühl entgegenbringen, tun Sie das auch.** Denken Sie daran: Sie sind nicht der einzige Mensch auf der Welt, der leidet. Andere Menschen brauchen Sie genau so, wie Sie andere Menschen brauchen.

- ✔ **Informieren Sie andere über Ihre Probleme.** Sie müssen Ihre Mitmenschen so über Ihre Probleme ins Bild setzen, dass sie verstehen, was Sie durchmachen und warum Sie sich der Herausforderung in dieser Weise stellen. Jammern Sie nicht, informieren Sie!
- ✔ **Entdecken Sie die Freundlichkeit fremder Menschen.** Freunde sind oft erst Fremde, die helfen wollen. Die Beziehung zu ihnen kann sich von da an langsam entwickeln. Wenn Sie freundliche Annäherungen abblocken, stoßen sie die andere Person vor den Kopf.
- ✔ **Pflegen Sie die Beziehungen zu professionellen Helfern, deren Unterstützung Sie brauchen.** Ärzte und Rechtsanwälte (ja, auch Psychologen) sind auch Menschen – es kann nie schaden, sie zu fragen: »Wie geht es Ihnen? Was macht ihr Sohn, ich habe gehört, er hatte einen Autounfall?«

Die notwendigen Anpassungen vornehmen

Wenn Menschen mit Umständen konfrontiert werden, die ihr Leben auf den Kopf stellen, müssen sie immer Anpassungen vornehmen. Dabei tun sie im Wesentlichen Folgendes:

- ✔ Sie schätzen die Lage ein. »Was ist passiert? Wie ernst ist es?«
- ✔ Sie bewerten die Situation. »Ich glaube, ich kann damit umgehen.«, »Das kriege ich wieder hin.«
- ✔ Sie reagieren auf die Situation. »Dafür ziehe ich jemanden zur Rechenschaft.«

Diese Einschätzungen, Bewertungen und Reaktionen verändern sich jedoch mit der Zeit. Diese Veränderungen sind absehbar und folgen einem bestimmten Muster (die man auch die *Stufen der Anpassung* nennt).

Die erste Stufe nenne ich die *Kehrtwende*, weil man anfangs gerne glauben möchte, dass sich das erlittene Unglück wieder rückgängig machen lässt. Das Problem ist nur, dass die Herausforderungen, von denen wir in diesem Kapitel sprechen – Krebs, Lupus, Arthritis, Tod eines Kindes, schwere Depression – nicht rückgängig gemacht werden können.

Auf der zweiten Stufe geht es ums *Überleben*. Kennzeichnend für diese Stufe ist ein ständiges emotionales Auf und Ab – Ärger, Trauer, Angst –, das alles andere als schön ist.

Kampfgeist

Krebspatienten, die Kampfgeist zeigen, also akzeptieren, dass sie an einer tödlichen Krankheit leiden, aber entschlossen sind, dagegen zu kämpfen und bis zum Schluss ein erfülltes Leben zu leben, überleben länger als Patienten, die sich ihrem Schicksal ergeben oder sich von der schrecklichen Botschaft aus den Schuhen hauen lassen. Kampfgeist heißt, die Verantwortung für jeden Aspekt des Alltagslebens zu übernehmen und die Regeln für den Umgang mit der Krankheit selbst zu gestalten. Das hat nichts mit Aggressivität zu tun – es geht darum, selbst das Ruder in die Hand zu nehmen!

Wenn Sie Glück haben (oder geeignete Hilfe finden und in Anspruch nehmen), erreichen Sie die dritte Stufe, die *Neuorientierung*. Diese letzte Stufe nenne ich gerne die Gute-Neuigkeiten-Stufe. Hier spielt auch die Suche nach dem Guten im Schlechten eine wichtige Rolle. Während Sie den bloßen Kampf ums Überleben hinter sich lassen, legen Sie mehr und mehr Verhaltensweisen an den Tag, die wieder Freude in Ihr Leben bringen.

Welche der folgenden drei Aussagen beschreibt Ihre momentane Haltung gegenüber drastischen Veränderungen in Ihrem Leben?

- ✔ Wenn ich nicht darüber nachdenke, verschwindet es vielleicht wieder.
- ✔ Warum sollte ich morgens aufstehen? Ich verstecke mich lieber in meinem warmen, sicheren Bett.
- ✔ Mein Leben hat sich verändert und ich habe mich mit ihm geändert – und das ist gar nicht so schlecht.

Wenn Sie sich für die erste Aussage entschieden haben, stehen Sie auf der Stufe der Kehrtwende. Die zweite Aussage ist für den Kampf ums Überleben charakteristisch. Und die dritte Aussage bedeutet, dass Sie sich bereits um eine Neuorientierung bemühen.

Einen neuen Lebensplan aufstellen

Größere Herausforderungen im Leben infolge traumatischer Erfahrungen und Verluste führen zu tiefen Einschnitten in Ihr bisheriges Leben und zwingen Sie, Ihre Energien, Interessen und Verpflichtungen neu auszurichten. Aber wie macht man das? Es ist keine leichte Aufgabe, das eigene Leben auf den Prüfstand zu stellen und sich auf eine positive, befriedigendere Zukunft zu zu bewegen. Die folgenden Schritte können Ihnen helfen, den richtigen Weg einzuschlagen:

1. **Schaffen Sie eine positive geistige Haltung, indem Sie sich ruhig und mit geschlossenen Augen hinsetzen und Ihr Denken für Hoffnung, Optimismus und kreative Verhaltensänderungen öffnen.**

   Atmen Sie zehnmal intensiv durch die Nase ein und durch den Mund wieder aus. Wiederholen Sie bei jedem Ausatmen still das Wort *entspannen*.

2. **Stellen Sie eine kurze Liste wichtiger Lebensziele auf – zum Beispiel enger mit der Familie verbunden sein, sich spirituell orientieren, Verbindungen zu alten Freunden wieder aufnehmen.**

   Ihre Ziele geben Ihnen ein Gefühl für die Richtung, in der Sie Veränderungen vornehmen möchten. Im Grunde legen Sie fest, wofür Ihr Leben *von diesem Zeitpunkt an* stehen soll.

3. **Entscheiden Sie, welche Anreize dafürsprechen, diese Ziele zu erreichen.**

   Was soll am Ende für Sie herausspringen? Werden Sie mehr innere Ruhe haben? Werden Sie glücklicher sein? Werden Sie länger leben? Werden Sie sich mit Ihrem Leid weniger alleingelassen fühlen? Werden Sie einen neuen Vertrag mit dem Leben abschließen? Nennen Sie Einzelheiten.

Meine eigene Nutzenanalyse

So sehr ich es auch versucht habe, ich habe es bis heute nicht geschafft, meinen Frieden mit dem Tod meines Neffen zu machen, der an Leukämie starb. Allen war ein großartiges Kind. Er war unkompliziert, intelligent und eine gutmütige Seele. Er machte seinen Eltern nie Kummer, hatte gute Manieren, und ich habe ihn nie verärgert erlebt. Alle liebten ihn – aus gutem Grund. Und dann, kurz nach seinem 13. Geburtstag, stellten die Ärzte die Diagnose Krebs.

Drei Jahre lang konnten ihn die Ärzte am Leben halten – mehr als einmal musste er wiederbelebt werden. Dennoch verlor er in dieser Zeit nicht die Hoffnung, blieb fröhlich und optimistisch, mit seinem rasierten Kopf, und glaubte an seine Chance auf ein langes und gesundes Leben. Er starb mit 16 Jahren, viel zu jung. Seine Familie war am Boden zerstört. Als wäre das noch nicht schlimm genug, starb seine Mutter – meine Schwester – drei Jahre später im Alter von 42 Jahren. Die Ärzte sagten, sie habe ein chronisches Lungenleiden gehabt, aber ich denke, sie ist an gebrochenem Herzen gestorben.

Eine Zeit lang lebte ich wie hinter einem Schleier. Dann war ich wütend, und schließlich akzeptierte ich irgendwann die Endgültigkeit und Vergeblichkeit der ganzen Sache. Diese Tragödie hat mich gelehrt, wie glücklich ich sein kann, zwei gesunde Kinder zu haben, und sie hat mich daran erinnert, dass ich besser auf mich aufpassen muss. Ich habe mich entschieden, für meine Kinder dankbar zu sein und mehr auf meinen Körper zu achten. Das war für mich das Gute an diesen tragischen Ereignissen.

4. **Fragen Sie sich, wie engagiert Sie diese Ziele verfolgen möchten.**

   Je engagierter Sie sind, desto erfolgreicher werden Sie sein.

5. **Fragen Sie sich, wie zuversichtlich Sie sind, diese Änderungen zu erreichen.**

6. **Engagement und Zuversicht sind nicht dasselbe.**

   Sie können engagiert sein, aber nicht gerade zuversichtlich, oder umgekehrt.

7. **Nennen Sie Hindernisse, die Sie davon abhalten könnten, Ihre Ziele zu erreichen.**

   Könnten Ihnen körperliche Einschränkungen einen Strich durch die Rechnung machen? Haben Sie Probleme mit Depressionen? Hält Sie die Einstellung anderer Menschen zurück?

8. **Entscheiden Sie, wie Sie diese Hindernisse überwinden werden.**

   Sie können zum Beispiel mit professioneller Hilfe gegen Ihre Depressionen angehen.

9. **Fangen Sie einfach an.**

   Es spielt keine Rolle, was Sie tun. Wichtig ist, dass Sie etwas tun.

Veränderungen setzen einige Anstrengungen voraus. Sie müssen durchhalten, auch wenn es Ihnen schwerfällt. Veränderungen lassen sich nicht im Handumdrehen erreichen.

Veränderungen brauchen auch Zeit, also haben Sie Geduld. Sie kennen das Sprichwort »Rom wurde nicht an einem Tag erbaut«. Das gilt auch für die Neuausrichtung Ihres Lebens. Konzentrieren Sie sich auf das Ziel, aber genießen Sie auch den Weg dorthin.

10. **Belohnen Sie sich, wenn Sie eine Veränderung erreicht haben, mag sie auch noch so klein sein.**

    Wenn sich eine Veränderung für Sie lohnt, halten Sie daran fest – wenn nicht, versuchen Sie etwas anderes. So einfach ist das!

Ein kohärentes Leben leben

10

In diesem Kapitel

- Einen Sinn im Leben finden
- Vertrauen in die Zukunft haben
- Die Klippen des Lebens umschiffen
- Ordnung ins Chaos bringen

Kohärenz hat etwas mit Logik, Konsequenz und Folgerichtigkeit zu tun. Verschiedene Elemente greifen ineinander und werden als ein Ganzes erlebt. Der Psychologe Aaron Antonovsky definiert Kohärenz als eine Orientierung – eine Art, die Welt denkend zu begreifen –, die ein tief greifendes und andauerndes Gefühl des Vertrauens hinterlässt. Dr. Antonovsky stellt die These auf, dass man ein Kohärenzgefühl hat, wenn man

- ✔ sein Leben strukturiert und berechenbar gestaltet.
- ✔ über ausreichende Ressourcen verfügt, um den Anforderungen des Alltags gerecht zu werden.
- ✔ diese Anforderungen als herausfordernd und sinnvoll begreift.

Manche Menschen beziehen das Kohärenzgefühl aus ihrer beruflichen Karriere, andere aus ihrer Ehe, der Familie oder einer Religion. Was das Leben als kohärent erscheinen lässt, hängt im Wesentlichen vom Einzelnen ab.

In seinem Buch *Salutogenese: Zur Entmystifizierung der Gesundheit* (Dgvt-Verlag) argumentiert Antonovsky, dass die Erfahrung von Kohärenz sich auf das Wohlbefinden auswirke, zu dem auch das Glück beiträgt. Das lässt sich, so sagt er, selbst in den widrigsten Lebenssituationen nachvollziehen – etwa in einem Konzentrationslager. (Antonovsky untersuchte die Frage, wie Menschen in Konzentrationslagern überlebten.)

In diesem Kapitel geht es um die Frage, wie man ein dauerhaftes Kohärenzgefühl für gute wie für schlechte Zeiten entwickeln kann. Dazu biete ich Ihnen Strategien für den Umgang mit vorübergehenden Störungen der Kohärenz an und zeige Ihnen, wie Sie den Grad Ihres gegenwärtigen Kohärenzgefühls einschätzen können.

Kohärenz = Zuversicht

Das Gefühl der Kohärenz ermöglicht es, das eigene Leben mit Zuversicht zu betrachten. Diese Zuversicht gründet in der Fähigkeit, die Geschehnisse des Lebens als *begreifbar* (das heißt, sie ergeben einen Sinn), *kontrollierbar* (Sie sind ihnen gewachsen) und *bedeutungsvoll* (sie sind Ihrer Zeit und Mühe wert) zu betrachten.

Bei Joachim und Lars wurde eine chronisch obstruktive Lungenerkrankung (COPD) diagnostiziert. Joachim verdaute diese Nachricht recht gut. Die Diagnose war für ihn keine Überraschung, weil er seit seiner Kindheit mit Lungenproblemen zu kämpfen gehabt hatte – im Alter von 16 Jahren wurde ihm sogar ein Teil eines Lungenflügels entfernt. Joachim weiß, dass seine COPD die Folge einer Krankheit ist, die in seiner Familie vererbt wurde. Er hat weder stark geraucht noch in einer asbestverseuchten Umgebung gearbeitet. Er versteht, warum (begreifbar) er krank ist, aber er hat auch schon sein ganzes Leben mit Krankheiten zu tun.

Er glaubt daran, dass er so mit seiner COPD leben kann (Kontrollierbarkeit), dass ihm das Leben noch ein paar Jahre Spaß macht – schließlich kümmert er sich schon seit Jahren um seine Gesundheit. Er war froh, dass ihn sein Arzt in eine Rehamaßnahme überwies und ist optimistisch, dass die Inhalationstherapie seine Lungenkapazität verbessert (Bedeutung). Er arbeitet konsequent daran, das im letzten Jahr verlorene Körpergewicht wieder aufzuholen – bei Patienten mit COPD kommt es häufig zu Gewichtsverlusten.

Joachim lebt ein erfolgreiches, sinnerfülltes Leben und ist nicht bereit, davon etwas herzugeben, solange er es verhindern kann. Bei der letzten Untersuchung meinte sein Arzt: »Sie zeigen eine unglaubliche positive Einstellung in Ihrer Situation. Sie sind wirklich ein außergewöhnlicher Patient!«

Lars dagegen nahm die Nachricht nicht so gut auf. Er weiß es jetzt schon seit Monaten und hat bisher weder seiner Familie noch seinen Freunden gesagt, dass er schwer krank ist – das deutet darauf hin, dass er es möglichst lange geheim halten will. Lars kann sich nicht erklären, dass er COPD hat – es ist für ihn unbegreiflich. Sicher, er hat sehr lange geraucht, aber vor ein paar Jahren hat er aufgehört, und bisher war er immer gesund und widerstandsfähig. Er ist ein erfolgreicher Geschäftsmann, ein aktiver Ehemann und Vater und hat, seit er denken kann, Spaß an sportlichen Aktivitäten – Skifahren, Tennis, Radfahren. Die Vorstellung, dass seine Lungen das in den kommenden Jahren nicht mehr mitmachen werden, verwirrt und deprimiert ihn. Lars hat unbekanntes Terrain betreten und noch keinen festen Halt gefunden. Er hat keine Ahnung, wie er es schaffen soll, weiterhin einigermaßen gesund zu bleiben – er hat mit den Jahren keine Fähigkeiten entwickelt, die ihm jetzt von Nutzen sein könnten.

Wenn man ihn auf eine Rehamaßnahme anspricht, antwortet Lars: »Das kann ich nicht mit meinem Geschäft vereinbaren.« Anders ausgedrückt: Lars ist dieser Aufgabe nicht gewachsen (Kontrollierbarkeit) und ist der Meinung, eine Rehamaßnahme sei es nicht Wert, Zeit zu investieren (Bedeutung). Obwohl Lars bisher ein sinnerfülltes Leben hatte, steht er angesichts eines drohenden gesundheitlichen Verfalls und der Aussicht, seinen gewohnten Lebensstil nicht weiterführen zu können, vor der Frage, ob er kämpfen oder einfach aufgeben soll. Lars blickt mit nicht allzu viel Zuversicht in die Zukunft, was sein Gesundheit, seine Finanzen oder sein Glück betrifft.

Der Unterschied zwischen diesen beiden Männern ist nicht ihre Krankheit – es ist ihr Kohärenzgefühl. Es wirkt sich mehr als alles andere auf die Entwicklung ihrer Gesundheit und ihres Wohlbefindens aus. Für Joachim ist COPD nur die aktuelle Herausforderung in einem lebenslangen Bemühen, mit einer chronischen Erkrankung fertig zu werden. Für Lars ist es ein ganz neues Spiel, das er zum ersten Mal gezwungen ist zu spielen. Wahrscheinlich wird er irgendwann den Bogen raushaben, aber es wird eine Weile dauern und er wird Hilfe brauchen.

Versetzen Sie sich in die Lage der beiden: Ihr Arzt hat Ihnen eben die schlechte Nachricht überbracht – Sie haben Brustkrebs, eine chronische und unheilbare Schmerzstörung oder Diabetes. Wie reagieren Sie? Werden Sie gut damit fertig (wie Joachim) oder sind Sie am Boden zerstört (wie Lars)? Mit welcher der drei Komponenten der Kohärenz – Begreifbarkeit, Kontrollierbarkeit oder Sinn und Bedeutung – hätten Sie die meisten Probleme? Wenn Sie in die Zukunft blicken, sehen Sie sich dann jemals wieder glücklich werden? Oder ist dieser Teil Ihres emotionalen Lebens abgeschlossen? Denken Sie über diese Fragen nach, bevor Sie mit einer unheilvollen Diagnose konfrontiert werden, dann sind Sie besser darauf vorbereitet, mit schlechten Neuigkeiten aller Art fertig zu werden.

Jedem das Seine

Einer meiner Freunde richtet seit 40 Jahren sein ganzes Leben nach drei Dingen aus:

- ✔ Wandern
- ✔ Regelmäßig zu den Fußball- und Basketballspielen seiner Universität pilgern
- ✔ Nach Hawaii fahren

Soweit ich das sagen kann, haben diese drei Dinge immer Priorität, egal wie es in seinem Leben sonst aussieht, und egal ob er es sich leisten kann. Was finanziell unvernünftig anmutet, macht aus psychologischer Sicht durchaus Sinn. Solange er sich auf diese drei Dinge freuen kann, ist das Leben schön.

Ich dagegen bin zuversichtlich, glücklich und gesund, solange ich Bücher schreiben, Menschen bilden, an verschiedene Orte reisen und meine Frau Catherine immer an meiner Seite haben kann. Mein Freund hat seine Prioritäten, ich habe meine. Es ist Ihnen überlassen herauszufinden, was Ihrem Leben Kohärenz verleiht.

Kohärenz hat viele Gesichter

Den meisten Menschen fällt es leicht, eine Sache in ihrem Leben zu finden, die ihnen die nötige Zuversicht gibt, die sie brauchen, um das Leben mit seinem Auf und Ab annehmen zu können. Manche Menschen erkennen früh, wie wertvoll Bildung ist, und verbringen ihr ganzes Leben damit, nach ihren Möglichkeiten alles über die Welt um sie herum zu lernen. Für andere ist es am wichtigsten, Geld zu verdienen und arbeiten zu gehen.

Ein Problem kann allerdings auftauchen, wenn man nur eine Sache im Leben hat, die alles zusammenhält: Was ist, wenn etwas passiert, das Ihnen diese Sache wegnimmt? Wie sieht es dann mit Ihrer Zuversicht aus?

Der Trick bei der Sache ist, zu streuen – immer mehrere Quellen zu haben, aus denen sich das Kohärenzgefühl speisen kann – und immer vorauszuschauen, um das Kohärenzgefühl entsprechend umzurüsten, damit man den besonderen Anforderungen der jeweiligen Lebensphase gerecht werden kann.

Ein breit gefächertes Leben

Börsenmakler raten ihren Klienten immer eins: Streuen, streuen, streuen! So lautet auch das Mantra aller erfolgreichen Investoren und es sollte – bei aller Skepsis gegenüber Börsenmaklern und Investoren – auch unser aller Leitspruch sein, wenn es um unser Kohärenzgefühl geht.

Der Mensch braucht ein Netzwerk aus Menschen und Dingen, die zusammen ein Gefühl der Zuversicht und Befriedigung erzeugen. Das Wörterbuch definiert Kohärenz als verschiedene Elemente, die zusammen ein Ganzes ergeben. Kennen Sie Elemente, die dafür infrage kämen? Sehen Sie sich einmal die folgenden an:

- Intellektuelle Beschäftigungen, etwa die tägliche Lektüre der des Wirtschaftsteils der Zeitung
- Zeit mit der Familie verbringen
- Gemeinsam etwas mit dem Partner unternehmen
- Langfristige Freundschaften entwickeln und pflegen
- Eine berufliche Karriere aufbauen (anstatt öfter den Job zu wechseln)
- Ehrenamtlich arbeiten
- Sich an Bürgerinitiativen beteiligen
- Freiwillige Dienste übernehmen
- Seine Hobbys pflegen
- Regelmäßige körperliche Aktivitäten wie jeden Samstag wandern
- Einem Literaturzirkel beitreten
- Sich im Förderverein einer Schule oder Universität engagieren, an der man gelernt hat oder Spenden für Institutionen sammeln
- Sich in der Kommunalpolitik engagieren
- Regelmäßig Sport treiben – joggen, walken, Rad fahren, schwimmen, Aerobic
- Meditieren
- An Treffen der Anonymen Alkoholiker oder anderer Selbsthilfegruppen teilnehmen

Sehen Sie sich diese Liste an und zählen Sie die Aktivitäten, die sich auch in Ihrem Alltag finden. Ein gesundes Maß an Kohärenz würde bedeuten, dass Sie wenigstens fünf dieser Aktivitäten pro Woche ausüben.

Je mehr dieser oder ähnlicher Aktivitäten Sie regelmäßig ausüben, desto stärker ist Ihr Kohärenzgefühl.

Meditation, Stress und Gesundheit

Studien haben wiederholt gezeigt, dass Menschen, die regelmäßig meditieren, ihr Leben lang gesünder sind, besser mit Stress fertig werden und länger leben. In einer Studie mit 154 Angestellten eines New Yorker Telekommunikationsunternehmens zeigte sich bei den Probanden, die regelmäßig über einen Zeitraum von fünfeinhalb Monaten Meditationsübungen machten, eine deutliche Minderung von Depressionen, Ängsten, Feindseligkeit und Paranoia im Vergleich zu den Probanden, die keinerlei Übungen machten. Die Studie kam des Weiteren zu dem Ergebnis, dass Meditation besser zur Stressbewältigung befähige, die Effizienz am Arbeitsplatz fördere und zu einer größeren Zufriedenheit mit dem Leben führe. Nicht schlecht für etwas, das unter Umständen nicht mehr als zwei oder drei Minuten Zeit in Anspruch nimmt!

Wenn Sie sich für Meditation interessieren, empfehle ich Ihnen *Meditation für Dummies* von Stephen Bodian (Wiley-VCH), das unter dem gleichen Titel auch als Hörbuch mit geführten Meditationen erhältlich ist. Zum Mitnehmen in der praktischen Pocket-Edition ist *Entspannen durch Meditation für Dummies* gedacht, ebenfalls von Stephen Bodian.

Wie sich die Kohärenz mit dem Alter verändert

Erik Erikson, einer der weltweit bekanntesten Psychologen, machte darauf aufmerksam, dass der Mensch in seiner jeweiligen Lebensphase – Kindheit, Pubertät, Erwachsenenalter – jeweils unterschiedliche persönliche und interpersonelle Interessen hat und verfolgt. Kinder, zum Beispiel, lernen zunächst einmal, ihrer Umwelt zu vertrauen, entdecken dann ihren freien Willen, treffen Entscheidungen und interessieren sich für verschiedene Dinge und entwickeln schließlich ein Bedürfnis, alles zu lernen, was sie über ihre Umwelt erfahren können. Während der Pubertät geht es um die Suche nach der Identität – inwieweit man sich von anderen unterscheidet – und dem Streben nach Unabhängigkeit. Junge Erwachsene versuchen, im gesellschaftlichen und wirtschaftlichen Leben Fuß zu fassen und mit nicht wenigen »ersten Malen« fertig zu werden – erste Heirat, erste Stelle, erste Hypothek, erstes Auto. Im mittleren Alter folgt dann die Sicherung dessen, was man als junger Erwachsener erreicht hat, und harte Arbeit, um die Familie, die Karriere und die Gesundheit aufrechtzuerhalten. Im Alter schließlich verbringt der Mensch viel Zeit damit, über sein Leben nachzudenken und zu entscheiden, ob er es sinnvoll genutzt hat.

Das Kohärenzgefühl – das Leben begreifen, mit dem Leben gut zurechtkommen und das Gefühl haben, dass das eigene Leben einen Wert hat – verändert sich, wenn der Mensch älter wird. Um die Kohärenz bei Kindern verstehen zu können, muss man in der Lage sein, die Welt mit den Augen eines Kindes zu sehen. Ihre Eltern sind die wichtigste, wenn nicht gar die einzige Quelle ihres Kohärenzempfindens. Teenager dagegen interpretieren diese verrückte emotionale Welt, in der sie leben, hauptsächlich nach den Maßstäben ihrer Altersgruppe, was Eltern regelmäßig an den Rand des Wahnsinns treibt. Junge Erwachsene beziehen ihre Kohärenz von anderen jungen Erwachsenen. Irgendwann im mittleren Alter werden wir dann unsere eigene Kohärenzquelle. Das ist das Schöne am Älterwerden!

Die besonderen Interessen und Aktivitäten, aus denen wir unser Kohärenzgefühl in diesen verschiedenen Lebensphasen beziehen (siehe den vorhergehenden Abschnitt) variieren beträchtlich und sind in der Regel altersspezifisch. Man kann sicher sagen, dass nur wenige Kinder sich in Fördervereinen oder Literaturzirkeln engagieren, aber ihre Eltern können sie sicherlich in einer Musikschule anmelden oder dafür sorgen, dass sie ein vollwertiges Mitglied der Familie mit allen Rechten und Pflichten werden. Kohärenz ist keine statische Erfahrung, sondern mit der Zeit Änderungen und Entwicklungen unterworfen.

Was tun, wenn die Kohärenz gestört wird?

Die meisten Menschen haben eine mehr oder weniger konkrete Vorstellung davon, wie sie ihr Leben leben wollen, und investieren den größten Teil ihrer Zeit in die Umsetzung dieser Vorstellung in die Realität. Wenn man Glück hat, kann das Leben sich dieser Vorstellung anschließen, aber das passiert nicht immer. Dann kann das Kohärenzgefühl – das ein Nebenprodukt dieser Vorstellung ist – entweder vorübergehend oder dauerhaft gestört werden. Zu den häufiger vorkommenden Störungen dieser Art zählen unter anderem:

- ✔ Der Tod eines geliebten Menschen
- ✔ Der Verlust der Arbeit
- ✔ Scheidung
- ✔ Unfälle oder Krankheiten, die das Leben verändern
- ✔ Insolvenz
- ✔ Krieg
- ✔ Schwere wirtschaftliche Verluste
- ✔ Naturkatastrophen – Überflutungen, Stürme, Brände
- ✔ Lotteriegewinn
- ✔ Gefängnisstrafe
- ✔ Verlagerung von Arbeitsplätzen ins Ausland
- ✔ Niedergang einer Industrie – Kohleförderung, Stahlhütten, Landwirtschaft
- ✔ Behindertes Kind
- ✔ Verfrühter Ruhestand

Plötzlich gerät das Leben aus der Bahn und die Zuversicht, mit der man durchs Leben gegangen ist, wird erschüttert. In solchen Zeiten ist man alles andere als glücklich. Wie kommt man in solchen Situationen wieder auf die Beine und gewinnt neue Zuversicht? In den folgenden Abschnitten werde ich Ihnen einige Möglichkeiten vorstellen.

Einer höheren Macht sein Herz ausschütten

Die Ruhe und der Frieden, die der Glaube an eine übergeordnete Macht verleiht, sind ein Mittel gegen das Unglück, die Zweifel und die Unsicherheit, die mit unerwarteten und ungewollten Veränderungen im Leben einhergehen. Um welche Macht es sich im Einzelnen handelt, ist dabei weniger entscheidend als die bedeutungsvolle Verbindung (siehe Kapitel 16), die man mit ihr eingeht.

Dirk war ein erfolgreicher und glücklicher Mann, bis er einen Nervenzusammenbruch erlitt. Von einem Tag auf den anderen war er nur noch der Schatten eines Mannes, in seinem Selbstwertgefühl erschüttert und an seiner Brauchbarkeit als Ehemann, Ernährer, Vater und Freund zweifelnd. Er erlebte eine emotionale Achterbahnfahrt, in einem Moment himmelhoch jauchzend und kurz darauf völlig verzweifelt. Dirk hatte das Vertrauen in alles und jeden verloren, auch in sich selbst, und es blieb ihm nichts anderes übrig, als seine Hoffnung auf Gott zu setzen. Dirk befand sich emotional im freien Fall, und Gott war sein Sicherheitsnetz. Also begann er ein Gespräch – ein Gebet – mit seiner höheren Macht. Gott übernahm die Rolle der Rettungsleine, die Dirk die Möglichkeit bot, in einer ansonsten chaotischen Welt ein wenig Kohärenz zu empfinden.

Wenn man von Gebeten profitieren möchte, muss man im Gespräch mit der höheren Macht ehrlich sein. Man darf nichts zurückhalten. Gestehen Sie Ihre Ängste ein, Ihren Ärger, Ihre Verletzlichkeit, und bitten Sie um Hilfe. Gestehen Sie sich ein, dass Sie ein Mensch sind – nicht mehr und nicht weniger – und kein unbesiegbarer Superheld, der mit allem fertig wird, was das Leben ihm vorsetzt. Das hat etwas mit Demut zu tun.

Das Gebet ist ein Akt des Glaubens und der Glaube kann eine Waffe sein, die hilft, unglückliche Zeiten zu überstehen. Nehmen Sie sich jeden Tag ein paar Minuten Zeit und führen Sie ein kleines Gespräch mit einer höheren Macht. Was Sie im Einzelnen sagen, spielt eine untergeordnete Rolle. Sie können von Ihrer Unsicherheit sprechen (»Herr, ich habe meine Orientierung verloren und weiß nicht, wohin ich jetzt gehen soll.«), Sie können um etwas bitten (»Herr, bitte gib mir den Mut, dies zu überstehen.«) oder Ihre Verzweiflung ausdrücken (»Herr, ich fühle mich so verloren und einsam.«). Allein der einfache Akt des Glaubens gibt Ihnen Kraft.

Robustheit und Gebet

Untersuchungen belegen eine Verbindung zwischen der Teilnahme an Gottesdiensten und der Robustheit eines Menschen (siehe Kapitel 6). Robustheit setzt ein Gefühl für innere Kontrolle, ein aktives Engagement für das Leben und die Fähigkeit voraus, die Widrigkeiten des Lebens als Herausforderung zu betrachten statt als Katastrophe. Da gibt es Verbindungen zu den Lehren der meisten Religionen in Fragen des Glaubens, des Engagements und der Verantwortung für das eigene Handeln. Ob nun das Gebet zu einer robusten Einstellung führt oder umgekehrt, die beiden scheinen unentwirrbar miteinander verbunden.

Die unbeantwortbaren Fragen des Lebens zu den Akten legen

Sie sind per definitionem rational, logisch und nachdenklich. Warum? Weil Sie ein Mensch sind, und Menschen sind nun mal die einzigen Tiere auf unserem Planeten, die so viel Hirnkapazitäten haben, dass sie mit ihrer Umwelt interagieren und sie hinterfragen können. Das können andere Lebewesen nicht; sie reagieren instinktiv.

Nur der Mensch muss Fragen stellen und ist nicht einmal mit jeder Antwort zufriedenzustellen. Nicht zu allen Fragen im Leben gibt es eine Antwort, und das macht viele Menschen ratlos.

Als mein Neffe im Alter von 16 Jahren an Leukämie starb und beerdigt wurde, sah ich in der Kirche meine arme Schwester und ihre Familie am Boden zerstört und dachte: »Das ist Blödsinn! Es macht absolut keinen Sinn. Er war ein tolles Kind. Was hat Gott sich dabei gedacht?« Ich wollte Antworten – etwas, das meinen Ärger und meine Verwirrung in diesem Moment besänftigen konnte – und hatte die Hoffnung, dass der Pfarrer diese Antworten geben könnte. Und dann passierte etwas Wundersames. Der Pfarrer sagte: »Ich werde mich nicht hier hinstellen und Ihnen zu erklären versuchen, warum das Leben dieses wunderbaren jungen Mannes ein Ende fand, weil ich es selbst nicht weiß. Was ich Ihnen aber sagen werde, ist, dass manche Dinge im Leben einfach keinen Sinn ergeben und, zumindest in diesem Leben, nie einen Sinn ergeben werden – und damit müssen Sie und ich leben. Anstatt nun hier zu sitzen und uns Fragen zu stellen, die niemand beantworten kann, »Warum dieser Junge? Warum diese Krankheit? Warum jetzt?«, schlage ich vor, dass wir diese Fragen unbeachtet lassen und in einem Gebet dafür danken, dass wir diesen jungen Mann für einige Jahre in unserer Mitte hatten und dass er uns in vieler Hinsicht berührt hat.« Ich fand seine Worte sehr tröstlich.

Mit welchen unbeantwortbaren Fragen schlagen *Sie* sich herum? Wenn Sie sich Fragen gestellt haben, auf die Sie bis heute keine befriedigende Antwort gefunden haben, ist es vielleicht an der Zeit, sie zu den Akten zu legen. Übrigens werden Sie kaum Antworten auf Fragen suchen, die mit Dingen zu tun haben, die in Ihrem Leben gut laufen – Warum sehe ich so gut aus? Warum bin ich erfolgreicher als die meisten anderen Menschen in meinem Alter? Womit habe ich verdient, dass mich vor 25 Jahren diese tolle Frau geheiratet hat? Die unbeantwortbaren Fragen tauchen immer erst auf, wenn unser Leben aus der Bahn gerät.

Wie man den Tag anfängt und beendet

Kohärenz braucht Strukturen. Wenn diese Strukturen – die routinemäßigen, sinnvollen Aktivitäten, die das Gefühl verleihen, dass man das Leben im Griff hat – beschädigt werden, müssen sie langsam, aber sicher ersetzt werden, und das ist keine leichte Aufgabe.

Man braucht Zeit, nach dem Verlust eines langjährigen Ehepartners sein Leben wieder aufzubauen. Eine andere Stelle zu finden, die so befriedigend ist wie die, die man gerade verloren hat, kann sehr mühevoll sein. Und sich nach einem Krieg, in dem man aktiv gekämpft hat, wieder in das Leben als Zivilist einzufinden, kann sehr schwierig sein. Die täglichen Abläufe, die einem in Fleisch und Blut übergegangen waren, gehören jetzt der Vergangenheit an.

Neue Routinen entwickelt man am besten, indem man sich auf den Anfang und das Ende eines jeden Tages konzentriert. Überlassen Sie alles dazwischen erst einmal dem Zufall. Konzentrieren Sie sich auf Aufgaben, die sinnvoll, kontrollierbar (innerhalb Ihrer Möglichkeiten) und für Sie von Bedeutung sind. Je einfacher, desto besser!

Hier ein paar Vorschläge, wie Sie Ihren Tag anfangen oder beenden können:

- ✔ Verbringen Sie ein paar Minuten in stillem Gebet.
- ✔ Machen Sie 20 Minuten lang leichte Bewegungsübungen.
- ✔ Gehen Sie mit Ihrem Hund Gassi.
- ✔ Frühstücken Sie in einem Restaurant, in dem Sie Stammgast sind.
- ✔ Meditieren Sie 15 Minuten lang.
- ✔ Füttern Sie die Vögel im Garten.
- ✔ Laden Sie Ihren Nachbarn zum Kaffee ein.
- ✔ Unterhalten Sie sich mit jemandem, dem Sie nahestehen.

Beginnen und beenden Sie Ihre Tage immer gleich. Solche Routinen können erste Bausteine für ein neues Kohärenzgefühl sein.

Dankbar sein für Ihre Möglichkeiten und das, was Sie haben

Wenn Sie eine positivere, zuversichtlichere Haltung aufbauen wollen, die Sie besser durch den Tag bringt, sollten Sie sich alle Möglichkeiten bewusst machen, die das Leben Ihnen bietet und auch alle Segnungen des Schicksals, die Ihnen über den Weg laufen.

Ich hörte einmal einen Baptistenprediger Folgendes sagen: »Leute, es gibt zwei Sorten Menschen auf dieser Welt: Die eine wacht morgens auf, steht aus dem Bett auf, geht zum Fenster, sieht hinaus und sagt: ›Guten Morgen, Gott.‹ Die zweite wacht morgens auf, steht aus dem Bett auf, geht zum Fenster, sieht hinaus und sagt: ›Guter Gott, Morgen.‹ Dieselben drei Wörter, aber völlig verschiedene Bedeutungen. Die einen begrüßen die Möglichkeiten und Verheißungen, die jeder neue Tag bietet, während die anderen nur die Probleme der Vergangenheit sehen. Denken Sie mal darüber nach: Ist es nicht schon ein Segen, einen neuen Tag erleben zu dürfen, an dem man etwas Sinnvolles tun kann?«

Beginnen und beenden Sie jeden Tag, indem Sie sich an zehn Dinge erinnern, mit denen Sie gesegnet sind. Fühlen Sie sich mit Gesundheit gesegnet? Sind Sie gesegnet, weil Sie Menschen in Ihrer Nähe haben, die Sie lieben und sich um Sie kümmern? Sind Sie mit Talenten und Fähigkeiten gesegnet, die andere nicht haben? Sind Sie mit Kindern gesegnet, die gute Bürger sind und das Leben erfolgreich meistern? Jeder hat irgendetwas in seinem Leben, für das er dankbar sein kann.

Möglichkeiten kommen nicht immer auf Sie zu und sagen: »Ergreif mich, ich bin eine Möglichkeit.« Manchmal müssen Sie auch Möglichkeiten schaffen. Fragen Sie sich, was Sie heute tun können, um in Ihrem Leben neue Möglichkeiten zu schaffen.

Dem Leben Sinn verleihen: Die wichtigsten Komponenten

Es gibt drei Kernkomponenten, die man für ein kohärentes Leben braucht und ohne die es schwer, wenn nicht gar unmöglich ist, glücklich zu werden. Diese Komponenten sind Ordnung, Zugehörigkeit und Sinn. Jede dieser Komponenten ist für sich wichtig, aber ihre Kombination entscheidet darüber, an welchem Punkt der Skala Ihr Kohärenzgefühl angesiedelt ist. In den folgenden Abschnitten beschreibe ich die drei Komponenten näher.

Ordnung

Stellen Sie sich vor, Sie lebten in einem Land, in dem es keine Regeln, keine Gesetze, keine Bräuche, keine Rituale, keine Konventionen für den Umgang mit anderen Menschen, keine Verantwortlichkeiten, keine Erwartungen und keine Konsequenzen für Ihr Handeln gäbe. Das wäre ein ganz schönes Chaos! Können Sie sich vorstellen, wie unglücklich Sie wären?

Damit Sie glücklich sein können, muss Ihr Leben Hand und Fuß haben, eine gewisse Ordnung also. Die Ordnung sagt Ihnen nicht nur, wie Sie sich verhalten sollen und was Sie heute erwarten können, sondern auch wie es morgen aussehen wird.

Das Konzept der Zivilisation setzt ein Gefühl für Ordnung voraus. Einige Kulturen basieren auf dem Prinzip der Rechtsstaatlichkeit. Das bedeutet, dass die Bürger lernen, sich nach bestimmten Vorschriften zu verhalten, die rechtliche Konsequenzen haben. Andere Kulturen basieren auf dem Prinzip der Gewaltherrschaft. Ihre Bürger führen ein geordnetes Leben, weil sie Angst haben. In beiden Fällen würde die Außerkraftsetzung der Regeln zum Chaos führen.

Wie geordnet ist Ihr Leben? Sind Sie sich im Klaren darüber, was die Welt heute von Ihnen erwartet? Können Sie mir sagen, was Sie morgen machen werden? Haben Sie für heute einen Plan gemacht, den Sie auf alle Fälle umsetzen werden? Wie oft im Laufe eines Tages beantworten Sie Fragen mit »Ich bin mir nicht sicher«, »Wir werden sehen« oder »Das hängt davon ab«? Ist jeder Tag Ihres Lebens für Sie ein Rätsel?

Wenn es in Ihrem Leben mehr Chaos als Ordnung gibt, sollten Sie ein paar Regeln festlegen, nach denen Sie leben können (Behandle andere stets so, wie du selbst behandelt werden möchtest), machen Sie sich bewusst, was Sie heute und morgen von sich erwarten (Ich gehe zur Volkshochschule oder Ich habe eine Arbeit), und geben Sie sich nicht damit zufrieden, »von einem Tag zum nächsten« zu leben – das mag gut klingen, ist aber nicht sehr praktisch.

Zugehörigkeit

Der Mensch ist am glücklichsten, wenn er mit dem Leben anderer Menschen verbunden ist und sich zugehörig fühlt. (Das Gegenteil – abgesondert oder außen vor zu sein – führt zur Entfremdung.) Zugehörigkeit wird als positiv, Entfremdung als negativ empfunden. Eine gehörige Portion Ihres Kohärenzgefühls entsteht aus der Tatsache, dass Sie zu einer Familie, einer Organisation, einer Arbeitsgruppe, einer politischen Partei, einer religiösen Gemeinschaft und so weiter gehören. Sie gibt Ihnen das Gefühl, dazuzugehören und an einer gemeinsamen Identität teilzuhaben.

Zugehörigkeit ist ein wesentlicher Aspekt, wenn es darum geht zu definieren, wer wir sind und für was unser Leben steht. Wenn Sie mit jemandem zum ersten Mal zusammentreffen und gefragt werden: »Wir kennen uns noch nicht. Ich bin ____. Und wer sind Sie?«, dann antworten Sie: »Ich bin ___. Ich bin aus ___ hierher gezogen. Ich arbeite bei ___.« oder »Ich bin ___, der Schwager von ___.« oder »Schön, dass wir uns mal treffen. Ich bin ___. Ich bin gerade nebenan eingezogen.«

Wenn ich Sie fragen würde, wer Sie sind, was würde Sie antworten? Wenn Sie es nicht so recht wissen, sollten Sie damit anfangen, die Leerstellen auszufüllen. Schließen Sie sich beispielsweise einem Grüppchen an Ihrem Arbeitsplatz an, etwa den Jungs, die samstags zusammen Fußball spielen, oder den Frauen, die öfter zusammen ins Kino gehen. Treten Sie einer Freiwilligeninitiative bei oder arbeiten Sie in einer christlich-muslimischen Gruppe mit. Raffen Sie sich auf und beleben Sie die Beziehungen innerhalb Ihrer Familie neu – in den meisten Fällen stoßen Sie damit auf offene Ohren. Organisieren Sie eine kleine Gruppe, die sich freitags zum Essen trifft – etwas, worauf Sie (und die anderen) sich freuen können. Die Möglichkeiten sind schier endlos.

In Kapitel 16 beschäftige ich mich mit dem Unterschied zwischen dem Alleinsein und dem Einsamsein. Wenn Sie sich zugehörig fühlen, sind Sie nie einsam, auch wenn Sie allein sind.

Sinn

Viktor Frankls wunderbares Buch *Der Mensch vor der Frage nach dem Sinn* (Piper) vertritt überzeugend die These, dass ein Mensch nur glücklich werden kann, wenn sein Leben einen Sinn, einen Beweggrund hat. Dieses Sinnempfinden, so sagt er, kann sich aus drei Quellen speisen:

- ✔ Einer kreativen oder konstruktiven Arbeit oder Tätigkeit
- ✔ Intimen, von Liebe getragenen Beziehungen
- ✔ Der Überwindung tragischer Lebensumstände (im Falle Frankls seine schrecklichen Erfahrungen in einem deutschen Konzentrationslager)

Ein Leben, das keines dieser drei Elemente umfasst, ist für Frankl leer und sinnlos. Und es ist ein Leben voller Unglück in Form von Depressionen, Gewalt und Abhängigkeit.

Wie haben Sie den Sinn Ihres Lebens gefunden? Heute ist ein guter Tag, sich um mehr Sinn in Ihrem Leben zu kümmern. Das geht so: Finden Sie eine Aktivität, die Sie sich selbst vergessen und mehr auf die Bedürfnisse anderer Menschen schauen lässt – engagieren Sie sich zum Beispiel in einem Patenschaftsprogramm und ermöglichen Sie einem Kind ein besseres Leben. Finden Sie eine Aktivität, die mehr mit Ihrem Charakter zu tun hat – mitfühlend, unterhaltend – als mit Ihrer beruflichen Karriere – Psychologe, Elektriker. Denken Sie an jemanden, den Sie bewundern, und versuchen Sie etwas Ähnliches zu tun wie diese Person. Schauen Sie sich nach Dingen um, von denen jeder sagt, dass sie mal getan werden müssten, und überlegen Sie, ob Sie nicht derjenige sein könnten, der sie in die Hand nimmt. Wir sehen überall an den Straßen und Wegen Müll herumliegen und denken: »Das müsste mal jemand wegräumen.« Warum sind Sie nicht dieser Jemand und machen alle anderen damit glücklich?

Täglich ein Bekenntnis ablegen

11

In diesem Kapitel

- Seine Dankbarkeit ausdrücken
- Das Glas als halb voll betrachten
- Glauben und sich sicher fühlen
- Sehen, was hinter den Gefühlen steckt

Wahrscheinlich sagen Sie sich: »Ich dachte immer, bei einem Bekenntnis vertraut man jemandem an, was man falsch gemacht hat – Regelverletzungen, Sünden, Fehler.« Sicher, wenn von einem Bekenntnis die Rede ist, dann meist im Zusammenhang mit etwas Negativem, Ungesetzlichem oder Schlechtem. Man bekennt im Rahmen einer Beichte seine Sünden, aber es gibt kein Gesetz, das verbietet, auch etwas Gutes zu bekennen.

Ich möchte Sie allerdings nicht dazu anregen, dass Sie in die Kirche gehen und bei einem Priester beichten, auch wenn manche Menschen die katholische Beichte als wichtigen Teil ihres Lebens betrachten. Worauf ich hinaus möchte, ist eine Technik, die man *Gefühlsprotokoll* nennt. Dabei setzt man sich jeden Tag in aller Ruhe hin und schreibt all seine positiven Gedanken, Gefühle und Erlebnisse auf. Sich in dieser Weise über das Gute im Leben Rechenschaft abzulegen, kann dazu führen, dass man glücklicher wird.

Thorsten hat sein Leben lang Gott um alles Mögliche gebeten. Er betete dafür, dass er die Stelle bekommt, für die er sich beworben hatte. Er betete dafür, dass seinen beiden Kindern nicht passiert. Er betete dafür, befördert zu werden. Er betete dafür, dass er und seine Frau besser miteinander auskommen, und er betete dafür, dass er gesund bleibt.

Eine Buße ist nicht nötig

Wenn Katholiken zur Beichte gehen, wird ihnen in der Regel anschließend eine Buße auferlegt – etwa fünfmal den Rosenkranz beten oder das Vaterunser aufsagen oder unzählige Male den Satz »Vergib mir Vater, ich habe gesündigt« sagen. Die Buße ist der Preis, den man für seine Sünden zahlt.

Bei positiven Bekenntnissen gibt es keine Sünde. Deshalb gibt es auch keinen Grund für eine Buße. Anstatt mit den Worten »Gehe hin und sündige nicht mehr« entlassen zu werden, können Sie sich sagen: »Gut für mich! Das habe ich verdient! Weiter so!« Vergessen Sie das mit der Buße. Belohnen Sie sich lieber dafür, dass Sie ein Gefühl dafür haben, was Sie brauchen, um glücklich zu sein. Das kommt dann auf die Freude, die Sie ohnehin schon empfinden, als Sahnehäubchen obendrauf.

Thorstens Beziehung zu seiner höheren Macht war dadurch gekennzeichnet, dass er um Dinge bat, die er wollte. Das begann sich zu ändern, nicht von einem auf den anderen Tag, sondern ganz allmählich. Anstatt Gott zu bitten, ihm etwas zu geben, dankte er Gott für all die segensreichen Dinge, die ihm bereits gegeben wurden. Aus dem *Bitt*gebet wurde ein *Dank*gebet. Er begann und beendete jeden Tag mit einer kurzen Würdigung all der Dinge in seinem Leben, für die er dankbar war – nicht nur an diesem Tag, sondern an allen Tagen seines Lebens. Er dankte Gott für seine glückliche Ehe, für seine gesunden Kinder, für seine Eltern und für seine Freunde. Er dankte Gott für seine intellektuellen Fähigkeiten, seine Fähigkeit, sich Wohlstand erarbeiten zu können, und für alle Erfolge, die er in seiner beruflichen Laufbahn erzielt hatte. Am meisten dankte er Gott aber für die Chancen, die sich ihm eröffnet hatten – Dinge, die er nicht selbst erarbeitet oder erwartet hatte, sondern die ihn angenehm überrascht hatten, Dinge, die er dieser Macht zuschrieb, die größer war als er.

Als Thorsten in seinen Gebeten Bitten äußerte, bedeutete das, dass er sich leer fühlte, dass etwas fehlte. Als er jedoch regelmäßig Gott für alles dankte, was er hatte, fühlte er sich danach erfüllt und verspürte ein Gefühl der Sättigung, eine der Hauptzutaten für das Glücksrezept (siehe Kapitel 2).

Jeder will irgendetwas – mehr Zeit mit Menschen verbringen, die man liebt, mehr Geld, mehr schicke Klamotten, mehr Urlaub, ein besseres Auto, ein größeres Haus. Entscheidend ist aber, den Fokus von dem, was man will, auf das, was man hat, zu lenken. Sie müssen nicht religiös sein und auch nicht an Gott glauben, um Dankbarkeit für das zu empfinden, was Sie haben. Es reicht völlig aus, dankbar zu sein – Punkt.

Bekenntnisse entgegennehmen

Vor Kurzem traf ich in dem Restaurant, in dem ich immer frühstücke, eine junge Frau, die ich kannte. Wir gingen gleichzeitig durch die Tür und standen noch ein paar Minuten auf dem Parkplatz zusammen. Dort erzählte sie mir von den vielen guten Dingen, die ihr in letzter Zeit widerfahren waren, unter anderem, dass sie sich für ein Aufbaustudium in einem neuen, aufregenden Fach beworben hatte und angenommen worden war. Je mehr sie mir von ihrem erfreulichen Leben »beichtete«, desto glücklicher fühlte ich mich. Eh ich mich versah, zählte ich ebenfalls alles Mögliche auf, für das ich in meinem Leben dankbar war. Wir versorgten uns gegenseitig auf eine sehr positive, natürliche und spontane Weise.

Wenn jemand das nächste Mal schlechte Neuigkeiten mit Ihnen teilt, hören Sie erst einmal eine Weile zu und versuchen Sie, ihn aufzumuntern. Dann aber sollten Sie etwas Positives aus Ihrem eigenen Leben erzählen. Sie fragen sich vielleicht, ob der andere sich dann nicht noch schlechter fühlen könnte, wenn er erfährt, wie glücklich Sie sind, während er doch unglücklich ist. Machen Sie sich deswegen keine Sorgen, das wird nicht passieren. Ihre guten Neuigkeiten werden Ihrem Gesprächspartner vielmehr Hoffnung vermitteln – die Hoffnung darauf, dass er vielleicht eines Tages auch ein paar gute Nachrichten mit Ihnen teilen kann. Stellen Sie sich Ihre positive Beichte wie eine Rettungsleine vor, die Sie jemandem zuwerfen, der sich in unruhigen Gewässern über Wasser zu halten versucht.

Das Gute bekennen: Gedanken, Gefühle und Taten

Die Psychologie beschäftigt sich im Allgemeinen damit, wie und was der Mensch denkt und fühlt und wie und warum er sich so verhält, wie er sich verhält. Die positive Psychologie macht dasselbe, konzentriert sich dabei jedoch auf positive Gedanken, positive Gefühle und positives Verhalten gegenüber anderen Menschen. Wenn Sie Ihr tägliches Bekenntnis ablegen – Sie müssen das täglich machen, um davon profitieren zu können –, müssen Sie auf das Positive in Ihrem Leben achten. Denken Sie darüber nach, was gut gelaufen ist, statt darüber, was nicht geklappt hat. Betrachten Sie das Glas als halb voll statt als halb leer.

Nähern Sie sich Ihren positiven Gefühlen – Liebe, Mitgefühl, Dankbarkeit –, nicht den negativen wie Ärger, Unzufriedenheit und Verzweiflung. Fragen Sie sich: »Was habe ich heute Positives gemacht, das das Leben eines anderen Menschen einfacher oder besser gemacht hat oder mich zu einem gesünderen und glücklicheren Menschen?«

Wenn Sie einfach jeden Tag mehr auf die positiven Dinge achten, die Sie sagen oder tun, werden Sie auch ein positiverer Mensch – und damit auch glücklicher.

Positive Gedanken

Über die Jahre ist viel über die Macht des positiven Denkens gesagt und geschrieben worden. Alles basiert auf der Voraussetzung, dass das, was sich im Kopf eines Menschen abspielt – positive Gedanken –, sich unweigerlich auf seine Gefühle und sein Verhalten durchschlagen wird. Der Golfspieler, der am Abschlag steht und sich denkt: »Ein schönes Loch – ich werde diesen Ball genau in die Mitte des Fairway schlagen«, wird wahrscheinlich mit seinem Schlag mehr Erfolg haben als sein Freund, der neben ihm steht und denkt: »Oh, mein Gott, hoffentlich schlage ich den Ball nicht links in die Bäume.« Ich weiß dass, weil ich genauso war wie dieser Freund und deshalb schließlich das Golfspielen aufgegeben habe.

Schauen Sie sich einmal die folgenden Beispiele für positive Gedanken an, die zu Ihrem Glück beitragen können:

- ✔ Was für ein schöner Tag heute ist.
- ✔ Es gibt schon nette Menschen – der Fahrer zum Beispiel, der mich eben vorgelassen hat, damit ich an der Ampel abbiegen kann.
- ✔ Mein Partner ist so ein fürsorglicher Mensch.
- ✔ Ich bin zwar nicht reich, aber ich bin dankbar, dass ich immer genug habe, um meine Rechnungen bezahlen zu können.
- ✔ Ich bin für mein Alter sehr gesund.
- ✔ Ich habe lieber gute Freunde als eine Million Euro!
- ✔ Mir geht es so viel besser als vielen anderen Menschen, die ich jeden Tag sehe.

- Die Frau an der Kasse hat ein tolles Lächeln.
- Ich mag es, wenn die Vögel zu zwitschern beginnen – das bedeutet, dass der Frühling unterwegs ist.
- Diese Massage war herrlich!
- Es ist immer schön, etwas von seinen Kindern zu hören – auch wenn sie ein Problem haben.
- Ich bin froh, dass ich diesen Nagel in meinem Autoreifen gesehen habe, bevor der Reifen ganz platt war!
- Wenn ich mein Leben noch einmal von vorn beginnen könnte, würde ich nichts anders machen.

Nehmen Sie sich ein Stück Papier und schreiben Sie fünfzehn positive Gedanken auf, denen ich entnehmen könnte, was sie in Ihrem halb vollen Glas haben. Wenn Ihnen diese Übung schwerfällt und Ihnen keine fünfzehn glücklichen Gedanken einfallen, konzentrieren Sie sich vielleicht zu oft auf negative Dinge. Machen Sie sich keine Sorgen – wenn Sie diese Übung regelmäßig machen, werden Sie schließlich auch fünfzehn positive Dinge finden.

Ich muss dir etwas beichten …

Wenn Sie eine glückliche Beziehung haben (siehe Kapitel 20), am Arbeitsplatz glücklich sein (siehe Kapitel 18) und eine glückliche Familie haben wollen (siehe Kapitel 19), müssen Sie den Ihnen am nächsten stehenden Menschen mitteilen, wie viel Glück sie in Ihr Leben bringen. Man darf das Glück nie für selbstverständlich halten – man muss es teilen.

Ein Ehemann sollte seiner Frau regelmäßig – nicht nur am Valentinstag – sagen, wie glücklich er darüber ist, dass sie mit ihm durchs Leben geht. Es ist doch nicht so schwer zu sagen: »Mindestens einmal am Tag merke ich, wie glücklich ich bin, dass du mich geheiratet hast.«

Eltern sollten ihren Kindern sagen, wie viel Spaß sie an ihnen haben, auch wenn ihre Erziehung hin und wieder anstrengend bis leidvoll ist. Es ist nicht so schwer zu sagen: »Du gehörst zu den schönsten Erfahrungen meines Lebens.«

Und es tut nicht weh, seinem Arbeitgeber zu sagen, wie gerne man für ihn arbeitet. Den meisten Menschen fällt es viel leichter, darüber zu reden, was sie an ihrer Arbeit nicht mögen, als darüber, was ihnen daran gefällt. Ich weiß noch aus meiner Zeit als Leiter einer Gruppe Psychologen, dass ich mit ihrer Kritik viel besser umgehen konnte, wenn sie mir auch anvertrauten, was sie an der Gestaltung der Arbeitsabläufe gut fanden.

Fangen Sie gleich heute an und sagen Sie jemandem, den Sie kennen: »Ich muss dir beichten, wie viel Glück du in mein Leben bringst.«

Tragen Sie immer ein Notizbuch in der Tasche und schreiben Sie jeden positiven Gedanken auf, der Ihnen im Laufe eines Tages in den Sinn kommt. Manchmal kann man sich am Ende eines Tages nicht mehr an alles Positive erinnern, was man erlebt hat, aber wenn man es gleich aufschreibt, braucht man sich die Liste abends nur noch einmal durchzulesen und sich selbst daran zu erinnern, dass der Tag eigentlich ganz schön war.

Positive Gefühle

Glück hat nicht nur etwas mit Freude zu tun. Es entsteht auch aus anderen positiven Gefühlen, die man im Alltagsleben empfindet. Im Grunde führt ein gutes Gefühl zu einem anderen. Wenn Sie genug solcher positiven Gefühle erleben, können Sie gar nicht anders als glücklich zu sein.

Welche positiven Gefühle hatten Sie in letzter Zeit? Ich habe ein paar Beispiele zusammengestellt:

- ✔ Beeindruckt
- ✔ Zufrieden
- ✔ Gemütlich
- ✔ Mitfühlend
- ✔ Verbunden (im Gegensatz zu einsam)
- ✔ Großzügig
- ✔ Dankbar
- ✔ Aufgeregt
- ✔ Demütig
- ✔ Optimistisch
- ✔ Erleichtert
- ✔ Rechtschaffen (etwa wenn man eine gute Tat getan hat)
- ✔ Befriedigt
- ✔ Gelassen
- ✔ Euphorisch

Benutzen Sie diese Liste als Ausgangspunkt und schreiben Sie alle *positiven* Gefühle auf, die Sie in den letzten 24 Stunden hatten. Wenn es Ihnen schwerfällt, viele positive Gefühle zu nennen, ist das ein deutlicher Hinweis darauf, dass Sie zu viel auf negative Gefühle achten oder einfach gar nichts Positives empfinden. Diese Übung kann Ihnen bei täglicher Anwendung helfen, sich der positiven Gefühle bewusster zu werden, die Sie haben und nur nicht bemerken. Wenn Sie überhaupt keine positiven Gefühle empfinden, sollten Sie am besten professionelle Hilfe in

Anspruch nehmen, um herauszufinden, woran das liegen könnte – selbst leicht depressive Menschen können sich gelegentlich ausgelassen und aufgeregt fühlen.

Ich habe in diese Liste nicht »glücklich« aufgenommen, weil Glück im Grunde eine Kombination vieler dieser positiven Gefühle ist.

Positive Taten

Nicht immer ist es das, was man denkt oder fühlt, was einen glücklich macht, als vielmehr das, was man im Laufe eines Tages tut. Wenn Sie Ihr tägliches Bekenntnis ablegen, sollten Sie versuchen, sich an alle Ihre positiven Aktionen der letzten 24 Stunden zu erinnern.

Die folgende Liste mit entsprechenden Aktionen soll Ihnen als Anregung dienen:

- ✔ Habe die Tür zum Postamt für eine alte Frau aufgehalten.
- ✔ Habe eine Vollbremsung hingelegt, um den Hund auf der Straße nicht zu überfahren.
- ✔ Habe Abfall von der Straße aufgehoben.
- ✔ Habe ein Portemonnaie, das ich auf dem Parkplatz gefunden habe, seinem Besitzer übergeben.
- ✔ Habe einem kranken Freund eine Karte mit Genesungswünschen geschickt.
- ✔ Bin mit meinem Hund spazieren gegangen.
- ✔ Habe den Abwasch gemacht, damit meine Partnerin das nicht nach der Arbeit machen muss.
- ✔ Habe mir einen Tag freigenommen, um eine Freundin zur Chemotherapie zu begleiten.
- ✔ Habe mich heute bei jedem ausdrücklich bedankt, der mir durch den Tag geholfen hat.
- ✔ Bin ins Fitnessstudio gegangen und habe trainiert.
- ✔ Habe mich mit einem Nachbarn unterhalten, der gerade eine schwere Zeit durchmacht.
- ✔ Habe einen Freund zum Essen eingeladen.
- ✔ Bin früh ins Bett gegangen, um mal wieder etwas länger schlafen zu können.
- ✔ Habe jeden angelächelt, dem ich heute begegnet bin.
- ✔ Habe meine Partnerin mit einem Blumenstrauß überrascht.

Versuchen Sie, wenigstens zehn positive Dinge zu finden, die Sie in den letzten 24 Stunden getan haben. Wenn Ihnen keine zehn einfallen, schreiben Sie 15 Dinge auf, die Sie in den *nächsten* 24 Stunden tun werden, und nehmen Sie diese Liste mit, damit Sie es nicht vergessen. Diese positiven Aktionen werden irgendwann zur Routine werden, und Sie werden nicht mehr bewusst daran denken müssen, sie in Ihr Leben einzubauen.

Positive Bekenntnisse müssen mit den Worten anfangen: Ich *habe gedacht*, ich *habe gefühlt*, ich *habe getan*.

Vertrauenspersonen geben Zuversicht

Wenn Sie einen Menschen in Ihrer Nähe haben, dem Sie alles offenbaren können – Gutes wie Schlechtes –, dann wissen Sie, was eine Vertrauensperson ist. Eine Vertrauensperson ist jemand, zu dem man eine intime Eins-zu-eins-Beziehung hat, die über eine Bekanntschaft oder selbst über das hinausgeht, was die meisten Menschen als Freundschaft bezeichnen. Einer Vertrauensperson kann man sein wahres Selbst zeigen – Gefühle, Gedanken, Ambitionen –, ohne eine Verurteilung oder irgendeine gesellschaftliche Zensur befürchten zu müssen. Eine solche Beziehung ist die vertrauensvollste, die Menschen untereinander eingehen können.

Vergessen Sie nicht: Es ist gut für die Gesundheit, eine Vertrauensperson zu haben. Herzpatienten, die eine Vertrauensperson nennen konnten, lebten dreimal länger als solche, die das nicht konnten. Und wenn Sie schwanger sind, erhöhen sich die Chancen auf ein gesund geborenes Kind um das Dreifache.

Achten Sie darauf, dass Sie auch gute Nachrichten mit Ihrer Vertrauensperson teilen. Wenn Sie darüber sprechen, wie gut es Ihnen geht, hilft das Ihrem Selbstvertrauen auf die Beine. Schließlich hören Sie sich auch selbst zu, wenn Sie mit anderen reden, und Sie erinnern sich auf diese Weise selbst daran, dass es Ihnen gut geht. So stärkt Ihre positive Beichte am Ende Ihr Selbstwertgefühl.

Es zu Papier bringen

Wenn Sie sich jeden Tag eine Viertelstunde oder 20 Minuten Zeit nehmen und alles Positive aufschreiben, was Ihnen an diesem Tag passiert ist, werden Sie schnell sehen, wofür Sie jeden Tag dankbar sein können. Dieses Protokoll ist nur für Ihre Augen bestimmt und soll Sie daran erinnern, wofür Sie dankbar und worüber Sie glücklich sein können.

Sie sollen kein Tagebuch schreiben, das Sie aufbewahren, wenn Sie fertig sind. Hier sind noch ein paar Dinge, die Sie im Hinterkopf behalten sollten, während Sie Ihr Glücksprotokoll schreiben:

- ✔ **Seien Sie Ihr eigener Zuhörer.** Sie schreiben dieses Protokoll für sich selbst. Es ist ein privates Gespräch – Sie wollen niemanden beeindrucken oder dafür sorgen, dass sich jemand besser fühlt. Beziehen Sie sich auf diesen Seiten auf sich selbst – verwenden Sie Wörter wie *ich* und *mich*. Die Verwendung der Ich-Perspektive macht das Protokoll zu einer persönlichen Zwiesprache mit Ihnen selbst, im Gegensatz zu einem Gespräch zwischen Ihnen und jemand anders.

Auf diese Weise treten Sie als der Verantwortliche für Ihre geschilderten positiven Gedanken, Gefühle und Taten deutlich hervor.

- ✔ **Vergessen Sie die Grammatik.** Es geht hier nicht um eine Schreibübung, in der korrekte Grammatik gefragt ist. Sie müssen nicht Germanistik studiert haben, um zu bekennen, dass Sie sich am Ende eines Tages gut fühlen. Schreiben Sie aus Ihrem Herzen heraus. Schreiben Sie, ohne viel zu denken – gestatten Sie sich, spontan zu sein. Niemand wird Ihr Protokoll benoten, also können Sie alle Regeln vergessen.
- ✔ **Schreiben Sie, bis die Zeit abgelaufen ist.** Geben Sie sich die vollen 15 bis 20 Minuten, um diese Übung abzuschließen. Setzen Sie sich nicht unter Zeitdruck. Genießen Sie es! Allein die Übung sollte dazu führen, dass Sie sich besser fühlen, also kosten Sie die Zeit voll aus. Wenn es Ihnen hilft, stellen Sie sich einen Küchen-Timer und schreiben Sie, bis Sie die Klingel hören – und dann hören Sie sofort auf, auch wenn Sie gerade mitten im Satz sind.
- ✔ **Wenn Sie fertig sind, lesen Sie, was Sie geschrieben haben.** Kreisen Sie alle positiven Gefühle ein, die Sie erwähnt haben – wie *glücklich*, *aufgeregt* und *entspannt*. Unterstreichen Sie alle positiven Gedanken, die Sie niedergeschrieben haben (zum Beispiel: »Ich erinnerte mich selbst daran, wie glücklich ich sein kann, eine akademische Ausbildung zu haben.«). Setzen Sie ein Häkchen an jede positive Aktion, die Sie an diesem Tag verzeichnet haben. Am Ende addieren Sie alle Markierungen. Die Aufmerksamkeit, die Sie Ihren positiven Gefühlen, Gedanken und Taten schenken, wird Ihnen ein Gefühl dafür vermitteln, ob alle drei Bereiche in Ihrem Tagesablauf einigermaßen gleichmäßig vertreten sind.

Diese tägliche Übung soll Sie eindringlich daran erinnern, dass Sie wahrscheinlich einen besseren Tag hatten, als Sie denken.

Gruppenbekenntnisse ablegen

Wenn meine Frau und ich uns mit unseren Freitagabend-Freunden zum Essen treffen, sitzen wir nicht um den Tisch und klagen über unsere Probleme. Vielmehr teilen wir all die positiven Dinge, die in unserem Leben passieren. Wir bekennen einander die guten Neuigkeiten, nicht die schlechten. Wir versuchen, uns gegenseitig aufzumuntern (siehe Kapitel 13), damit die Woche mit einem positiven Eindruck enden kann. Ich verkünde, dass ich endlich unser Bürogebäude verkauft habe und jetzt endlich in Rente gehen kann. Ein jüngeres Mitglied unserer Gruppe, der sich erst vor Kurzem selbstständig gemacht hat, erzählt von einem neuen Vertrag, den er ergattert hat und der ihm viel Geld einbringen wird. Seine Frau, die Handtaschen herstellt, berichtet von der erfolgreichen Ausstellung, die sie am vergangenen Wochenende in der Stadt hatte. Ein anderes Mitglied der Gruppe hält uns darüber auf dem Laufenden, wie gut ihre Tochter in ihrer juristischen Ausbildung vorankommt und wie sehr sie es genießt, in Florida zu leben. Und so geht es immer weiter. (Verstehen Sie das nicht falsch: Wenn jemand ein Problem hat, dann hört ihm natürlich jeder zu und bietet seine Hilfe an. Wir wollen nur nicht, dass aus dem Freitagabend eine Art Gruppentherapie wird.)

Wenn Sie sich nicht bereits regelmäßig mit einer Gruppe innerhalb Ihrer Familie oder Ihres Freundeskreises treffen, in der Sie sich angeregt unterhalten und auf die positiven Dinge konzentrieren können, gründen Sie eine eigene Gruppe. Es kommt nicht auf die Größe der Gruppe an – wichtig ist der Charakter der Menschen (sie sollten den Optimisten den Vorzug geben) und die Inhalte der Gespräche.

Wenn Sie über andere Leute tratschen, sollten Sie sich auf positiven Tratsch beschränken. Sagen Sie nur Gutes über Menschen, die nicht anwesend sind! Zum Beispiel: »Hast du das von Margret gehört? Sie hat die Stelle gekriegt, für die sie sich beworben hat. Ist das nicht toll? Ich freue mich so für sie.« Margret wird nicht erfahren, was Sie gesagt haben, aber *Sie* wissen es.

Kartenbekenntnisse

Während der fünf Jahre, in denen ich an einer Depression litt, erhielt ich Grußkarten von einem Mann, den ich in Gedanken liebevoll Onkel Bert nenne – er ist nur wenig älter als ich, was die Jahre betrifft, aber einige Jahrhunderte älter, was die Weisheit angeht, und hat mich seit Beginn meiner beruflichen Karriere gefördert. Die Karten schienen immer dann einzutrudeln, wenn ich an einem Tiefpunkt angelangt war – Augenblicke echter Verzweiflung –, und sie hatten die gewünschte heilende Wirkung, auf die sich Bert in seinen handschriftlichen Notizen durchgehend berief.

Die Karten sahen fröhlich aus, waren hell und bunt und verbreiteten Hoffnung. Was Bert auf der Rückseite schrieb, brachte meinem leidenden Herzen nicht weniger Freude. Er bekannte nicht nur seine Sorge um mein Wohlbefinden und seine Wertschätzung für unsere Freundschaft, sondern teilte mir auch mit, wie wichtig ihm meine Unterstützung in der Vergangenheit war. Immer wieder erinnerte er mich an meine »einzigartigen Beiträge« nicht nur zur Psychologie, sondern zur Welt überhaupt. Einmal schrieb er: »Du beginnst den Dichter/das Gedicht in deinem Inneren zu erkennen.«

Sie können sich vorstellen, wie das meinen in den Seilen hängenden Geist aufmunterte und mir half, mich langsam, aber sicher an das Gefühl des Glücklichseins heranzutasten.

Vergessen Sie nicht: Sie müssen nicht warten, bis jemand krank ist oder sich eine besondere Gelegenheit ergibt, um demjenigen, der Ihnen am Herzen liegt, eine Grußkarte zu schicken. Sie können an jedem beliebigen Tag einen Jahrestag Ihrer Freundschaft, eine Feier Ihrer Beziehung oder einfach einen Gedenktag ausrufen, um sich und Ihre Freunde daran zu erinnern, welch wichtige Rolle sie in Ihrem Leben spielen. Warum sollten Sie den Menschen, die Ihnen am Herzen liegen, nicht mitteilen, wie Sie sich heute fühlen?

Ein glückliches Gesicht machen

12

In diesem Kapitel

- Lächeln rund um den Globus
- Aus den richtigen Gründen lächeln
- Ein positives Bild zeigen
- Lächeln als ein Mittel zum Zweck

Der Psychologe Daniel Goleman, Autor des populären Buches *Emotionale Intelligenz* (dtv), führt aus, dass die Fähigkeit, die Gefühle anderer Menschen zu lesen, dazu beiträgt, den Menschen klug zu machen. Und was genau sollen wir lesen? Die Gesichter natürlich. Es gibt das traurige Gesicht, das verärgerte Gesicht, das depressive Gesicht, das neugierige Gesicht, das feindselige Gesicht, das nette und freundliche Gesicht, das mitfühlende Gesicht und das glückliche Gesicht.

Woran erkennt man ein glückliches Gesicht? Ganz einfach: am Lächeln. Nicht irgendein Lächeln, sondern ein natürliches, ungezwungenes, authentisches Lächeln, das unvergleichlich ist.

In diesem Kapitel erkläre ich Ihnen, wie man die Bedeutung und die Motive interpretiert, die hinter den verschiedenen Arten zu lächeln stecken. Ich zeige Ihnen, wie viel Macht ein Lächeln verleihen kann, und beschreibe, wie Sie durch ein bewusst aufgesetztes glückliches Gesicht Ihr Gemüt aufhellen können. Und schließlich werden Sie erfahren, wie Sie Ihr verlorenes Lächeln wiederfinden können.

Ein Lächeln versteht man überall

Vor vierzig Jahren begab sich der Psychologe Paul Ekman auf eine abenteuerliche Expedition auf der Suche nach dem Ursprung der menschlichen Gefühle. Er trat seine Reise in Neuguinea an, wo er bald entdeckte, dass der primitive Papuastamm der Fore die gleichen Gefühle hatte wie die Menschen in den modernen zivilisierten Kulturen überall in der Welt. Anders als die meisten Psychologen, die sich auf der Grundlage der gesprochenen Sprache an die Denkweise und die Gefühle der Menschen herantasten, stützte sich Ekman auf die Zuordnung bestimmter Gesichtsausdrücke zu bestimmten Gefühlen und machte entsprechende Fotos.

Was er bei der Untersuchung des Fore-Stammes und zahlloser anderer Gemeinschaften rund um den Globus – vom Broadway bis nach Borneo – zusammentrug, ließ ihn zu der Überzeugung kommen, dass es sieben grundlegende Gefühle gibt, die sich in allen Kulturen finden lassen:

- ✔ Ärger
- ✔ Verachtung

- ✔ Abscheu
- ✔ Angst
- ✔ Glück
- ✔ Trauer
- ✔ Überraschung

Man kann sich diese sieben Gefühle als die Grundfarben des emotionalen Lebens vorstellen. Alle anderen Gefühle – Verstimmung, Verwirrung, Neugier – sind Ableitungen oder Nebenentwicklungen dieser Grundgefühle.

Dass Gefühle universaler Natur und nicht an eine bestimmte Kultur gebunden sind, bedeutet, dass sie Teil des menschlichen Nervensystems sein müssen. Der Mensch muss also nicht erst lernen, glücklich zu sein, sondern ist bereits bei der Geburt mit der Fähigkeit ausgestattet, Glück zu erleben. Kinder lächeln und alte Menschen auch, und das ist an und für sich die Sprache des Glücks.

Vorsicht: Ein Lächeln kann ansteckend sein

Es gilt als gesicherte Tatsache, dass der Mensch dazu neigt, das emotionale Verhalten seines Gegenübers aufzugreifen und nachzuahmen. Professor Aron Wolfe Siegman von der Universität von Maryland und Baltimore County stellte fest, dass bei einer Unterhaltung zwischen zwei Personen der ärgerliche Ton der einen Person bei der anderen Person noch mehr Ärger auslöste. Diese wechselseitige Verstärkung führt unter Umständen dazu, dass der Ärger bis zu einem Punkt eskaliert, an dem er außer Kontrolle gerät. Das Gleiche gilt für Trauergefühle. Ich liebe die Szene aus dem Film *Ein seltsames Paar*, in der Felix Unger (Jack Lemmon) mit zwei glücklichen jungen Frauen allein gelassen wird und alle drei am Ende in Tränen aufgelöst sind.

Das Gleiche funktioniert aber auch mit Glücksgefühlen. Sie kennen sicher die Redewendung »Lächle und die ganze Welt lächelt mit dir«. Positive Gefühle sind nicht weniger ansteckend als negative.

Lächeln Sie die nächsten zehn Menschen an, die Ihnen begegnen, und achten Sie darauf, wie viele zurücklächeln. Anschließend blicken Sie die nächsten zehn Menschen finster an und achten darauf, wie viele Sie daraufhin anlächeln. Ich wette, Sie werden den Unterschied bemerken.

Von der Wiege bis ins Grab

Gefühle spiegeln das Temperament eines Menschen wider. Mit *Temperament* bezeichnet man ein vererbtes Verhalten im Erleben und im Ausdruck von Gefühlen – es kontrolliert sowohl die Färbung als auch die Ausrichtung der Gefühle. Wenn Sie ein übellauniger Mensch sind, wenden Sie sich mit verärgertem und aggressivem Verhalten gegen die Welt. (Mehr darüber können Sie in *Nicht ärgern für Dummies* (Wiley-VCH) nachlesen.) Haben Sie dagegen ein unbekümmertes, freundliches und gutmütiges Temperament, sind Sie der Welt positiv und heiter zugewandt und tragen ein Lächeln im Gesicht.

Das Temperament eines Menschen bildet sich während der Kindheit heraus und verändert sich während des gesamten Lebens kaum. Wenn Sie mit acht Jahren ein glückliches Kind waren, können Sie damit rechnen, auch mit 80 Jahren noch relativ glücklich zu sein – Sie werden im Altenheim der Typ sein, auf den alle Pflegerinnen stehen! Waren Sie dagegen als Kind weinerlich und schwierig, werden Sie so mit einiger Wahrscheinlichkeit auch im Alter sein – es sei denn, Sie entscheiden sich bewusst dagegen und geben sich Mühe, sich zu ändern. (War das nicht einer der Gründe, weshalb Sie *Glück für Dummies* gekauft haben?)

Die Beständigkeit des Temperaments hat zwei Gründe:

- ✔ **Menschen neigen dazu, die Nähe von Menschen mit ähnlichem Temperament zu suchen.** So sind die Kinder in meinen Schulseminaren zum Thema Ärgermanagement alle ähnlich – reizbar, zappelig und schlecht gelaunt. Das Temperament der Jungen im Ferienlager der Pfadfinder war ganz anders – entspannt und hilfsbereit.
- ✔ **Menschen mit ähnlichem Temperament verstärken ihr emotionales Verhalten wechselseitig.** Das Ergebnis: »Ich bin glücklich, du bist glücklich, wir sind alle glücklich – oder nicht!«

Wenn Sie nicht von Natur aus ein positiver Mensch sind, sollten Sie darauf achten, dass Sie die Nähe von positiven Menschen suchen. Lassen Sie ihr gutmütiges Verhalten auf Sie abfärben. Gefühle können ansteckend sein.

Sein Temperament kann man sich nicht aussuchen, wählen *kann* man jedoch, mit welchen Menschen man zusammen ist.

Das Lächeln anderer Menschen interpretieren

Ein Lächeln kann alles Mögliche transportieren, nicht nur Glück. Jedes Lächeln hat einen Grund, ein Motiv, eine nonverbale Botschaft. Wenn Sie jemand anlächelt, übersetzen Sie diesen Gesichtsausdruck unmittelbar in eine Vorstellung, auf die Sie dann reagieren – zum Beispiel: »Sie mag mich. Sie findet gut, was ich mache. Sie ist meine Freundin.« Sie können es aber auch völlig anders auffassen: »Er ist herablassend. Er hält sich für etwas Besseres. Ich werd's ihm schon zeigen.« Die Person, die lächelt, sendet eine Botschaft aus – Ihre Aufgabe ist es herauszufinden, wie die Botschaft lautet.

Es gibt viele Arten zu lächeln. In den folgenden Abschnitten werfen wir einen genaueren Blick darauf.

Das falsche Lächeln

Hinter dem Lächeln mancher Menschen steckt eine Lüge. Sie lächeln und sagen das eine, denken und fühlen aber genau das Gegenteil.

Politiker machen sich sehr oft eines falschen Lächelns schuldig. Ich sehe liebend gern zu, wenn ein Politiker lächelt und seinen Gegner als »einen guten Freund« bezeichnet, mit dem er »trotz aller Gegensätze zusammenarbeiten kann und den er wirklich respektiert«, obwohl alle Welt genau weiß, dass er am liebsten hätte, wenn der andere tot umfallen würde.

Der allseits beliebte Gebrauchtwagenhändler macht sich ebenfalls oft eines falschen Lächelns schuldig. Mit einem Lächeln auf dem Gesicht sagt er: »Dieses Auto ist ein echtes Schmuckstück. Es war im Besitz einer alten Dame, die damit nur zur Praxis ihres Arztes und zurück gefahren ist. In dieses Schätzchen können Sie bedenkenlos Ihr Geld investieren.« Überzeugt Sie das?

Viele Menschen greifen zum falschen Lächeln, um höflich zu sein und unnötige Konflikte zu vermeiden, besonders mit ihnen nahestehenden Menschen. Sie glauben, dass es besser ist zu lügen, als die Gefühle anderer Menschen zu verletzen.

Ein falsches Lächeln ist immer *Absicht* – die betreffende Person setzt ein Lächeln auf, um von der Tatsache abzulenken, dass sie lügt. Und leider wird diese Strategie für manche Menschen zur Gewohnheit, auf die sie sich immer und immer wieder stützen.

Das verärgerte Lächeln

Ironischerweise sagt ein Lächeln manchmal auch, dass der Betreffende verärgert ist. Im Grunde handelt es sich dabei um einen Versuch, die andere Person zu entwaffnen, damit sie dann der Ärger umso härter trifft. Am häufigsten tritt diese Form des Lächelns in Konfliktsituationen auf, in denen zwei Menschen Meinungsverschiedenheiten haben oder der eine nicht den Erwartungen des anderen entsprochen hat. Auch am Arbeitsplatz ist es nicht unüblich, wenn zum Beispiel ein Mitarbeiter zu einem Gespräch unter vier Augen zum Chef zitiert wird. Lassen Sie sich nicht von dem freundlichen Lächeln täuschen, mit dem er die Tür öffnet und Sie hereinbittet – wahrscheinlich wird Ihnen das Lächeln schnell vergehen!

Oft folgt auf ein verärgertes Lächeln eine feindselige oder sarkastische Äußerung – »Schön, dass Sie bei all Ihrer Arbeit die Zeit finden, unsere Kunden zu bedienen. Schließlich zahlen die Ihr Gehalt.«

Das verbergende Lächeln

Julia, eine 40 Jahre alte Frau mit chronischen Rückenschmerzen, saß mit ihrem Mann in meiner Praxis. Als ich meine Eindrücke aus dem ersten Gespräch mit ihr und die verschiedenen Testergebnisse zusammenfasste – beides wies deutlich darauf hin, dass sie unter einer schweren Depression litt –, begann sie zu lächeln und schließlich zu lachen, als ich andeutete, dass sie sich wegen ihrer körperlichen Gesundheit Sorgen mache. Je mehr ich davon sprach, desto lauter lachte sie – bis ihr Mann sich schließlich zu ihr drehte und sagte: »Hör auf damit. Was soll das? Du verhältst dich unmöglich. Dieser Mann versucht dir zu helfen, und du tust so, als sei das alles ein Witz oder nicht so wichtig.« Julia brach in Tränen aus. Ihre glückliche Fassade war zusammengebrochen. Julia hatte das, was Psychologen eine *versteckte Depression* nennen. Nun war ihre Maske gefallen.

Das äußere Erscheinungsbild des Glücks – das Lächeln – verbirgt oft negative Gefühle wie Angst, Trauer und Unsicherheit, die entweder *unterdrückt* (man ist sich der Gefühle bewusst, aber will sie nicht offen ausdrücken) oder *verdrängt* werden (man selbst ist sich seiner wahren Gefühle nicht bewusst).

Meine eigene Fehleinschätzung

Meine Schwester starb unter tragischen Umständen im Alter von 42 Jahren an den Folgen einer langjährigen chronischen Erkrankung. Eineinhalb Jahre vor ihrem Tod besuchte ich sie fast jede Woche und versuchte, sie zu trösten und ihr wenigstens etwas Hoffnung zu geben, dass sich ihre Lage bessern könnte, auch wenn ich wusste, dass es nicht so sein würde.

Als sie starb, überkam mich eine seltsame Ruhe – ich war erleichtert, dass ihr Leiden vorüber war. Ich empfand keine tiefe Trauer und sagte mir, wie ein guter Psychologe, dass ich mich mit ihrem Tod wohl schon in einem Prozess der vorweggenommenen Trauer (bei der man einen absehbaren Verlust schon betrauert, bevor er da ist) abgefunden hatte. Monatelang ging ich meinen üblichen Beschäftigungen nach, arbeitete in meiner Praxis und erfüllte meine familiären Pflichten. Ich dachte, ich sei glücklich – immerhin war in meinem Leben alles in Ordnung, trotz des traumatischen Verlustes.

Dann kam Weihnachten. Ich nahm mir ein paar Tage frei, um das Ende eines »guten« Jahres zu feiern und mich ein wenig zu entspannen, bevor das neue begann. Es dauerte nicht lange, bis ich merkte, dass ich meine Gefühle völlig falsch interpretiert hatte. An meinem ersten freien Morgen, meine Frau und die Kinder hatten gerade das Haus verlassen, brach ich wie aus heiterem Himmel schluchzend wie ein kleines Kind in Tränen aus. Ich versuchte nach Kräften, meine Gefühle unter Kontrolle zu bekommen. Schließlich rief ich einen befreundeten Psychiater an, der schnell feststellte, dass ich in einem ziemlich angeschlagenen Zustand war. Es stellte sich heraus, dass es sich um die Anfänge einer schweren Depression handelte, die fünf Jahre anhalten sollte. Und ich hatte gedacht, ich wäre glücklich.

Diese und viele andere Aspekte des Trauerns finden Sie in *Bewusst trauern für Dummies* von Greg Harvey (Wiley-VCH) ausführlich und einfühlsam beschrieben.

Das charismatische Lächeln

Manche Menschen können mit ihrem Lächeln einen ganzen Raum erhellen. Ihr Lächeln zieht andere Menschen an wie die Motten das Licht. Es ist einfach unwiderstehlich. Man kann gar nicht wegsehen und fühlt sich von ihren Gefühlen vereinnahmt.

Diese Menschen haben *Charisma* – die Fähigkeit, andere zu inspirieren. Charisma ist eine bewundernswerte Eigenschaft. Jeder würde es gerne haben, aber nur wenigen ist es vergönnt. In der Regel kann man Charisma bei politischen Führern finden – alle, angefangen von John F. Kennedy bis Winston Churchill, hatten Charisma. Die Propheten des Alten Testaments waren charismatisch, genau wie Jesus und Mohammed. Gesellschaftsreformer wie Martin Luther King und Mahatma Gandhi waren charismatisch, und auch Mutter Theresa.

Wir werden von charismatischen Menschen in den Bann gezogen, sobald sie unsere Welt betreten. Schon bevor sie das erste Wort sagen, vermittelt ihr Gesichtsausdruck (immer ein Lächeln, nie ein böser Blick) ein solides Selbstbewusstsein, Enthusiasmus, persönliche Anziehungskraft, positive Energie und Temperament. Charismatische Individuen drücken ihre Gefühle so aus, dass sie andere mitreißen. Ihr Lächeln überträgt sich auf ihre Zuhörer, ebenso wie ihre Freude.

Wenn Sie wissen möchten, ob auch Sie charismatisch sind, beantworten Sie die folgenden Fragen mit Ja oder mit Nein:

- ✔ Wenn Sie lachen, lachen Sie mit Hingabe – laut und ungezwungen?
- ✔ Sind Sie Fremden gegenüber aufgeschlossen?
- ✔ Kann man an Ihrem Gesichtsausdruck alles ablesen?
- ✔ Fühlen Sie sich wohl, wenn Sie im Zentrum der Aufmerksamkeit stehen?
- ✔ Sind Sie ein Umarmer – insbesondere wenn Sie jemanden mögen?
- ✔ Sagen Ihnen andere Menschen häufig, dass sie das »berührt« hat, was Sie sagten?
- ✔ Können Sie nicht ruhig sitzen bleiben, wenn Sie Musik hören?
- ✔ Hat Ihnen schon einmal jemand gesagt, dass Sie ein guter Schauspieler wären?

Je mehr Fragen Sie mit Ja beantwortet haben, desto mehr Charisma haben Sie.

Charisma und gesundes Herz

Eine Studie kam zu dem Ergebnis, dass charismatische A-Typen – solche, die mehr Gefühle ausdrücken – gesünder waren als nicht charismatische A-Typen. Interessanterweise zeigten sich bei den Probanden, die öfter lächelten, weniger Hinweise auf Erkrankungen der peripheren Arterien. Die meisten Risiken trugen die verschlossenen A-Typen. Das kann zumindest teilweise erklären, warum die meisten A-Typen keine Herzinfarkte erleiden – sie werden durch ihr Lächeln geschützt.

Das verächtliche Lächeln

Das verächtliche Lächeln ist zweifelsohne die destruktivste Art zu lächeln. Es vermittelt sowohl Ärger als auch die (entscheidende) Botschaft, dass der Adressat des Lächelns wertlos und abstoßend ist. Mit diesem Lächeln will man eine andere Person zurechtweisen und sie daran erinnern, wie gering man sie schätzt.

Bernhards Mitarbeiter sind mit dem verächtlichen Lächeln alle vertraut – sie sehen es jeden Tag. Bernhard ist der klassische A-Typ. Er ist ungeduldig, knallhart und erst zufrieden, wenn etwas perfekt erledigt wurde. Das Problem ist, dass Bernhard sich als überlegen und alle anderen als Idioten betrachtet. Wenn man es vorsichtig ausdrücken möchte, muss man sagen, dass ihn seine Mitarbeiter nicht ausstehen können. Bernhard kritisiert seine Mitarbeiter nicht mit Worten – sein Gesichtsausdruck sagt mehr als deutlich, was er empfindet und denkt.

Diese Art von Lächeln leistet auch immer wieder einen entscheidenden Beitrag zur Zerrüttung von Ehen (siehe Kapitel 20).

Reizendes Lächeln

Das sogenannte Duchenne-Lächeln hat seinen Namen von dem französischen Physiologen Guillaume Benjamin Amand Duchenne de Boulogne. Der studierte Mediziner forschte Mitte des 19. Jahrhunderts auf dem Gebiet der Elektrotherapie und nutzte Reizströme auch zur Analyse von Gefühlsausdrücken. Dabei entdeckte er den »Muskel der Freude«, den heutigen *Musculus zygomaticus major* (Großer Jochbeinmuskel), der für das Lächeln zuständig ist. Das echte Lächeln wird ihm zu Ehren Duchenne-Lächeln genannt.

Das echte Lächeln

Das Duchenne-Lächeln (sprich: düh-schenn) macht deutlich, dass ein Mensch wirklich glücklich ist. Es ist das echte Lächeln – natürlich, ungezwungen, authentisch, nicht einstudiert, unwillkürlich, spontan und immer das Gefühl der Freude vermittelnd. Bei diesem Lächeln werden nicht nur die Muskeln um den Mund herum nach oben gezogen, sondern es ziehen sich auch die Muskeln um die Augen zusammen – die Augenlider senken sich und es zeigen sich Fältchen um die Augen. Diese Veränderungen im Bereich der Augen unterscheiden das Duchenne-Lächeln von allen anderen.

Schon im Alter von sechs Monaten zeigen kleine Kinder das Duchenne-Lächeln. In der Regel taucht es auf, wenn sie mit Menschen aus ihrer vertrauten Umgebung – beispielsweise den Eltern – in Kontakt treten. Im Kontakt mit Fremden bleibt es aus. Die Stimme der Mutter oder der Anblick ihres Gesichts reicht bereits aus, um dieses Lächeln auf das Gesicht eines Kindes zu zaubern. Lächeln die Eltern dann zurück, beginnt der Prozess der emotionalen Bindung, die nicht nur für das Überleben wichtig ist, sondern auch als Basis für die Entwicklung einer gesunden Persönlichkeit dient.

Wenn Sie das nächste Mal jemanden lächeln sehen, achten Sie auf seine Augen und entscheiden Sie danach, ob es ein echtes Lächeln war oder nicht. Nur daran kann man es wirklich erkennen.

Entscheiden, was andere sehen sollen

Während eines Forschungsjahrs in den Niederlanden lernte ich einen Medizinpsychologen kennen, der es sich zur Lebensaufgabe gemacht hatte, die Geschichte der Medizin in Europa zu studieren. Wie er an die Sache heranging, war faszinierend. Er fand heraus, dass die ersten Krankenhäuser über der Eingangstür einen Stein mit einem Relief eingelassen hatten, das genau abbildete, was man vorfand, wenn man hineinging. Indem er diese Steinreliefs datierte, konnte er die Entwicklung der Krankenhäuser im Laufe der Zeit nachverfolgen.

Ihr Lächeln leistet genau dasselbe. Es zeigt anderen, was in Ihrem Inneren vorgeht. Wenn Sie verärgert lächeln, kochen in Ihnen offensichtlich Ärger, Feindseligkeit und Groll. Ein falsches Lächeln deutet darauf hin, dass Sie voller Halbwahrheiten und Lügen stecken. Ein verächtliches Lächeln verrät, dass Sie sich allen anderen Anwesenden überlegen fühlen – Sie sind wichtig, die anderen nicht. Und ein Duchenne-Lächeln sagt aller Welt: »Ich bin glücklich.«

Sie müssen entscheiden, wie Sie auf andere wirken wollen. Möchten Sie als Lügner gelten, als arroganter Schnösel oder als jemand, der sich etwas auf sich einbildet? Oder möchten Sie als jemand dastehen, der Charisma hat und das Leben wirklich genießt?

Wenn Sie jegliches negative Lächeln aus Ihrem Gesicht verbannen wollen, müssen Sie bei Ihrem Innenleben ansetzen. Wenn Sie ständig verärgert sind, müssen Sie Möglichkeiten finden, mit Ihrem Ärger umzugehen – lesen Sie *Nicht ärgern für Dummies* (Wiley-VCH). Sind Sie depressiv, versuchen Sie es mit *Depressionen für Dummies* von Laura L. Smith und Charles H. Elliott (Wiley-VCH).

Lächeln, weil Sie es wollen

Denken Sie darüber nach, was ein Lächeln für Sie tun kann. Es zieht andere Menschen an. Es sagt der Welt: »Ich bin ein glücklicher, zuversichtlicher, fähiger und zufriedener Mensch.« Sie haben es leichter, ein unterstützendes Netzwerk aufzubauen – Menschen, die Ihnen zur Seite stehen, wenn es mal ganz dick kommt. Es hilft Ihnen, schwierige Zeiten zu überstehen. Es lässt andere auf den ersten Blick erkennen, dass Sie optimistisch (siehe Kapitel 5) und gewissenhaft sind (siehe Kapitel 7). Es vermittelt den Eindruck von Macht – Potenz, Vitalität und Robustheit (siehe Kapitel 6).

Wenn Sie ein falsches Lächeln aufsetzen – ein falsches oder ein verärgertes Lächeln, ein Lächeln, das überdecken soll, wie elend Sie sich fühlen –, dann tun Sie das, weil Sie es *müssen*, um der Welt weiter eine Fassade präsentieren zu können. Diese Arten zu lächeln entmachtet Sie, weil

Ihre Umwelt nie Ihr wahres Selbst kennenlernen kann. Sie sollten lieber lächeln, weil Sie es *wollen*, und alle Vorteile nutzen, die sich Ihnen dadurch eröffnen.

Wenn Sie eine Familie haben, können Sie mit einem Lächeln das Gefühl ausdrücken: »Wir halten zusammen.« Das ist der Wahlspruch glücklicher Familien (siehe Kapitel 19).

Wer oder was bringt Sie dazu, zu lächeln?

Ich will nicht sagen, dass die meisten Menschen keine Ahnung haben, wer oder was sie glücklich macht, aber wahr *ist*, dass sie die Beziehungen zwischen ihren Lebensumständen und positiven Gefühlen nicht so präzise wahrnehmen, wie es wünschenswert wäre.

Eine einfache Möglichkeit, Ihre speziellen Glücksquellen herauszufinden, besteht darin, alte Fotos zu durchstöbern und die herauszupicken, auf denen Sie lächeln. Einige davon werden ohne Zweifel Bilder von Familientreffen sein, auf denen alle vor der Kamera posieren – da strahlt man glücklich in die Kamera, ob man sich nun so fühlt oder nicht. Aber andere Bilder fangen vielleicht Augenblicke echten Glücks ein, so wie es ein Duchenne-Lächeln auf Ihrem Gesicht bezeugt.

Sehen Sie sich diese Fotos genau an und fragen Sie sich, ob es verbindende Elemente darauf gibt. Vielleicht lächeln Sie immer in der Gesellschaft bestimmter Menschen oder wenn Sie etwas Bestimmtes machen. Suchen Sie nach einem Muster – etwas, das sich wiederholt. (Auf jedem Bild, auf dem ich mit meiner Frau, meinen Kindern, meinen Hunden oder besonderen Freunden zu sehen bin, habe ich ein Lächeln im Gesicht – außer in den Jahren, in denen ich mit meiner Depression kämpfte, da brachte mich nichts zum Lächeln.)

Diese Bilder können auch in anderer Hinsicht nützlich sein. Wenn Sie sie zu Hause oder in Ihrem Büro verteilen, stellen Sie jedes Mal, wenn Sie sie anschauen, eine kurzzeitige Verbindung zu der Erinnerung an diese glücklichen Momente her – und das wird ein Lächeln auf Ihr Gesicht zaubern.

Wenn Sie Ihr Leben anhand privater Fotos zurückverfolgen, kann es auch sein, dass Sie nicht viele oder gar keine Fotos finden, auf denen Sie lächeln – ob nun gestellt oder nicht. Über die Jahre hatte ich nicht wenige Klienten, die zur Therapie kamen, nachdem sie sich all ihre Freunde ansahen und feststellten, dass diese glücklich waren und ihr Leben genossen, während sie erkannten, dass sie sich nie so gefühlt hatten. Sie hofften, dass ich ihnen sagen könnte, woran das lag. Meistens konnte ich das. Zunächst überprüfte ich, ob sich irgendeines der Hindernisse, die ich in Kapitel 22 aufzähle, ihrem Glück in den Weg stellte – zum Beispiel, ob sie zur Rachsucht neigten oder in der Vergangenheit Drogen konsumiert hatten. Wir beschäftigten uns mit ihrem Temperament und sprachen darüber, ob ihre Eltern glückliche Menschen waren. Und nach und nach sprachen wir die anderen Aspekte an, die ich in diesem Buch beschreibe, um zu sehen, ob es in diesen Punkten Defizite gab. (Um ehrlich zu sein, ich arbeite lieber mit Klienten, denen es an Glück mangelt, als mit solchen, die Ärger im Überfluss mit sich herumschleppen – es ist viel leichter und macht mehr Spaß!)

In meiner Familie ärgert sich niemand

Einmal kam ein Mann Ende dreißig in meine Beratungsstunde und antwortete auf die Frage, was er denn für ein Problem habe: »Ich weiß es wirklich nicht. Ich scheine nichts zu fühlen. Ich bin sehr erfolgreich, ich habe eine attraktive Freundin, ein schönes Auto, aber nichts berührt mich. Ich bin irgendwie larifari!«

Damit wusste ich noch nicht allzu viel, also begann ich nach seiner frühen Kindheit und seinen Eltern zu fragen, zum Beispiel: »Wie waren Ihre Mutter und Ihr Vater, wenn sie ärgerlich waren?« Seine Antwort überraschte mich: »Oh, sie haben sich nie geärgert.« Bevor ich weiterfragen konnte, fuhr er fort: »Manchmal sprachen sie tagelang nicht miteinander, aber ich sah sie nie verärgert.« In anderen Worten, seine Eltern waren so verärgert, dass sie nicht miteinander sprechen konnten. Er war in einem schweigenden Haushalt groß geworden, in dem niemand auch nur eine Spur von Gefühlen zeigte, weder positive noch negative. Er hatte seine Eltern weder verärgert noch glücklich gesehen.

Kein Wunder, dass er heute als Erwachsener nichts fühlte. Es hatte ihm niemand beigebracht, wie man fühlte und wie man ein emotionales Wesen ist. Also musste ich das übernehmen. Anfangs musste ich ihm einige emotionale Gesichtsausdrücke zeigen und ihn bitten, die zu wählen, die zu der jeweiligen Situation passten, über die wir gerade sprachen. Jeder Gesichtsausdruck entsprach einem anderen Gefühl. Im Grunde brachte ich ihm bei, die Sprache der Gefühle fließend zu beherrschen, indem ich mit Worten Gefühle beschrieb, etwas, das seine Eltern vor langer Zeit versäumt hatten. Später begannen wir dann zu erkunden, warum er die Gefühle empfand, die er hatte, damit er seine emotionalen Erfahrungen in Beziehung zu den Menschen und Dingen in seinem Umfeld setzen konnte. Ich brachte ihm bei, seine Gefühle nicht zu bewerten – in Bezug auf Glück oder Trauer gibt es kein Richtig oder Falsch. Ich brachte ihm bei, wie er all diese Informationen über sich selbst dazu nutzen konnte, seinen Weg im Leben zu finden, wie es seine Freunde taten. Am Ende war er alles andere als larifari.

Das Einmaleins der Mimik: Mit einem Lächeln beginnen

Wir haben gelernt zu denken, dass Gefühle zu Handlungen führen; anders ausgedrückt, den inneren Gefühlen wird äußerlich Ausdruck verliehen. Das stimmt auch. Es trifft aber auch zu, dass Handlungen Gefühle auslösen. Ein gereizter Mensch, der zu schreien und um sich zu schlagen beginnt, wird sich selbst hochschaukeln und schnell sehr viel intensiveren Ärger empfinden. Wenn er sich nicht selbst in Rage bringen will, muss er in einem vernünftigen Ton und ohne aggressive Gesten reden. Wenn man über etwas Trauriges spricht, das einer anderen Person zugestoßen ist, kann das bei einem selbst ein spontanes Trauergefühl auslösen. Und ob Sie's glauben oder nicht, Sie können sich selbst glücklich machen, indem Sie ein glückliches Gesicht machen.

Setzen Sie ein Lächeln auf und halten Sie es für 20 bis 30 Sekunden. Dann entspannen Sie Ihr Gesicht. Wiederholen Sie diese Übung zehn- bis zwanzigmal und horchen Sie in sich hinein, ob Sie sich nicht plötzlich positiver fühlen. Noch besser ist es, wenn Sie diese Übung vor dem Spiegel machen und das nutzen können, was die Psychologen das *Gesichtsfeedback* nennen – das heißt, Ihre Gefühle fangen an, sich an Ihren Gesichtsausdruck anzupassen. Nehmen Sie mal an, dass irgendwo in Ihrer Psyche etwas verborgen ist, das man Glück nennt; das Lächeln, das Sie aufsetzen, ist einfach eine Möglichkeit, dieses Glück herauszulassen.

Mit der Lächel-Übung verhält es sich nicht anders als mit jeder anderen Übung. Je mehr Sie üben, desto leichter wird es. Was Ihnen anfangs vielleicht gekünstelt vorkommt, wird schließlich natürlich.

Teil IV

Das richtige Gleichgewicht finden

»Das Leben ist schön auf dem T-Shirt – aber ein Gesicht wie sieben Tage Regenwetter!«

In diesem Teil ...

geht es um die Herausforderung, wie Sie in fünf Bereichen Ihres Lebens einen goldenen Mittelweg finden können. Die Hauptbotschaft dieses Teils ist, dass man das Glück nie in Extremen findet – es braucht ein gesundes Gleichgewicht, etwa zwischen Arbeit und Spiel, Strukturen und Freiheit oder Egoismus und Großzügigkeit. Der Hauptakzent liegt dabei jeweils auf dem Verhalten.

Ich propagiere hier nicht die so oft in Selbsthilfebüchern vertretene These, dass man alles erreichen kann, was man nur will, oder dass man sich mehr oder weniger glücklich denken kann. Das geht nicht! Es gibt aber einiges, was Sie sehr wohl tun können, zum Beispiel sich Erfahrungen verschaffen, die ein Gegengewicht zum Alltagsärger bilden, positive Rituale in den Alltag einbauen, sich zum B-Typ zu entwickeln versuchen, lernen, sich nicht einsam zu fühlen, wenn man allein ist, und sich weniger in Ko-Abhängigkeiten begeben.

Ich möchte Sie aber warnen: Wenn Sie die Vorschläge in diesem Kapitel aufgreifen, könnte Ihnen nach und nach dämmern, wie viel Spaß das Leben machen kann, wenn Sie sich einbringen, und wie belebend und motivierend sich das auf Sie auswirkt. Sie sind bereit dazu? Wenn ja, lesen Sie weiter!

Ärgernisse und Aufmunterungen

13

In diesem Kapitel

- Wann man sich über Kleinigkeiten aufregen sollte
- Der Unterschied zwischen großem und kleinem Stress
- Warum erfreuliche Erlebnisse so wichtig sind
- Den Aufmunterungs-Ärgernis-Quotienten ermitteln
- Depressionen vermeiden

Jonas wachte auf und freute sich auf einen entspannten, produktiven Tag, an dem er in seiner Wohnung herumwerkeln wollte. Er ging nicht davon aus, dass ihm der Tag durch irgendwelche Schikanen oder schlechte Laune verdorben würde. Aber es kam dann doch so. Er war kaum wach, da verkündete seine Frau, dass draußen ein Graupelschauer niederging und dass er sie zur Arbeit fahren müsse, weil sie gestern vergessen hatte zu tanken. »Okay«, sagte Jonas und dachte, dass die Zeit immer noch dicke reichen würde, um pünktlich zu seinem Massagetermin um 9 Uhr zu kommen, auf den er sich wirklich freute. Er konnte ja nicht ahnen, dass er über 40 Minuten im Stau stecken würde. Natürlich kam er nicht rechtzeitig zu seinem Termin und musste dann auch noch erfahren, dass die Krankengymnastin schon auf dem Weg zum nächsten Termin war. Und als ob das nicht schon genug gewesen wäre, sah er auf dem Parkplatz vor der Praxis, dass einer der Reifen an seinem Wagen fast platt war. Es war gerade erst half elf, aber Jonas kam zu dem Schluss, dass dies sicher kein guter Tag sein würde.

Was Jonas brauchte, war etwas Erfreuliches – ein kleines Vergnügen als Ausgleich für die vielen kleinen Stresssituationen, die er heute schon erlebt hatte. Das bekam er dann auch umgehend, als er an seinem Lieblingsrestaurant anhielt, seinen morgendlichen Kaffee trank und von der Bedienung und anderen Kunden freundlich begrüßt wurde. »Jetzt ist die Welt wieder in Ordnung«, sagte er sich und blätterte die Zeitung durch, während er einen weiteren Milchkaffee genoss.

In diesem Kapitel werde ich mich nicht nur mit den kleinen Stresssituationen des Alltags beschäftigen, die sich auf Ihre Stimmung und Ihre Gesundheit niederschlagen können, sondern, was noch wichtiger ist, Ihnen zeigen, wie Sie diesem Stress etwas entgegensetzen und schließlich eine heitere Gemütsverfassung erreichen können.

Wann Sie sich über Kleinigkeiten aufregen sollten und wann Sie es besser lassen

Die meisten Menschen machen im Umgang mit dem Alltagsärger – diese kleinen alltäglichen Stresssituationen, die so sicher auftauchen wie das Amen in der Kirche – zwei Fehler:

- **Weil diese Stresssituationen keine erschütternden Ereignisse sind und keine einschneidenden Veränderungen Ihres Lebens mitbringen, werden sie oft für unwichtig und nicht beachtenswert eingestuft.** Schließlich stirbt niemand an einem platten Reifen oder an einem verpassten Termin, oder?
- **Viele Menschen behandeln die kleinen Stresssituationen genauso wie großen Stress (etwa eine Entlassung, Scheidung oder die Nachricht, dass ein Freund Krebs hat).** Das führt schließlich dazu, dass sie Stress als Stress betrachten und das Ausmaß gar keine Rolle mehr spielt.

Die Wahrheit liegt, wie in den meisten Fällen, irgendwo in der Mitte. Wenn man ein glücklicher Mensch sein möchte, muss man also die richtige Balance zwischen diesen beiden Extremen finden.

Sich über Kleinigkeiten aufregen

Entgegen der allgemeinen Annahme sind die großen Stresssituationen im Leben nicht das, was den Menschen davon abhält, glücklich zu sein – dafür ist der kleine Stress zwischendurch verantwortlich, und zwar in seiner Gesamtheit. Die kleinen Stresssituationen häufen sich und fordern ab einem gewissen Punkt ihren Tribut. Eine solche Häufung ist schnell erreicht, weil die meisten Menschen das schädliche Potenzial der kleinen Ärgernisse ignorieren. Sie saugen sie wie ein Schwamm auf, bis nichts mehr hineinpasst. Das ist wie ein Tod durch tausend kleine Schnitte.

Der andere Grund, warum die meisten Menschen sich nicht über Kleinigkeiten aufregen, liegt darin begründet, dass sie zum Alltag gehören und keine außergewöhnlichen Umstände darstellen, die nur selten ihren Weg kreuzen. Im Grunde betrachten sie diesen Mikrostress als normal – so ist eben das Leben.

Aber wissen Sie was? Die medizinische Forschung hat bewiesen, dass die Wirkung der kleinen Ärgernisse langfristig größer ist als die von gelegentlich auftretenden größeren Stressbelastungen. Und je mehr Ärgernisse da sind, desto weniger glücklich sind die Betroffenen.

Die schlimmsten Ärgernisse sind die chronischen, die man immer wieder erlebt und die schon zum routinemäßigen Tagesablauf gehören. Der griesgrämige Nachbar, der Sie böse anschaut, wenn Sie mit Ihrem Hund an seinem Haus vorbeigehen. Die Sekretärin, die jeden Morgen, wenn Sie zur Arbeit erscheinen, erst einmal sagt: »Haben Sie schon die Todesanzeigen gelesen? Der Sowieso ist an Krebs gestorben.« Oder der Freund, mit dem Sie sich regelmäßig zum Essen treffen und der es immer so dreht, dass Sie die Rechnung bezahlen. Kommt Ihnen das bekannt vor?

Im Abschnitt »Das Maß der Verärgerung und das der Aufmunterung feststellen« weiter hinten in diesem Kapitel zeige ich Ihnen, wie Sie errechnen, ob Sie sich, was die Ärgernisse betrifft, im »roten Bereich« befinden.

Aufmunterungen bei großem Stress

Maria und ihr Mann Gerd, beide Anfang vierzig, fühlten sich irgendwann zwischen ihren normalen Pflichten – ihrer Arbeit und der Erziehung ihrer beiden Kinder sowie der Pflege von Marias Mutter, die, nach einem Schlafanfall gelähmt, in einem nahen Pflegeheim lebte – zerrieben. Als Einzelkind lastete die schwere Verantwortung, das Leiden ihrer Mutter so weit wie möglich zu lindern, allein auf Marias Schultern. Zusammen mit ihrem Mann fuhr sie jeden Abend nach der Arbeit und nachdem sie mit den Kindern gegessen hatten, zu ihrer Mutter, während die Kindern allein zu Hause ihre Hausaufgaben machten und spielten. Sie versuchten, trotz der niederdrückenden Atmosphäre im Pflegeheim, gut gelaunt zu sein, und erinnerten sich gegenseitig daran, dass dies ein Liebesdienst war. Aber die Tage waren lang, und auf dem Heimweg vom Pflegeheim waren sie meist erschöpft. Zu Hause angekommen, warteten dann noch die normalen Elternpflichten, bevor sie endlich ins Bett fielen.

»Das war eine harte Zeit in den vier Monaten, bevor meine Mutter starb«, gab Maria zu, »aber wir würden es wieder machen. Am meisten geholfen hat uns, dass wir auf dem Heimweg vom Heim immer am Einkaufszentrum gehalten und uns ein Eis gegönnt haben.« Dieses einfache kleine Vergnügen (oder Aufmunterung) hat verhindert, dass diesen beiden lieben Menschen in der bis dahin schwersten Zeit ihres Lebens nicht den Kopf verloren. Gerd traf den Nagel auf den Kopf, als er meinte: »Man sollte die Kraft einer Portion Eis nicht unterschätzen.«

Wenn Sie immer noch nicht vom Beitrag der kleinen Alltagsfreuden zum Überleben überzeugt sind, lesen Sie Viktor Frankls wegweisendes Buch *Der Mensch vor der Frage nach dem Sinn* (Piper), in dem er beschreibt, wie ein paar kleine Freuden – ein bisschen mehr Essen, ein schöner Himmel – ihm ermöglichten, den Holocaust in einem Konzentrationslager zu überleben, und ihm sogar einige schöne Glücksmomente gewährten. Die Beweise, die Sie brauchen, finden Sie in diesem wunderbaren Buch.

Sich nicht mit Kleinigkeiten aufhalten

Sie können nicht die Ereignisse aus dem Weg räumen, die Ihnen Stress verursachen, aber Sie können die körperlichen und psychischen Auswirkungen beeinflussen, die diese Ereignisse auf Sie haben. In der Einführung zu diesem Kapitel berichte ich von Jonas. Jonas konnte weder an dem Graupelschauer noch an dem platten Reifen etwas ändern, aber er war in der Lage, seinen ersten negativen Gedanken loszulassen – »Das wird wohl kein guter Tag.« – und ihn durch einen positiven Gedanken ersetzen: »Jetzt ist die Welt wieder in Ordnung.«

Aufmunternde Ereignisse mindern die Auswirkungen von Stress. Das geschieht durch Umformung von

- ✔ Anspannung in Entspannung.
- ✔ negativen Gedanken in positive Gedanken.
- ✔ Pessimismus in Optimismus (siehe Kapitel 5).

- Gereiztheit in Ruhe.
- Missvergnügen in Vergnügen.
- Ärger in Liebe.
- Trauer in Freude.
- Entfremdung in Verbundenheit.
- Chaos in Harmonie.

Das Maß der Verärgerung und das der Aufmunterung feststellen

Ich wette, dass Sie sich nicht bewusst sind, wie verärgert Sie sind, zum Teil weil Sie dazu neigen, die kleinen Ärgernisse zu ignorieren und zu bagatellisieren, aber auch weil Sie keine Möglichkeit haben, den Stress zu messen, unter dem Sie stehen. Nun, das wird jetzt anders.

Sehen Sie sich einmal die folgende Liste kleinerer Stressfaktoren (oder Ärgernisse) an, mit denen sich Menschen häufig herumschlagen, und kreisen Sie alle ein, die Sie *in den letzten zwei Wochen* erlebt haben.

- Ich habe etwas Wichtiges verlegt oder verloren.
- Ich hatte nicht genug Geld, eine Rechnung rechtzeitig zu bezahlen.
- Ich hatte das Gefühl, dass zu viel Verantwortung auf mir lastet.
- Ich wurde unterbrochen, als ich an einer wichtigen Sache arbeitete.
- Ich musste in einem Geschäft oder einer Bank in der Schlange warten.
- Jemand hat unerwartet an meiner Tür geklingelt.
- Ich musste jede Menge Formulare ausfüllen.
- Ich hatte eine Erkältung.
- Es hat drei Wochen ununterbrochen geregnet
- Mein Auto ist morgens nicht gleich angesprungen.
- Meine Nachbarn waren zu laut.
- Ich bin im Restaurant schlecht bedient worden.
- Ich bin zu spät zu einer wichtigen Sitzung gekommen.
- Ein Freund hat unsere Verabredung zum Mittagessen vergessen.
- Ich habe mir etwas auf die Kleidung geschüttet.
- Ich hatte Kaugummi an der Schuhsohle kleben.

- ✔ Ich habe meinen Schirm im Restaurant vergessen.
- ✔ Ich habe mein Computerpasswort vergessen.
- ✔ Ich habe meinen Friseurtermin vergessen.
- ✔ Ich hatte kein Kleingeld für die Parkuhr.

Wie viele Ärgernisse haben Sie eingekreist? Ihr Wert sollte zwischen 0 und 20 liegen. (Die Chancen, dass Ihr Ergebnis 0 ist, sind sehr gering – niemand lebt ein völlig stressfreies Leben!) Tragen Sie Ihr Ärgernis-Ergebnis hier ein:

Mein Ärgernis-Ergebnis = _____

Jetzt verfahren Sie ebenso mit den Aufmunterungen. Sehen Sie sich die Liste mit den folgenden Ereignissen und Umständen an, die Ihnen typischerweise inneren Frieden, Freud, Glück und Zufriedenheit verschaffen, und kreisen Sie die ein, die Sie *in den letzten zwei Wochen* erlebt haben.

- ✔ Ich habe ein unerwartetes Kompliment erhalten.
- ✔ Ein netter Nachbar hat mich besucht.
- ✔ Ein alter Freund hat sich bei mir gemeldet, mit dem ich lange nicht gesprochen hatte.
- ✔ Ich habe etwas gefunden, das ich verloren glaubte.
- ✔ Ich habe etwas, das ich immer gerne haben wollte, im Ausverkauf gefunden.
- ✔ Ich hatte unerwartet Zeit zur freien Verfügung.
- ✔ Ein Freund hat mich zum Mittagessen eingeladen.
- ✔ Ich habe ein paar ruhige Augenblicke in einer Kirche verbracht.
- ✔ Ich habe eine schöne Zeit mit meinem Haustier verbracht.
- ✔ Ich habe einen Blumenstrauß von einem Bewunderer erhalten.
- ✔ Ich bin umarmt worden.
- ✔ Ich habe etwas Einzigartiges für meine Sammlung entdeckt.
- ✔ Ich habe meinen besten Freund in unserem Lieblingssport geschlagen.
- ✔ Ich habe ein Projekt vorzeitig fertiggestellt.
- ✔ Ich habe ein neues Hobby angefangen.
- ✔ Ich habe in meinem Garten gearbeitet.
- ✔ Ich habe einen tollen Film gesehen.
- ✔ Ich bin in eine Ausstellung im Museum gegangen.
- ✔ Ich habe mich mit Freunden und mit der Familie getroffen.
- ✔ Jemand hat mir einen »schönen Tag« gewünscht.

Wie viele Aufmunterungen haben Sie eingekreist? Ihr Ergebnis sollte zwischen 0 und 20 liegen. Tragen Sie Ihr Aufmunterungs-Ergebnis hier ein:

Mein Aufmunterungs-Ergebnis = _____

Ich muss nicht eigens erwähnen, dass jeder Mensch seine eigene Vorstellungen davon hat, was ein Ärgernis und was eine Aufmunterung ist. Dem einen sind unerwartete Besuche ein Gräuel, ein anderer findet sie toll. Die Liste, die Sie weiter oben sehen, wird so von vielen Psychologen verwendet, aber Sie können natürlich auch eine eigene Liste anlegen. Schreiben Sie alle Ärgernisse auf – kleinere Irritationen –, die Sie in den letzten zwei Wochen erlebt haben, und machen Sie dasselbe dann mit den Aufmunterungen – kleine erfreuliche Erlebnisse. Wie viele kommen jeweils zusammen?

Das Leben ist immer im Fluss. Es gibt Tage, Wochen und Monate mit weniger Ärgernissen als andere, und die aufmunternden Erlebnisse kommen und gehen. Deshalb ist es immer gut, wenn Sie Ihre Werte ab und zu nachprüfen, um sich ein Bild zu machen, wie es bei Ihnen aussieht.

Wenn es um das Glück geht, kommt es nicht darauf an, wie viele Ärgernisse Sie erleben oder wie viele Aufmunterungen. Entscheidend ist das Verhältnis beider Werte. Ich nenne dieses Verhältnis den Aufmunterungs-Ärgernis-Quotienten. Um diesen Quotienten zu berechnen, müssen Sie lediglich Ihr Aufmunterungs-Ergebnis durch Ihr Ärgernis-Ergebnis teilen. Haben Sie beispielsweise ein Aufmunterungs-Ergebnis von 4 und ein Ärgernis-Ergebnis von 10, dann beträgt Ihr Aufmunterungs-Ärgernis-Quotient 4 / 10 = 0,4. Liegt Ihr Aufmunterungs-Ergebnis bei 12 und Ihr Ärgernis-Ergebnis bei 6, ist Ihr Aufmunterungs-Ärgernis-Quotient 12 / 6 = 2. Je höher Ihr Aufmunterungs-Ärgernis-Quotient, desto besser. (Sie können diese Berechnungen unabhängig davon durchführen, ob Sie nun Ihre Werte mit meiner Liste oder mit Ihrer eigenen Liste ermittelt haben.) Allgemein kann man sagen, dass jeder Aufmunterungs-Ärgernis-Quotient unterhalb von 1 problematisch ist, weil dies nahelegt, dass Ihr Leben im Hinblick auf Aufmunterungen und Ärgernisse definitiv aus dem Gleichgewicht geraten ist.

Es ist nicht leicht, Ärgernissen aus dem Weg zu gehen. Am einfachsten können Sie Ihren Aufmunterungs-Ärgernis-Quotienten steigern, wenn Sie dafür sorgen, dass Sie mehr Aufmunterungen bekommen.

Wie sorgt man am besten für mehr Aufmunterungen? Ganz einfach: Widmen Sie sich den kleinen Dingen, die Ihnen Freude machen. Sie müssen nicht darauf warten, bis Sie aufgemuntert werden – Sie können selbst dafür sorgen! Heben Sie zum Beispiel Ihre Stimmung, indem Sie

- ✔ sich nachmittags ein leckeres Dessert gönnen.
- ✔ Ihre Mittagspause draußen verbringen und sich auf eine Parkbank in die Sonne setzen.
- ✔ 20 Minuten meditieren.
- ✔ sich Zeit nehmen, die Vögel zu füttern, die Ihren Garten besuchen.

- ✔ Kindern beim Spielen zusehen.
- ✔ sich tagträumend an schöne Erlebnisse erinnern, die Sie in der Vergangenheit hatten.
- ✔ sich eine zusätzliche Tasse Kaffee erlauben, bevor Sie sich wieder in die »Tretmühle« begeben.
- ✔ sich im Auto Ihre Lieblingsmusik anhören, während Sie von A nach B fahren.
- ✔ einen Zeitungsartikel lesen, der Sie interessiert.

All das sind Dinge, die Sie anstoßen können. Sie hängen nicht davon ab, ob andere bereit sind, etwas zu tun, was Ihnen Spaß macht. Sie haben all diese Dinge selbst in der Hand.

Was mir am besten gefiel, als ich ein Jahr in den Niederlanden verbrachte, war die Art und Weise, wie die Menschen dort ihren Geburtstag feiern. Wenn sie Geburtstag haben, stehen sie morgens auf und verkünden allen »Heute habe ich Geburtstag!«. Und das machen sie den ganzen Tag überall dort, wo sie hinkommen. Sie bringen auch ein paar kleine Naschereien mit ins Büro und lassen sie alle an ihrem Jubeltag teilhaben. Das ist anders als in Amerika, wo man darauf angewiesen ist, dass andere – Familie, Freunde, Kollegen – daran denken, was für ein besonderer Tag es ist, und dafür sorgen, dass es ein schöner Tag wird. Die Niederländer überlassen nichts dem Zufall – sie sorgen dafür, dass ihr Geburtstag für alle ein schönes Erlebnis wird.

Ebenfalls positiv auf Ihren Aufmunterungs-Ärgernis-Quotienten wirkt es sich aus, wenn Sie etwas tun, um andere Menschen aufzumuntern. Anstatt darauf zu warten, dass ein anderer Sie umarmt, gehen Sie auf jemanden zu und umarmen ihn. Anstatt darauf zu hoffen, dass Ihre nette Nachbarin bei Ihnen anklopft, seien Sie die nette Nachbarin und besuchen Sie sie. Sicher ist es schön, von einem Freund zum Essen eingeladen zu werden, aber Sie werden sich auch gut fühlen, wenn Sie ihn einladen. Jede Freundlichkeit, die Sie anderen entgegenbringen, erhöht Ihren Aufmunterungs-Ärgernis-Quotienten.

Aufmunterungen bei Depressionen

Eine Untersuchung der Texas Tech University hat gezeigt, dass es zwischen den Ärgernis-Ergebnissen von Studenten und ihren Ergebnissen in standardisierten Depressionstests einen positiven Zusammenhang gab – je mehr Ärgernisse ein Proband verzeichnete, desto depressiver war er. Interessanterweise ergab sich kein Hinweis auf eine Verbindung zwischen Aufmunterungen und Depressionen. Anders ausgedrückt: Viele kleine Aufmunterungen werden nicht dafür sorgen können, dass Sie nicht in eine Depression rutschen. Als die Wissenschaftler jedoch die Beziehung zwischen dem Aufmunterungs-Ärgernis-Quotienten und Depressionen untersuchten, stellten sie fest, dass die Aufmunterungen hier eine Pufferrolle spielten und dafür sorgten, dass sich die Symptome der Depression in Grenzen hielten. Soll heißen: Aufmunterungen machen nicht glücklich, aber sie schützen vor dem Unglücklichsein.

Der folgende Fall stützt diese Annahme: Axel war schon einige Zeit schwer depressiv und tat alles, was er konnte, um seine geistige Gesundheit zu verbessern. Er nahm die Antidepressiva, die ihm sein Psychiater verschrieben hatte, und ging jede Woche zur Therapie, aber seine Stimmung blieb unverändert im Keller. Er fühlte sich nutzlos, hoffnungslos und durch und durch unzulänglich, mit den Herausforderungen des Lebens fertig zu werden – ein Geschäft zu führen, ein Ehemann zu sein, zwei Kinder zu haben, sich um alte Eltern zu kümmern und so weiter. Axel als unglücklich zu bezeichnen, war wohl eine glatte Untertreibung!

Eines Tages, mitten in Axels Bericht über seine schreckliche letzte Woche, unterbrach ihn der Therapeut (was er selten tat) und fragte ihn, was er denn am nächsten Wochenende vorhatte. Ohne weiter nachzudenken, zählte Axel alle stressbeladenen familiären Verpflichtungen auf – Besorgungen, Reparaturen im Haus, die Kinder zum Sport begleiten – und blickte seinen Therapeuten dabei traurig und völlig energielos an. Dieser unterbrach ihn erneut und meinte, es interessiere ihn eigentlich weniger, was Axel für seine Familie tun wolle – er wolle wissen, was Axel für sich geplant hatte.

Axel schwieg. Er konnte nicht gleich eine Antwort geben, weil er nicht gewohnt war, an sich selbst und seine Bedürfnisse zu denken und sich zu fragen, was er tun könnte, um wieder Freude in sein Leben zu bringen. Er war darauf programmiert zu fragen, wie er Freude in das Leben anderer Menschen bringen könnte. Der Therapeut sagte: »Vielleicht sind Sie unter anderem deshalb depressiv, weil Ihr Leben aus dem Gleichgewicht geraten ist – nur Stress und keine Freude. Wissen Sie, Axel, das menschliche Gehirn braucht ab und zu ein wenig Freude, wie Ihr Körper Sauerstoff, Nahrung und Wasser braucht.«

Axel dachte darüber nach, was sein Therapeut gesagt hatte, und erkannte, dass seine Erklärungen sehr gut ins Bild passten, zumindest ebenso gut wie die Tabletten, die er jeden Tag nahm. Also begann er – auf eigene Faust – in seinem Alltag nach den Freuden zu suchen, die er seit Langem vergessen hatte. Er schaufelte sich Zeit frei, sich mit einem Freund zum Mittagessen zu treffen, engagierte sich ehrenamtlich in seiner Gemeinde und ging wieder zur Kirche (seit seiner Kindheit hatte er die Sonntagspredigten immer als tröstend und aufmunternd empfunden).

Axel begriff langsam, dass es bei einer Therapie weniger darum ging, die Psyche zu heilen, als vielmehr darum, den Menschen wieder auf den richtigen Weg zu helfen – den Weg, der zum Glück und zu innerer Ruhe führt. Je mehr aufmunternde Häppchen Axel seinem Gehirn zum Verzehr anbot, desto besser fühlte er sich, und je besser er sich fühlte, desto mehr wollte er gleichermaßen Freude in sein eigenes und das anderer Menschen bringen. Er war in einen positiven Kreislauf eingestiegen, der ihm entscheidend dabei helfen würde, sich aus seiner verheerenden Stimmungsstörung zu befreien.

Vergessen Sie nicht: Eine Depression ist eine ernste Erkrankung. Wenn bei Ihnen eine Depression festgestellt wurde, sprechen Sie mit Ihrem Arzt über die Behandlungsmöglichkeiten und setzen Sie ein verschriebenes Medikament *nie* ab, ohne *vorher* mit Ihrem Arzt darüber gesprochen zu haben.

Sie sind nicht sicher, ob Sie möglicherweise an einer Depression leiden? Ich habe für Sie einige häufige Anzeichen und Symptome zusammengestellt:

- ✔ Andauernde Trauer
- ✔ Unwillkürliche Weinkrämpfe (oder das Gefühl, weinen zu müssen, ohne es zu können)
- ✔ Appetitlosigkeit
- ✔ Gefühl der Einsamkeit in der Gesellschaft anderer Menschen
- ✔ Gedanken an Selbstverletzung
- ✔ Mitten in der Nacht aufwachen und nicht mehr einschlafen können
- ✔ Gesteigerte Reizbarkeit
- ✔ Konzentrationsschwierigkeiten und Gedächtnisprobleme
- ✔ Unerklärliche Müdigkeit
- ✔ Abnehmendes sexuelles Interesse

Wenn Sie vier oder mehr dieser Elemente bei sich feststellen, sollten Sie mit Ihrem Arzt oder einem Psychologen darüber sprechen. Depressionen lassen sich behandeln, und es gibt keinen Grund, noch länger zu warten, bis man sich Hilfe holt.

Struktur und Freiheit

14

In diesem Kapitel

- Im Leben weiterkommen
- Das Nichtstun genießen
- Die Bedeutung von Ritualen
- Pläne machen und Pläne verwerfen
- Das Gefühl für den Sinn im Leben beibehalten

Es steht nicht infrage, dass der Mensch Strukturen braucht – einen Ort, wo er hingehört, und Dinge, die er tut – und zwar sein Leben lang. Unbestritten ist aber auch, dass er ein gewisses Maß an Freiheit braucht. Zu viel oder zu wenig von beidem sorgt dafür, dass wir unglücklich sind.

Sehen wir uns die Geschichte von Helge an. Vor seinem Unfall im Alter von 46 Jahren war Helge ein glücklicher Mann. Er arbeitete gerne – so sehr, dass er immer zwei oder mehr Jobs gleichzeitig hatte. Als versierter Facharbeiter und Betriebsrat genoss er den Respekt seiner Kollegen. Er hatte vier gesunde Kinder großgezogen, die schon verheiratet waren und selbst Familien gegründet hatten. Er war für sein Alter außergewöhnlich gesund, immer noch mit seiner Jugendliebe verheiratet und schuldenfrei. Helge konnte für vieles dankbar sein, und das wusste er auch. Aber dann hatte er diesen Unfall und erlitt eine schwere Rückenverletzung, die mit einem Mal alles über den Haufen warf.

Die Ärzte konnten ihm kein schmerzfreies Leben ermöglichen. Alles, was Helge je etwas bedeutet hatte – seinem Leben einen Sinn und ihm eine Identität gegeben hatte –, war nun unerreichbar für ihn. Er war verbittert und depressiv. Als er am tiefsten Punkt angelangt war, dachte Helge ernsthaft darüber nach, sich das Leben zu nehmen. Am Ende entschied er sich dagegen. Stattdessen entschloss er sich in diesem kritischen Augenblick seines Lebens, wieder Möglichkeiten zu finden, sein Leben zu genießen, produktiv zu sein und wieder mit seiner Umwelt in Kontakt zu treten. 20 Jahre später ist Helge das, was ich einen »glücklichen Schmerzpatienten« nenne.

Nach und nach strickte er sein Leben um. Er baute ein neues Haus, reiste, suchte sich neue Hobbys und traf sich einmal in der Woche mit seinen Freunden zum Pokern. So hatte er weniger Zeit herumzusitzen und sich mit seinen Schmerzen zu beschäftigen, und mehr Gelegenheiten, etwas Gutes für sein Umfeld zu tun. Das ist es, worum es in diesem Kapitel gehen wird.

Ein sinnvolles Leben führen

Der Untertitel zu Rick Warrens erfolgreichem Buch *Leben mit Vision: Wozu in aller Welt lebe ich?* (Gerth Medien) formuliert eine Frage, die der Schlüssel zum Glück ist. Worin besteht der Sinn Ihrer Existenz? Was ist Ihre Vision? Wozu fühlen Sie sich berufen? Inwiefern wird die Welt zu einem besseren Ort, weil Sie hier sind? Was wird der Welt fehlen, wenn Sie nicht mehr da sind?

Ein sinnvolles Leben ist nicht unbedingt ein statisches Leben, das sich nicht verändert. Ihr Lebenssinn – der Grund Ihres Hierseins – bleibt derselbe, aber das, was Sie mit Ihrer Zeit anfangen, kann sich grundlegend ändern.

Am Anfang meiner Karriere beispielsweise war ich ein engagierter Akademiker, intensiv mit der Ausbildung von Studenten beschäftigt und an Forschungsprojekten beteiligt, die mehr Licht in die Zusammenhänge von Psychologie und Medizin bringen sollten. Ich hielt oft Vorträge auf nationalen Konferenzen und war ein fleißiger Autor. Dann machte ich eines Tages mit all dem Schluss und betrat die Welt der Privatpraxen, um mich darin zu versuchen, den leidenden Seelen in meiner Gemeinde ihre Bürde zu erleichtern. Keine weißen Kittel mehr, keine Studenten, die sich wie junge Enten um mich scharten, kein Applaus mehr bei wissenschaftlichen Tagungen – nur ich, meine Klienten und die Zuflucht meines kleinen Büros. Und heute verbringe ich die meiste Zeit damit, Selbsthilfebücher zu schreiben und im Land herumzufliegen, um Seminare für alle möglichen Berufsstände zu veranstalten, die mehr über Stress, Ärger und Glück erfahren wollen. Die Tätigkeiten und Strukturen in meinem Berufsleben haben sich mit den Jahren geändert, aber mein Lebenssinn nicht: Ich bin ein Erzieher – immer und überall.

Was ist Ihr Lebenssinn? Haben Sie schon einen gefunden oder suchen Sie noch? Anstatt nach etwas zu suchen – einer Aufgabe, einer Aktivität oder einer Karriere –, was Sie Ihrer Meinung nach glücklich macht, drehen Sie die Sache doch einmal herum. Denken Sie an die Zeiten, in denen Sie am glücklichsten waren und fragen Sie sich: »Was habe ich in dieser Zeit gemacht?«

Das Leben nach einem tiefen Einschnitt neu organisieren

Der Pfad, den man Leben nennt, hat viele Wendungen und Kurven. Im einen Moment denkt man, dass man weiß, wozu man auf der Welt ist, und im nächsten Moment ändert sich schlagartig alles. Man hat sich gerade an eine Art Struktur gewöhnt – berufliche Karriere, Eltern sein – und verliert plötzlich seine Stelle. Und was dann? Grundsätzlich hat man zwei Möglichkeiten: Man kann sich hinsetzen und den Rest seines Lebens dem Vergangenen nachtrauern, oder man kann sein Leben neu organisieren und einen anderen Lebenssinn für sich finden. Jeder hat die Wahl.

Schule fertig – und jetzt?

Als ich Kind war, hatte man es leichter, sich zu entscheiden, was man nach dem Schulabschluss machen wollte – die Möglichkeiten waren begrenzt. Die Eltern dieser Zeit ermöglichten ihren Kindern nicht, noch ein oder zwei Jahre zu Hause herumzuhängen, damit sie versuchen konnten, sich selbst zu finden. Heute ist alles anders. Die Psychologen schlagen deshalb sogar vor, von einer weiteren Entwicklungsphase zu sprechen, dem sogenannten *jungen Erwachsenenalter*, das irgendwo zwischen der Pubertät und dem Erwachsenenalter angesiedelt ist. In dieser Phase wird man im Prinzip erwachsener, kommt aber nicht vom Fleck.

Vielleicht sind Sie ja einer von diesen vielen jungen Menschen, die sich nach dem Ende ihres Studiums plötzlich bei den Eltern wiederfinden. Wenn ja, dann habe ich hier ein paar Vorschläge, wie Sie Ihr Leben neu strukturieren können:

- ✔ **Machen Sie sich bewusst, was Sie jetzt, nachdem Sie wieder zu Hause sind, von sich selbst erwarten.** Möchten Sie, dass alles wieder so ist wie früher? Oder betrachten Sie sich als jemanden, der in der Lage ist, ein unabhängigeres Leben zu führen als nach dem Schulabschluss? *Vergessen Sie nicht:* Je mehr Sie von sich selbst erwarten, desto weniger haben Ihre Eltern von Ihnen zu erwarten.

- ✔ **Sprechen Sie mit Ihren Eltern darüber, wo Sie (und Ihre Eltern) Hindernisse für Ihre Weiterentwicklung sehen.** Ist es die Frage des Lebensunterhalts? Gibt es in Ihrer Gegend ausreichende Chancen auf einen Arbeitsplatz? Haben Sie das Gefühl, Ihre Eltern erwarten von Ihnen, dass Sie wieder die Rolle des »Kindes« übernehmen, wenn Sie wieder zu Hause leben?

- ✔ **Stellen Sie sich vor, dass Sie allein leben, und entwickeln Sie einen typischen Tagesablauf, den Sie in diesem Fall durchlaufen würden.** Betrachten Sie Ihre Zeit im Elternhaus als Übung – eine Art Generalprobe – für die vor Ihnen liegende Lebensphase. Wenn Sie sich selbst etwas kochen, Ihre Wäsche selbst waschen und auch bügeln würden, wenn Sie allein lebten, dann machen Sie das auch, wenn Sie bei Ihren Eltern leben.

- ✔ **Übernehmen Sie so viel Verantwortung wie möglich.** Wenn Sie Arbeit haben, leisten Sie Ihren Beitrag zu den Haushaltskosten – kaufen Sie ab und zu ein, bieten Sie einen Beitrag zur Miete an und übernehmen Sie Ihren Anteil am Verbrauch. Überlegen Sie darüber hinaus, was Sie sonst noch zum Familienleben beitragen können, etwa den Rasen mähen, das Auto waschen oder mit dem Hund Gassi gehen.

- ✔ **Setzen Sie sich eine zeitliche Frist, wie lange Sie zu Hause bleiben wollen.** Es ist dabei besser, wenn Sie sagen: »Es würde mir helfen, wenn ich die nächsten sechs Monate bei euch wohnen könnte« als: »Ich würde gerne eine Weile bei euch wohnen«. Je weniger konkret Sie sich festlegen, desto größer ist die Wahrscheinlichkeit, dass Sie länger bei Ihren Eltern bleiben, als es Ihnen (oder Ihren Eltern) lieb ist.

- ✔ **Setzen Sie sich konkrete Ziele, die Sie weiterbringen werden.** Entscheiden Sie zum Beispiel, wo Sie leben möchten, wenn Sie Ihr Elternhaus endgültig verlassen. Wollen Sie im selben Ort wohnen, aber dann für sich allein? Oder sehen Sie woanders ein Lebensumfeld für sich? Fangen Sie an, sich über die Wohnmöglichkeiten zu informieren, damit Sie eine konkrete Vorstellung davon entwickeln können, welche Optionen es gibt und mit welchen Kosten Sie rechnen müssen. Informieren Sie sich im Internet über das Arbeitsangebot an dem Ort, wo Sie eventuell leben möchten. Entwerfen Sie einen Lebenslauf und nehmen Sie Kontakt zu Schulfreunden oder Kommilitonen auf, die möglicherweise in dieser Gegend wohnen.
- ✔ **Lassen Sie Ihre Eltern wissen, dass es wichtig für Sie ist, die nächste Phase in Ihrem Leben einzuläuten, damit sie sich auch neu orientieren können.** Auf diese Weise können beide Seiten glücklich werden!

Das leere Nest füllen

Eine andere große Veränderung im Leben tritt ein, wenn die Kinder erwachsen werden und das Elternhaus endgültig verlassen. Eltern, die bis zu diesem Punkt den größten Teil ihrer Zeit und Energie ihren Kindern gewidmet haben, stehen plötzlich nicht nur im wahrsten Sinne des Wortes vor leeren Räumen. Manche werden damit gut fertig, andere nicht.

Katja fühlt sich verloren ohne ihre 35-jährige Tochter, die in einem anderen Bundesland lebt. Wenn ihre Tochter nicht bis 17 Uhr angerufen hat, wird sie nervös und ruft ihren Lebensgefährten an, um zu erfahren, wo sie ist. Anstatt sich zu beschweren, hat die Tochter sich entschieden, sich bei der Mutter zu melden – als sie vor drei Jahren von zu Hause wegging, hatte sie sich das allerdings ganz anders vorgestellt.

Katja leidet am *Leeres-Nest-Syndrom*. Mehr als 20 Jahre lang war ihre Tochter ihr ganzer Lebensinhalt – und jetzt ist das alles für immer vorbei, und Katja kann diese Leere nicht mit anderen Inhalten füllen.

Auch Marion hat eine Tochter Mitte dreißig, die weit weg von ihr wohnt. Sie sieht sie nicht so oft, wie sie das gerne hätte, aber Marion ist glücklich darüber, dass ihre Tochter unabhängig ist. Wenn Marion nichts von ihrer Tochter hört, geht sie davon aus, dass sie gerade sehr viel um die Ohren hat. Und was tut sie zwischen den Telefongesprächen mit ihrer Tochter? Marion geht ihren eigenen Interessen nach – sie unternimmt etwas mit Freunden, sie reist … Es ist sogar so, dass Marions Tochter sie manchmal nicht erreicht und Marion ihr sagen muss: »Schatz, dein Vater und ich haben jetzt unser eigenes Leben – da musst du dich dran gewöhnen!«

Wenn es Ihnen so geht wie Katja, die ihr Leben neu ordnen muss, habe ich hier einige Tipps für Sie, wie Sie weiterkommen können:

- ✔ **Machen Sie sich bewusst, dass das eigentliche Ziel des Elternseins darin bestehen muss, dafür zu sorgen, dass die Kinder zu unabhängigen Erwachsenen heranreifen, und dann zu erkennen, dass man dieses Ziel erreicht hat.**

- ✔ **Nehmen Sie Kontakt zu gleichaltrigen Freunden auf, für die Sie während der geschäftigen Zeit der Kindererziehung kaum Zeit hatten.** Versuchen Sie, wieder etwas gemeinsam zu unternehmen – Kino- oder Theaterbesuche, Spieleabende –, Tätigkeiten, die Spaß machen, aber nichts mit Ihren Kindern zu tun haben.
- ✔ **Wenn Sie während der Zeit der Kindererziehung nicht gearbeitet haben, suchen Sie sich eine Arbeit – es muss ja keine Vollzeitstelle sein.** Fürchten Sie sich nicht davor, etwas Neues anzufangen – wenn Sie als Krankenschwester gearbeitet haben, aber seit Jahren aus diesem Beruf raus sind, haben Sie vielleicht Spaß daran, im Einzelhandel zu arbeiten.
- ✔ **Wenn Sie verheiratet sind, lernen Sie Ihren Ehepartner neu kennen. Sie können ja wieder anfangen, sich zu verabreden.** Nutzen Sie ein paar lange Wochenenden oder die Urlaubszeit, um an Orte zu reisen, an denen Sie seit Jahren nicht mehr waren, oder machen Sie eine Reise, die Sie bisher wegen der Kinder nie machen konnten.
- ✔ **Entwickeln Sie neue Interessen, die Sie mit Ihren Kindern teilen können, wenn Sie sie sehen.** Überraschen Sie Ihre Kinder. Vermitteln Sie ihnen, dass sie nicht die einzigen sind, die erwachsener werden und sich im Leben weiterentwickeln.
- ✔ **Suchen Sie sich jemand anders, für den Sie (inoffiziell) die Elternrolle übernehmen können.** Meine Frau und ich verbringen viel Zeit mit einigen jungen Paaren, die etwa so alt sind wie unsere Kinder. Sie scheinen den Kontakt zu älteren Menschen zu mögen und suchen unseren Rat und Ermutigungen, wenn es mal nicht so glatt läuft. Und wir genießen es, von so viel jugendlicher Energie umgeben zu sein.

Für einen glücklichen Ruhestand sorgen

Ein 62 Jahre alter Mann kam eines Tages in meine Praxis, und es kam zu folgendem Gespräch:

Gentry: Warum sind Sie zu mir gekommen? Wie kann ich Ihnen helfen?

Klient: Meine Frau und mein Arzt meinten, ich sollte mit jemandem sprechen. Ich habe Probleme, morgens aus dem Bett zu kommen und den Tag zu beginnen, und ich habe ab und zu Schmerzen in der Brust.

Gentry: Gut. Erzählen Sie mir etwas über sich.

Klient: Nun ja, ich bin Rentner. Letztes Jahr hat man mir eine Abfindung angeboten, die ich nicht ausschlagen konnte. Das ist es eigentlich schon. Meine Frau und ich kommen gut zurecht, unser Haus ist bezahlt und ich bin eigentlich ziemlich fit.

Gentry: Aha. Hatten Sie geplant, in den Vorruhestand zu gehen?

Klient: Nein, ich wollte bis zum 65. Lebensjahr arbeiten. Dieses Angebot kam recht unerwartet.

Gentry: Was fangen Sie denn jetzt an mit sich und ihrer Zeit?

Klient: Ich sagte doch schon, ich bin Rentner!

Gentry: Das habe ich gehört, aber ich möchte wissen, was Sie so machen. Wissen Sie, Aktivitäten und so.

Klient: Ich spiele dreimal in der Woche Golf.

Gentry: Noch irgendetwas?

Klient: Ich spiele mit ein paar Kumpel zweimal in der Woche Tennis.

Gentry: Noch irgendetwas?

Klient: Eigentlich nicht. Ich lese jeden Morgen die Zeitung, aber sonst spiele ich nur Tennis und Golf. Und ab und zu gehen wir mit ein paar Freunden aus essen.

Der Mann kam vier- oder fünfmal zu mir und ich erklärte ihm, dass er Anzeichen einer beginnenden Depression zeige und sich aktiver im Leben engagieren solle. Aber immer wenn ich einen Vorschlag machte, kam die Antwort: »Aber ich bin Rentner!«

Nach diesen ersten Terminen verschwand der Mann aus meinem Blickfeld, stand aber sieben Monate später wieder auf der Matte. Und auch diesmal hatten seine Frau und sein Arzt ihm nahegelegt, sich helfen zu lassen. Er hatte in der Zwischenzeit mit Panikattacken zu kämpfen gehabt und weiterhin unerklärliche Schmerzen in der Brust. Als ich ihn fragte, was er mit seinem Leben anfing, meinte er wieder einfach nur: »Ich bin Rentner – ein bisschen Golf und Tennis und das ist es auch schon.« Ich wiederholte, dass ich ihm schon beim letzten Mal gesagt hatte, er müsse sein Leben umgestalten, aber er wollte davon nichts wissen und kam abermals nach einigen Terminen nicht wieder.

Ein paar Monate später suchte er meine Praxis wieder auf. Nachdem er sich gesetzt hatte, sagte ich: »Hören Sie, wenn wir wieder dasselbe Gespräch führen, wie das letzte Mal, können Sie eigentlich gleich wieder aufstehen und nach Hause gehen.« Zu meiner Überraschung wollte er aber bleiben und darüber sprechen, was er tun müsse, um glücklicher zu werden. Das taten wir dann auch. Heute verbringt er viel Zeit mit seinen Enkeln, unternimmt Reisen mit seiner Frau und arbeitet in einer Bürgerinitiative mit, die regelmäßig ins Rathaus geht und die Stadtväter nervt – Golf und Tennis spielt er nach wie vor. Er freut sich jeden Morgen darauf aufzustehen und hat keine Schmerzen mehr in der Brust.

Ein gesunder Ruhestand sollte eine Zeit strukturierter Freiheit für Sie sein – eine Zeit, in der Sie das Leben nach Ihren Vorstellungen gestalten können, aber auch wissen, wo Sie jeden Tag hingehen und was Sie tun.

Wenn Sie darüber nachdenken, in den Ruhestand zu treten, haben Sie sich dann schon einmal überlegt, wie Sie Ihre Freizeit verbringen? Haben Sie Hobbys oder besondere Interessen außerhalb Ihres Berufs? Haben Sie genügend Projekte laufen, die Sie auf Trab halten? Handelt es sich bei den Dingen, die Sie mit Ihrem Ehepartner gemeinsam machen, um gemeinsame Interessen? Wie sieht es mit Freunden aus? Freizeit zu haben ist eine Sache, Einsamkeit eine ganz andere (siehe Kapitel 22). Das sind die Fragen, die Sie sich stellen sollten, bevor Sie in den Ruhestand gehen.

Wenn Sie bereits im Ruhestand sind und immer noch nach etwas Passendem für diesen Lebensabschnitt suchen, ist mein Rat derselbe: Sie müssen sich für eine Richtung entscheiden, etwas (Sinnvolles) zu tun finden und jemanden, mit dem Sie das tun können. Ich kenne einen pensionierte Ingenieur, der am Wochenende auf einem Golfplatz arbeitet und körbeweise Golfbälle an der Übungsanlage für die Schlagtechnik verkauft und darauf achtet, dass sich alle an die zugewiesenen Zeiten halten. Und da ist noch der Anwalt, der ehrenamtlich in einem Krankenhaus arbeitet und gehunfähige Patienten von einem Ort zum anderen schiebt. Ich persönlich habe das Schreiben und Bücher für mich entdeckt und ich denke ernsthaft daran, mir eine Teilzeitarbeit in einem kleinen Buchladen im Ort zu suchen, wenn ich in Rente gehe – ich kann mir keinen besseren Zeitvertreib denken.

Die Bedeutung von Ritualen

Ein großer Teil des Alltagslebens besteht in Ritualen – bewährte, vorhersehbare, schematisierte Verhaltensweisen, die den Tag strukturieren. Es gibt morgendliche Rituale (Zähneputzen, Duschen, Zeitung lesen), mittägliche Rituale (alles vom sogenannten Arbeitsessen bis zum einfachen Fleischwurstbrot im Büro) und abendliche Rituale (ein oder zwei Cocktails, Abendessen um 18 Uhr, ein vertrauliches Gespräch mit dem Ehepartner und – wenn man Glück hat – Sex).

Rituale sind Strukturen, die als eine Art Schmiermittel des Lebens funktionieren. Man denkt nicht groß darüber nach – man macht es einfach. Noch wichtiger ist vielleicht, dass sie darauf verweisen, wo man ist und was man tun sollte. Rituale sind wie eine unsichtbare Uhr – wenn Sie duschen, dann muss es wohl Morgen sein! Ohne Rituale wäre jeder Tag ein ganz neuer Tag voller Unwägbarkeiten, Unsicherheit und zahlreicher Gelegenheiten, unglücklich zu sein.

Hier ein paar Beispiele für das, was ich meine – Rituale, die Sie in Ihr Leben integrieren können (sofern das nicht schon geschehen ist):

- ✔ Gleich morgens Sport treiben
- ✔ Sich morgens mit Freunden zum Kaffee treffen
- ✔ Sich ein paar Minuten ruhig hinsetzen und nachdenken, meditieren oder beten
- ✔ Einmal im Monat zur Massage gehen
- ✔ Jeden Samstagmorgen die Lieblingsbuchhandlung durchstöbern
- ✔ Sich einmal am Tag per E-Mail bei der lieben Familie melden
- ✔ Eine schöne Tasse Tee genießen, während man die Zeitung liest
- ✔ Ein Mittagsschläfchen halten
- ✔ Eine Mußestunde mit seinem Haustier verbringen
- ✔ Weit weg lebenden Freunden einmal in der Woche einen Brief schreiben
- ✔ Eine Lieblingssendung im Fernsehen anschauen

- Vor dem Schlafengehen ein paar Minuten lesen
- Jeden Tag fünf Minuten lang über Dinge nachdenken, für die man dankbar sein muss

Lassen Sie sich nicht von Ihren Ritualen versklaven, sonst werden sie lästig. Wenn sich Ihnen in der Zeit, in der Sie sonst einen Mittagsschlaf halten, eine interessantere Möglichkeit bietet, dann greifen Sie zu! Schlafen können Sie morgen immer noch.

Keine Ausnahmen, bitte!

Ein guter Freund von mir nimmt seit Jahren Freunde mit zu den Fußballspielen seiner Universitätsmannschaft mit. Das ganze Unternehmen ist ein Ritual. Wir fahren zur selben Zeit los, halten auf dem Hinweg an derselben Tankstelle, parken auf demselben Parkplatz, essen im selben Restaurant und halten auf dem Rückweg ebenfalls an derselben Tankstelle. Einmal ließ er sich überreden, in einem anderen Restaurant zu essen, und danach verlor seine Mannschaft das Spiel. Das war das letzte Mal, dass er eine Ausnahme von der Regel zuließ.

Planen oder nicht

Heutzutage scheinen die Menschen ein großes Bedürfnis zu haben, alles zu planen. Immer weniger Menschen kommen ohne ein Blackberry oder einen PDA durch den Tag. Eltern planen das Studium ihrer Kinder bereits, wenn diese noch im Kindergarten sind. Es gibt Ruhestandsplaner, Reiseplaner, Hochzeitsplaner und selbst Menschen, die Ihnen – gegen Bezahlung – dabei helfen, den perfekten Geburtstag für ein fünfjähriges Kind zu planen.

Aber wie bei vielen Dingen im Leben kann man auch hier des Guten zu viel tun. Ein Plan ist übertrieben und unausgewogen, wenn schon im Vorfeld jede Sekunde berücksichtigt wird und kein Platz bleibt für Überraschungen, Spontaneität und glückliche Zufälle:

- **Überraschungen:** Im Alltag verläuft selten alles nach Plan. Man erlebt immer wieder die eine oder andere Überraschung. Im Grunde sind es die Überraschungen, die einen Tag vom nächsten unterscheiden. Wenn Ihr Zeitplan allzu eng ist, betrachten Sie jede Überraschung – auch eine positive – als Störung und werden dabei Stress empfinden.
- **Spontaneität:** Manchmal ist es besser, aus dem Moment heraus zu handeln, ohne lange darüber nachzudenken. Wenn Sie ein Freund anruft und sich gerne mit Ihnen im Café treffen will, denken Sie nicht lange darüber nach, ob Sie hingehen sollten oder nicht, sagen Sie einfach JA!
- **Glückliche Zufälle:** Ein glücklicher Zufall ist, wenn Sie einem alten Freund auf der Straße begegnen, wenn ein Termin ausfällt und Sie eine Stunde freie Zeit haben oder wenn Sie in letzter Minute zwei Freikarten für ein Konzert bekommen. Ihren Plan haben Sie immer. Die Frage ist nur, ob sich diese Chance noch einmal bieten wird?

Lassen Sie sich Spielraum für unerwartete, ungeplante oder unvorhergesehene Ereignisse, Umstände und Herausforderungen, die Ihnen jeden Tag über den Weg laufen können. Wenn Sie die Chancen nutzen, die Ihnen in den Schoß fallen, anstatt sich peinlich genau an Ihren Plan zu halten, ist jeder Tag voller Überraschungen, Spontaneität und glücklicher Zufälle – auch das macht Sie glücklicher!

Genießen Sie einfach, da zu sein

Meine Frau und ich haben zwei wunderbare Kinder, die beide weit weg leben. Die ersten Male, als wir sie besuchten, stellten sie ein regelrechtes Unterhaltungsprogramm für uns zusammen: Restaurantbesuche, Museen, Sehenswürdigkeiten und so weiter.

Mittlerweile haben Sie eingesehen, dass meine Frau und ich nicht ständig beschäftigt werden müssen. Meist genießen wir es einfach, bei ihnen zu sein, weil wir sie ja den Rest des Jahres nicht sehen. Wir sind voll und ganz zufrieden damit, einfach nur unter einem Dach mit ihnen zu sein und dabei nichts Besonderes zu machen, sondern einfach nur das Gefühl des Zusammenseins zu genießen. Das macht uns glücklich.

Häufiger mal überhaupt nichts machen

Manche Menschen können einfach nicht verstehen, dass echtes Nichtstun sich positiv auf die Psyche auswirkt. Mit Nichtstun meine ich, nichts Produktives in einem materiellen oder greifbaren Sinn, wie etwas bauen oder Geld verdienen. Eines produziert man jedoch, wenn man nichts tut: einen entspannten Zustand. Klingt komisch, aber es funktioniert!

Hier ein paar Tipps, wie Sie öfter mal nichts tun können:

- ✔ Leihen Sie sich ein Dutzend Ihrer Lieblingsfilme aus und verbringen Sie das ganze Wochenende vor dem Bildschirm. Ihre Kinder werden Sie lieben!
- ✔ Stehen Sie samstagmorgens auf und fahren Sie einfach ins Blaue, ohne etwas Bestimmtes vor zu haben. Wenn Ihnen auf dem Weg etwas ins Auge fällt, halten Sie an.
- ✔ Verschwenden Sie etwas von Ihrer Zeit auf dem Flohmarkt. Schauen Sie sich einfach um, ohne etwas zu kaufen.
- ✔ Wenn es unerwartet schneit und Sie können nicht aus dem Haus, ziehen Sie sich gar nicht erst an, arbeiten Sie nicht und lassen Sie den Haushalt Haushalt sein. Betrachten Sie den Tag als Geschenk!
- ✔ Verbringen Sie einen ganzen Tag damit, ein Lieblingsbuch zu lesen – lassen Sie sich ganz auf die Welt des Autors ein.
- ✔ Planen Sie Ihr Wochenende so, dass Sie montags am Arbeitsplatz jedem, der Sie fragt, was Sie am Wochenende gemacht haben, sagen können: »Absolut nichts!«

- Befolgen Sie den Rat, den ich Ihnen in Kapitel 15 gebe, und werden Sie Ihre Uhr los. Es ist viel leichter, nichts zu tun, wenn man nicht weiß, wie spät es ist.

Das Leben sollte wie ein chinesisches Menü sein

In manchen China-Restaurants kann man noch nach alter Art bestellen und Gerichte aus der Spalte A mit denen aus Spalte B mischen. In Spalte A sind die extravaganteren und teureren Speisen zusammengestellt, und Spalte B enthält die preiswerteren, aber dennoch schmackhaften Gaumenfreuden. Letzten Endes macht die Kombination aus A und B ein Essen einzigartig und bemerkenswert.

Im Leben ist das genauso. Einige Ihrer täglichen Erfahrungen sind zweifelsohne bedeutungsvoller (die Mitteilung, dass Sie befördert wurden, oder der rechtzeitige Abschluss eines Projekts), während andere weniger Aufsehen erregen (ein Fremder lässt Sie an der Kasse im Supermarkt vor). Aber alles in allem tragen beide Kategorien dazu bei, dass Ihr Tag positiv wird – beide führen Sie zum Glück.

Spalte-A-Beschäftigungen

Was haben Sie heute vor? Was müssen Sie heute erledigen? Sie müssen dies, Sie müssen das. Sie müssen hierhin, Sie müssen dorthin. Sie müssen sich mit dem treffen, Sie müssen sich mit der treffen. Das sind die Dinge, die Sie für Ihr gesellschaftliches und wirtschaftliches Überleben für notwendig erachten. Mit einiger Wahrscheinlichkeit gehören einige der folgenden Dinge dazu:

- Im Supermarkt einkaufen
- Kleidung aus der Reinigung holen
- Die Wohnung aufräumen
- Rechnungen bezahlen
- Das Auto zur Inspektion bringen
- Geld auf die Bank bringen
- Zum Friseur gehen
- Den Hund füttern
- Arbeiten gehen
- Reparaturarbeiten am Haus beaufsichtigen
- Jemanden im Krankenhaus besuchen
- Zur Grippeimpfung gehen
- Die Kinder von der Schule abholen
- Den Rasen mähen

Je mehr Punkte Sie auf dieser Liste abhaken können, desto besser fühlen Sie sich am Ende eines Tages. Sie haben die grundlegenden Erfordernisse des Alltags erfüllt. Sie *über*leben, aber *leben* Sie auch? Nicht, wenn Ihr Tag nicht auch ein paar Beschäftigungen aus der Spalte B enthält.

Sehen Sie sich die Liste der Beschäftigungen aus Spalte A an und kreuzen Sie die an, die heute auf Ihrer Liste stehen – und fügen Sie alles dazu, was Sie noch tun müssen, was aber hier nicht auftaucht. Jetzt haben Sie eine Übersicht darüber, wie strukturiert Ihr Tag ist und wie diese Struktur aussieht. Finden Sie gut, was Sie sehen?

Spalte-B-Beschäftigungen

Die Beschäftigungen der Spalte B sind eine Art Tagesordnung im Hinterkopf. Hier sind die Dinge angesiedelt, die Sie gerne tun möchten: Sie möchten dies tun, Sie möchten dorthin gehen; Sie möchten sich mit der treffen. All das ist der Zuckerguss auf dem Kuchen. Sicher, man kann auf den Zuckerguss verzichten, aber er macht das Leben um einiges süßer!

Werfen Sie einmal einen Blick auf die folgenden Beispiele:

- ✔ In Ruhe die Zeitung lesen, bevor man in den Tag startet
- ✔ Das Vogelfutter auffüllen, damit man seine gefiederten Freunde beobachten kann
- ✔ In aller Ruhe um den Block gehen
- ✔ Sich mit einem Freund zum Mittagessen treffen
- ✔ In einem ruhigen Moment ein stilles Gebet sprechen
- ✔ Mit seinem Kind nach der Schule eine schöne Stunde verbringen
- ✔ Cartoons lesen
- ✔ Eine neue Boutique unter die Lupe nehmen
- ✔ Mit dem Nachbarn am Briefkasten ein Schwätzchen halten
- ✔ Ein Nickerchen machen

Das sind die kleinen Dinge, die Ihren Alltag ein wenig aufpeppen können. Streuen Sie reichlich davon zwischen die Beschäftigungen aus Spalte A ein – treffen Sie sich beispielsweise mit einem Freund zum Mittagessen, nachdem Sie in der Reinigung waren und bevor Sie das Auto in die Werkstatt bringen.

Wie viele Beschäftigungen aus Spalte B hatten Sie heute? Wahrscheinlich weniger als solche aus der Spalte A – und das ist wahrscheinlich einer der Gründe, warum Sie dieses Buch gekauft haben. Wenn Ihr Leben sehr viel Spalte-A-Beschäftigungen und kaum Spalte-B-Beschäftigungen enthält, müssen Sie Ihren Tag mehr wie ein chinesisches Menü gestalten – wählen Sie aus beiden Spalten.

Ihr anderes Ich

Ich glaube, dass jeder Mensch zwei Ich hat:

- **Das primäre Ich,** das den Alltag beherrscht und für alle anderen sichtbar ist
- **Das andere Ich,** das sich nicht immer frei ausdrücken kann

Betrachten wir zum Beispiel Werner. Wenn er nüchtern ist, ist er ein gewissenhafter, hart arbeitender Mann, ein stolzer Vater von drei Kindern. Die meisten seiner Freunde kennen ihn als ernsthaften Menschen, der zu fast jedem Thema etwas Intelligentes zu sagen weiß. Er ist bedächtig – er denkt, bevor er handelt – und neigt nicht zu impulsivem Verhalten. Er lächelt viel, aber er lacht selten.

Wenn Werner ein paar Gläser getrunken hat, wird er ein anderer Mensch. Er benimmt sich seiner Umwelt gegenüber entspannter, ist extrovertierter, ist ein unterhaltsamerer Gesprächspartner, ist herzlicher, manchmal laut und impulsiv und verspielter. Das Problem ist nur, dass Werner immer Alkohol braucht, um sein anderes Ich zeigen zu können, und das ist ihm oft am nächsten Tag peinlich.

Werner steht vor folgender Herausforderung: Wie kommt er ohne Alkohol an sein anderes Ich heran? Anstatt zu trinken, könnte sich Werner einer Theatergruppe anschließen. Dort könnte er eine Rolle übernehmen, bei der er sein anderes Ich auf der Bühne spielen kann – viele berühmte Filmstars sind im wirklichen Leben introvertierte Typen. Er könnte es auch wie mein älterer Bruder machen, der sich zur Freude der Kinder zu Karneval als Clown verkleidete und auf einem Minifahrrad durch die Straßen fuhr.

Nehmen Sie sich ein Blatt Papier und legen Sie zwei Listen an, eine für Ihr primäres und eine für Ihr anderes Ich. Beschreiben Sie die beiden mit Adjektiven – zum Beispiel fleißig, fröhlich, zynisch, unbekümmert, abenteuerlustig, konservativ und so weiter. Wie sehr unterscheiden sich die Listen? Wie oft bekommt Ihr anderes Ich eine Chance? Brauchen Sie Alkohol, um die andere Seite zeigen zu können, die den meisten Menschen unbekannt ist? Sind Sie der Einzige, der Ihr anderes Ich kennt – sind Sie nur albern, wenn sonst niemand da ist?

Arbeit und Spiel

15

In diesem Kapitel

- Das Leben ins Gleichgewicht bringen
- Qualität vor Quantität
- Ausgeglichener werden
- Mehr spielen
- Sich nicht verausgaben

So viele Menschen leben heute ein unausgewogenes Leben – aber nicht etwa, weil sie zu wenig Arbeit hätten. Es lässt sich nicht leugnen: Unsere Welt ist von Hektik geprägt, und Sie sind ein Teil davon! Verstehen Sie mich nicht falsch: Ich habe nichts gegen Arbeit – Arbeit ist eine gute Sache. Nur wissen manche Menschen nicht, wann man die Arbeit Arbeit sein lassen sollte.

Nehmen Sie beispielsweise Karolin, eine junge Frau Mitte dreißig, die es in einem größeren Unternehmen bereits in die Geschäftsführungsebene geschafft hat. Sie ist klug, talentiert und sehr charmant im Umgang mit anderen Menschen, aber der Schlüssel zu ihrem frühen Erfolg sind die zahllosen Überstunden, die sie sich abverlangt – im Durchschnitt hat ihre Arbeitswoche 75 Stunden. Für ihren Arbeitgeber ist das ein gutes Geschäft, für Karolin sicher nicht.

Als Karolin ihre Stelle antrat, hatte sie nur wenig Ambitionen und hatte es nicht eilig, nach oben zu kommen. Sie sah hauptsächlich die Möglichkeit, neue Fähigkeiten zu erwerben, die ihr eine spätere Karriere erleichtern würden. Damals war ihr Leben ausgewogener. Sie arbeitete etwa 45 Stunden pro Woche und schaffte in dieser Zeit dank ihres Organisationstalents sehr viel vom Tisch. Nach der Arbeit blieb ihr immer noch genug Zeit für Kontakte außerhalb des Arbeitsumfelds, fürs Marathonlaufen, für Briefwechsel mit ihren zahlreichen Freunden und für ihre Familie. Damals war Karolin glücklich.

Aber im Leben treten nun mal gerne unerwartete Veränderungen ein. Plötzlich taten sich für Karolin ganz neue Möglichkeiten und Herausforderungen auf, die einfach nicht mehr in eine normale Arbeitswoche passten. Irgendwo musste sie Abstriche machen, und raten Sie mal wo. Wenn Sie auf Familie, Freunde und den Sport tippen, liegen Sie richtig. Es war kein plötzlicher Einschnitt. Die Veränderung schlich sich ein und vollzog sich unauffällig immer weiter, ohne dass sich große Auswirkungen zeigten. Langsam, aber sicher wurde aus Karolin eine erschöpfte und unglückliche Frau – erfolgreich allemal, aber dennoch unglücklich.

Wenn Sie das Gefühl haben, dass Ihr Leben so wie Karolins ist – zu viel Arbeit, zu wenig Spiel –, dann bietet Ihnen dieses Kapitel einen Ausweg an. Ich gebe Ihnen einige Tipps, wie Sie Arbeit und Spiel in Ihrem Leben neu ausbalancieren und dabei selbst ausgeglichener werden können.

Burn-out-Checkliste

Fühlen Sie sich bei der Arbeit ausgebrannt? Sind Sie wie eine Rakete, die keinen Treibstoff mehr hat und nun im freien Fall auf die Erde zu taumelt – unorganisiert, fahrig und leistungsschwach? Wenn sechs der folgenden Aussagen auf Sie zutreffen, dann könnte es sein, dass Sie an einem Burn-out leiden.

- ✔ Sie neigen zu Unfällen.
- ✔ Sie sind ängstlich.
- ✔ Sie sind gereizt.
- ✔ Sie trinken regelmäßig zu viel Alkohol.
- ✔ Sie sind apathisch – Sie interessieren sich kaum noch für etwas.
- ✔ Sie haben viele Fehlzeiten.
- ✔ Sie sind gelangweilt.
- ✔ Sie sind verwirrt.
- ✔ Sie weinen viel.
- ✔ Sie sind zynisch.
- ✔ Sie sind depressiv.
- ✔ Sie haben Konzentrationsschwierigkeiten.
- ✔ Sie haben häufig Kopfschmerzen.
- ✔ Sie haben Sodbrennen oder Verdauungsprobleme.
- ✔ Sie fühlen sich hoffnungslos oder hilflos.
- ✔ Sie stehen Ihrer Umwelt feindselig gegenüber.
- ✔ Sie können nicht schlafen.
- ✔ Sie haben keine Freude mehr am Leben.
- ✔ Sie haben nach einem Wochenende Schwierigkeiten, wieder in die Woche zu finden.

Wenn Ihr Ergebnis auf einen Burn-out hindeutet, können Sie drei Dinge tun, um Ihre Akkus selbst wieder aufzuladen:

- ✔ Nehmen Sie sich an jedem Arbeitstag und in regelmäßigen größeren Abständen Auszeiten (lange Wochenenden, Miniferien).
- ✔ Verschaffen Sie sich mithilfe geeigneter Aktivitäten möglichst viele Flow-Erlebnisse unter der Woche. (In Kapitel 8 finden Sie dazu einen Vier-Schritte-Plan.)
- ✔ Nutzen Sie so viele Möglichkeiten zur Entspannung wie möglich – meditieren Sie, treiben Sie Sport, setzen Sie sich in aller Ruhe hin und lesen Sie ein Buch.

Was ist wichtiger: Geld oder Leben(squalität)?

Das war die Frage, die eine führende Kardiologin in einer Grundsatzrede vor einer Gruppe Wissenschaftler aus den Bereichen Medizin und Verhaltensforschung bei einer Konferenz stellte, an der ich vor vielen Jahren teilnahm. Ich werde nie ihr erstes Diabild vergessen: ein Cartoon, der einen gut angezogenen Mann zeigte, der auf der Straße mit einer Waffe bedroht wurde, und darüber die Überschrift »Geld oder Leben?«. Ich muss nicht eigens erwähnen, dass dieser Cartoon die Aufmerksamkeit aller erregte und zu einer mehrtägigen erkenntnisreichen Diskussion über die Rolle anregte, die Stress und die gesellschaftlichen Anforderungen als Ursachen von Herzerkrankungen und frühzeitigem Tod spielen.

Die Argumentation der Rednerin war einfach: Jeder von uns trifft jeden Tag zahllose Entscheidungen, die im Grunde immer auf dieselbe Frage hinauslaufen: Was ist wichtiger, die *Quantität* unseres materiellen Besitzes oder die *Qualität* unseres Lebens? Die Antwort auf diese Frage sagt, wie sich herausstellt, sehr viel darüber aus, welche Aussichten Sie auf eine gesunde und glückliche Zukunft haben.

Denken Sie darüber nach, wie oft am Tag Sie vor dieser Wahl stehen:

- ✔ Sie müssen entscheiden, ob Sie zum Fußballspiel Ihres Sohnes gehen oder eine Stunde länger arbeiten wollen.
- ✔ Sie können sonntags mit Ihren Freunden wandern oder sich im Büro ein paar Stunden lang auf die kommende Woche vorbereiten.
- ✔ Sie können in diesem Jahr Ihren Urlaub nehmen oder nicht.
- ✔ Sie können eine Beförderung ausschlagen, die Ihnen mehr Geld einbringt, aber auch mehr Stress.
- ✔ Sie können Ihre Arbeitszeit auf die Stundenzahl reduzieren, für die Sie bezahlt werden, oder Sie können so lange arbeiten, bis alles fertig ist.
- ✔ Sie können eine Mittagspause machen – das Büro verlassen, spazieren gehen, darüber nachdenken, was Sie nach Feierabend machen – oder Ihr Essen vor dem Computerbildschirm zu sich nehmen.

Wie entscheiden Sie sich, wenn es um Ihre Gesundheit und die Chancen geht, glücklich zu werden?

Wie man ausgeglichener wird

Im Allgemeinen sind Menschen, die sich nicht von ihrer Arbeit losreißen können, stressgeplagte Persönlichkeiten vom Typ A. Die etwas gelasseneren und entspannteren Menschen nennt man B-Typen. Um verstehen zu können, warum die A-Typen so viel Zeit in ihre Arbeit investieren und keine Zeit zum Spielen haben, müssen Sie die Welt mit ihren Augen sehen und dann im Vergleich dazu die Sichtweise der B-Typen betrachten (siehe Tabelle 15.1).

A-Typen …	B-Typen …
Haben für sich genau festgelegt, was zu einer zufriedenstellenden Leistung gehört. Sie streben immer irgendeine illusorische Vorstellung von Perfektion an.	Verlangen weniger von sich, auch wenn sie darauf zielen, die Anforderungen ihrer Arbeit uneingeschränkt zu erfüllen. Sie wollen ein »guter Mitarbeiter« sein, kein »perfekter Mitarbeiter«.
Haben das Bedürfnis, mehrere Aufgaben gleichzeitig zu übernehmen und allen die höchste Priorität einzuräumen.	Sind zufrieden damit, immer erst eine Aufgabe abzuschließen, bevor sie die nächste in Angriff nehmen. Sie neigen dazu, ihre Aufgaben nach Wichtigkeit von sehr wichtig bis weniger wichtig zu sortieren.
Führen ihren Erfolg im Beruf mehr auf ihr Engagement als auf ihre Fähigkeiten zurück. Ironischerweise sind sie von ihren eigenen Fähigkeiten weniger beeindruckt als andere.	Sind sich darüber im Klaren, dass Erfolg sowohl auf Engagement als auch auf Fähigkeiten gründet.
Betrachten Arbeit als Wettbewerb. Oft schüren sie den Wettbewerb in Situationen, die dies überhaupt nicht hergeben. Das Wort Zusammenarbeit fehlt in ihrem Wortschatz.	Sind gute Teamarbeiter. Sie haben nichts gegen einen gesunden Wettbewerb, aber arbeiten auch gerne mit anderen zusammen.
Arbeiten lieber allein, spüren am Ende aber die Last auf ihren Schultern, alles allein machen zu müssen.	Sind schnell bereit, die Verantwortung für ihnen übertragene Arbeiten zu teilen, damit sie nicht zur Last werden.
Suchen nach Arbeitsumfeldern, die zu A-Typen passen, also den Wettbewerb fördern und viel Druck mit sich bringen.	Suchen nach Arbeitsumfeldern, die zu B-Typen passen, also in denen die Qualität der Arbeit mehr geschätzt wird als die Quantität.

Tabelle 15.1: A-Typen und B-Typen: Welcher Typ sind Sie?

Wie in der Spalte für die A-Typen deutlich wird, kann man an einigen entscheidenden Punkten ansetzen. wenn man mehr Eigenschaften vom Typ B annehmen möchte. Mehr über diese Veränderungen erfahren Sie in den folgenden Abschnitten.

Die Künste würdigen

Sie denken jetzt sicher: »Der will, dass ich meine Zeit damit verschwende, durch ein Kunstmuseum zu schlendern, obwohl ich doch alle Hände voll zu tun habe.« Da kann ich nur sagen: »Ganz genau!« Musik, Malerei, Skulpturen, Poesie – all diese kulturellen Errungenschaften bieten Ihnen zahllose Möglichkeiten, Ihre Seele zu bereichern, auf die Schönheit der Dinge zu schauen statt auf ihren Nutzen und sich von einem künstlerischen Genie inspirieren zu lassen. Die Künste greifen die materielle Welt auf – die Welt, in der Ihre Anstrengungen so überaus wichtig sind – und tauchen sie in das Herz, die Seele und das Denken des Künstlers.

Wenn man vor einem wunderbaren Gemälde steht oder ein beeindruckendes Gedicht liest, empfindet man Demut – und Demut ist ein wirksames Gegenmittel zu dem Gefühl der Überlegenheit und der eigenen Wichtigkeit, das so viele A-Typen haben.

Legen Sie Wert darauf, wenigstens einmal im Monat an einem kulturellen Ereignis teilzunehmen – ein Konzert, eine Kunstausstellung oder ein Theaterstück. Noch besser wäre natürlich, wenn Sie ein Konzert- oder Theaterabonnement erwerben würden, so können Sie die Künste auf alle Fälle schätzen lernen – schließlich bekommen A-Typen immer etwas Gutes für ihr Geld!

Die Rund-um-die-Uhr-Mentalität

Irgendwann im letzten Jahrhundert hat sich in den Industrieländern der Welt die Denkweise durchgesetzt, dass der Mensch dazu da ist, den Maschinen zu dienen, und nicht die Maschinen im Dienst des Menschen stehen (um ihm das Leben zu erleichtern und ihn effizienter und produktiver zu machen). Und weil Maschinen in der Lage sind, jeden Tag der Woche rund um die Uhr zu arbeiten, kam man überein, dass der Mensch das auch tun sollte. Die Rund-um-die-Uhr-Mentalität war geboren!

Die Rund-um-die-Uhr-Mentalität hat ihre Wurzeln zwar in der maschinellen Industrie, erstreckt sich aber heute auf alle Arbeitsbereiche. Viele Menschen haben immer und überall ihre Handys dabei – sie sind für ihre Arbeitgeber ständig erreichbar, Tag und Nacht. Dass es dank preiswerter und tragbarer Bürohardware – Computer, Faxe, Kopierer – möglich ist, sein Büro überallhin mitzunehmen, macht die Sache nur noch schlimmer.

Und was bringt uns das alles? Der technologische Fortschritt macht es leichter denn je, die eigenen Lebensentscheidungen der Rund-um-die-Uhr-Mentalität zu unterwerfen und die Arbeit über die nicht beruflichen Aktivitäten zu stellen.

Den Horizont erweitern

A-Typen denken eigentlich immer nur an das eine – Arbeit, Arbeit, Arbeit. B-Typen dagegen denken global – sie schauen über den Horizont ihrer Arbeit hinaus in eine Welt voller Kontaktmöglichkeiten, Hobbys, erholsamer Freizeitbeschäftigungen, Gesprächen mit Freunden und Nachbarn, Spiritualität, Engagement in der Gemeinde, Patriotismus und inniger Beziehungen zur Natur. Wenn Sie einmal darüber nachdenken, machen diese Eigenschaften den B-Typ zu einem interessanteren Gesprächspartner. Die B-Typen sind genau die Sorte Menschen, die man gerne näher kennenlernen möchte – und die Sorte Menschen, bei denen man denkt: »So möchte ich auch sein.«

Stellen Sie sich vor, Sie sind auf einer Hochzeit und versuchen herauszufinden, mit wem Sie gerne ins Gespräch kommen möchten. Da ist eine erfolgreiche Geschäftsfrau, die nur über ihre Arbeit sprechen möchte. Weiter hinten sehen Sie eine bescheiden wirkende Person, von der Sie wissen, dass sie bildhauerisch tätig ist und sich auf kommunaler Ebene engagiert. Wen wählen Sie? Wie sollen andere über *Sie* denken, wenn sie vor derselben Frage stehen?

B-Typen sind sehr unamerikanisch

Die USA sind, was die A-Typen betrifft, weltweit führend und tragen auch das höchste Risiko von Herzerkrankungen. In der folgenden Tabelle verweisen positive Werte (+) einen höheren Anteil an A-Typ-Verhaltensweisen unter den Einwohnern des betreffenden Landes. Negative Werte (-) weisen B-Typ-Tendenzen aus. Die Zahlen bei den Todesfällen infolge von Herzerkrankungen sind je 100.000 Menschen berechnet.

Land	durchschnittlicher Typ A/B-Wert	Verbreitung der Todesfälle infolge von Herzerkrankungen
USA	5,3	607
Neuseeland	0,5	602
Kanada	-0,4	540
England	-1,9	438
Niederlande	-3,2	312
Belgien	-4,7	298
Japanische Amerikaner auf Hawaii, die nach den Traditionen der »Alten Welt« leben	-7,7	120

Hinweis: Diese Daten stammen aus mehreren Studien zu A-Typ-Verhaltensweisen in einzelnen Ländern und den USA insgesamt sowie aus medizinischen Statistiken der Weltgesundheitsorganisation.

Neugierig sein

B-Typen sind sehr neugierig und wollen deshalb ständig ihren Horizont erweitern. Wenn Sie ein B-Typ sind, sind Sie begierig darauf, alles zu erfahren, was es über die Welt zu erfahren gibt – nicht nur über die Arbeitswelt. Sie wollen ganz breit gefächerte Erfahrungen im Leben machen, vielfältige Beziehungen zu anderen Menschen aufbauen und von Ihren Ansichten abweichende Meinungen kennenlernen. Sie sind neugierig zu erfahren, was und wie andere Menschen in Fragen gemeinsamer Interessen denken und fühlen. Sie haben keine Angst davor, das Leben jenseits des eigenen Wohnzimmers zu erkunden und können mit Unsicherheiten umgehen, wie das A-Typen nicht eigen ist.

Gehen Sie ab und zu in Ihre Buchhandlung und kaufen Sie ein Buch zu einem Thema, über das Sie überhaupt nichts wissen – könnte sein, dass Sie etwas ganz Neues lernen! Treten Sie einem Literaturzirkel bei, der sich mit einem breiten Themenspektrum beschäftigt. Wenn es bei Ihnen keinen gibt, gründen Sie einen! Lesen Sie in Ihrer Lokalzeitung nach, was am Wochenende in der Gemeinde los ist, und gehen Sie hin, um zu erfahren, worum es geht.

Nicht alles bewerten

Einer meiner Kollegen, ein B-Typ, wurde gebeten, bei einer medizinischen Konferenz eine Präsentation durchzuführen. Als er fertig war und der Applaus verklungen war, kam ein Typ-A-Arzt auf ihn zu und sagte: »Ihr Vortrag hat mir gut gefallen, ich gebe Ihnen eine Eins für ihre Präsentation.« Anstatt das als Kompliment zu nehmen, war mein Freund verärgert: »*Warum haben Sie das Bedürfnis, mich zu bewerten?* Wenn mein Vortrag Ihnen gefallen hat, sagen Sie das einfach und belassen Sie es dabei.« Der Typ-A-Arzt war sprachlos und dachte wohl bei sich: »Was soll daran falsch sein? Ich bewerte jeden – meine Frau, meine Kinder, meine Mitarbeiter, sogar mich selbst.« Und genau da liegt das Problem. Anstatt andere Leute einfach so zu würdigen, wie sie sind, und sich an der Qualität ihrer Arbeit einfach zu erfreuen. A-Typen neigen dazu, das Verhalten anderer zu quantifizieren, indem sie ihnen einen Zahlenwert zuordnen.

Wenn Sie einem Menschen ein Kompliment machen oder ihn kritisieren, sei es am Arbeitsplatz oder sonst wo, dann verkneifen Sie sich Aussagen wie »Wie ich sehe, sind Sie heute wieder in Einser-Form« oder »Da haben Sie sicher nicht 100 Prozent gegeben«. Ein einfaches »Das haben Sie gut gemacht« oder »Ich glaube, dass kriegen Sie beim nächsten Mal besser hin« reicht völlig.

Die Uhr zur Seite legen

Ein charakteristischer Zug der A-Typ-Persönlichkeit ist das ständige Gefühl, unter Zeitdruck zu stehen. Die Schöpfer des A-Typ-Konzepts, Dr. Meyer Friedman und Dr. Day Rosenman, sprechen in diesem Zusammenhang von der *Hetzkrankheit*. A-Typen werden von ihren Uhren regiert. Wenn Sie mir nicht glauben, bitten Sie einmal einen A-Typ, einen ganzen Tag lang auf seine Uhr zu verzichten, und sehen Sie sich an, was passiert. Sie könnten ihm ebenso gut sagen, er solle aufhören zu atmen – »Meinen Sie das ernst? Ich kann doch nicht den ganzen Tag herumlaufen, ohne zu wissen, wie spät es ist. Ich habe einen Zeitplan, den ich einhalten muss.« B-Typen haben ein viel flexibleres Verhältnis zur Zeit – sie werden nicht den ganzen Tag von dem Gedanken geplagt, dass die Zeit viel zu schnell vorbeigeht oder nicht auf ihrer Seite ist.

Wahrscheinlich fällt es Ihnen anfangs schwer, sich von Ihrer Uhr zu trennen. Legen Sie sie erst einmal ab und stecken Sie sie in Ihre Tasche (so wissen Sie, dass sie nicht weit weg ist!). Ein halber Tag sollte erst einmal reichen. Wenn Sie damit gut zurechtkommen, können Sie die Übung auf einen ganzen Tag ausdehnen. Wer weiß, vielleicht schaffen Sie es ja so weit, dass Sie ein ganzes Wochenende lang ohne Uhr leben können.

In Kapitel 8 beschreibe ich, wie Sie in den *Flow* gelangen können – in eine Aktivität versunken, die zeitlos, mühelos und vollkommen befriedigend erscheint. Der Flow lässt sich leichter erreichen, wenn man keine Uhr trägt!

Langsam essen

A-Typen machen alles auf eine aggressive Weise, das zeigt sich auch in der Geschwindigkeit, mit der sie essen. Wenn Sie mit der Familie oder mit Freunden essen, sind Sie dann der erste, der den Teller leer hat? Wenn Sie mit Kollegen in der Kantine essen, schlingen Sie dann schnell alles hinunter, um wieder an den Schreibtisch zu komme? Wenn Sie fertig sind und jemand anderes am Tisch noch isst, werden Sie dann ungeduldig? Wenn ja, sind Sie auf alle Fälle ein A-Typ.

Sicher möchten Sie wissen, wie Sie ein Typ-B-Esser werden können. Nichts leichter als das:

- ✔ **Lassen Sie es langsamer angehen.** Versuchen Sie einmal, nach jedem Bissen Ihr Besteck hinzulegen und es erst wieder in die Hand zu nehmen, wenn Sie bis zehn gezählt haben. Ernährungsexperten empfehlen, einen Bissen vier- bis fünfmal zu kauen, bevor man runterschluckt. Achten Sie auch darauf, zwischendurch häufig ein Schlückchen zu trinken – das verlängert die Zeit, bis Sie mit dem Essen fertig sind.
- ✔ **Achten Sie auf die Menschen, die mit Ihnen essen, und versuchen Sie, sich an ihre Geschwindigkeit anzupassen – es sei denn, es handelt sich auch um A-Typen!**
- ✔ **Setzen Sie sich, wenn möglich, keine feste Endzeit für Ihre Mahlzeiten.** Nehmen Sie sich so viel Zeit zum Essen, wie Sie brauchen.
- ✔ **Essen Sie nicht allein.** Mahlzeiten dauern gewöhnlich länger, wenn man mit anderen Menschen zusammen isst, weil man sich zwischendurch auch mal unterhält.
- ✔ **Betrachten Sie das Essen als ein geselliges Ereignis.** In vielerlei Hinsicht ist Essen eine Form des Spiels. Genießen Sie die Erfahrung!
- ✔ **Essen Sie nicht während der Fahrt.** A-Typen sind immer daran interessiert, mehr als eine Sache gleichzeitig zu erledigen. Es ist jedoch nicht nur stressig, im Auto zu essen, sondern auch sehr gefährlich!
- ✔ **Halten Sie sich von Fast-Food-Ketten und Imbissbuden fern.** Das Konzept von Fast-Food-Ketten beruht darauf, dass die Kunden ihr Essen schnell bekommen und ebenso schnell essen. Niemand geht zu McDonalds, um dort gemütlich zu essen!
- ✔ **Entspannen Sie sich.** Das ist gut für Ihre Verdauung. Versuchen Sie, vor und nach dem Essen in der Zeitung zu lesen – oder, wie ich, Ihre tägliche Andacht. Hilfreich ist auch, wenn Sie Ihr Handy abschalten.

Manchmal kann sich schon die kleinste Verhaltensänderung sehr stark stressmindernd auswirken. Zum Beispiel erkläre ich in *Nicht ärgern für Dummies* (Wiley-VCH), wie Sie die Intensität Ihres Ärgers durch ein einfaches Absenken des Tons Ihrer Stimme unmittelbar reduzieren können oder wie Sie Ihre Aggressivität im Straßenverkehr dadurch abbauen können, dass Sie das Lenkrad etwas lockerer fassen. Kleine Veränderungen im Essverhalten (die ich in diesem Abschnitt beschreibe) können Ihnen bei Ihren Bemühungen, sich von Ihrem A-Typ-Verhalten zu lösen, ebenso wirksam helfen.

Sich selbst als das »kleine Ich« betrachten

A-Typen sprechen nur allzu gerne von sich selbst. Wenn sie reden, hört man sehr oft *ich*, *mich* und *mein*. Die Wörter *wir*, *uns* oder *unser* nehmen sie nur selten in den Mund. Diese Tendenz zur Selbstreferenz ist Ausdruck dessen, was die Psychologen eine narzisstische Persönlichkeit nennen. Erinnern Sie sich an die böse Stiefmutter in Schneewittchen, die darauf bestand, die »Schönste von allen« zu sein, und dann einen Tobsuchtsanfall bekam, als man ihr etwas anderes sagte. Sie war garantiert ein A-Typ.

B-Typen sind da wesentlich demütiger. Das für die A-Typ-Persönlichkeit typische Gefühl der Grandiosität und des Anspruchs geht ihnen ab. Sie leben eher nach der Devise »Wir kochen doch alle nur mit Wasser«. Und sie betrachten sich im großen Spiel des Lebens als ein »kleines ich«.

Finden Sie Möglichkeiten, sich zu engagieren, bei denen Sie nicht im Mittelpunkt der Aufmerksamkeit stehen. Ich habe beispielsweise bei einer Theaterproduktion in unserer Gemeinde hinter der Bühne gearbeitet und Requisiten gebaut und bemalt, während die »Stars« ihre Texte lernten. Ich fühlte mich wunderbar unwichtig und habe jede Minute genossen! Beteiligen Sie sich an einem Aufräumkommando nach einer Veranstaltung Ihrer Kirchengemeinde oder Gemeinde. Oder säubern Sie zusammen mit anderen Bürgern eine Parkanlage, einen Spielplatz oder einen Bach von Dreck und Müll – irgendeiner muss es ja tun!

Zur Arbeit gehen - selbst wenn man fährt

A-Typen sind immer auf der Flucht, egal wohin sie gehen. Ihr Kopf ist ihnen immer weit voraus und denkt schon an das nächste Projekt, während die Füße sich beeilen müssen, Schritt zu halten. Kein Wunder, dass A-Typen am Ende eines Tages völlig erschöpft sind.

Eine einfache und wirksame Strategie, A-Typen zu einer langsameren Gangart zu bewegen, ist die Bewältigung einer längeren Strecke auf dem Weg zur Arbeit zu Fuß. Das war der erste Schritt, den ich vor Jahren unternommen habe, um meine A-Typ-Verhaltensweisen zu ändern. Anstatt so nahe wie möglich am Krankenhaus zu parken, um möglichst schnell am Schreibtisch zu sein, stellte ich mein Auto absichtlich mehrere Blocks entfernt ab, damit ich erst die Parkanlage durchqueren musste, um zu meinem Büro zu gelangen. Die wunderschönen Blumen und die ruhigen Fischteiche, an denen ich dabei vorbeikam, haben meine Persönlichkeit zum Positiven beeinflusst und mich auf einen B-Typ-Tag eingestimmt. Das mag unwahrscheinlich klingen, aber wie ich schon sagte, kann manchmal die kleinste Verhaltensänderung viel dazu beitragen, Stress zu mindern.

Wenn Sie in einem Parkhaus parken, können Sie nach einem freien Platz Ausschau halten, der möglichst weit weg vom Eingang liegt. Da ist die Konkurrenz auch nicht so zahlreich. Außerdem haben Sie so etwas mehr Bewegung – was könnte Sie glücklicher machen?

Nicht in Zahlen sprechen

Ich hörte in einem Restaurant einmal zufällig ein Gespräch zwischen zwei Psychologen mit an (na gut, ich geb's zu, ich bin neugierig!), in dessen Verlauf einer der beiden (ein A-Typ) seinem Freund erzählte, was er im vergangenen Jahr alles erreicht hatte – wie viele Artikel er in welchen renommierten Fachzeitschriften veröffentlicht hatte, wie viel Geld ihm für seine Forschungen bewilligt worden waren und so weiter. Sein Freund (ein B-Typ) unterbrach ihn und meinte: »Schon verstanden Heiner – du hast ein fantastisches Jahr hinter dir. Du hast uns zweifellos alle um Längen geschlagen. Aber hör mal, heute ist einer der seltenen Abende, an denen wir zusammensitzen können, den wollen wir doch nicht mit Zahlen verderben. Mich interessiert viel mehr, wie es dir geht – bist du gesund, glücklich, all so was?«

Die schmerzliche Wahrheit ist, dass der Rest der Welt sich überhaupt nicht dafür interessiert, wie viele Erfolge Sie hatten und wie viel Sie erreicht haben – der Einzige, für den das wichtig ist, sind Sie! Warum belassen Sie es nicht bei einem »Das war ein sehr produktives Jahr«?

Versuchen Sie doch von heute an, in Gesprächen mit anderen Menschen mit möglichst wenig oder (noch besser) ganz ohne Zahlen auszukommen, ob es sich nun um Ihr Golf-Handicap, Ihre Gewinne auf dem Aktienmarkt, den Preis Ihres neuen Autos, die Grundfläche Ihres neuen Hauses oder Ihre Gehaltssteigerung im letzten Jahr handelt.

Den Niederländer in sich entdecken

In dem Kasten »B-Typen sind sehr unamerikanisch« in diesem Kapitel weise ich darauf hin, dass die Niederlande eine B-Typ-Kultur pflegen. Das kann ich nicht nur statistisch belegen, sondern auch aufgrund eigener Erfahrungen. Vor vielen Jahren war ich dort ein Jahr lang als Gastprofessor tätig und konnte viele wunderbare Eindrücke sammeln. Ich habe zwar nicht die Landessprache gelernt, wohl aber einige niederländische Bräuche.

Dass die Niederländer nicht dieses verrückte Typ-A-Arbeitsleben führen wie wir in den USA, schwante mir zum ersten Mal, als ich kurz nach Mittag ins Büro der psychologischen Fakultät wollte und die Tür verschlossen fand. Nachdem ich vergebens versucht hatte, in das Gebäude zu gelangen (ich wollte über Mittag einige Dinge abarbeiten), fragte ich einen Vorüberkommenden, wo denn alle hin seien. Er antwortete: »Sir, alle sind zum Mittagessen nach Hause gegangen. Um halb zwei sind sie wieder da.« Ich traute meinen Ohren nicht – eine ganze Fakultät zum Mittagessen nach Hause. Welche Überraschung! Nachmittags dann erklärte mir der Leiter der Fakultät, dass die Niederländer ihre Arbeitstage in zwei Teile teilten, um sich in der Pause dazwischen regenerieren zu können. Ich erinnere mich daran, dass ich dachte: »Wie unamerikanisch!«

Kurz darauf lernte ich meine zweite Lektion in Sachen Trennung von Arbeit und Spiel. Der Fakultätsleiter und seine Frau gaben eine kleine Party für meine Frau und mich und ich unterhielt mich mit einigen meiner neuen niederländischen Kollegen über meine Arbeit. Der Leiter zog mich unauffällig zur Seite und meinte: »Doyle, Sie sollten aufhören, über die Arbeit zu sprechen. Alle sind sehr höflich und beschweren sich nicht, aber wir machen hier so etwas einfach nicht. Diese Männer und Frauen arbeiten den ganzen Tag. Wenn sie ihren Arbeitsplatz verlassen, wollen sie über andere Dinge sprechen – Fußball, Familie, Reisen, Geschichte oder wie das Leben für Sie in den USA ist. Über die Arbeit können Sie morgen im Büro reden.« Diesmal war die Botschaft laut und deutlich – wenn Arbeit, dann Arbeit, wenn Spiel, dann Spiel, aber mischen sollte man das nicht.

Sie müssen nicht das Land verlassen, um ein ausgewogeneres Leben zu führen. Schauen Sie sich einfach bei den B-Typ-Kulturen ab, wie man dort lebt und arbeitet.

Die drei Arten des Spiels

In der Kindheit sind Arbeit und Spiel dasselbe. Im Spiel lernen Kinder, mit anderen zusammenzuleben – mit Gleichaltrigen zu interagieren und zu verhandeln – und Probleme zu lösen. Im Spiel lernen Kinder, sich an Regeln zu halten. Im Spiel entwickeln Kinder die kreativen Seiten ihrer sich entwickelnden Persönlichkeit. Und im Spiel machen Kinder ihre ersten Erfahrungen mit dem Glück. Das Spiel bildet also die Grundlage für ähnliche Verhaltensweisen als Erwachsene.

Wie oft haben Sie am Arbeitsplatz schon gehört, dass das »Zusammenspiel« zwischen einzelnen Kollegen oder ganzen Abteilungen nicht gut funktioniert?

Der Begriff Spiel bezeichnet nicht Aktivitäten einer bestimmten Art – Spiel kann viele Formen annehmen. Die drei häufigsten Formen sind: das Einzelspiel, das parallele Spiel und das kooperative Spiel. Wichtig sind sie alle und alle sollten im Leben eines Menschen eine Rolle spielen.

In den folgenden Abschnitten werde ich mich mit diesen Hauptformen des Spiels etwas näher beschäftigen und Ihnen sagen, wie Sie sie in Ihr Erwachsenenleben einbauen können.

Es kommt nicht nur auf eine gesunde Mischung aus Arbeit und Spiel an, sondern auch auf die richtige Mischung der verschiedenen Formen des Spiels. Sie sollten jede dieser Formen bei Ihren täglichen Aktivitäten berücksichtigen.

Einzelspiel

Als Einzelspiel eignet sich alles, was man allein machen kann. Hobbys sind ein gutes Beispiel für das Einzelspiel. Man beschäftigt sich mit etwas, das einem Freude macht – Briefmarkensammeln, Holzarbeiten, das Kreuzworträtsel der *Zeit* lösen. Und man ist dabei *ganz für sich*.

Deshalb ist diese Art des Spiels die einfachste und am leichtesten umsetzbare. Sehen Sie sich einmal die folgenden Beispiele an:

- ✔ Peter backt gerne und verbringt Stunden allein in der Küche (seine Frau weiß, dass sie ihn besser in Ruhe lässt!), um kalorienreiche Leckereien für die Familie, Freunde und Nachbarn zu zaubern.
- ✔ Tanja liest gerne – schon seit sie das erste Kinderbuch in der Hand hatte – und kann sich ein ganzes Wochenende auf dem Sofa mit ihren Büchern vergnügen.
- ✔ Wolfgang sammelt kleine chinesische Porzellanfiguren – damit fing er an, als er für seine Firma zwei Jahre in China arbeitete. Wenn er bei der Arbeit unter Stress steht, macht er eine Pause und blättert in Katalogen, um sich für einen nächsten Kauf zu orientieren.
- ✔ Jörg, ein Investor, sammelt Flipperautomaten – einige recht wertvoll – und stellt sie in seinen Keller. Wenn er seine Arbeit getan hat oder Langeweile verspürt, lässt er die Flipperkugeln sausen!
- ✔ Alice liebt Puzzles über alles. Erst kürzlich fand sie auf einem Flohmarkt ein 1000-Teile-Puzzle – das reicht wieder für ein paar Tage.

Haben Sie ein Hobby? Wann haben Sie sich das letzte Mal damit beschäftigt? Wenn es schon eine Weile her ist, erinnern Sie sich daran, wie viel Spaß es Ihnen gemacht hat. Vielleicht ist es an der Zeit, es noch einmal zu versuchen. Wenn Sie kein Hobby haben, ist das kein Problem. Suchen Sie einfach den nächsten Hobbyladen auf und schauen Sie sich um, was es alles gibt. Vielleicht springt Ihnen etwas in Auge. Sie werden überrascht sein, wie viel Spaß und interessante Aktivitäten auf Sie warten.

Paralleles Spiel

Sehen Sie sich samstags gerne ein Fußballspiel an? Hatten Sie schon einmal einen Stand auf einem Flohmarkt, in der Hoffnung, anderen Menschen könnte etwas gefallen, was Sie loswerden wollen? Schlendern Sie gerne über Handwerkermärkte? Wie steht es mit Bingo? Haben Sie schon mal an einem Marathonlauf teilgenommen? Oder einen Töpferkurs belegt? Sitzen Sie gerne mit Ihrem Partner am Strand und jeder liest für sich ein Buch oder eine Zeitung?

Das sind alles Beispiele für paralleles Spiel – Sie tun etwas, das Ihnen Spaß macht, neben anderen Menschen, die dasselbe tun. Paralleles Spiel ist aufgrund des Kontextes, in dem es sich abspielt, ein soziales Phänomen. Es kann auch einen gewissen Wettbewerbsaspekt enthalten – zum Beispiel feuern Sie und der Fan neben Ihnen verschiedene Mannschaften an, natürlich im Geiste einer wohlgesinnten Rivalität.

Wenn Sie ein eher introvertierter Typ sind – jemand, der schüchtern und reserviert ist und sich im Umgang mit anderen Menschen unwohl fühlt –, ist das parallele Spiel für Sie unter Umständen besser geeignet als das kooperative Spiel, um das es als Nächstes geht.

Auch A-Typen bevorzugen das parallele Spiel, aber aus anderen Gründen. Sie ziehen den Wettbewerb grundsätzlich der Kooperation vor und spielen am liebsten Spiele, bei denen sie selbst alles in der Hand haben – zum Beispiel eine Golfpartie gegen einen Gegner oder ein Tenniseinzel statt mit einem Partner in einem Doppel.

Die glücklichste Zeit

Eine der glücklichsten Phasen meines Lebens erlebte ich, als ich als Teil einer Bootscrew in einem sogenannten *Bateaux* (einem flachen Kahn, der für den Tabaktransport gebaut worden war) den St. James River hinunterfuhr. Jeweils eine Woche lang schliefen Hunderte in historische Kostüme gewandete Bürger von Virginia, darunter auch ich, in Zelten am Flussufer und stakten unsere Boote bis ins rund 230 Kilometer entfernte Richmond. Wir waren wieder Kinder und lachten und spielten während der ganzen Fahrt.

Keiner sprach über seine Arbeit. Niemand interessierte sich dafür, was draußen in der Welt los war. Keiner stieß eine ernsthafte Diskussion über die Wirtschaft oder die Politik an. Nicht einer las Zeitung oder schaute fern. Es gab keinerlei Anhaltspunkte dafür, wer hier Psychologe, Chirurg oder Bankier war.

Stattdessen hielten wir tagsüber unser Nickerchen, tranken Bier, trugen unsere Wasserballonkämpfe gegen die Crews anderer Boote aus und führten uns albern auf. Wir kochten am offenen Feuer, maßen uns im Hufeisenwerfen, badeten im Fluss und saßen bis tief in die Nacht am Lagerfeuer und erzählten Geschichten. Uhren gab es nicht – wir orientierten uns an der »Flusszeit«, was so viel hieß wie »Wenn wir da sind, sind wir da, und keine Minute früher«. Wir erkundeten eine längst vergangene geschichtliche Epoche, in der das Leben weniger bequem, aber wesentlich ausgewogener war.

Das war kooperatives Spiel, wie es besser nicht sein konnte.

Kooperatives Spiel

Kooperatives Spiel ist die Interaktion mit anderen im Rahmen einer vergnüglichen Aktivität, bei der es ein gemeinsames Ziel gibt. Teamsportarten wie Fußball, Basketball oder Handball sind Beispiele für kooperatives Spiel. Als wir in Texas lebten, hatten meine Familie und ich Spaß daran, uns mit anderen zu großen Grillfesten und Chili-Kochwettbewerben zu treffen, bei denen Männer und Frauen in Teams zusammenarbeiteten, um Speisen zu kreieren, die alles bislang Dagewesene in den Schatten stellten!

Das kooperative Spiel ist die am weitesten entwickelte und sozialste Freizeitaktivität. Sie *erlaubt* – einen Zwang gibt es nicht – Menschen, ihre Fähigkeiten und Energien kreativ auf eine Weise einzubringen, bei der die Summe wirklich größer ist als die Teile. Diese Art des Spiels ist sehr viel intimer als die anderen.

Darüber hinaus fördert das kooperative Spiel auch das Gefühl für das »kleine ich«, das ich weiter vorn in diesem Kapitel erwähne. Jeder Teilnehmer erlebt sich als Teil einer vergnüglichen Aktivität, anstatt alles für sich allein zu reklamieren. Diese Art Spiel wird von B-Typen bevorzugt.

Was ist Ihr bevorzugtes kooperatives Spiel? Wie lange ist es her, dass Sie mit Ihren Spielpartnern zusammen waren? Vielleicht ist es an der Zeit, sich mal wieder einen solchen Spaß zu gönnen. Hier ein paar Anregungen:

- ✔ Kartenspiele – Bridge zum Beispiel –, bei denen man mit einem Partner zusammen spielt
- ✔ Mit einem Tandem fahren
- ✔ Sich einer Bowlingmannschaft anschließen oder einem Kegelverein beitreten – der Verlierer muss einen ausgeben!
- ✔ Ein Quilt-Club – meine Mutter quiltete jahrelang mit anderen Frauen zusammen. So fühlte sie sich auch noch in fortgeschrittenem Alter jung.
- ✔ Literaturzirkel – lesen müssen Sie allein, der Spaß kommt erst mit den Diskussionen über die Leseerfahrungen und die Lesefreude.

Gesellschaft und Alleinsein

16

In diesem Kapitel

- Tragende soziale Bindungen eingehen
- Das Netzwerk erweitern
- Unglückliche Menschen meiden
- Allein sein, ohne einsam zu sein
- Sich selbst kennenlernen

Kurt machte sich auf in den Schwarzwald und ließ das hektische Treiben der Stadt hinter sich. Zurück blieben auch alle Probleme, Verantwortlichkeiten und die Anforderungen seines hektischen Mittelklasse-Lebens. Er wollte weg von all den Menschen, die sein Alltagsleben bestimmten – seinem Sohn, seinen Eltern, seinem Bruder, seiner Freundin und seinen Klienten. Kurt war auf dem Weg in ein Wochenende, das er mit jemandem verbringen wollte, der ihm allzu oft völlig fremd war – mit sich selbst. Er war nicht auf der Flucht vor seinem sozialen Umfeld, er nahm sich nur eine dringend nötige Auszeit. Er wollte versuchen, sein Leben in 72 Stunden wieder ins Gleichgewicht zu bringen.

In diesem Kapitel erkläre ich Ihnen, warum es so wichtig ist, ausreichende Verbindungen zu anderen Menschen zu haben. Ich helfe Ihnen, die vielen Facetten der Unterstützung durch andere Menschen zu würdigen, und zeige Ihnen, dass die Existenz einer Vertrauensperson nicht nur glücklich machen, sondern auch Leben retten kann. Sie werden darüber hinaus erfahren, wie Sie allein sein können, ohne einsam zu sein. Und schließlich gebe ich Ihnen Tipps, wie, wann und wo Sie die besten Chancen haben, einen Augenblick des Alleinseins für sich zu finden.

Glück entsteht nicht in einem Vakuum

Wir Menschen sind soziale Wesen. Wir sind mit Gefühlen ausgestattet, die wir im Kontext des Zusammenlebens mit anderen Menschen erleben. Wir laufen zur Hochform auf, wenn wir uns gegenseitig bei unseren alltäglichen Aktivitäten unterstützen – am Arbeitsplatz und in der Freizeit. Wenn diese Aktivitäten produktiver oder konstruktiver Natur sind, Zusammenarbeit erfordern und letztendlich zu unserem Überleben beitragen, machen sie uns fröhlich, glücklich und zufrieden. Sind sie dagegen unproduktiv oder destruktiv und führen zu Konflikten, empfinden wir das Gegenteil – Angst, Groll und Unzufriedenheit. Entscheidend ist die Natur unserer Beziehungen und die Frage, inwieweit sie uns eine Unterstützung sind.

Haben Sie tragende soziale Bindungen?

Mit tragenden sozialen Bindungen meine ich nicht das übliche »Hey, wie geht's? Was geht ab?«, das für die oberflächlichen Verbindungen charakteristisch ist, die einen großen, wenn nicht den größten Teil unseres Alltags ausmachen. Ich meine Beziehungen – Bindungen –, die Ihrem Leben einen Sinn und eine Ausrichtung geben und ohne die Sie sich verloren fühlen würden.

Einer meiner Klienten litt an einer amyotrophen Lateralsklerose (ALS; eine degenerative Erkrankung des motorischen Nervensystems) im Endstadium. Er sagte: »Ich habe das Glück, gute Freunde zu haben – Freunde, die ich mitten in der Nacht anrufen und fragen kann, ob sie mir ihren Mercedes leihen, um nach Südfrankreich fahren zu können, und die ohne zu zögern Ja sagen.« Haben Sie solche substanziellen Beziehungen in Ihrem Leben?

Das Besondere an einer tragenden sozialen Bindung ist, dass sie ungewöhnlich eng und persönlich ist und sich viel weitreichender auf das eigene Leben auswirkt als eine der üblichen oberflächlicheren, lockeren Beziehungen, wie wir sie überwiegend haben. Man kann wohl ohne Zweifel sagen, dass nicht jeder einem anderen Menschen ein neues Auto für eine Spritztour nach Südfrankreich leihen würde, ohne Fragen zu stellen. Eine andere Möglichkeit herauszufinden, ob eine Beziehung Substanz hat, ist sich selbst zu fragen: »Wie würde sich mein Leben verändern, wenn der oder die Betreffende nicht mehr da wäre?« Wenn die Antwort »sehr stark – mehr als ich mir vorstellen möchte« lautet, dann haben Sie wohl eine tragende Beziehung zu diesem Menschen.

Wie weit reicht Ihr Netzwerk?

Ein *soziales Netzwerk* ist die *Menge* der Beziehungen, auf die Sie zurückgreifen können, wenn Sie Unterstützung brauchen. Der Begriff *soziale Unterstützung* zielt mehr auf die *Qualität* dieser Unterstützung ab.

Wie weit reicht Ihr Netzwerk? Auf wie viele Menschen in Ihrem Leben können Sie wirklich bauen?

Für Kurt, den jungen Mann, von dem ich eingangs des Kapitels erzähle, ist nach wie vor sein achtjähriger Sohn sein Lebensmittelpunkt, auch nach der Scheidung von seiner Frau. Kurts Eltern sind mit dieser modernen Lebensweise nicht glücklich, aber sie sind dennoch stolz auf alles, was er schon erreicht hat. Kurt hat ein sehr enges Verhältnis zu seiner Schwester, obwohl sie sehr weit weg wohnt und ihre Persönlichkeiten verschiedener kaum sein könnten. Und seine Freundin hat sich als Letzte zu dem Kreis der Menschen gesellt, die seinem Leben einen Sinn geben.

Diese fünf Menschen bilden die Basis von Kurts sozialem Netzwerk. In schweren Zeiten bilden sie ein Auffangnetz, motivieren und inspirieren ihn, hören ihm zu, wenn er vor schwierigen Entscheidungen oder möglicherweise tief greifenden Veränderungen in seinem Leben steht, und bilden die Hauptquelle seines Selbstwertgefühls. Kurt gehört zu diesen Menschen – und sie gehören zu ihm.

Dank der Segnungen der modernen Technologie – E-Mail, Handys, Kurznachrichten – sind wir heute, was den reinen Umfang unserer Kommunikation ausmacht, mehr mit anderen Menschen verbunden als je zuvor. Die Anzahl der engen Verbindungen dagegen scheint stetig abzunehmen. Einer Studie aus dem Jahre 1985 zufolge hatte jeder Durchschnittsamerikaner drei enge Freunde. Im Jahr 2006 war diese Zahl bereits auf zwei gefallen. Gravierender war jedoch die Tatsache, dass 25 Prozent der Befragten nicht eine einzige Person nennen konnten, die ihnen nahestand. Auch die Größe der sozialen Netzwerke hat sich infolge der abnehmenden Größe der Familien verringert.

Wer gehört zu Ihrem Netzwerk?

Der Mensch ist mobiler geworden (Wegzug von der Familie, in die man geboren wurde), gebildeter, wohlhabender und unabhängiger. Das hat sich zwangsläufig auch auf die Zusammensetzung der sozialen Netzwerke ausgewirkt. So nennen viele Menschen, die jünger sind als 40 Jahre, statt ihrer Geschwister oder sogar statt ihrer Eltern Studienfreunde oder Arbeitskollegen als ihre wichtigsten Bezugspersonen (teils wegen der schrumpfenden Familiengrößen). Noch weniger Menschen zählen Nachbarn zu ihren sozialen Netzwerken. Für immer mehr Menschen werden Haustiere zu wichtigen Lebenspartnern. Und weil immer mehr Menschen erst mit über 30 Jahren heiraten oder sich schnell wieder scheiden lassen, können viele nicht einmal einen Ehepartner als Teil ihres Netzwerks nennen. Trotz all dieser Veränderungen gibt es dennoch genug Möglichkeiten für starke soziale Netzwerke und wertvolle Unterstützung. Solange Ihr Netzwerk nicht die Größe »null« hat und Sie zu den Menschen in Ihrem Netzwerk eine substanzielle Beziehung haben, können Sie guter Dinge sein.

Wo ist Ihre Unterstützung?

Es kann sein, dass Sie die engsten Beziehungen zu Menschen haben, die räumlich weit entfernt leben. Beispielsweise leben die meisten meiner besten Freunde in anderen Staaten – ihre Unterstützung kann meist nur aus der Ferne kommen und ist für mich nicht sofort verfügbar. Bei meiner Frau ist das anders: Viele ihrer engsten Freunde leben praktisch um die Ecke. Das ist schon ein großer Unterschied – sie hat es nicht weit bis zu einem aufmunternden Mittagessen (siehe Kapitel 13) mit einer ihrer Freundinnen. Ihre Unterstützung ist sehr viel leichter zugänglich als meine.

Können Sie Unterstützung in Anspruch nehmen?

Nicht jeder Mensch nutzt die Unterstützung, die er haben könnte – er hat also nichts davon. Wenn ein enger Freund auf dem Anrufbeantworter eine Nachricht hinterlässt und fragt, wie es Ihnen geht, rufen Sie zurück. Wenn ein Familienmitglied Ihnen beim Umzug helfen will, sagen Sie nicht: »Ach was, das schaff ich schon«. Wenn Ihr Anwalt Ihnen einen guten Rat gibt, nehmen Sie ihn an.

Machen Sie es nicht wie Christian, einer meiner Klienten, der jahrelang an chronischen Rückenschmerzen litt. Christian hatte sich im Polizeidienst verletzt und konnte seine Arbeit danach nicht weiter ausüben. Seine Kollegen versuchten, den Kontakt zu ihm aufrechtzuerhalten. Sie riefen oft an und wollten ihn besuchen, aber Christian entzog sich. Er rief nicht zurück und ging nicht an die Tür, wenn sie klingelten. Und trotzdem jammerte er ständig: »Keiner kümmert sich um mich. Seit ich nicht mehr arbeiten kann, bin ich nicht mehr interessant.« Seine Freunde ließen *ihn* nicht hängen – er ließ *sie* hängen.

Handfeste Unterstützung geben, wenn sie am dringendsten gebraucht wird

Menschen, die einen geliebten Menschen verloren haben, bekommen viel emotionale Unterstützung (in Form von Umarmungen und gemeinsamen Tränen) und Unterstützung durch Feedback (»Es wird dir auch wieder besser gehen. Du bist stark.«). Wovon sie zu wenig bekommen, ist handfeste Unterstützung – jemand, der auf die Kinder aufpasst, während sie sich um die Formalitäten kümmern oder zur Beerdigung gehen, jemand, der Mahlzeiten vorbereitet, die man später nur noch warm machen muss und dann den Gästen servieren kann, jemand, der nach den Haustieren sieht, und jemand, der die üblichen Besorgungen macht.

Wenn Sie jemanden kennen, der vor Kurzem einen geliebten Menschen verloren hat, versuchen Sie, Ihre handfeste Unterstützung anzubieten. Sie sorgen damit dafür, dass der Trauernde das tun kann, was für ihn in dieser Situation das Wichtigste ist – sich von dem geliebten Menschen zu verabschieden.

Welche Art Unterstützung bekommen Sie?

Unterstützung beinhaltet, dem Soziologen James House von der Universität Michigan zufolge, »den wechselseitigen Austausch mindestens einer von vier Arten der Unterstützung zwischen verschiedenen Menschen«. Diese vier Arten der Unterstützung sind:

- ✔ **Emotionale Unterstützung:** Sie müssen sicher sein, dass der andere auf Ihrer Seite ist. Die anderen müssen Ihnen sagen: »Ich bin immer für dich da, wenn du mich brauchst.«
- ✔ **Unterstützung durch Information:** Sie brauchen Informationen, Anleitung und Rat, was Sie tun und wie Sie sich in bestimmten Situationen verhalten sollen. Zu den Menschen, die Ihnen diese Informationen geben können, gehören Anwälte, kirchliche Amtsträger, Ärzte, Psychologen und Steuerberater.
- ✔ **Handfeste Unterstützung:** Das ist die praktische Art der Unterstützung. Dazu gehören die Fahrt zur Arztpraxis, private Darlehen, Kistenschleppen beim Umzug und auf die Kinder aufpassen, damit Sie und Ihr Partner endlich mal wieder gemeinsam ausgehen können.
- ✔ **Unterstützung durch Feedback:** Sie brauchen jemanden, der Ihnen offen und ehrlich die Meinung sagt – zum Beispiel, dass Sie gar nicht mehr glücklich wirken. Diese Art der Unterstützung kommt in der Regel nicht von Fremden oder Bekannten.

Nehmen Sie sich einen Moment Zeit und denken Sie darüber nach, wie Sie mit Ihrem Umfeld verbunden sind und wie hilfreich diese Verbindungen für Sie sind. Sortieren Sie dann Ihre Gedanken in etwa so, wie es Tabelle 16.1 zeigt.

Wer	Art der Unterstützung	Wo	Wie zugänglich
Thomas	emotional	weit entfernt	geht so
Mein Steuerberater	Informationen	in der Nähe	sehr gut
Mein Ehepartner	emotional, handfest, Feedback	in der Nähe	sehr gut
Mein Bruder	emotional	weit entfernt	nicht so gut

Tabelle 16.1: Soziale Unterstützung

Wenn Sie mit dieser Übung fertig sind, fragen Sie sich, ob Sie ein geeignetes soziales Netz haben. Wohnt ein zu großer Teil ihrer Unterstützung zu weit weg? Nutzen Sie die Unterstützung, die Sie haben können? Wären Sie glücklicher, wenn Sie mehr Unterstützung hätten? Wenn Sie den Personen, die Ihnen ihre Unterstützung anbieten, ablehnend gegenüberstehen, warum ist das so? Wenn es Ihnen an Unterstützung mangelt, wie können Sie diesen Mangel beheben?

Die Vorteile guter Verbindungen

Die gesellschaftlichen Verbindungen mit der Welt um Sie herum nutzen Ihnen in zweierlei Hinsicht: Sie halten Sie gesund und bringen mehr Spaß in Ihr Leben.

Mein Freund und ehemaliger Kollege Dr. Redford Williams vom Duke University Medical Center veröffentlichte im *Journal of the American Medical Association* eine richtungweisende Studie, die sich der Bedeutung enger persönlicher Beziehungen und deren Einfluss auf die Überlebenschancen bei Herzerkrankungen widmete. Zusammen mit seinen Kollegen fand er heraus, dass Herzpatienten, bei denen eine Angiografie durchgeführt wurde, mit dreimal höherer Wahrscheinlichkeit in den folgenden fünf Jahren an einer Herzerkrankung starben, wenn sie unverheiratet waren oder keine *Vertrauensperson* nennen konnten, mit der sie über ihre Probleme reden konnten. Dieser auffallende Unterschied bei den Überlebenschancen blieb auch bestehen, wenn man die Schwere der Herzerkrankung des jeweiligen Patienten in Betracht zog. Offensichtlich kann es tödlich sein, wenn man das eigene Unglück für sich behält!

Vielleicht sind Sie an einem Punkt in Ihrem Leben angelangt, an dem Sie niemanden haben, dem Sie sich anvertrauen können – niemanden, mit dem Sie über die wichtigen Dinge in Ihrem Leben sprechen können, niemanden, der Ihnen hilft, Hindernisse zu überwinden, oder Ihnen »einfach eine Stimme verleiht«. Wenn das so ist, müssen Sie anfangen, Ihre Fühler auszustrecken – gehen Sie unter die Leute und geben Sie ihnen eine Chance, Sie kennenzulernen. Werden Sie ein Ehrenamtlicher, suchen Sie eine Gruppe, die sich Ihrem Hobby verschrieben hat, oder gehen Sie zu einer Kunstausstellung, wenn ein junger Künstler ausstellt. Denken Sie daran: Man fängt nicht gleich als Vertrauensperson an, man fängt zunächst an, sich näher kennenzulernen, und von da aus entwickeln sich die Dinge allmählich weiter. Wenn

Sie diesen Versuch bereits hinter sich haben und immer noch das Gefühl haben, keine Verbindungen zu anderen Menschen zu haben, empfehle ich Ihnen dringend, Ihre Bedürfnisse zunächst im Rahmen einer Beratung zu stillen – zum Beispiel bei einem Psychologen oder einem Seelsorger. Dafür müssen Sie sich keinesfalls schämen: Das ist eine kluge Entscheidung und immer richtig!

Wer leidet, ist nicht gerne allein – wer glücklich ist, auch nicht

Gefühle sind ansteckend. Wenn Sie sich unters Volk mischen, kann Sie das glücklicher oder weniger glücklich machen. Wenn die Stimmung in der Gruppe, mit der Sie unterwegs sind, positiv ist, werden Sie sich mit einiger Wahrscheinlichkeit auch gut fühlen. Im umgekehrten Fall werden Sie feststellen, dass auch Sie sich eher negativ fühlen – reizbar, zynisch, pessimistisch.

Diesen Aspekt kann ich am besten veranschaulichen, indem ich Ihnen von zwei der bemerkenswertesten Rehagruppen erzähle, die ich in einem Zeitraum von zehn Jahren geleitet habe. Die eine nannte ich die »Gruppe aus der Hölle«, die andere die »Schwarzen Engel«:

- ✔ **Die Gruppe aus der Hölle:** Diese Gruppe bestand aus vier Patienten, die sich alle am Arbeitsplatz schwere Verletzungen zugezogen und in der Folge ihre Arbeit verloren hatten, unter chronischen Schmerzen litten und auf die traditionellen medizinischen und chirurgischen Therapien nicht angesprochen hatten. Alle vier waren extrem negativ – voller Groll und Bitterkeit aufgrund ihrer Situation, sarkastisch, feindselig und höchst resistent gegenüber meinen Bemühungen, ihnen beizubringen, mit ihren Schmerzen so umzugehen, dass sie sich nicht selbst alle Möglichkeiten nahmen. Jeden Tag fachten sie gegenseitig ihr Unglück neu an und verstärkten damit ihren pessimistischen, hoffnungslosen Blick in die Zukunft. Und bei jeder sich bietenden Gelegenheit richteten sie ihre gemeinsame Wut auf mich – am Ende fühlte ich mich genauso mutlos.
- ✔ **Die Schwarzen Engel:** Diese Gruppe bestand aus drei afroamerikanischen Damen, die sich ebenfalls mit chronischen Schmerzen herumplagten, sich am Arbeitsplatz verletzt und ihre Arbeit verloren hatten. In deutlichem Kontrast zu der anderen Gruppe standen jedoch vom ersten Tag an ihre Haltungen und Gefühle. Alle drei kamen stets mit einem Lächeln und einer herzlichen, positiven Begrüßung in die Rehaklinik. Und genauso verließen sie das Gelände vier Stunden später. Sie lachten, ermutigten sich gegenseitig während des Fitnesstrainings und schufen so eine begeisternde Atmosphäre. Sie wollten unbedingt alles lernen, was wir ihnen beibringen konnten, und waren optimistisch, dass die Rehamaßnahme ihnen auf lange Sicht im Kampf gegen ihre ständigen Schmerzen helfen würde. Um ihre Dankbarkeit zu zeigen, schenkten sie mir zum Abschluss drei hölzerne schwarze Engel, die den Rest meines Lebens auf mich aufpassen sollten. Ich war zu Tränen gerührt – und dann umarmten wir uns, bevor sie die Klinik verließen und dabei, wie immer, fröhlich waren und lachten.

Vergessen Sie nicht: Es sind nicht die Schmerzen, die einen Menschen unglücklich machen – unglücklich macht er sich selbst.

Der andere wichtige Nutzen, den Menschen aus Verbindungen zu anderen Menschen ziehen, hat mit Freude und Spaß zu tun. Sigmund Freud sagte einmal, dass in einem glücklichen, erfüllten Leben drei Dinge ausgewogen nebeneinander zum Tragen kommen müssen – Arbeit, Sex und Spiel – und für alle drei braucht man andere Menschen. Stellen Sie sich nur einmal vor, das ganze Leben lang allein zu spielen!

Während meiner Arbeit mit Schmerzpatienten lernte ich, dass das Leiden – die emotionale Komponente des chronischen Schmerzsyndroms – nicht das Ergebnis der Schmerzen ist, sondern die Folge dessen, was die Betroffenen aufgrund der Schmerzen aufgeben. Der Fragebogen, den wir an die Schmerzpatienten verteilten und der ihre Behinderungen im Alltag abfragte, machte uns deutlich, dass sie die ersten Einschränkungen im Bereich *Spiel und Spaß* machten. Ironischerweise verrichten die Betroffenen weiter ihre täglichen Arbeiten im Haushalt – Staubwischen, Putzen und Staubsaugen, alles, was ihre Schmerzen nur verschlimmert –, wenn sie ihre Kontakte zur Familie und zu Freunden längst aufgegeben haben. Dahinter steckt zum Teil die Vorstellung, dass Schmerzen und Spaß nun mal nicht miteinander vereinbar sind – das eine schließt das andere aus. Das ist nicht wahr! Der andere Grund ist, dass in vielen westlichen Kulturen die Ansicht vorherrscht, dass Menschen, die nicht arbeiten können, es auch nicht verdienen, Spaß zu haben. Auch das stimmt nicht!

Unterstützung kann den Fötus retten

Im Rahmen einer Studie zur Beziehung zwischen Stress und sozialer Unterstützung bei schwangeren Frauen fanden Forscher heraus, dass es bei Frauen, die unter »großem Stress« standen, dreimal wahrscheinlicher (90 Prozent) war, dass es bei der Geburt zu Komplikationen kam – einschließlich Fehlgeburten –, wenn sie während der Schwangerschaft nur wenig oder keine Unterstützung von ihren Familien und Freunden erhielten. Die Rate bei den Frauen mit ausreichender Unterstützung lag dagegen bei 30 Prozent. Fazit: Wenn man darauf achtet, dass eine werdende Mutter ausreichend Unterstützung erfährt – emotionale, handfeste, durch Informationen und Feedback –, dann unterstützt das die gesunde und normale Entwicklung des werdenden Kindes enorm.

Allein sein ist wichtig

Die meisten Menschen muss man nicht dazu überreden, die Gesellschaft anderer Menschen zu suchen, schließlich ist der Mensch ein Gemeinschaftstier. Mit dem Alleinsein ist das etwas anders. Das Alleinsein läuft den Anforderungen der Gesellschaft zuwider, die ja davon abhängt, dass wir uns alle zum Wohle des Ganzen anstrengen. Sich Zeit für sich selbst zu nehmen, wird deshalb oft als egoistisch und unproduktiv betrachtet.

Viele Menschen empfinden das Alleinsein auch als unangenehm, weil sie daran gewöhnt sind, ihr Selbstwertgefühl aus Aktivitäten zu beziehen, die jeweils von einem »anderen Selbst« initiiert wurden – aus ihren Bemühungen also, sich selbst zufriedenzustellen, indem sie andere zufriedenstellen. Das »andere Selbst« kann Rollen wie die des Kindes, des Studenten, des Geschwisters, des Enkels, des Pfadfinders, Sportlers, Angestellten, Diakons, Nachbarn oder

Bürgers umfassen. Wenn Sie einem »anderen Selbst« dienen, erlangen Sie natürlich auch ein gewisses Maß an Glück. Dennoch ist es auch wichtig und nützlich, Zeit mit dem »persönlichen Selbst« zu verbringen, dem Teil von Ihnen, der keine anderen Menschen braucht, um glücklich zu sein.

- ✔ **Allein sein gestattet Ihrem Körper, mit Ihrem Denken Schritt zu halten.** In diesem bisweilen grotesk aggressiven Leben, das die meisten Menschen heute führen, sind wir immer nur nach vorn ausgerichtet – unser Kopf ist dem Rest des Körpers immer voraus und denkt, analysiert und plant. Der Körper ist da mehr oder weniger nur ein Transportmittel. Erst wenn wir innehalten und der Alltagshektik entfliehen, haben Körper und Geist die Möglichkeit, sich aneinander anzugleichen.
- ✔ **Allein sein verschafft dem Gehirn eine Pause.** In unserer von Reizen überfluteten Welt läuft unser Gehirn ständig auf Hochtouren. Wenn wir allein sind, können wir uns von dem endlos aus der Umwelt auf uns hereinprasselnden Geschnatter befreien – Radio, Internet, Unterhaltungen, Straßenlärm, Verkehrslärm, bellende Hunde – und einfach mal abschalten.
- ✔ **Allein sein hilft dem Parasympathikus auf die Sprünge (der Teil des vegetativen Nervensystems, der uns beruhigt).** Wenn Sie etwas Zeit für sich selbst haben, entspannen sich die Muskeln, der Blutdruck sinkt und der Puls verlangsamt sich. Das Alleinsein ist so etwas wie ein Anti-Adrenalin-System, das zum Einsatz kommt, wenn die Kampf-Flucht-Reaktion nicht mehr gebraucht wird.
- ✔ **Allein sein verhindert den Burn-out.** Zum Burn-out kommt es, wenn Sie längere Zeit intensivem und nicht abbaubarem Stress ausgesetzt sind. Es mangelt Ihnen an körperlicher und psychischer Energie und Sie handeln konfus, ineffizient und fahrig.
- ✔ **Allein sein fördert die Kreativität.** Das Alleinsein befreit Ihr Denken von allen Ablenkungen des Alltags und erlaubt Ihnen, sich voll und ganz auf eine Sache zu konzentrieren. Auf diese Weise kann Ihr Gehirn die konventionellen Bahnen verlassen und für ganz gewöhnliche Probleme einzigartige und außergewöhnliche Lösungen finden. Nicht zuletzt aus diesem Grund verbringen Künstler – Maler, Bildhauer, Musiker, Schriftsteller – viel Zeit allein.

Wenn Sie vor einem schwierigen Problem stehen, für das es keine einfache Lösung gibt, sollten Sie Ihrem Gehirn erlauben, das Ganze erst einmal sacken zu lassen. Dabei treten Sie zunächst einmal einen Schritt zurück, lassen das Ganze eine Weile ruhen und kommen später darauf zurück. In den meisten Fällen liegt die Lösung dann auf der Hand, wenn Sie sich dem Problem wieder zuwenden. Warum? Ganz einfach: Während Sie sich mit anderen Dingen beschäftigen, vergisst Ihr Gehirn all die falschen Vorstellungen, mit denen Sie sich beschäftigt hatten, bevor Sie das Problem erst einmal zur Seite legten. Im Grunde haben Sie Ihrem Gehirn die Gelegenheit gegeben, noch einmal von vorn anzufangen.

- ✔ **Allein sein kann dazu führen, dass man sich selbst entdeckt.** Das Alleinsein ist eine gute Möglichkeit, sich selbst kennenzulernen. Das Sich-selbst-Entdecken ist ein Prozess, bei dem man sich die folgenden vier Fragen stellt:

- Wer bin ich?
- Was macht mich aus?
- Wohin gehe ich im Leben?
- Fühle ich mich mit mir selbst wohl?

Sich selbst entdecken kann man – und sollte man – in jeder Lebensphase. Es ist egal, ob Sie ein achtjähriges Kind, eine Frau Mitte vierzig oder ein alter Mann sind. Je mehr Sie über sich selbst wissen, desto glücklicher werden Sie sein.

✔ **Allein sein ermöglicht es, sich mit den großen Fragen des Lebens zu beschäftigen.** An verschiedenen Punkten im Leben steht man vor großen Fragen wie »Genieße ich das Leben, wie ich es, gemessen an meinen aktuellen Lebensumständen – Arbeit, Finanzen, Beziehungen – genießen sollte?« und »Ich arbeite jetzt schon 15 Jahre erfolgreich in diesem Beruf, aber möchte ich das den Rest meines Lebens tun?«. Auf solche Fragen Antworten zu finden, erfordert Zeit und sorgfältiges Nachdenken. Sie werden diese Antworten eher in einem ruhigen Moment des Innehaltens – allein – finden, als wenn Sie mitten im hektischen Alltagstrubel stecken.

Einer meiner Freunde hatte zum Beispiel das Glück, bereits früh in seiner akademischen Karriere auf eine leitende Position befördert zu werden. Er machte seine Arbeit gut und stellte sowohl seine Vorgesetzten als auch seine Untergebenen zufrieden. Mit der Zeit aber forderte der Erfolg seinen Tribut. Er litt an dem, was der Psychologe Ad Appels von der Universität Maastricht in den Niederlanden *vitale Erschöpfung* nennt – übermäßige Müdigkeit, gesteigerte Reizbarkeit, Schlafprobleme und das Gefühl der Entmutigung.

Und dann passierte etwas Interessantes: Er nahm ein Forschungsfreisemester und nutzte die Gelegenheit, versäumten Schlaf nachzuholen, mit seiner neugeborenen Tochter lange Spaziergänge zu machen, zu lesen und das Alleinsein zu genießen. Während seines Freisemesters begann er darüber nachzudenken, ob er wieder in die Leitungsfunktion zurückkehren oder lieber wieder ein einfacher Professor sein wollte. Das war keine leicht zu beantwortende Frage – die Antwort würde sich auf seine Bezahlung und seinen Status an der Universität auswirken –, aber diese Frage hatte er sich so nie zuvor gestellt. Nach reiflicher Überlegung entschied er sich eindeutig gegen die Leitungsfunktion und für eine einfache Professur. Als das Freisemester zu Ende ging, teilte er seinen Vorgesetzten seine Entscheidung mit, und sie stimmten widerstrebend zu. Sie waren nicht glücklich damit – aber *er* war es!

Wenn Sie wissen möchten, ob Sie an vitaler Erschöpfung leiden, stellen Sie sich folgende Fragen:

- Fühle ich mich frisch und ausgeruht, wenn ich morgens aufwache?
- Fühle ich mich wie ein Akku, der seine Ladung verliert?

Wenn Sie die erste Frage mit Nein und die zweite Frage mit Ja beantwortet haben, sind Sie definitiv ein Kandidat für vitale Erschöpfung. Allein dadurch erhöht sich das Risiko eines plötzlichen Herztods bereits um 42 Prozent und im Zusammenspiel mit chronischem Ärger um beachtliche 69 Prozent. In diesem Fall sollten Sie einige der folgenden Optionen in Betracht ziehen:

- Lernen Sie, Ihren Ärger besser zu kontrollieren. (Die Lektüre des Buches *Nicht ärgern für Dummies* (Wiley-VCH) ist da ein guter Einstieg.)
- Reduzieren Sie Ihren Nikotin- und Alkoholkonsum, denn beides steht in engem Zusammenhang mit vitaler Erschöpfung.
- Nehmen Sie sich jeden Tag ein paar Minuten Zeit zum Meditieren (siehe Kapitel 22).
- Lesen Sie Kapitel 8 und beschäftigen Sie sich mit den fünf Schritten, die zum Flow-Erlebnis führen.
- Suchen Sie sich Aktivitäten, die sowohl Ihren Geist als auch Ihren Körper aufmuntern (siehe Kapitel 13).
- Arbeiten Sie weniger und spielen Sie mehr (siehe Kapitel 15).
- Sorgen Sie dafür, dass Sie gut und ausreichend schlafen, sich mehr bewegen und gesund essen (siehe Kapitel 23).

✔ **Allein sein gibt Ihnen die Gelegenheit, die Dinge ganzheitlich zu betrachten.** Wenn Sie sich mit den Ärgernissen (siehe Kapitel 13) des Alltags herumschlagen, können Sie nur das sehen, was sich direkt vor Ihrer Nase abspielt. Wenn Sie jedoch das Gesamtbild sehen und würdigen wollen, worum es im Leben geht, müssen Sie einen Schritt zurücktreten und Ihr Leben aus der Vogelperspektive betrachten. Das können Sie aber nur, wenn Sie allein sind.

Der Unterschied zwischen allein und einsam

Die meisten Menschen sehen keinen Unterschied zwischen dem Alleinsein und dem Einsamsein. Allein zu sein bedeutet, dass man für sich ist, ohne eine andere Person in der Nähe. Man kann unter der Dusche allein sein, während einer Autofahrt, beim Schlafen oder bei der Arbeit im Büro. Einsam sein dagegen bedeutet, dass man keinerlei emotionale Verbindung zu seiner Umwelt hat – so als ob alle um einen herum Fremde sind. Manche Menschen fühlen sich in einer großen Menschenmenge einsam, und manche Menschen, die ganz allein sind, fühlen sich überhaupt nicht einsam.

Manche Menschen meiden das Alleinsein, weil für sie allein sein dasselbe ist wie einsam sein. Man kann das Alleinsein nur dann genießen, wenn man seiner Umwelt emotional verbunden ist.

Allein sein = Zuflucht

Eine Zuflucht ist ein Ort, an dem man Schutz und Sicherheit findet, wenn Gefahr droht. Stellen Sie sich das Alleinsein als eine Quelle spiritueller, emotionaler und geistiger Zuflucht vor. Es bietet Ihnen in stürmischen Zeiten einen sicheren Hafen. Es ist das Auge des Sturms – dort ist es ruhig und windstill. Es ist ein Ort, an dem Sie sich nicht verteidigen müssen und wo weder Kampf noch Flucht drohen. Das Alleinsein bringt Gelassenheit mit sich – eines der vielen Elemente des Glücks (siehe Kapitel 2).

Egoismus und Großzügigkeit

17

In diesem Kapitel

- Den gesunden Egoismus entdecken
- Den glücklichen Mittelwert finden
- Bedingungslos geben
- Die eigenen Absichten umsetzen
- Energien umlenken
- Für das Unerwartete vorsorgen

Was ist für Gordon Gekko, den von Michael Douglas in dem Film *Wall Street* gespielten skrupellosen Börsentycoon, das Geheimnis des Glücks? Gier natürlich. Gier – der Gipfel des Egoismus – unterscheidet nach Gekkos Ansicht Gewinner von Verlierern, und wer will schon ein Verlierer sein? Gier bringt Reichtum. Gier sorgt dafür, dass man immer mehr hat, als man braucht – ob das nun Geld, Essen, Spielzeug oder die Grundstücksgröße ist. Gier verlangt immer die Befriedigung des Eigeninteresses.

Die Psychologen Elizabeth Dun (Universität von British Columbia) und Michael Norton (Harvard Business School) haben eine ganz andere Auffassung von Glück. Ihre Forschungen weisen in die entgegengesetzte Richtung: Wenn man großzügig ist und sein Geld anderen gibt, ob sie es nun brauchen oder nicht, hat man Glückserlebnisse. Die Untersuchungsergebnisse weisen darauf hin, dass das vom Einzelnen erlebte Glück nicht davon abhängt, wie viel Geld er ausgibt, sondern davon, wem er es gibt. Schon eine geringe Summe wie fünf Euro am Tag drückt sich am Ende eines Tages in Freude und Zufriedenheit aus. Anders als Gier zielt Großzügigkeit ausschließlich auf die Interessen anderer Menschen.

Wer hat nun recht? Wenn Sie glücklich sein wollen, sollten Sie dann egoistisch oder großzügig sein? Die Antwort lautet: Beides ist richtig. Es kommt auf die richtige Mischung an.

Wie ich in diesem Teil des Buches immer wieder hervorhebe, liegt das Glück irgendwo in der Mitte zwischen den Extremen des Lebens – irgendwo zwischen Arbeit und Spiel (siehe Kapitel 15), Gesellschaft und Alleinsein (siehe Kapitel 16) und so weiter. In diesem Kapitel zeige ich Ihnen, wie Sie von ungesundem Egoismus auf der einen Seite und stolzer Großzügigkeit auf der anderen Seite wegkommen. Ich rufe Ihnen ins Gedächtnis, was es wirklich bedeutet, ein guter Pfadfinder zu sein, und warum das Geben aus falschen Motiven heraus nur ins Unglück führt. Und schließlich verbinde ich das alles mit dem Aspekt der Energie und unterbreite Ihnen Vorschläge, wie Sie Ihr Leben neu beleben können.

Gesunder Egoismus

Die meisten Menschen halten den Begriff *gesunder Egoismus* für einen Widerspruch in sich. Man hat Ihnen vielleicht beigebracht, dass Egoismus eine schlechte Sache sei. Vielleicht hat man Sie auch gelehrt, dass es besser sei, selbstlos zu sein und die Interessen der anderen immer vor die eigenen zu stellen. *Märtyrer* (Menschen, die ihr Leben für andere Menschen opfern) sind das Extrembeispiel für Selbstlosigkeit, und viele Menschen glauben, dass der Weg des Märtyrertums direkt in den Himmel führt.

Dennoch sollten Sie Folgendes nicht außer Acht lassen: Alles, was Sie Tag für Tag tun, um Ihr Überleben zu sichern, ist egoistisches Handeln. Essen ist egoistisch – aber wenn Sie nicht essen, sterben Sie. Dasselbe gilt für das Trinken – eine massive Dehydrierung führt zum Tod. Auch Sex ist, selbst und gerade wenn er nur zum Zweck der Fortpflanzung erfolgt, egoistisch – Sie haben Sex, weil *Sie* Kinder wollen. Arbeiten ist egoistisches Handeln – Sie wollen Geld verdienen, um es für lebensnotwendige Güter und Luxusartikel auszugeben.

Der Unterschied zwischen gesundem und ungesundem Egoismus liegt nicht im Handeln selbst, sondern in den Folgen des jeweiligen Handelns. Hier einige Beispiele für gesunden Egoismus:

- ✔ Schlafen, wenn man erschöpft ist.
- ✔ Regelmäßig an Gottesdiensten teilnehmen, um seine spirituellen Bedürfnisse zu befriedigen.
- ✔ Mehrere Stunden in der Woche Sport treiben.
- ✔ Zwei Gläser alkoholhaltiger Getränke am Tag zu sich nehmen – das wirkt, der Wissenschaft zufolge, stressmindernd.
- ✔ Sich einen Strauß Blumen kaufen, um das Büro zu verschönern.
- ✔ Jeden Morgen ein paar zusätzliche Minuten im Bett liegen bleiben.
- ✔ Ehrlich sein, wenn man weiß, wie schwer das Leben sein kann, wenn es auf Lügen gründet (siehe Kapitel 7).

Und hier ein paar Beispiele für ungesunden Egoismus:

- ✔ Zu viel essen, bis man an Fettsucht erkrankt – das gefährdet die Gesundheit und verkürzt das Leben.
- ✔ Zigaretten rauchen – anerkanntermaßen die Hauptursache von Krebs und Herzerkrankungen.
- ✔ Seinen Ärger an einem Familienmitglied auslassen, weil man sich dann besser fühlt.
- ✔ Übermäßiger Alkoholkonsum.
- ✔ Sich weigern, beim Sex ein Kondom zu benutzen.
- ✔ Einem Kollegen die Schuld für einen Fehler zuschreiben, den man selbst gemacht hat.
- ✔ Die eigenen Kinder immer bei Spielen schlagen, nur weil man es kann.

Identität ohne »ich« geht nicht

Man kann durchaus zu großzügig sein und zu viel von sich hergeben und sich zu viel abverlangen.

Bei Susi war das so. Sie tat den ganzen Tag nichts anderes, als darüber nachzudenken, was ihr Mann, ihre zwei Kinder, ihre Eltern und Schwiegereltern, ihre Kollegen und Nachbarn wohl wollen könnten, und ihre Bedürfnisse zu erfüllen. Ihre eigenen Bedürfnisse vergaß sie völlig. Susi erzählte mir, dass sie im Restaurant immer wartete, bis alle anderen bestellt hatten, und dann – weil sie ja für das Haushaltsgeld zuständig war – für sich immer das billigste Menü bestellte. »Ich möchte, dass sie essen können, was sie wollen; ich esse alles«, meinte sie. Erst nach ihrer Scheidung von ihrem Mann nach 30 Jahren Ehe fing sie an zu kochen, was *sie* gerne aß, anstatt sich immer nach den Vorlieben der anderen zu richten.

Ist Susi da eine Ausnahme? Sicher nicht. Es gibt Millionen Susis da draußen, Menschen, deren Identität und Selbstgefühl untrennbar mit den Bedürfnissen und Wünschen anderer Menschen verknüpft sind. Sie gehen *zu* großzügig mit ihrer Zeit, *zu* großzügig mit ihrem Geld und *zu* großzügig mit ihrer Energie um. Sie denken nur an andere und nie an sich selbst – und nehmen irrtümlich an, das würde sie glücklich machen.

Im *du* gibt es kein *ich*. Wenn Sie jemand fragt, wer Sie sind, sagen Sie dann »Ich bin Lukas Mutter«, »Ich bin Dr. Bertrams Frau« oder »Ich bin Katja Müllers Chefin«? Wenn ja, dann richtet sich Ihre Selbstwahrnehmung mehr nach anderen Menschen als nach Ihnen selbst. Und die Art und Weise, wie Sie sich selbst wahrnehmen, hat viel damit zu tun, wie glücklich Sie sind (siehe Kapitel 1). Susi war eine gute Mutter und Ehefrau – ihre Familie würde das bestätigen –, aber sie war bestimmt keine glückliche Frau.

Fangen Sie gleich heute damit an, wieder mehr »ich« in Ihre Identität einzubringen. Beantworten Sie zunächst ehrlich die folgenden Fragen, ohne dabei an Ihren Ehepartner, Ihre Kinder, die Familie oder sonst jemanden zu denken:

- ✔ Was will *ich* an meinem freien Tag machen?
- ✔ Wo möchte *ich* Urlaub machen?
- ✔ Mit wem möchte *ich* an diesem Wochenende essen gehen?
- ✔ Welches Buch möchte *ich* mir heute kaufen?
- ✔ Welche neue Frisur möchte *ich* haben?
- ✔ Wem möchte *ich* meine Stimme geben?
- ✔ Welches Auto möchte *ich* fahren?
- ✔ Möchte *ich* heute Nachmittag lieber ein Nickerchen machen oder den Rasen mähen?

Die Menschen, um deren Bedürfnisse Sie sich die ganze Zeit gekümmert haben, finden es möglicherweise gar nicht so toll, wenn Sie sich wieder mehr um ihre eigenen Interessen kümmern möchten. Sie waren ja auch immer zufrieden und haben daher an einer Veränderung kein großes Interesse. Halten Sie auf jeden Fall durch, auch wenn Sie Gegenwind verspüren. Die anderen werden sich an Ihr neues Ich gewöhnen – geben Sie ihnen ein bisschen Zeit.

Ein guter Pfadfinder sein

Über einen gesunden Egoismus zu verfügen ist dasselbe, wie ein guter Pfadfinder zu sein. Der Eid der Pfadfinder besagt nicht nur, dass man sein Bestes tun wird, seine Pflichten Gott und Vaterland gegenüber zu erfüllen und anderen Menschen jeder Zeit zu helfen, sondern er verlangt auch, dass man auf seine eigene gute körperliche, geistige und moralische Verfassung achtet. Ein guter Pfadfinder zu sein bedeutet deshalb, kurz gesagt, dass man das richtige Gleichgewicht zwischen der Befriedigung der eigenen Bedürfnisse und der Bedürfnisse anderer findet. Die meisten Leute denken, dass es bei den Pfadfindern darum geht, bestimmte Fähigkeiten zu erlernen – etwa am offenen Feuer kochen, das Überleben in der Natur lernen oder den Weg aus einem Wald heraus finden, wenn man sich verlaufen hat. Dabei geht es im Grunde mehr darum, junge Menschen auf ein glückliches Leben vorzubereiten.

Wenn ein Elternteil Alkoholiker ist

Leider bin ich, wie Millionen andere Menschen auch, in einem Alkoholikerhaushalt groß geworden. Und wie so viele Kinder von Alkoholikern lernte ich schon in sehr jungen Jahren, mich um andere zu kümmern – um meinen betrunkenen Vater ebenso wie um die, die unter seiner Trinkerei litten. Ich musste schnell erwachsen werden und übersprang dabei einen Großteil meiner Kindheit und Pubertät. Stattdessen schlüpfte ich weit vor der Zeit in die Rolle eines Erwachsenen.

Jemand hat mich einmal gefragt, wie ich es geschafft habe, schon in die oberste Verwaltung einer großen Institution vorzudringen, bevor ich 30 Jahre alt war. »Ganz einfach«, antwortete ich, »als ich 15 Jahre alt war – nachdem mein Vater uns verlassen hatte – musste ich mich um drei jüngere Kinder kümmern, als wären es meine eigenen, und den Haushalt schmeißen, während meine Mutter arbeiten ging. Ich hatte bereits 15 Jahre Verwaltungserfahrung, bevor ich die Leitung der Medizinischen Psychologie übernahm. Und glauben Sie mir, im Vergleich dazu ist diese Arbeit ein Kinderspiel!«

Alle Kinder von Alkoholikern haben psychische »Probleme«, ob sie es wahrhaben wollen oder nicht. Wenn Sie der Sohn oder die Tochter eines Alkoholikers sind, sollten Sie, auch wenn Sie schon seit Jahren nicht mehr zu Hause leben, die Nachwehen des Alkoholismus nicht unterschätzen, aber sich auch nicht davon entmutigen lassen. Andere Ereignisse und Umstände im Leben – sowie Beziehungen mit gesunden Menschen außerhalb der Familie – können Ihnen helfen, sich zu einer gesunden Persönlichkeit zu entwickeln. Selbsthilfegruppen wie Al-Anon und Alateen (`www.al-anon.de`) können Ihnen helfen, Hoffnung zu schöpfen, aber auch die traditionellen Beratungsangebote von Psychologen und Psychiatern.

Erneuerte und umgeleitete Energie

Nennen Sie es Erschöpfung, nennen Sie es Müdigkeit, nennen Sie es Burn-out – alles läuft auf dasselbe hinaus: Ihr Körper hat zu wenig Energie. Wie ich in Kapitel 4 hervorhebe, braucht man Energie, um Gefühle wie Ärger und Freude zu erzeugen. Energie braucht man auch für die Dinge, die unerlässlich sind, um den Zustand des Glücks zu erreichen. Ohne Energie können Sie einfach nicht glücklich sein.

Wenn Sie nun das Gefühl haben, dass Ihre Akkus Leistung verlieren, woher bekommen Sie dann mehr Energie? Zum Beispiel, indem Sie Energie von den Aktivitäten umleiten, die nur den Bedürfnissen anderer Menschen dienen, anstatt in die Beschäftigungen zu fließen, die Sie mit neuer Energie versorgen und Sie neu beleben.

Anstatt einen ganzen Morgen damit zuzubringen, die Klamotten Ihres pubertierenden Sohnes vom Boden aufzusammeln, könnten Sie auch einen Spaziergang machen und die Sonne auf Ihrer Haut genießen. Anstatt Überstunden zu machen, um die Arbeit anderer Leute zu erledigen, können Sie auch pünktlich Feierabend machen und sich mit einem alten Freund treffen und sich mal so richtig verquatschen. Anstatt sieben Tage in der Woche Besorgungen zu erledigen und Punkte auf Ihrer Liste abzuhaken, können Sie einen oder zwei Abende zu Hause mit Ihren Kindern abhängen. Anstatt am Wochenende ins Büro zu gehen und sich auf die kommende Woche vorzubereiten, können Sie zum Gottesdienst gehen und Ihre spirituelle Seite wiederbeleben.

Manche Dinge im Leben verbrauchen Energie und andere Dinge erzeugen Energie. Regelmäßiger Sport erzeugt Energie – man fühlt sich danach erfrischt und wie neu geboren. Dasselbe leistet eine gute Mütze Schlaf. Lachen erzeugt positive Energie. Umarmungen erzeugen für beide Beteiligten eine wahre Energieinfusion. Das sind alles Aktivitäten, die unter die Überschrift *gesunder Egoismus* fallen.

Die folgende Übung pflege ich zusammen mit meinen Klienten zu machen, wenn wir darüber reden, was man tun kann, um bedeutsame Änderungen in seinem Leben einzuläuten:

1. **Stellen Sie sich zu Hause oder im Büro neben eine Wand und legen Sie die rechte Hand auf die Wand.**
2. **Versuchen Sie nun, mit Ihrer linken Hand die gegenüberliegende Wand zu erreichen.**

   Sie werden feststellen, dass Sie das, so sehr Sie es auch versuchen, nicht schaffen können – es sei denn, sie lösen die rechte Hand von der Wand. Die Botschaft lautet: Um dorthin zu gelangen, wo man hin will, muss man manchmal etwas anderes loslassen.

Legen Sie heute das Pfadfinder-Versprechen ab und halten Sie es den Rest Ihres Lebens in Ehren. Es lautet etwa so: »Ich werde mein Bestes tun, meine Pflicht gegenüber Gott und meinem Land zu erfüllen und dem Pfadfindergesetz zu gehorchen, anderen Menschen jederzeit zu helfen, meinen Körper stark, meinen Geist wach und meine Moral unverfälscht zu halten.« Kennen Sie eine bessere Formel, das Glück zu erreichen?

Sich Zeit für sich selbst nehmen

Denken Sie darüber nach, womit Sie Ihren Tag verbringen. Wenn Sie jede Nacht acht Stunden lang schlafen, bleiben Ihnen 16 wache Stunden. Rechnen Sie einmal aus, wie viele dieser Stunden Sie im Dienst anderer Menschen stehen (arbeiten, Besorgungen machen, an Sitzungen teilnehmen, die Kinder herumkutschieren, das Haus sauber halten, Rechnungen bezahlen, den Rasen mähen) und wie viele Stunden pro Tag Sie nur für sich selbst haben (Zeitung lesen, ein Nickerchen machen, ein heißes Bad nehmen, Ihre Buchhandlung durchstöbern). Wenn es Ihnen so wie den meisten Menschen geht, verbringen Sie weit weniger Zeit in eigener Sache als mit den Interessen anderer Leute. In unserer heutigen, ach so geschäftigen Welt wäre ich sogar überrascht, wenn Sie mehr als zwei Stunden pro Tag für sich selbst in Anspruch nähmen.

Ich möchte, dass Sie sich die folgende Frage stellen: »Haue ich mich selbst übers Ohr, wenn es darum geht, meine Zeit einzuteilen?« (Rechnen Sie den Stundenlohn aus, den Sie mit Ihrer Arbeit erzielen.) Fragen Sie sich: »Was ist die Zeit wert, die ich für mich und mit mir allein verbringe?« Ist sie genauso wertvoll wie das, was Sie für die Arbeit erhalten, die Sie für andere erbringen? Ist sie mehr wert? Oder weniger? Setzen Sie einen realen Wert in Euro und Cent an. Ihre Antwort sagt etwas über Ihr Selbstwertgefühl aus. Wenn Sie das Gefühl haben, dass die Zeit, die Sie für sich in Anspruch nehmen, nur geringen Wert hat, dann werden Sie keine Zeit für sich selbst »verschwenden«. Betrachten Sie die für sich selbst aufgewendete Zeit jedoch als wertvoll, werden Sie auch Zeit für sich finden. So einfach ist das!

Nicht der Gedanke zählt

Wenn Sie Ihren Hochzeitstag vergessen und als Entschuldigung vorbringen, dass Sie ja *vorhatten*, Ihrer Partnerin etwas zu schenken, aber diese Woche einfach zu viel um die Ohren hatten, dann glauben Sie Ihrer Frau nicht, wenn sie sagt: »Ist schon in Ordnung, Schatz – der Gedanke zählt.« In der wirklichen Welt sind *Absichten* gar nichts wert – es zählt nur die *Tat*. Selbst wenn Ihre Frau gute Mine zum bösen Spiel macht (siehe Kapitel 12), können Sie Ihr letztes Hemd darauf verwetten, dass sie nicht wirklich glücklich ist!

Jeder Mensch ist voller guter Absichten. Wir denken, dass wir uns um die Bedürftigen kümmern, wir malen uns aus, was wir tun und wie gut wir uns danach fühlen werden – aber solange wir diese Gedanken nicht in die Tat umsetzen, tun sie weder uns noch sonst irgendjemand etwas Gutes.

Zu viel des Guten: Wenn Großzügigkeit ins Kraut schießt

Übertriebene Großzügigkeit kann ungesund sein. Der Trick besteht darin, großzügig zu sein, ohne sich selbst auszubeuten. Eltern, die mit ihren schwer erarbeiteten Ersparnissen fürs Alter immer wieder ihren studierenden Sohn »freikaufen« müssen, weil er wieder mal seine Kreditkarte überzogen hat oder mit dem Gesetz in Konflikt geraten ist, sind ein gutes Beispiel für falsch verstandene Großzügigkeit. Dahinter mögen zwar die besten Absichten stecken, aber man entwickelt unweigerlich Groll und Wut angesichts der belasteten Beziehungen zu einem geliebten Menschen. Unterstützung ist eine Sache – die Förderung ungehörigen Verhaltens durch falsch verstandene Großzügigkeit eine andere.

Wenn Sie nicht sicher sind, ob Sie es mit Ihrer Großzügigkeit übertreiben, stellen Sie sich einmal die folgende Frage: »Kann ich es mir leisten, dieses Geld, diese Energie oder diese Zeit einem anderen zu geben, ohne mich selbst in unfairer Weise zu benachteiligen?« Wenn die Antwort Ja lautet, machen Sie weiter. Müssen Sie ehrlicherweise mit Nein antworten, halten Sie sich zurück. Sie werden es dann später nicht bedauern müssen.

Als meine Tochter noch klein war, las ich ihr viele Kinderbücher vor. Eine ihrer Lieblingsgeschichten handelte von einem kleinen Mädchen, das Puppen aus aller Herren Länder sammelte. Seite für Seite waren in dem Buch Puppen aus verschiedenen Ländern – Italien, Frankreich, Niederlande, China – in landestypischer Kleidung abgebildet. Gemeinsam mit seiner Mutter legte das Kind die Sammelpuppen ins Bett, bis das Bett voll war. Plötzlich legte das Mädchen jedoch die Stirn in Falten, blickte ganz unglücklich drein und sagte: »Aber Mama, da ist ja jetzt gar kein Platz mehr für mich!« *Vergessen Sie nicht:* Sie müssen in Ihrem Leben auch Platz genug für sich selbst haben.

Die Sage vom Totempfahl

Eine verheiratete Frau Mitte fünfzig, die wegen ihrer Depression bei mir in Behandlung war, kam eines Morgens früh in mein Büro. Sie war völlig außer sich und ich sah sofort, dass sie irgendetwas sehr aufgeregt haben musste. Sie weinte, zitterte und die Verzweiflung war ihr ins Gesicht geschrieben. Dann erzählte sie: »Ich hatte einen furchtbaren Traum letzte Nacht. Als ich aufwachte, zitterte ich am ganzen Körper und mein Herz schlug mir bis zum Hals – ich dachte schon, ich hätte einen Herzinfarkt. Seit diesem Moment bin ich in Tränen aufgelöst.«

Ich bat sie, mir von dem Traum zu erzählen. »Wissen Sie, was ein Totempfahl ist?« fragte sie. »Auf diesen Pfählen sind Bilder eingeschnitzt, mit denen die Indianer die Lebensgeschichte eines Menschen erzählen – das Wichtigste in seinem Leben. In meinen Traum stand ich vor meinem eigenen Totempfahl und sah ihn mir an. Ich sah ein Bild meines Mannes, eins für meine Tochter, je eins für meine Mutter und meine Schwiegermutter, eins für meine Schwester – alle Menschen, die in meinem Leben eine Rolle spielten, waren da. Und plötzlich erkannte ich, dass auf diesem Pfahl eine Person fehlte, und das war ich selbst. Ich fehlte auf meinem eigenen Totempfahl. Ich bin jetzt 50 Jahre alt und habe immer noch kein eigenes Leben.«

Wenn Sie eines Tages Ihren Totempfahl betrachten, was werden Sie sehen? Werden Sie ein Bild von sich selbst vorfinden oder wird es Ihnen gehen wie dieser netten, aber traurigen Dame und Sie müssen erkennen, dass Sie nie ein echte, von Liebe und Großzügigkeit geprägte Beziehung mit dem Menschen hatten, der Ihnen am nächsten steht – mit Ihnen selbst?

Geben, aber richtig

Wenn Sie anderen gegenüber großzügig sind, sollten Sie dann nicht auch die »Freuden des Gebens« genießen? Das kommt darauf an. Wenn hinter Ihrer Großzügigkeit ein positives Motiv steckt – beispielsweise Mitgefühl – ist die Antwort »Ja«. Fühlen Sie sich dagegen in gewisser Weise zur Großzügigkeit verpflichtet oder haben Sie das Bedürfnis, andere zu kontrollieren, dann ist die Antwort ein klares »Nein«. Anders ausgedrückt: Es gibt eine richtige Art zu geben und eine falsche. Die eine macht Sie glücklich, die andere nicht.

Nur dann geben, wenn Sie es wollen

Wenn Sie großzügig sein wollen, achten Sie darauf, dass Sie es aus den richtigen Gründen tun. Etwas für andere zu tun, weil Sie das Gefühl haben, es tun zu *müssen*, anstatt es tun zu *wollen*, wird Sie nicht glücklich machen.

Zu viele Menschen handeln nach der Devise »Eine Hand wäscht die andere«. Wenn ihnen jemand etwas Gutes tut, fühlen sie sich verpflichtet, in gleicher Weise zu reagieren. Sie zeigen das, was ich »Großzügigkeit nach Buchhalterart« nenne. Wenn Sie nur dann anderen Menschen etwas geben, weil Sie das Gefühl haben, ihnen etwas schuldig zu sein (Sie waren letzten Monat bei Müllers zum Essen eingeladen und fühlen sich deshalb verpflichtet, die Müllers diesen Monat zum Essen einzuladen), werden das alle Beteiligten merken. Warum? Weil Sie keinen Spaß daran haben, etwas zu geben – Sie werden es den anderen insgeheim übel nehmen und das wird sich in Ihrem Verhalten zeigen.

Halten Sie sich daran, nur dann zu geben, wenn Sie es wollen. Sie werden es nie bereuen.

Das Großzügigkeitshormon

Forscher an der Claremont Graduate University in Kalifornien haben eine Verbindung zwischen großzügigem Verhalten und dem Hormon Oxytocin entdeckt. In ihren Experimenten waren die Probanden, denen Oxytocin verabreicht wurde, eher geneigt, einem Fremden mit Geld auszuhelfen, als die Probanden, die das Hormon nicht bekommen hatten.

Oxytocin wird im Gehirn immer dann ausgeschüttet, wenn Menschen unter Menschen sind. Offenbar ist es die treibende Kraft hinter unseren Bemühungen, anderen Menschen zu helfen. Die Forscher fanden auch heraus, dass Oxytocin eher produziert wird, wenn Menschen sich sicher und zufrieden fühlen und von anderen liebevoll behandelt werden – zum Beispiel wenn man sie umarmt oder küsst.

Ko-Abhängigkeit: Die ultimative Form der Kontrolle

Ich definiere *Ko-Abhängigkeit* als das gewohnheitsmäßige, zwanghafte Bedürfnis, das Verhalten anderer Menschen zu kontrollieren, um selbst ein Gefühl der Zufriedenheit mit sich selbst zu erlangen. Einfach ausgedrückt: Ein ko-abhängiger Mensch kann nur dann glücklich sein, wenn er andere Menschen kontrollieren kann. Eine ko-abhängige Mutter beispielsweise ist erst dann glücklich, wenn ihr Sohn so lebt, wie sie es sich vorstellt. Ein ko-abhängiger Ehemann ist erst dann glücklich, wenn sich seine Frau so verhält, wie er es für richtig hält. Eine ko-abhängige Schwester ist erst dann glücklich, wenn ihre Geschwister (ihrer Ansicht nach) das Richtige tun, und ärgert sich, wenn sie es nicht tun.

Thorsten und seine Mutter Rita haben ein echtes Problem. Thorsten versuchte immer wieder, der Rolle des pflichtbewussten Sohnes gerecht zu werden, und Rita wollte unbedingt die gute Mutter sein. Sie gingen sich dabei gegenseitig fürchterlich auf die Nerven. Rita beschreibt die Situation folgendermaßen: »Alle naselang kommt Thorsten vorbei und will mit mir essen gehen oder sonst irgendetwas machen. Ich muss dann alles stehen und liegen lassen und meinen Freunden absagen, nur damit er Gesellschaft hat.« Das würde sie Thorsten aber nie sagen, weil sie damit seine Gefühle verletzen würde. Aber so empfindet sie es nun mal.

Thorsten sieht die Sache so: »Sie ist eine undankbare Hexe. Ich versuche, mich richtig zu verhalten und ab und zu vorbeizuschauen. Und dann muss ich mir ständig ihr langes Gesicht ansehen.« Das würde er seiner Mutter aber nie sagen, weil er damit ihre Gefühle verletzen würde. Aber so empfindet er es nun mal.

Keiner der beiden scheint glücklich sein zu können, ohne alles zu versuchen, die Bedürfnisse zu befriedigen, die sie dem anderen unterstellen. Gibt es für dieses Problem eine Lösung? Ja. Thorsten muss lernen, dass er auch dann ein guter Sohn sein kann, wenn er nicht ständig unangekündigt bei seiner Mutter hereinschneit. Rita muss lernen, dass sie weder sich noch Thorsten einen Gefallen tut, wenn sie irgendwohin mitgeht, ohne es zu wollen, und dann die ganze Zeit schlechte Laune verbreitet.

Wenn Thorsten den unwiderstehlichen Drang hat, ein guter Sohn zu sein, muss er sich sagen: »Nein, heute nicht!« Und wenn Rita den Drang hat, ihre Pläne über den Haufen zu werfen, um für ihren Sohn da zu sein, muss sie sagen: »Tut mir leid, Schatz, ich habe etwas anderes vor.« Wenn sie das beide schaffen, können sie auch wieder lernen, mit Freude etwas zusammen zu machen.

Im Folgenden habe ich einige Merkmale einer ko-abhängigen Persönlichkeit für Sie zusammengestellt:

- ✔ Sie sagen Ja, obwohl Sie eigentlich Nein sagen möchten.
- ✔ Sie legen sich immer zu viel ins Zeug.
- ✔ Sie erwarten von sich, alles perfekt zu machen.
- ✔ Sie empfinden sich meist als Opfer.

- ✔ Sie fragen sich, warum Sie nie genug Energie haben.
- ✔ Sie sagen selten, was Sie empfinden.
- ✔ Sie haben Probleme damit, Spaß zu haben und spontan zu sein.
- ✔ Sie nehmen alles persönlich.
- ✔ Sie fühlen sich ungeliebt, auch von den Menschen, die Sie lieben.

Vergessen Sie nicht: Ko-Abhängigkeit ist wissenschaftlichen Erkenntnissen nach nicht genetisch bedingt. Vielmehr handelt es sich um einen erlernten Beziehungsstil – im Grunde also eine schlechte Angewohnheit –, den man auch wieder verlernen kann.

Geben, ohne zu kontrollieren

Wie oft schon haben Sie jemanden sagen hören: »Nach all dem, was ich für dich getan habe, kann ich nicht glauben, dass du dich so verhältst.« Dahinter steckt die Aussage: »Ich bin frustriert, weil ich das Gefühl habe, dass meine Großzügigkeit nicht honoriert wird.«

Wenn Sie geben, dann geben Sie ohne jede Bedingung – wer großzügig ist, darf nicht erwarten, etwas dafür zurückzubekommen. Echte Geschenke bewegen sich nur in eine Richtung. Man macht sie weder aus einem Gefühl der Verpflichtung heraus noch verpflichten sie den Beschenkten in irgendeiner Weise.

Sie *denken* vielleicht nicht, dass Sie etwas für andere tun, um damit ihr Verhalten zu kontrollieren, tun aber genau das. Wenn Sie jemandem Geld geben – nicht als Darlehen, sondern als Geschenk –, regen Sie sich dann auf, wenn derjenige es für etwas Unvernünftiges ausgibt? Hören Sie sich manchmal sagen: »Wenn ich gewusst hätte, dass du das Geld dafür ausgibst, hätte ich es dir nicht gegeben?« Sind Sie irritiert, wenn Sie sich großzügig gezeigt haben und kein »Danke schön« hören? Denken Sie dann: »Wenn ich mir schon die Mühe mache, ihm zu helfen, hätte er wenigstens Danke sagen können«?

Das schönste Geschenk überhaupt

Jemand sagte mir einmal: »Man gibt nur dann wirklich, wenn man etwas von sich selbst gibt.« Ich glaube, das stimmt. Ich glaube auch, dass diese Art Geschenk – ein persönliches und einzigartiges – den Menschen am glücklichsten macht. Ich bin Schriftsteller. Dass ich dieses Buch schreibe, ist ein Geschenk an mich selbst. Ich bin auch beratender Psychologe und Lehrer. Jedes Mal, wenn ich die Gelegenheit habe, die Hand auszustrecken und einen leidenden Freund zu trösten oder meinen Zuhörern etwas beizubringen, mache ich das, ohne zu zögern. Das sind die Geschenke, durch die wir in anderen Menschen weiterleben.

Teil V

Glück in wichtigen Beziehungen

In diesem Teil ...

Ich nehme mal an, dass es Ihnen nicht viel anders geht als mir: Sie möchten am Arbeitsplatz, in der Familie und in wichtigen anderen Beziehungen glücklich sein.

Werden an Ihrem Arbeitsplatz Grabenkämpfe ausgetragen? Sagen Ihre Kollegen nie »Bitte« oder »Danke« und tragen sie ihre Feindseligkeiten offen aus? Wussten Sie, dass das emotionale Klima am Arbeitsplatz entscheidend dafür ist, ob die Mitarbeiter ihr Potenzial entfalten können oder es ungenutzt verkümmern lassen? In diesem Teil zeige ich Ihnen Wege auf, wie Sie konstruktiv mit Ärger umgehen können, damit Sie und andere nicht jeden Tag voller Groll und ausgelaugt in den Feierabend gehen.

Würden Sie gerne mehr Zeit mit Ihrer Familie verbringen? Schon eine gemeinsame Mahlzeit am Tag kann viel dazu beitragen, dass Ihre Familie sich darauf freut, Sie nach Feierabend zu Hause begrüßen zu können. In diesem Teil stelle ich Ihnen Strategien vor, wie Sie Ihrem Familienglück auf die Sprünge helfen können.

Und möchten Sie vielleicht wissen, welche drei Elemente glückliche Beziehungen fördern und was uns die positive Psychologie darüber erzählt, welche Vorteile es hat, die zu umsorgen und zu pflegen, die uns am Herzen liegen? In diesem Teil erfahren Sie mehr zu diesen Fragen und vieles andere, was für intime Beziehungen wichtig ist.

Am Arbeitsplatz

18

In diesem Kapitel

- Lieben, was man tut
- Gesunde Grenzen setzen
- Lösungen anstreben, die für beide Seiten gewinnbringend sind
- Konstruktiver Umgang mit Ärger
- Kontraproduktivem Arbeitsverhalten entgegenwirken

Jeden Montagmorgen ist es dasselbe. Theresia graut davor, zur Arbeit zu gehen. Für sie ist ihr Büro der Ort, an dem sie am unglücklichsten ist. Ihr unmittelbarer Vorgesetzter ist ein Tyrann, der wegen dem kleinsten Fehler herumschreit und Theresia und ihre Kolleginnen verächtlich heruntermacht. Die Tage ziehen sich endlos in die Länge und sie ist ständig auf der Hut, weil man nie weiß, wann der nächste Ausbruch kommt. Theresia hat vor vier Jahren diese Stelle angetreten, da war sie noch ein glücklicher Mensch, gelassen, fröhlich und offen. Heute ist sie ruhig, in sich gekehrt, ernst und bisweilen zynisch – sie hat die Hoffnung aufgegeben, dass sich in der Zeit, in der sie dort arbeitet, noch etwas ändert.

Auch Theresias Arbeitsverhalten hat sich verändert. Sie kommt regelmäßig zu spät zur Arbeit und geht oft früher, wenn ihr Chef nicht da ist. Seit einiger Zeit blafft sie ihre Kolleginnen an und beteiligt sich auch schon mal an böswilligem Bürotratsch. Sie weiß, dass ihr Verhalten falsch ist, aber sie ist so verärgert über die Situation, dass sie nicht anders kann.

Theresia ist ein Opfer dessen, was Paul Spector von der Universität South Florida *kontraproduktives Arbeitsverhalten* nennt. Kontraproduktives Arbeitsverhalten zeichnet sich durch negative, aggressive Verhaltensmuster aus – in Richtung des Unternehmens oder der Mitarbeiter –, die sich unweigerlich entwickeln, wenn Mitarbeiter zu verärgert und unglücklich sind.

In diesem Kapitel helfe ich Ihnen zu verstehen, warum Sie am Arbeitsplatz unglücklich sind, und zeige Ihnen, was Sie dagegen tun können. Grundsätzlich nehme ich dabei eine positive Perspektive ein. Es geht um einen positiven Umgang mit Ärger, einen positiven Austausch mit den Kollegen und positive Konfliktbewältigungsstrategien. Darüber hinaus zeige ich Ihnen, wie Sie den Positivitätsquotienten Ihres Arbeitplatzes errechnen, der viel damit zu tun hat, ob Sie da, wo Sie sitzen, aufblühen oder verkümmern werden.

Den Positivitätsquotienten Ihres Arbeitsplatzes berechnen

Der auf dem Gebiet der positiven Psychologie führenden Psychologin Dr. Barbara Frederickson von der Universität Michigan zufolge ist bei der Frage, ob Mitarbeiter aufblühen (erfolgreich sind, sich weiterentwickeln) oder vor sich hin dümpeln (in Routinen ersticken, nicht weiterkommen und sich unglücklich fühlen), vor allem entscheidend, wie der Positivitätsquotient in ihrer jeweiligen Arbeitsumgebung ausfällt. Wenn der Positivitätsquotient – Ihre positiven Gefühle geteilt durch Ihre negativen Gefühle – etwa bei 3,0 oder höher liegt, dann werden Sie wahrscheinlich aufblühen. Liegt er aber unter 3,0, treten Sie eher auf der Stelle und sind unglücklich.

Setzen Sie sich, vielleicht am Ende eines Tages, ein paar Minuten an einen ruhigen Ort und sehen Sie sich einmal Tabelle 18.1 an. Kreuzen Sie zehn Gefühle an, die Sie heute an sich und Ihren Kollegen beobachtet haben. Achten Sie nicht darauf, in welcher Spalte die Gefühle stehen – suchen Sie einfach zehn aus.

Positive Gefühle	Negative Gefühle
Wertschätzung	Ärger
Zufriedenheit	Besorgtheit
Neugier	Verwirrung
Erregung	Desinteresse
Glück	Respektlosigkeit
Interesse	Niedergeschlagenheit
Eifersucht	Angst
Freude	Frustration
Befriedigung	Schuld
Bestätigung	Beunruhigung

Tabelle 18.1: Am Arbeitsplatz beobachtete Gefühle

Teilen Sie die Anzahl der aus der Spalte »Positive Gefühle« gewählten Begriffe durch die Anzahl der aus der Spalte »Negative Gefühle« gewählten Begriffe. Das Ergebnis ist Ihr Positivitätsquotient (PQ). Schön wäre, wenn Ihr PQ bei 3 oder höher läge.

Sie können den Positivitätsquotienten Ihres Arbeitsplatzes verändern, indem Sie sich selbst während der Arbeit positiver verhalten. Im weiteren Verlauf des Kapitels stelle ich Ihnen Strategien vor, die Sie dabei anwenden können.

Da ist die Mama stolz: »Bitte« und »Danke« sagen

Fast jeden Morgen nimmt Philipp sein Frühstück in einem kleinen, ruhigen Bistro um die Ecke ein, das überwiegend von Stammkunden besucht wird. Oft macht die Bedienung schon seine Bestellung fertig, ohne vorher zu fragen, was er will – sie weiß, was er will, weil sie *ihn* kennt. Philipp sagt: »Ich liebe dieses Bistro, weil die Atmosphäre so freundlich ist und alle so gut gelaunt sind. Da fängt der Tag schon gut an!«

In den 20 Minuten, die Philipp dort frühstückt, sagt er durchschnittlich fünf- bis sechsmal »Danke«. Geht man davon aus, dass er an etwa 350 Tagen im Jahr dort isst, ergibt das insgesamt 1.750 bis 2.100 »Danke« pro Jahr. Mann, da wäre Philipps Mutter echt stolz! Er erklärt dazu: »Sie hat mir immer wieder gesagt, wie wichtig es ist, höflich und freundlich mit anderen Menschen umzugehen.«

»Wenn ich essen gehe, bin ich auch höflich«, werden Sie mir jetzt entgegenhalten. »Aber was hat das mit meinem Arbeitsplatz zu tun?« Ganz einfach. Sie sagen »Bitte«, bevor Sie um etwas bitten, im Gegensatz dazu, wenn Sie etwas einfordern. Forderungen sprechen die aggressive Seite unserer Persönlichkeit an – die offen aggressive sowie die passiv-aggressive – und das verursacht wieder weitere Probleme. Ein »Danke« drückt eine gewisse Wertschätzung aus und zeigt Respekt gegenüber dem anderen und seiner Leistung. Wenn Sie nicht »Danke« sagen, wird auch keine Wertschätzung deutlich, aber jeder Mensch möchte gerne geschätzt werden.

Fangen Sie damit an, sich anzugewöhnen, sich bei jedem, mit dem Sie am Arbeitsplatz zu tun haben, zu bedanken – vom Hausmeister bis zum Geschäftsführer. Sagen Sie ganz bewusst »Bitte« und »Danke«, wenn Sie mit Kollegen zu tun haben, mit denen Sie sonst nicht so gut zurechtkommen. Wer weiß, vielleicht ist das der Beginn eines neuen und glücklicheren Verhältnisses mit dem Betreffenden. Einen Versuch ist es allemal wert!

Mögen, was man tut

Sandra ist schon seit 30 Jahren als Lehrerin tätig. Als sie in den frühen 70er-Jahren anfing, war das Unterrichten relativ einfach – die Kinder respektierten die Lehrer und taten das, was man ihnen sagte. Es war auch nicht sonderlich schwer, die Kinder beim Lernen bei der Stange zu halten, wenn es etwa um Einmaleinsreihen oder Satzstrukturen ging. Die Bezahlung war nicht umwerfend, aber gesellschaftlich war der Lehrberuf einigermaßen gut angesehen. Heute ist das nicht mehr so! Sandra muss praktisch den ganzen Schultag lang mit den Kindern um ihre Bildung und Erziehung ringen. Die Kinder bringen ihr kaum Respekt entgegen. Oft scheitern sie an den einfachsten Anforderungen, und ständig gibt es Störungen.

Wie kommt es dann, dass Sandra mit ihren 57 Jahren immer noch ihren Beruf liebt? Sandra sieht das so: »Ich nehme an, dass es viel damit zu tun hat, dass ich überzeugt davon bin, dass die Kinder gute Kinder sind, die nichts dafür können, dass man sie nur schwer bändigen kann – das hat viel damit zu tun, wie sie aufwachsen. Und wissen Sie, ich bin eine recht gute

Lehrerin – das sollte ich nach 30 Berufsjahren wohl auch sein! Ich liebe eben meine Arbeit – so einfach ist das.«

Peter dagegen liebt die Arbeit, mit der er seinen Lebensunterhalt verdient, überhaupt nicht. Sonst würde er sicher nicht jede Woche einmal in meinem Büro sitzen und sich darüber beklagen, wie unglücklich er ist. Peter ist ein erfolgreicher (und teurer) Architekt und Partner in einem großen Unternehmen. Er hat so viel erreicht, dass er in der Branche großes Ansehen genießt, und hat mit seinen Arbeiten einen beträchtlichen Wohlstand erworben.

Warum ist Peter dann unglücklich? Ich musste nur ein paar Schlüsselfragen stellen, um herauszufinden, woran das lag: Peter hat eine erfolgreiche Karriere hingelegt, die er sich aber nicht selbst ausgesucht hatte. Alle männlichen Familienmitglieder in Peters Familie waren seit vier Generationen Architekten und das war auch vorherbestimmt, ob er wollte oder nicht. Von Kindesbeinen an wollte Peter immer Profifußballer werden und bei einem großen Verein spielen. Das war auch gar nicht so abwegig, denn er war immer ein athletischer Typ und spielte während seiner Schulzeit begeistert und erfolgreich Fußball. Aber seine Familie war der Meinung, dass eine Sportlerkarriere zum einen mit zu viel Unsicherheiten behaftet (nicht alle guten Fußballspieler schaffen es nach ganz oben) und der Beruf zum anderen nicht respektabel genug war. Peter wurde überstimmt und gab schließlich nach. Kein Wunder also, dass er mit seinem Beruf nicht glücklich war.

Mögen Sie Ihre Arbeit? Wenn nicht, bedenken Sie Folgendes:

- **Ihre Arbeit ist nicht nur eindimensional.** Zerlegen Sie Ihren Aufgabenbereich in seine verschiedenen Komponenten – Sitzungen, Verkauf, Umgang mit Untergebenen – und konzentrieren Sie sich auf die Bereiche, die Ihnen am meisten Spaß machen. Hier sollten Sie den größten Teil Ihrer Arbeitszeit investieren.
- **Setzen Sie Ihre Arbeit in Beziehung zu anderen Aspekten Ihres Lebens.** Ein Grund dafür, dass Sandra Spaß an ihrer Arbeit hatte, lag darin, dass sie ihr ermöglichte, den Belastungen des Haushalts und des Familienlebens zu entfliehen. Sie meinte: »Die Arbeit mit den Kindern ist eine Zuflucht vor all den anderen Dingen, mit denen ich mich jetzt gerade nicht beschäftigen will.«
- **Betrachten Sie die Alternativen – wenn Sie diese Arbeit nicht machen würden, was würden Sie dann tun?** Ob Sie's glauben oder nicht, egal wie sehr Ihnen Ihre Arbeit missfällt, es gibt immer etwas noch Schlimmeres!
- **Versuchen Sie, Ihrer Arbeit eine Bedeutung zu verleihen, die über die Routineaspekte Ihrer Stellenbeschreibung hinausgeht.** Alle Unternehmen haben ein Leitbild – finden Sie heraus, welches Leitbild Ihr Unternehmen hat und machen Sie es sich zu eigen.
- **Arbeiten Sie die Bereiche Ihrer Arbeit, die Sie nicht so mögen, gleich zu Beginn des Tages ab.** Von da an geht es dann nur noch bergab.
- **Bemühen Sie sich intensiv darum, den Positivitätsquotienten Ihres Arbeitsplatzes zu verbessern (siehe dazu den Abschnitt** »Den Positivitätsquotienten Ihres Arbeitsplatzes berechnen« **weiter vorn in diesem Kapitel).**

- ✔ **Handeln Sie so, als würden Sie Ihre Arbeit lieben, auch wenn es nicht so ist.** Sie haben richtig gehört, schauspielern Sie! In Kapitel 12 beschreibe ich, wie Sie sich selbst aufmuntern können, indem Sie ein Lächeln aufsetzen.
- ✔ **Finden Sie einen Mitstreiter, jemanden, der Sie auf der Reise durch den Arbeitstag begleitet, am besten jemanden, der seine Arbeit mehr liebt, als Sie es tun.** Wer weiß, vielleicht können Sie sich vom Optimismus und Enthusiasmus eines anderen Menschen anstecken lassen.
- ✔ **Suchen Sie sich eine andere Arbeit, wenn Sie bereits erfolglos alles Erdenkliche versucht haben, mit Ihrer jetzigen Stelle glücklich zu werden.** Seien Sie optimistisch (siehe Kapitel 5) und sagen Sie sich, dass es irgendwo da draußen eine Stelle gibt, die besser zu Ihnen passt.

Grenzüberschreitungen

Als ich noch an der Uni gearbeitet habe, gehörte ich eine Zeit lang einem sehr einflussreichen Komitee an, das über Einstellungen und Beförderungen entschied und somit bestimmte, wer in der Fakultät auf der Karriereleiter nach oben kletterte. Bei einer Sitzung gab ich eine Empfehlung für die Beförderung eines Psychologen ab, der mir unterstellt war. Sie wurde postwendend vom Leiter der Abteilung – meinem Chef – abgelehnt.

Ohne nachzudenken rief ich aus: »Ich halte es nicht für fair, diesen Mann nicht zu befördern!« Mein Chef antwortete, ohne seine Stimme zu heben, aber sichtlich wenig erfreut: »Hat hier irgendetwas mit Fairness zu tun?« Ich sah mich Hilfe suchend im Sitzungsraum um, aber alle anderen Mitglieder des Komitees blickten betreten zu Boden. Das war nicht ihre Auseinandersetzung. »Wohl nichts, denke ich«, antwortete ich eher kleinlaut.

Nach der Sitzung bat mich mein Chef, noch einen Moment da zu bleiben. Er schloss die Tür, setze sich mir gegenüber, lächelte und sagte mit ruhiger, aber fester Stimme: »Doyle, ich glaube, Sie werfen da etwas durcheinander. Sie sind ein intelligenter junger Mann, und ich schätze Ihre Beiträge in diesem Komitee. Aber Ihre Aufgabe beschränkt sich darauf, Empfehlungen auszusprechen. Meine Aufgabe ist es, Entscheidungen zu treffen. Wenn ich Ihrer Empfehlung folge, sind Sie sicher glücklich darüber – das ist auch gut so. Aber wenn ich Ihrer Empfehlung nicht folge, will ich nichts weiter von Ihnen hören. Verstehen Sie das oder bringen Sie es immer noch durcheinander?

Ich hatte, ohne es zu merken, eine Grenze überschritten. Das ist mir nur einmal passiert, danach nie wieder.

Gesunde Grenzen setzen

Ein Schlüssel zum Glück am Arbeitsplatz für Arbeitnehmer ist das richtige Gleichgewicht zwischen Strukturen und Freiheit. Strukturen schaffen die formellen und informellen Regeln oder Verhaltenskataloge, die festlegen, wie man sich am Arbeitsplatz zu verhalten hat. Entscheidender ist jedoch, dass Strukturen bestimmte Grenzen setzen, innerhalb derer Sie frei handeln können – Grenzen, die nicht überschritten werden dürfen.

Die folgenden Grenzen, die mit Macht, Höflichkeit und Vertraulichkeit zu tun haben, sollten Sie besser nicht überschreiten, wenn Sie am Arbeitsplatz glücklich sein wollen:

- ✔ Sagen Sie Ihrem Vorgesetzten nie, dass er inkompetent sei.
- ✔ Sehen Sie es nie als selbstverständlich an, dass Sie mehr Geld bekommen werden.
- ✔ Rollen Sie nicht mit den Augen oder reagieren Sie nicht verächtlich, wenn jemand Ihre Leistung konstruktiv kritisiert.
- ✔ Verwechseln Sie Freundlichkeit nie mit Flirten.
- ✔ Gehen Sie nie eine intime Beziehung mit jemandem ein, mit oder für den Sie arbeiten – das ist nicht nur ein Risiko, sondern verstößt oft auch gegen die Unternehmensgrundsätze.
- ✔ Verfallen Sie nicht in Schlendrian, nur weil Ihr Chef außer Haus ist.
- ✔ Behandeln Sie Ihre Kollegen nicht weniger respektvoll als Ihre Familie.
- ✔ Betrachten Sie die Menschen, mit denen Sie zusammenarbeiten, nie als Feinde.
- ✔ Unterstützung ist in Ordnung, aber überlassen Sie einem Kollegen nie die Rolle eines Therapeuten.

Und hier eine Liste gesunder Grenzen, die viel zu mehr Produktivität und Wohlbefinden am Arbeitsplatz beitragen können:

- ✔ Sagen Sie immer »Bitte« und »Danke«, wenn Sie mit Vorgesetzten und Kollegen zu tun haben.
- ✔ Seien Sie freundlich, aber nicht zu persönlich am Arbeitsplatz. Ihre Kollegen müssen nicht alles über Ihr Leben wissen.
- ✔ Denken Sie immer daran, dass auch ein schlechter Chef ein Chef ist. Behandeln Sie ihn auch so.
- ✔ Betrachten Sie einmalige Freundlichkeiten als Geschenk, nicht als Präzedenzfall.
- ✔ Wenn Sie für acht Stunden Arbeit bezahlt werden, arbeiten Sie auch acht Stunden.
- ✔ Greifen Sie im Notfall einem Kollegen unter die Arme, aber mischen Sie sich nicht in sein Leben ein.

Klimavergifter meiden

Eine negative Einstellung am Arbeitsplatz ist wie ein Virus – früher oder später steckt es alle an. In diesem Abschnitt stelle ich Ihnen die Haupttypen toxischer Mitarbeiter vor und gebe Ihnen Tipps, wie Sie sich ihrer erwehren können.

Die Stressüberträger

Haben Sie schon einmal mit jemandem zusammengearbeitet, der nur einen Raum zu betreten braucht und sofort Chaos verbreitet? Bevor er die Tür öffnet, gehen alle ihrer Arbeit nach, sind produktiv und guter Dinge, und mit einem Mal ist alles vorbei. Plötzlich liegt Spannung in der Luft und der gute Wille, der die Zusammenarbeit geprägt hat, löst sich in Luft auf. Das war's mit dem einst glücklichen Arbeitsplatz. Herzlich willkommen in der Welt der *Stressüberträger*.

Und daran können Sie einen Stressüberträger erkennen:

✔ Gehetzter, lauter und gepresster Ton in der Stimme

✔ Aggressive Körperhaltung (zum Beispiel mit den Händen herumfuchteln und mit dem Finger zeigen)

✔ Defensive Körperhaltung (zum Beispiel vor der Brust verschränkte Arme)

✔ Neigung, anderen das Wort abzuschneiden

✔ Starre, von Ärger geprägte Ansichten

✔ Obszöne Äußerungen

✔ Angespannter Gesichtsausdruck (gerunzelte Stirn oder aufeinandergebissene Kiefer)

✔ Misstönende Stimme

✔ Kopfnicken

✔ Mit den Fingern trommeln

✔ Neigung, andere beim Reden durch Zwischenkommentare wie »Hm«, »richtig« oder »ich weiß« zu drängeln

Wenn Sie Stressüberträgern aus dem Weg gehen können, sollten Sie das in jedem Fall tun. Ihr Unglück ist ansteckend. Wenn Sie viel mit ihnen zu tun haben, werden Sie sich am Ende selbst gestresst und angeschlagen fühlen. Können Sie nicht ausweichen, sollten Sie sich selbst impfen, indem Sie sich sagen: »Ich lasse mir von ihm nicht die Stimmung verderben« oder »Ich schaffe das – ist ja nicht das erste Mal, dass ich mit ihm zu tun habe« oder »Auch das geht vorbei!«. Das funktioniert wie eine Grippe- oder Pockenimpfung. *Vergessen Sie nicht:* Andere Menschen kommen nur an Sie heran, wenn Sie es zulassen. Mehr über Stressimpfungsübungen können Sie in dem Buch *Nicht ärgern für Dummies* (Wiley-VCH) nachlesen.)

Ist es möglich, dass Sie selbst ein Stressüberträger sind? Sehen Sie sich die Liste in diesem Abschnitt an und überprüfen Sie, ob einige der Eigenschaften auf Sie zutreffen. Noch besser ist es, einen Kollegen, der Sie gut kennt, zu bitten, einen Blick auf die Liste zu werden und Ihnen seine Meinung dazu zu sagen. Aber seien Sie gewarnt: Unter Umständen werden Sie die Antwort nicht gerne hören.

Die Schwarzseher

Fred war Finanzvorstand eines großen Unternehmens, das sich im Umbruch befand. Der Vorstandsvorsitzende war kurzfristig zurückgetreten und hatte neben beträchtlichen finanziellen Problemen auch eine demoralisierte Belegschaft zurückgelassen. Wo man auch hinsah, alle waren tief verunsichert. Glücklich war niemand.

Nun sollte die stellvertretende Vorstandsvorsitzende das Unternehmen durch die Krise steuern – sie brauchte dazu die Unterstützung Freds und die der übrigen Führungsmannschaft. Fred war jedoch ein notorischer Schwarzseher, ein Mensch, dem zu allem etwas Negatives einfiel, der sich weigerte, positive Aspekte der Vorschläge anderer Leute in Betracht zu ziehen, und sich jeder Bemühung um Veränderung störrisch in den Weg stellte.

Die stellvertretende Vorstandsvorsitzende hatte Fred bei mehreren Gelegenheiten ermahnt, nicht immer alles ins Negative zu ziehen. Aber Fred machte weiter, bis die Vorsitzende eines Tages mitten in einer Sitzung genug hatte. Sie unterbrach die Sitzung und bat alle außer Fred, den Raum zu verlassen. Zwei Stunden später wurden alle zu einer weiteren Dringlichkeitssitzung zusammengerufen, bei der die Vorsitzende lapidar mitteilte, dass Fred mit sofortiger Wirkung von seinem Posten zurückgetreten sei und das Unternehmen noch am selben Tag verlassen werde. Alle waren verblüfft, wenn auch nicht überrascht – außer Fred vielleicht.

Würden Sie die Gesellschaft eines Kollegen suchen, der ständig erkältet ist – Husten, Niesen und ständig ein Taschentuch an der Nase? Ich wette, Sie würden sich möglichst von ihm fernhalten, um sich nicht anzustecken, oder? Und Sie würden sich deswegen sicher nicht schuldig fühlen. Nun, genauso sollten Sie sich auch verhalten, wenn Sie auf einen Schwarzseher treffen. Sollte es allerdings unmöglich sein, der betreffenden Person aus dem Weg zu gehen, dann müssen Sie seine negativen Salven unbedingt mit positiven Argumenten kontern. Sie könnten zum Beispiel sagen: »Fred, ich kann verstehen, dass Sie mit Sorge in die Zukunft blicken, das geht mir nicht anders. Aber ich ziehe es vor, dies als eine Herausforderung zu betrachten statt als Katastrophe.« (In Kapitel 6 finden Sie mehr zum Thema Robustheit).

Egal wie weit oben Sie in der Unternehmenshierarchie stehen, niemand mag Schwarzseher. Wenn Sie ein Mensch sind, der sowohl Kritik als auch positive Vorschläge zu bieten hat, ist das in Ordnung. Wenn Sie aber alles immer negativ sehen, könnten Ihre Tage auf Ihrem jetzigen Posten gezählt sein.

Win-win-Lösungen anstreben

Arbeit – jede Arbeit – bringt unweigerlich Konflikte mit sich. Warum? Weil miteinander und nebeneinander arbeitende Menschen dieselben Ziele anstreben – Anerkennung und Beförderung – oder verschiedene Ansichten haben, wie die Arbeitsabläufe aussehen sollten. Die Konflikte selbst sind dabei, wie sich herausstellt, nicht annähernd so wichtig wie der Weg zur Lösung. Auf diesem Weg vertraut man ausnahmslos auf Strategien wie die folgenden:

- **Wettbewerb:** »Ich gewinne – du verlierst. So einfach ist das.«

- ✔ **Kompromiss:** »Geben und nehmen. Jeder bekommt einen Teil dessen, was er will, und verzichtet auf einen anderen.«
- ✔ **Zusammenarbeit:** »Warum vereinen wir nicht unsere Ressourcen und arbeiten zusammen an diesem Problem – sind wir ein Team?
- ✔ **Anpassung:** »Egal – wir versuchen es auf Ihre Weise. Das ist mir keinen Streit wert.«

Glückliche und zufriedene Mitarbeiter stützen sich auf eine Mischung all dieser Konfliktlösungsansätze, anstatt es nur mit einer Strategie zu versuchen. Mit den einzelnen Strategien werde ich mich in den nächsten Abschnitten eingehender beschäftigen.

Wettbewerb

Der Wettbewerb ist eine Win-lose-Strategie (einer gewinnt, der andere verliert) für Konfliktlösungen. Wettbewerbsorientierte Mitarbeiter versuchen, Macht zu gewinnen (daher der Begriff Machtkampf), indem sie Auseinandersetzungen für sich entscheiden. Gesunder Wettbewerb ist dadurch gekennzeichnet, dass man gewinnen will, ohne den Gegner einzuschüchtern. Ungesunder Wettbewerb dagegen zielt darauf, um jeden Preis zu gewinnen – er ist aggressiv und bringt Verletzungen mit sich. Die meisten Menschen haben nicht das Bedürfnis, jede Schlacht gewinnen zu müssen. Sie bleiben im Spiel, solange sie ab und zu die Oberhand behalten. Wettbewerb kann zum einen dann ein Vorteil sein, wenn eine Gegnerschaft gegeben ist, beispielsweise bei einer gerichtlichen Auseinandersetzung oder bei einem Sportereignis. Zum anderen wird er oft positiv gesehen, weil er signalisiert, dass ein Mitarbeiter sich voll und ganz für eine wichtige Sache oder ein angestrebtes Ergebnis einsetzt. In vielen Arbeitsumgebungen wird Wettbewerb als ein Zeichen der Stärke betrachtet.

Übertrieben wettbewerbsorientierte Mitarbeiter – solche, die unweigerlich sich selbst und ihre Kollegen unglücklich machen – neigen in Konfliktsituationen zu folgenden Verhaltensweisen:

- ✔ Sie überschütten die Person, mit der sie aneinandergeraten, mit direkter persönlicher Kritik.
- ✔ Sie diskutieren, stellen Forderungen und bedrohen andere.
- ✔ Sie zeigen Verachtung – beispielsweise rollen sie mit den Augen oder seufzen, wenn andere ihren Standpunkt vorbringen.
- ✔ Sie weisen sehr schnell jegliche Verantwortung von sich.
- ✔ Sie sind unflexibel – entweder läuft es nach ihren Vorstellungen oder gar nicht.
- ✔ Selbst ihr Humor ist feindselig.

Kompromisse

Eine Möglichkeit, Konflikte so zu lösen, dass beide Seiten sowohl gewinnen als auch verlieren, ist der Kompromiss. Der eine bekommt einen Teil dessen, was er wollte, und der andere bekommt einen Teil dessen, was er wollte. Bei einem solchen Handel geht niemand mit leeren Händen und unglücklich nach Hause.

Sie wissen, was Sie wollen. Jetzt müssen Sie nur noch herausfinden, was die Gegenseite will oder braucht, um sich zufriedengeben zu können. Fragen Sie Ihren Verhandlungspartner: »Was kann ich Ihnen anbieten, um den Konflikt zu Ihrer Zufriedenheit zu lösen?« Wenn es in Ihrer Macht liegt, den jeweiligen Wunsch zu erfüllen, tun Sie es. Wenn gerade dieser Wunsch den Punkt berührt, an dem Sie absolut nicht nachgeben wollen, fragen Sie, ob es etwas anderes gibt, womit er zufrieden sein könnte – meist geht es ja in Verhandlungen um mehrere Punkte.

Sie sind nicht überzeugt, dass Kompromisse am Arbeitsplatz wirklich möglich sind? Schauen Sie sich doch mal die folgenden Beispiele an:

- ✔ Für Edith wäre es sehr wichtig, dass Julia ein paar Überstunden macht, damit der Abgabetermin für das laufende Projekt eingehalten werden kann. Sie weiß, dass Julia sich mit ihrem Freund nach der Arbeit zum Essen verabredet hat. Anstatt Julia zu sagen, dass sie länger bleiben muss, ob sie will oder nicht, spricht Edith sie folgendermaßen an: »Ich weiß, dass du etwas vor hast, und ich frage dich nur ungern, ob du länger bleiben kannst, damit wir den Abschluss schaffen. Aber wenn du einverstanden bist, gebe ich dir diese Woche zum Ausgleich einen Nachmittag frei. Und ich verspreche dir, dass keine Gewohnheit daraus wird.« Wenn Julia zustimmt, verzichtet sie auf das Abendessen mit ihrem Freund, aber sie gewinnt einen Nachmittag. Edith dagegen verzichtet einen Nachmittag auf Julia, hat sie aber zur Verfügung, wenn sie sie braucht – jetzt.
- ✔ Rainer hat eine lange Liste für die Teambesprechung. Weil heute Freitag ist, weiß er, dass die meisten Teammitglieder die Sitzung so schnell wie möglich hinter sich bringen wollen. Er beginnt die Sitzung mit den Worten: »Hört zu, Leute, wir müssen heute Nachmittag einiges klären, aber ich überlasse es euch, wie schnell und effizient wir das machen. Wenn ihr euch alle auf die Tagesordnung konzentriert, können wir das schnell hinter uns bringen«. Rainer gibt damit die Kontrolle über die Sitzung aus der Hand (das lehnen viele Führungskräfte strikt ab). Dafür erwartet er, dass die Mitarbeiter ihre übliche Passivität bei den Sitzungen aufgeben (einfach nur dasitzen und Rainer reden lassen) und sich mehr einbringen und nicht abschweifen. Auf diese Weise haben alle etwas davon.
- ✔ Claudia möchte eine Gehaltserhöhung, aber das Budget ist knapp bemessen. Ihr Chef sagt ihr dazu: »Ich würde Ihnen gerne mehr Geld geben – Sie verdienen es ohne Zweifel. Aber ganz ehrlich, das Geld dafür ist einfach nicht da. Was ich aber tun kann – und auch tun will – ist, Ihnen viel mehr Verantwortung und Autorität zu übertragen, damit Sie mehr Einfluss auf die Arbeitsabläufe nehmen können. Das würde dann bei der nächsten Budgetplanung eine deutliche Gehaltserhöhung rechtfertigen. Könnten Sie damit leben?«

Zusammenarbeit

Wenn Mitarbeiter zusammenarbeiten, stimmen sie ihre Ideen und Energien so aufeinander ab, dass das Ganze mehr ist als die Summe der Teile. Das hat folgende Gründe:

- ✔ **Zusammenarbeit bringt neue Ideen hervor.** Alle Beteiligten fühlen sich freier und bringen kreative Ideen für Problem- und Konfliktlösungen ein. Keine Idee oder Meinung dominiert von vornherein.
- ✔ **Zusammenarbeit verlangt mehr Engagement als andere Konfliktlösungsstrategien wie Kompromisse und Anpassung.** Jeder Mitarbeiter empfindet sich als echter Partner – das heißt, sie sind nicht nur Teil des Problems, sondern auch Teil der Lösung.
- ✔ **Zusammenarbeit verlangt den Willen, mit den Kollegen an einem Strang zu ziehen und sich nicht gegen sie zu stellen.** Das bedeutet weniger Widerstand, weniger Spannungen während der Suche nach einer anderen Lösung für den Konflikt.

Wenn Sie das nächste Mal mit einem Kollegen oder Vorgesetzten in Konflikt geraten, seien Sie innerlich bereit, sich auf eine Zusammenarbeit mit demjenigen vorzubereiten. Das macht eine Win-win-Lösung wahrscheinlicher und sorgt dafür, dass alle glücklich sind.

Anpassung

Es hat bei mir ein ganzes Leben gedauert, bis ich erkannt habe, wie mächtig das Wort *egal* ist. Wenn in Konfliktsituationen eigentlich ein Entgegenkommen gefordert wäre, aber weder ein Kompromiss noch Zusammenarbeit möglich ist, versuchen Sie es mit Anpassung. Für manche Menschen ist anpassen dasselbe wie nachgeben oder aufgeben – das ist in einer Wettbewerbsgesellschaft natürlich undenkbar. Aber Anpassung ist auch eine Strategie zum Abschwächen oder Ausräumen von Konflikten, in der sich der Wunsch nach Harmonie ausdrückt.

Das Wort *egal* kann viele Bedeutungen haben. Hier ein paar Beispiele:

- ✔ So wie du das machen willst, ist es in Ordnung. Lass es uns so machen.
- ✔ Ich will deswegen nicht streiten.
- ✔ Ich habe das letzte Mal meinen Willen bekommen – jetzt bist du dran.
- ✔ Dafür lohnt es sich nicht zu sterben.
- ✔ Offensichtlich ist dir das wichtiger als mir.
- ✔ Ich versuche, vernünftig zu sein.
- ✔ Da du sowieso in einer besseren Position bist, warum sollen wir uns jetzt darüber in die Haare geraten?

Wenn das nächste Mal jemand an Ihrem Arbeitsplatz sagt: »Ich weiß, dass viele von euch denken, wir sollten das Problem offensiv angehen, aber ich denke, wir sollten lieber noch ein bisschen warten und sehen, was sich sonst noch so entwickelt« oder »Ich weiß, dass wir da verschiedener Meinung sind, aber ich bin von meinem Plan sehr überzeugt«, versuchen Sie es mal mit »egal« und warten Sie ab, ob die Welt untergeht.

Ärger vermeiden

In einem meiner Ärgermanagement-Seminare in der Volkshochschule bat ich die Teilnehmer, einen Fragebogen auszufüllen, bei dem es um die verschiedenen Konfliktbewältigungsstrategien ging, bei dem sie angeben sollten, wie oft und wie stark sie im Laufe einer Woche am Arbeitsplatz Ärger empfanden. Auf der Grundlage dieses Tests berechnete ich den durchschnittlichen Umfang des Ärgers bezogen auf die jeweils hauptsächlich verwendete Konfliktbewältigungsstrategie.

Interessanterweise empfanden die Teilnehmer, die ihre Konflikte mit anderen bevorzugt über den Wettbewerb lösten, weit mehr Ärger als diejenigen, die auf Kompromisse, Zusammenarbeit und Anpassung bauten.

Konstruktiv mit Ärger umgehen

Es ist nicht der Ärger selbst, der am Arbeitsplatz zu Problemen führt, es ist die Art und Weise, wie Ärger *ausgedrückt* wird. Karl äußert seinen Ärger destruktiv, wenn seine Sekretärin ihn nervt. Er brüllt sie an, beschimpft sie und schlägt mit der Faust auf den Tisch. Evelyn geht konstruktiver mit ihrem Ärger um. Sie bittet ihre Sekretärin in ihr Büro, damit nicht alle anderen mithören, was sie ihr zu sagen hat. Sie sagt der jungen Frau zunächst, dass sie im Großen und Ganzen mit ihrer Leistung zufrieden ist, dass sie sich aber im Moment ziemlich über einen Fehler ärgert, den sie gemacht hat. Evelyn zügelt ihren Ärger, weil sie versucht, sich in die Lage der Sekretärin zu versetzen, und weiß, dass sie selbst es auch nicht schön finden würde, angeschrien zu werden. Anders als Karl, der nur seinen Frust loswerden wollte, hat sich Evelyn zum Ziel gesetzt, ihren Ärger strategisch zu nutzen, um dafür zu sorgen, dass es in Zukunft seltener zu solchen Pannen kommt.

Wenn Sie die Sekretärin wären, für wen würden Sie lieber arbeiten?

Wenn Sie Ihren Ärger konstruktiv nutzen wollen, müssen Sie zunächst entscheiden, wohin Ihr Ärger Sie führen soll. Wenn Sie wie Karl sind, wollen Sie nur Dampf ablassen. Evelyn dagegen will ihre Beziehung zu ihrer Sekretärin verbessern – schließlich sind gute Mitarbeiter nicht immer leicht zu finden!

In den folgenden Abschnitten zeige ich Ihnen, wie Sie Ihren Ärger am Arbeitsplatz konstruktiv einsetzen können.

Erster Schritt: Überlegen, wie Sie sich hinterher fühlen wollen

Viele Menschen glauben, dass sie ihre Anspannung abbauen und sich hinterher besser fühlen, wenn sie ihrem Ärger ordentlich Luft machen (oder von der Seele schreien). Ironischerweise ist das nicht einmal ansatzweise richtig. Der Psychologe James Averill von der Universität Massachusetts, der sich schon sein Leben lang darum bemüht, das Phänomen Ärger zu verstehen, hat unzählige Menschen gefragt, wie sie sich fühlten, nachdem sie jemandem ihren

Ärger gezeigt hatten. Ob Sie's glauben oder nicht, die übergroße Mehrheit fühlte sich besch…: 69 Prozent waren immer noch verärgert, 59 Prozent fühlten sich unglücklich und mehr als ein Drittel schämte sich, war peinlich berührt, fühlte sich schuldig oder beunruhigt. Nur einer von fünf Befragten gab an, sich zufrieden, gut oder souverän zu fühlen.

Dass die meisten von uns sich schlecht fühlen, nachdem sie ihrem Ärger Luft gemacht haben, erklärt sich aus dahinter stehenden Motiven – der Frage »Was erhoffe ich dadurch zu gewinnen?«. Professor Averill hat drei Motive herausgearbeitet, die in den meisten Fällen hinter einem Ausbruch von Ärger stecken – alle sind meiner Ansicht nach destruktiv:

- ✔ Das Bedürfnis, *meine* Autorität geltend zu machen oder *mein* Image zu verbessern – egoistischer oder egozentrischer Ärger.
- ✔ Das Bedürfnis nach Rache – es dem Kollegen ordentlich heimzahlen. (Wie daraus kontraproduktives Verhalten am Arbeitsplatz entsteht, beschreibe ich im Abschnitt »Kontraproduktivem Arbeitsverhalten entgegenwirken« weiter hinten in diesem Kapitel.)
- ✔ Das Bedürfnis, aufgestaute Frustrationen loszuwerden.

Wenn Sie Ihren Ärger konstruktiv nutzen wollen, werden Sie sich hinterher nicht fühlen

- ✔ als würden Sie gegen einen Kollegen Groll hegen.
- ✔ als hätten Sie jedes Recht, die andere Person abzulehnen.
- ✔ als müssten Sie im Kontakt mit dem Kollegen eine Verteidigungshaltung einnehmen.
- ✔ als wären Sie ein Opfer der anderen Person.
- ✔ als würden Sie jeden Moment in die Luft gehen.
- ✔ als stünden die Chancen schlecht, mit der betreffenden Person je wieder vernünftig zusammenarbeiten zu können.

Zweiter Schritt: Sich über das Problem ärgern, nicht über die Person

Karls Ärger richtet sich gegen seine *Sekretärin*, während Evelyn sich über den *Fehler* ärgert, den die Sekretärin gemacht hat. Das ist ein entscheidender Unterschied zwischen konstruktivem und destruktivem Ärger.

Persönliche Angriffe führen dazu, dass sich Menschen trotzig, gleichgültig, verletzt, verärgert und zurückgewiesen fühlen – all diese Gefühle führen nicht zu mehr Leistungsbereitschaft und besseren Leistungen.

Konzentrieren Sie sich auf die *Sache*, über die Sie sich ärgern, nicht auf die *Person*, die für die Sache verantwortlich ist.

Dritter Schritt: Überlegen, was hinter Ihrem Ärger verborgen liegt

Dieser Schritt ist einfacher, als Sie denken. Warum? Weil *Sie selbst* die Quelle Ihres Ärgers sind! Ihr Ärger hat mit Ihren Erwartungen, Ihren Werten, Ihren Anforderungen an Ihre Kollegen, Ihrer Toleranzschwelle und einigen anderen Dingen zu tun. Ihr Ärger ist so etwas wie der Spiegel Ihres Herzens und Ihrer Seele. Karl ist vielleicht sauer auf seine Sekretärin, weil er selbst eine Schwäche oder Unvollkommenheit hat, die er nicht ertragen kann. Einer der Gründe, dass man Ärger konstruktiv nutzen kann, liegt darin, dass er etwas über den betreffenden Menschen aussagt – etwas, das dieser vorher nicht wusste.

Wenn Sie sich das nächste Mal am Arbeitsplatz ärgern, stellen Sie sich die folgende Frage: »Warum bin *ich* so verärgert – was sagt mir mein Ärger über *mich*?« Dabei werden Sie viel mehr erfahren, als wenn Sie die andere beteiligte Person fragen: »Warum müssen Sie mich andauernd ärgern?«

Vierter Schritt: Sich einfühlen

Denken Sie darüber nach, wie Sie Ihren Ärger am Arbeitsplatz ausdrücken, und fragen Sie sich, wie Sie sich fühlen und reagieren würden, wenn sich jemand Ihnen gegenüber so verhielte. So sieht die Sache schon ganz anders aus, nicht wahr? Diese Sichtweise ermöglicht Ihnen, Ihren Ärger konstruktiv zu nutzen.

Die Fähigkeit, sich in die Lage eines Kollegen zu versetzen, nennt man Einfühlung. Man unterscheidet zwischen

- ✔ **rationaler Einfühlung:** Dr. Avery Weisman, ein bekannter Psychiater, der an der Harvarduniversität lehrt, hat diese Art des Einfühlungsvermögens sehr treffend als »Respekt vor der Irrationalität des anderen« beschrieben.
- ✔ **emotionaler Einfühlung:** Die meisten Menschen kennen diese Art des Einfühlungsvermögens. Man kann fühlen, was der andere fühlt. Seine Traurigkeit macht Sie traurig, seine Nervosität macht Sie nervös, sein Unglück macht Sie unglücklich.

Vergessen Sie nicht: Beide Spielarten der Einfühlung sind wichtig. Für die konstruktive Nutzung Ihres Ärgers wäre es ideal, wenn beide ins Spiel kommen. Man kann nicht sagen, dass die eine Art besser ist als die andere – es handelt sich einfach um verschiedene Erscheinungsformen derselben Sache.

Wenn Sie mehr über Einfühlung und die Verbindung zum Phänomen Ärger erfahren wollen, lesen Sie *Nicht ärgern für Dummies* (Wiley-VCH).

Fünfter Schritt: Ein Geben-und-nehmen-Gespräch führen

Zur konstruktiven Äußerung von Ärger gehört, wie zu allen Formen einer erfolgreichen Kommunikation, ein *Dialog* zwischen zwei Personen. Bei einem *Monolog* redet, schreit oder doziert nur einer, während der andere passiv dasitzt wie eine Bauchrednerpuppe und nur dann etwas sagt, wenn der andere ihn lässt. Im vierten Teil von *Glück für Dummies* hebe ich die Bedeutung der Ausgewogenheit hervor, und worauf ich hier hinauswill, ist ein ausgewogener Dialog.

Sechster Schritt: Auf Ihre Körpersprache achten

Die meisten Reaktionen auf den Ärger anderer Menschen haben mit deren nonverbalem Verhalten zu tun. Die folgenden körpersprachlichen Ausdrücke signalisieren sicher keinen konstruktiven Ausdruck von Ärger:

- ✔ Geballte Fäuste
- ✔ Mit dem Finger zeigen
- ✔ Mit den Händen wedeln
- ✔ Jemand am Arm packen
- ✔ Vor der Brust verschränkte Arme
- ✔ Verengte Augen
- ✔ Starrer Blick
- ✔ Stirnrunzeln
- ✔ Laut mit den Fingern auf dem Tisch trommeln
- ✔ Übertriebenes Kopfnicken
- ✔ Schweres Atmen

Wenn Sie etwas Vernünftiges mit Ihrem Ärger anfangen wollen, sollten Sie diese körpersprachlichen Äußerungen vermeiden. Wenn Sie mehr über Körpersprache erfahren möchten, kann ich Ihnen *Körpersprache für Dummies* von Elizabeth Kuhnke empfehlen, das ebenfalls bei Wiley-VCH erschienen ist.

Die psychologische Forschung hat gezeigt, dass Menschen sehr viel sensibler auf einen bösen Blick reagieren als auf jede andere Gefühlsäußerung. Wir achten viel stärker auf böse Gesichter als etwa auf glückliche. Es ist, als würde unser Gehirn unser Umfeld ständig nach den kleinsten Anzeichen drohenden Ärgers absuchen, damit wir uns auf einen möglichen Ansturm negativer Gefühle vorbereiten können.

Kontraproduktivem Arbeitsverhalten entgegenwirken

Alles, was Sie am Arbeitsplatz tun und lassen, fällt in zwei Kategorien – produktiv und kontraproduktiv. Wie effektiv Sie als Mitarbeiter sind, hängt davon ab, wie das Verhältnis dieser beiden Kategorien bei Ihnen aussieht. Wenn Sie zu viel Zeit darauf verwenden, Geschäftigkeit vorzutäuschen, wichtige Rückrufe immer wieder vor sich her schieben und sich mit Ihren

Kollegen streiten, wird Ihre Arbeit darunter leiden. All das sind Beispiele für *kontraproduktives Arbeitsverhalten* – eine Verhaltensform, in die Mitarbeiter verfallen, wenn sie verärgert, unzufrieden und unglücklich sind.

Wenn Sie mit Ihrer Arbeit glücklich sein wollen, müssen Sie Möglichkeiten finden, diesem kontraproduktiven Verhalten etwas entgegenzusetzen. Darum wird es in diesem Abschnitt gehen.

Ihrem Arbeitgeber einen ganzen Arbeitstag geben

Eine Befragung von 74 Angestellten an ein und demselben Unternehmensstandort ergab, dass fünf der häufigsten Formen kontraproduktiven Verhaltens darauf hinausliefen, dem Arbeitgeber einen Teil der vertraglich festgelegten Arbeitszeit vorzuenthalten. Die Befragten berichteten, die folgenden Verhaltensweisen oft bei ihren Kollegen zu beobachten:

- ✔ Unerlaubt zu spät zur Arbeit erscheinen
- ✔ Längere Pausen machen als erlaubt
- ✔ Tagträumen, anstatt zu arbeiten
- ✔ Unerlaubt früher Feierabend machen
- ✔ So tun, als wäre man sehr beschäftigt

Kommt Ihnen das bekannt vor? Es gibt einen Zusammenhang zwischen unglücklichen, verstimmten Mitarbeitern und Zuspätkommen oder frühem Gehen. Sie *könnten* darauf warten, dass jemand kommt und Sie glücklicher mit Ihrem Arbeitsplatz macht, damit Sie sich endlich darauf freuen können, morgens zur Arbeit zu erscheinen und bis Feierabend engagiert zu arbeiten. *Oder* Sie können den Spieß umdrehen und einfach mal ausprobieren, ob Sie glücklicher sind, wenn Sie Ihren Arbeitgeber in den Genuss Ihrer vollen Arbeitskraft und der gesamten Arbeitszeit kommen lassen. Wenn Sie das tun, werden Sie eher das Gefühl haben, etwas leisten zu können und produktiv zu sein. Ich bin natürlich für diese Eigeninitiative.

Ihre Kollegen höflich behandeln

Wie man in den Wald hineinruft, so schallt es heraus – Ärger zieht Ärger nach sich, Entgegenkommen führt zu Entgegenkommen. Das Problem ist nur, dass wir immer darauf warten, dass die andere Seite den Anfang macht, und erst dann entsprechend reagieren. Die meisten Aspekte, auf die ich in diesem Kapitel eingehe – Möglichkeiten der Konfliktbewältigung wie Kompromisse oder Zusammenarbeit, konstruktiven Umgang mit Ärger und so einfache Dinge wie »Bitte« und »Danke« sagen –, gelten als höfliches Verhalten.

Die im vorherigen Abschnitt erwähnte Umfrage legt nahe, dass es einige unhöfliche Verhaltensweisen gibt, die man besser tunlichst vermeidet:

- ✔ Kollegen ignorieren
- ✔ Klienten oder Kollegen gemein oder rüde behandeln

- ✔ Kollegen die Schuld für Fehler zuschieben, die man selbst gemacht hat
- ✔ Sich beleidigend über die Leistung anderer äußern
- ✔ Sich über Kollegen lustig machen
- ✔ Vorgesetzte oder Kollegen beschimpfen

Solchen Verhaltensweisen können Sie Folgendes entgegensetzen:

- ✔ Grundsätzliche Bereitschaft, einem Kollegen zu helfen
- ✔ Die Verantwortung für die eigenen Fehler übernehmen
- ✔ Den Kollegen Höflichkeit entgegenbringen, nicht Verachtung
- ✔ Möglichkeiten finden, anderen zu ihrer Leistung zu gratulieren
- ✔ Mit anderen lachen, nicht über sie
- ✔ Wenigstens fünf Kollegen am Tag einen »Schönen Tag!« wünschen

Sich teamfähig machen

Teamarbeit ist heutzutage das Mantra der Arbeitswelt. Eine Branche nach der anderen posaunt stolz in die Welt hinaus, dass sie sich Teamarbeit auf die Fahnen geschrieben hat. Kontraproduktives Verhalten am Arbeitsplatz ist jedoch Sand im Getriebe jeder Teamarbeit.

Ronald, zum Beispiel, war oft ein heikler Fall, wenn es um Teamarbeit ging. Als Vizepräsident der Marketingabteilung war er eine wichtige Figur im Tagesgeschäft seiner Firma. Wenn Ronald glücklich damit war, wie die Dinge liefen (meist dann, wenn es nach *seinem* Kopf ging), dann war er herzlich, gab den anderen wichtige Informationen weiter und war für jeden zu sprechen. War er jedoch unglücklich, benahm er sich ziemlich *unerträglich* – stur, auf Konfrontationskurs, zurückgezogen –, was sich unter anderem darin äußerte, dass er wichtige Telefonrückrufe einfach verweigerte und E-Mails nicht an Kollegen weiterleitete. Bei mehr als einer Gelegenheit musste die Firma teuer dafür bezahlen – wirklich große Summen – ganz zu schweigen davon, dass er sich in der Chefetage sehr unbeliebt machte.

Damit ein Team funktionieren kann, müssen die Teammitglieder Folgendes haben:

- ✔ **Eine kooperative Einstellung.** Leider gehörte Ronald zu den Menschen, die nur mit anderen zusammenarbeiten, wenn es ihnen in den Kram passt, und sich ansonsten verweigern.
- ✔ **Fähigkeiten, die sich mit denen der anderen Teammitglieder ergänzen.** Ronalds Fachgebiet war das Marketing. So konnte er sich, wenn er denn zur Zusammenarbeit bereit war, mit den Kollegen aus der Finanzabteilung, dem Verkauf, dem Vertrieb, der Produktgestaltung und so weiter ergänzen.
- ✔ **Leistungsziele, die mit denen der anderen Teammitglieder übereinstimmen.** Wenn ich in meiner Tätigkeit als Berater von Einzelnen und Gruppen im Arbeitsumfeld von Unternehmen eines gelernt habe, dann das, dass es immer gefährlich ist, davon auszugehen, dass alle die gleichen Ziele haben. Meistens ist das nicht so, und so kommt es, dass plötzlich

deutlich wird, dass sie gleichzeitig in verschiedene Richtungen losmarschieren und nichts erreichen.

- ✔ **Eine gemeinsame Philosophie, wie man diese Ziele erreichen will.** Selbst wenn alle im Team sich in der Zielsetzung einig sind, müssen sie nicht übereinstimmen, wie man das Ziel am besten erreicht. Während ein Teammitglied langsam, aber sicher auf das Gesamtziel hinarbeiten möchte, möchten die anderen vielleicht gleich in die Vollen gehen. Damit das Team funktioniert, müssen sich alle Teammitglieder einig sein, wie der Weg zum Ziel aussieht.

- ✔ **Gegenseitige Verantwortlichkeit.** Wenn man ein gutes Teammitglied ist, kann man nicht anderen den Schwarzen Peter zuschieben. Es reicht nicht, vor sich selbst Rechenschaft abzulegen – man muss es auch vor allen anderen im Team tun. Und alle anderen sind Ihnen Rechenschaft schuldig.

Gute Öffentlichkeitsarbeit machen

Allgemein als kontraproduktives Verhalten am Arbeitsplatz anerkannt sind Fälle, in denen sich Mitarbeiter *außerhalb* des Unternehmens darüber beschweren, wie miserabel ihr Arbeitsplatz doch ist. Viele unglückliche Mitarbeiter sind nicht damit zufrieden, sich *intern* zu beklagen. Sie fühlen sich gezwungen, ihre schmutzige Wäsche vor allen zu waschen, die bereit sind, ihnen zuzuhören.

Es ist doch so: Wenn man sich über seine Arbeit beklagt, fühlt man sich ja nicht besser. Vielmehr werden sich die Leute, die sich das Gejammer anhören, irgendwann fragen: »Wenn es da so schlimm ist, warum in aller Welt arbeitet er immer noch da? Ist er nicht qualifiziert genug, eine andere Stelle zu finden?«

Bedenken sollten Sie auch, dass der Ruf eines Arbeitgebers – seine Glaubwürdigkeit – Teil seines Kapitals ist, und zwar ein Teil, von dem Sie als Mitarbeiter auch etwas haben. Wenn Sie Ihren Arbeitgeber bei anderen Menschen verleumden, verringern Sie dieses Kapital – dabei verlieren Sie beide!

Wenn Sie nichts Gutes über Ihren Arbeitsplatz sagen können, ist es wahrscheinlich besser, überhaupt nichts zu sagen, oder wenn man denn gefragt wird, etwas eher Unverfängliches wie »Ach ja, es könnte besser sein, aber schließlich ist keine Stelle perfekt«. Wenn Sie sich dazu nicht in der Lage sehen und das starke Bedürfnis verspüren, sich über Ihren furchtbaren Arbeitsplatz zu beschweren, dann empfehle ich Ihnen, mit einem Berater oder Therapeuten zu sprechen – mit jemandem, der objektiv sein und Sie trotzdem unterstützen kann.

Zu Hause

19

In diesem Kapitel

- Prioritäten setzen
- Den effektivsten Erziehungsstil wählen
- Freiheit und Zusammengehörigkeit ausgewogen gestalten
- Mehr als eine Mahlzeit miteinander teilen
- Wann man flexibel sein muss

Wenn es auch das höchste Ziel einer Familie ist, glücklich zu sein, so sollte dieses Ziel dennoch nicht im Mittelpunkt stehen. Besser ist es, sich auf die Art und Weise zu konzentrieren, in der die Familienmitglieder miteinander umgehen. Das Glück wird sich dann schon ergeben:

- ✔ Glückliche Familien arbeiten zusammen; unglückliche Familien treten gegeneinander an.
- ✔ Glückliche Familien teilen gemeinsame Ziele und sind füreinander verantwortlich; in unglücklichen Familien folgt jeder seinen eigenen Regeln und fühlt sich nur für sich selbst verantwortlich.
- ✔ Glückliche Familien können Ärger konstruktiv nutzen; unglückliche Familien können das nicht.
- ✔ Glückliche Familien unterstützen sich gegenseitig in guten wie in schlechten Zeiten; in unglücklichen Familien kümmert sich jeder nur um sich selbst.

Überall in diesem Buch biete ich Ihnen Tipps an, wie Sie Ihrem *individuellen* Glück näher kommen können. In diesem Kapitel beantworte ich die Frage, wie man auf der Grundlage der gleichen Prinzipien als Familie *gemeinsam* glücklich werden kann. Familien brauchen beispielsweise Strukturen – Regeln, Prioritäten und Ziele (siehe Kapitel 14), die Familienmitglieder müssen zusammenspielen und zusammenarbeiten (siehe Kapitel 15), sie müssen einander lächeln sehen (siehe Kapitel 12) und sie müssen sich regelmäßig bewusst machen, wie glücklich sie als Teil dieser Familie sind (siehe Kapitel 11).

Das Glück ist der Leim, der Familien zusammenhält. Ohne Glück neigen Familien dazu, sich in ihre Einzelteile aufzulösen und voneinander zu entfremden, selbst wenn sich alle lieben. Wenn Ihre Familie nicht so glücklich ist, wie Sie es für möglich halten, sollten Sie dieses Kapitel unbedingt lesen.

Prioritäten setzen

Manche Familien haben Prioritäten – Dinge, die sie für das Zusammenleben und den Erfolg der Familie für wichtig halten und die der Familie ein sicheres Gefühl dafür geben, wo es denn hingehen soll und warum. Andere Familien haben solche Prioritäten nicht – sie sind wie Blätter im Wind, fliegen hierhin und dorthin, ohne eine bestimmte Richtung zu verfolgen.

Nehmen wir zum Beispiel Familie Grützel. Ihr Haus ist voll mit Büchern und Zeitschriften. Jeden Nachmittag fragen die Eltern, ob die Kinder Hausaufgaben auf haben. Beim Abendessen wird darüber gesprochen, was in der Welt los ist, und es wird sogar über ernste Themen diskutiert, etwa über die Frage, ob Teenager schon Sex haben sollten, ob man schon vor der Ehe zusammenleben sollte, über Drogenmissbrauch und Abtreibung. Fernsehsendungen sehen sich alle zusammen an und an jedem Samstag gehen alle zusammen in die Leihbücherei und durchstöbern die Bücherregale. Als die Kinder noch klein waren, meldeten ihre Eltern sie in den Ferien in Lesegruppen an und gingen mit ihnen in Museen. Und als verantwortungsbewusste Eltern gingen die Grützels regelmäßig zu den Elternabenden in die Schule. Man muss nicht studiert haben, um zu merken, dass bei den Grützels Erziehung oberste Priorität genoss.

In der Familie Schlappenhorst stehen Ballspiele im Mittelpunkt. Alle drei Kinder sind Mitglied in Sportvereinen – Klara spielt in der Basketballmannschaft der Schule, Bertie spielt in der D-Jugend-Mannschaft seines Heimatorts und Markus hat sich für Volleyball entschieden. Die Eltern sehen sich alle Spiele an und müssen sich manchmal aufteilen, damit sie zwei Spiele gleichzeitig mitverfolgen können. Ab und zu sehen sie sich ein Spiel der 1. Fußballmannschaft im Ort gemeinsam an und sorgen auf dem Platz für Stimmung. Vater Schlappenhorst ist Mitglied im Sportverein und Mutter Schlappenhorst organisiert die Verpflegung für Berties Fußballspiele und wäscht ab und zu die Trikots. In dieser Familie steht der Sport an allererster Stelle.

Und dann ist da noch Familie Memethi, die viel Wert auf Geselligkeit legt. Sie öffnet ihr Haus für alle Freunde ihrer Kinder. Die Geburtstage der Eltern und der Kinder werden groß gefeiert. Zum Fest des Fastenbrechens am Ende des Fastenmonats Ramadan waren 25 Freunde und Verwandte zum Essen eingeladen, und auch sonst ist das Haus oft voller Leute. Die Eltern fahren gerne mit anderen Familien zusammen in Urlaub statt nur zu fünft.

All diese Familien sind glücklich – Unterschiede gibt es nur in den Dingen, die sie glücklich machen.

Prioritäten bieten Familien

- ✔ **ein Gefühl der Unmittelbarkeit:** Was die Familien zuallererst und vor allem braucht und will.
- ✔ **einen Lebenssinn:** Was die Familie für wichtig hält.
- ✔ **gemeinsame Werte:** Werte, die alle Familienmitglieder für wichtig halten.
- ✔ **eine Vorstellung von der Zukunft:** Wo die Familie in den kommenden Tagen, Wochen, Monaten und Jahren hinsteuert.

✔ **ein Gefühl der Stabilität:** Ein »Familienprogramm«, das sich nicht von einem Tag auf den anderen verändert.

Versuchen Sie, mithilfe dieser Übung Ihrer Familie zu helfen, eigene Prioritäten zu setzen:

1. **Finden Sie eine Zeit, in der sich die Familie für mindestens eine Stunde zusammensetzen kann.**
2. **Geben Sie jedem ein Blatt Papier und bitten Sie jedes Familienmitglied, drei Prioritäten aufzuschreiben, die sich die Familie seiner Ansicht nach setzen sollte.**

   Geben Sie ein paar Beispiele, wie ich sie weiter vorn in diesem Kapitel erwähne. Sprechen Sie auch Dinge wie Ehrlichkeit, gegenseitige Unterstützung und Gesundheit an. Betonen Sie, dass es nicht um die Prioritäten der Einzelnen geht, sondern darum, was die Familie als Gruppe tun sollte.
3. **Lassen Sie dann nacheinander jedes einzelne Familienmitglied seine Liste vorlesen und erklären.**
4. **Geben Sie zunächst keinerlei Kommentare ab – warten Sie, bis alle ihre Liste vorgetragen haben, und eröffnen Sie dann die Diskussion.**

   Gibt es Übereinstimmungen – Punkte, die in mehr als einer Liste auftauchen? Fallen Ihnen eklatante Auslassungen auf? Sehen die Familienmitglieder Hindernisse, die der Umsetzung dieser Prioritäten im Weg stehen könnten? Gibt es jemanden in der Familie, der sich nicht für diese Prioritäten einsetzen möchte? Wenn ja, überschütten Sie ihn nicht mit Kritik. Sagen Sie stattdessen: »Wenn du dich jetzt nicht auf gemeinsame Prioritäten festlegen möchtest, ist das in Ordnung, aber wir würden wirklich gerne wissen, worauf die Familie deiner Meinung nach mehr Wert als bisher oder weniger Wert als bisher legen sollte.« Lassen Sie eine Tür offen, damit der Betreffende unter Umständen später mit einsteigen kann.

Das Ziel dieser Übung ist es, am Ende dieser Stunde ein sicheres Gefühl dafür zu haben, was Ihnen als Familie wichtig ist.

Die verschiedenen Erziehungsstile

Menschen haben unterschiedliche Fahrstile, tragen verschiedene Kleidungsstile und haben auch voneinander abweichende Erziehungsstile. Wie Sie Ihre Kinder erziehen, wirkt sich nicht nur darauf aus, wie glücklich sie sein werden. Es beeinflusst auch ihre Leistungen in der Schule, entscheidet darüber, ob sie mit dem Rauchen anfangen oder nicht, wie wahrscheinlich es ist, dass sie an Depressionen leiden und ob sie sich beim Sex angemessen schützen werden.

Psychologen, die sich mit diesen Fragen beschäftigen, haben vier Haupterziehungsstile ermittelt: den selbstherrlichen, den entschiedenen, den freizügigen und den unbeteiligten. Diese Erziehungsstile unterscheiden sich in Bezug auf die Mitwirkung am Leben der Kinder und dem Ausmaß der Kontrolle, der das Verhalten der Kinder unterworfen wird. Tabelle 19.1 liefert eine grobe Skizzierung der Unterschiede.

	Elterliche Mitwirkung	
Elterliche Kontrolle	Stark	Schwach
Stark	Entschieden	Selbstherrlich
Schwach	Freizügig	Unbeteiligt

Tabelle 19.1: Erziehungsstile

Ich werde diese verschiedenen Stile in den folgenden Abschnitten näher erläutern. Entscheiden Sie sich, welcher eher zu der Beziehung passt, die Sie zu Ihren Kindern haben.

Erziehungsstile sind erlernte Verhaltensmuster. Das heißt, sie können jederzeit wieder *verlernt* werden.

Lassen Sie Ihre Kinder die folgenden Abschnitte lesen und fragen Sie sie, welcher ihrer Meinung nach am besten zu Ihnen passt. Reagieren Sie nicht überrascht – und was noch wichtiger ist, fühlen Sie sich nicht angegriffen –, wenn sie Ihren Erziehungsstil anders betrachten als Sie. Bitten Sie sie, ihre Antwort zu erklären und anhand von Beispielen zu verdeutlichen, warum sie den jeweiligen Erziehungsstil gewählt haben. Vielleicht liegt die Wahrheit irgendwo in der Mitte zwischen Ihrem Eindruck und dem Ihrer Kinder.

Wir sind eine Arbeiterfamilie

Wie die meisten amerikanischen Mittelklassefamilien haben meine Frau und ich die Arbeit – einer Arbeitsethik folgen, lernen, wie man arbeitet, ein verantwortungsbewusster Mitarbeiter sein – zu einem Eckstein unserer Familienwerte erklärt. Am Esstisch haben wir oft über meine Arbeit gesprochen – was mir Freude machte und womit ich Probleme hatte – und als die Kinder alt genug waren, ermutigten wir sie, sich immer mal wieder einen Job zu suchen. Unsere beiden Kinder hatten während ihrer Sekundarstufenzeit Teilzeitjobs und verdienten sich zusätzlich etwas Geld in den Weihnachts- und Sommerferien.

Wir betonten immer wieder, dass es wichtig sei, pünktlich zur Arbeit zu erscheinen, seinen Kollegen zu helfen und Initiative zu zeigen – das zahlt sich immer aus. Und wir sprachen darüber, dass eine gute Bildung – eine weitere Priorität in unserer Familie – einem Menschen mehr Berufsmöglichkeiten eröffnet. Es sollte uns also nicht überraschen, dass unsere Kinder erfreuliche berufliche Karrieren gemacht haben und unsere finanzielle Unterstützung nicht mehr brauchen. All die Gespräche beim Abendessen müssen wohl etwas gebracht haben!

Weil wir nun mal Eltern vom Typ A sind, haben wir nicht ausreichend erwähnt, wie wichtig es ist zu spielen (in Kapitel 5 geht es um die richtige Balance von Arbeit und Spiel). Das mussten unsere Kinder mehr aus eigener Initiative lernen.

Selbstherrlich

Selbstherrliche Eltern wirken am Leben Ihrer Kinder meist nur insofern mit, als sie Regeln aufstellen und die Verstöße gegen diese Regeln bestrafen. Sie entscheiden, was das Kind macht, mit wem es befreundet sein darf, wo es sich aufhalten soll und letztlich auch, wie sein weiteres Leben auszusehen hat.

Eine selbstherrliche Mutter erzählte mir, dass ihr Sohn im Alter von sechs Jahren bereits wusste, dass er die Universität von Florida besuchen und Architekt werden würde. »Das ist absurd«, antwortete ich. »Ein Sechsjähriger hat weder eine Vorstellung davon, was ein Architekt noch was eine Universität ist. Die Wahrheit ist, dass Sie und Ihr Mann beschlossen haben, was er werden soll, und dann dafür gesorgt haben, dass er Ihren Traum erfüllt.«

Zwischen selbstherrlichen Eltern und ihren Kindern gibt es, wenn überhaupt, nur selten echte Dialoge – man kann eher von Belehrungen sprechen, in denen immer die Botschaft »Friss Vogel oder stirb!« mitschwingt. Kinder von selbstherrlichen Eltern sind nicht glücklich, aber oft verärgert und ängstlich – die Angst ist sichtbar, aber der Ärger wird oft unterdrückt. Wie betrachten sie ihre Eltern? Als kalt, unnachsichtig und abweisend – kein schönes Bild.

Wenn Sie wissen wollen, ob Sie zu den selbstherrlichen Eltern gehören, lesen Sie die folgende Aussage und bezeichnen Sie sie als richtig oder falsch:

In meiner Funktion als Elternteil entscheide *meistens* ich, wie sich mein Kind verhält.

Wenn Sie darauf mit »richtig« antworten, pflegen Sie einen selbstherrlichen Erziehungsstil.

Entschieden

Wenn Sie entschiedene Eltern sind, wirken Sie stark am Leben Ihrer Kinder mit und haben keine Angst davor, ihr Verhalten in einem vernünftigen Maße zu kontrollieren. Sie sind nett, aber verbindlich. Sie sind im Leben Ihrer Kinder präsent – unternehmen etwas mit ihnen und zeigen ihnen Dinge, die Sie für wichtig halten. Die Rollen sind klar verteilt – Sie sind die Eltern, Ihre Kinder sind die Kinder – auch später in der Pubertät. Sie fördern altersgerechte Unabhängigkeit und Eigenständigkeit. Sie bringen Ihren Kindern bei, höflich und im Umgang mit anderen Menschen verantwortungsbewusst zu sein, auch in der Familie. Sie ermöglichen Ihren Kindern, ihre eigene Stimme zu finden und ihre Meinung zu sagen und über ihre Bedürfnisse, Wünsche, Ängste und Lebensziele zu sprechen. Wenn es erforderlich ist, schrecken Sie auch nicht vor angemessenen Strafen zurück – eine Auszeit im eigenen Zimmer oder Hausarrest ist eine Sache, Beschimpfungen und Bedrohungen eine andere. Wie empfinden die Kinder ihre entschiedenen Eltern? Als warm, akzeptierend und liebend – trotz der Tatsache, dass ihre Eltern ihr Leben kontrollieren.

Wenn Sie möchten, dass Ihr Kind nicht mit dem Rauchen anfängt, gute Noten schreibt, psychisch stabil ist und sich beim Sex schützt, sollten Sie sich in jedem Fall für diesen Stil entscheiden.

Wenn Sie wissen möchten, ob Sie zu den entschiedenen Eltern gehören, lesen Sie die folgende Aussage und bezeichnen Sie sie als richtig oder falsch:

Ich *bitte meine Kinder um ihre Meinung*, aber in der Regel treffe ich am Ende die Entscheidungen – beispielsweise wann sie wieder zu Hause sein müssen oder in welchem Alter sie sich mit dem anderen Geschlecht verabreden dürfen.

Wenn Sie mit »richtig« geantwortet haben, pflegen Sie den entschiedenen Erziehungsstil.

Freizügig

Das ist der Erziehungsstil, den Kinder lieben – zumindest auf kurze Sicht. Warum? Ganz einfach: Freizügige Eltern lassen ihre Kinder machen, was sie wollen. Sie können nach Belieben kommen und gehen und sich ihre eigenen Regeln machen – alles im Namen der Liebe. Freizügige Eltern wirken durchaus am Leben ihrer Kinder mit, aber mehr durch Unterlassung. Sie haben kaum Anforderungen an ihre Kinder, setzen ihrem Sozialverhalten und emotionalen Verhalten (Kinder müssen auch mal ausflippen – das ist doch nicht böse gemeint), wenn überhaupt, nur wenige Grenzen. Ein Nein kommt freizügigen Eltern nie über die Lippen. Die Kinder müssen schon selbst entscheiden, ob Zigaretten schlecht für sie sind. Sie sollen selbst entscheiden, wann sie nach Hause kommen oder ob es überhaupt eine Abmachung gibt. Und Hausaufgaben? Das müssen sie selbst wissen.

Wie betrachten Kinder ihre freizügigen Eltern? Die Kinder halten diese Eltern für toll, cool und ihre besten Freunde. Das Problem ist nur, dass aus diesen Kindern launische, aufsässige, rebellische und lebensuntüchtige Menschen werden, wenn sie ihren Kopf nicht durchsetzen können. (Und als solche sind sie schwierige Mitarbeiter, wenn sie später arbeiten, und ebenso schwierige Ehepartner.)

Gehören Sie zu den freizügigen Eltern? Lesen Sie die folgende Aussage und bezeichnen Sie sie als richtig oder falsch:

Meine Kinder fragen mich manchmal nach meiner Meinung, aber *ich lasse sie ihre Entscheidung selbst treffen*.

Wenn Sie mit »richtig« geantwortet haben, sind Sie freizügige Eltern.

Unbeteiligt

Unbeteiligte Eltern wissen nicht, was ihre Kinder vorhaben, stehen emotional nicht zur Verfügung und sind nicht gewillt, mehr Verantwortung zu übernehmen, als Verpflegung und ein Dach über dem Kopf zu bieten, die Kinder in die Schule zu zwingen und darauf zu achten, dass sie die aktuellsten Turnschuhe tragen. Unbeteiligte Eltern gibt es in allen Bevölkerungsgruppen.

Die Kinder unbeteiligter Eltern werden den Erwachsenen und den Gleichaltrigen entfremdet. Sie verfügen nur über begrenzte soziale Fähigkeiten und Problemlösungskompetenzen und setzen ihren Ärger oft dazu ein, andere (die sie als Bedrohung empfinden) auf Distanz zu halten. Sie sind alles andere als glücklich. Wie empfinden diese Kinder ihre Eltern? Gar nicht.

Wenn Sie herausfinden möchten, ob Sie den unbeteiligten Erziehungsstil praktizieren, lesen Sie die folgende Aussage und bezeichnen Sie sie als richtig oder falsch:

Interessieren Sie sich dafür und *wissen* Sie immer, wo Ihr Kind ist?

Wenn Sie mit »richtig« geantwortet haben, sind Sie unbeteiligte Eltern, und Ihre Kinder für sich selbst und andere ein Risiko. (Diese Kinder können für die Gesellschaft gefährlich werden.)

Natürlich sind sie verärgert

Ich befragte die Kinder in meinen Schulseminaren zum Thema Ärgermanagement, was für Eltern sie haben. Nur wenige Kinder (18 Prozent) ordneten ihre Eltern dem entschiedenen Erziehungsstil zu. Die übrigen Kinder beschrieben ihre Eltern als selbstherrlich (32 Prozent), freizügig (18 Prozent) und unbeteiligt (32 Prozent). Da ist es kein Wunder, dass sie voller Ärger steckten und nicht in der Lage waren, zu den Erwachsenen im Schulumfeld – Direktoren, Lehrer, Berater und sogar Hausmeister – Beziehungen aufzubauen. Für diese Kinder war die Schule alles andere als glücklich.

Ein Gleichgewicht zwischen Interdependenz und Autonomie finden

In meiner Kindheit sah ich einen Film, der zeigte, wie eine Bärenmutter ein ganzes Jahr lang ihre Kleinen liebte, schützte und ihnen ihre ganze Aufmerksamkeit schenkte … und dann jagte sie sie auf einen Baum, trabte von dannen und überließ ihre Kinder ihrem Schicksal. Gott sei Dank brauchen Menschen etwas länger, bis sie sicher sein können, dass ihre Nachkommen eigenständig (man nennt das *Autonomie*) und mit anderen Menschen zusammen (*Interdependenz*) leben können. Das richtige Gleichgewicht zwischen diesen beiden entgegengesetzten Bedürfnissen zu finden, ist für das Familienglück unerlässlich.

Sobald unsere Kinder laufen können (etwa mit einem Jahr), beginnen sie nach Autonomie zu streben. Mit dem Erlernen der Sprache emanzipieren sie sich weiter, weil sie ihren Eltern ein »Nein!« entgegenhalten können. Und wenn sie dann in die Pubertät eintreten, kommt die Autonomie voll zur Geltung. Als Eltern müssen Sie dieses wachsende Gefühl der Unabhängigkeit fördern – aber nicht auf Kosten der Beteiligung am Familienleben. Anders ausgedrückt: Sie müssen Ihrem Kind die Botschaft vermitteln: »Ich möchte, dass du ein Individuum bist, aber du bist immer noch ein Mitglied dieser Familie.«

Interdependenz bedeutet im Grunde, dass zwei Menschen zusammen an einer gemeinsamen Aktivität oder auf ein gemeinsames Ziel hin arbeiten. Das ist die alte Vorstellung, dass zwei paar Hände – oder zwei Köpfe – besser sind als eins. Beispiele für interdependentes Verhalten bei Familienmitgliedern sind unter anderem:

- ✔ Sich gegenseitig bei der Zubereitung von Mahlzeiten helfen
- ✔ Eltern helfen Kindern bei den Hausaufgaben
- ✔ Alle packen bei der Gartenarbeit mit an
- ✔ Man kümmert sich im Krankheitsfall umeinander
- ✔ Haushaltsaufgaben werden gemeinsam erledigt – spülen, Wäsche waschen
- ✔ Alle kümmern sich um die Haustiere
- ✔ Karten und andere Spiele gemeinsam spielen
- ✔ Gemeinsame Freilufterholung wie Fahrradfahren, Angeln und Zelten
- ✔ Gemeinsame Arbeit an Schulprojekten

In den folgenden Abschnitten beschreibe ich, wie Sie die Unabhängigkeit Ihrer Kinder fördern können, ohne in Machtkämpfe zu geraten. Darüber hinaus erkläre ich Ihnen, warum es wichtig ist, dass jedes Familienmitglied eine klare Arbeitsbeschreibung hat.

Die Macht teilen

Macht ist auch im Familienleben ein grundlegendes Konzept. Wir sprechen darüber, wie man Kinder *ermächtigen* kann, wir sprechen von *Machtkämpfen* zwischen Eltern und Kindern und vom *Machtgefälle*, das zwischen unterschiedlich alten Geschwistern herrscht. Wie Familien mit den Machtbeziehungen umgehen, die sich mit der Zeit entwickeln und verändern, bestimmt zum großen Teil, wie glücklich sie schließlich werden.

Wo die Macht deutlich ungleich verteilt ist – etwa da, wo ein selbstherrlicher Vater die Regeln für seine pubertierende Tochter festlegt und mit Strafen droht, wenn sie sich nicht daran hält – entstehen Probleme. Zumindest wird sich die Tochter *machtlos* fühlen, und auf dem Nährboden dieser gefühlten Machtlosigkeit können Depression, Trotz und Feindseligkeit wachsen. Im schlimmsten Fall werden sich Vater und Tochter voneinander entfremden.

Eltern stehen vor der Herausforderung, altersgerechte Möglichkeiten zu finden, die Macht mit ihren Kindern zu teilen und sich dabei von den ersten Jahren bis ins Erwachsenenalter vorzuarbeiten. Glauben Sie mir, ich weiß, dass das keine leichte Aufgabe ist. Eltern zögern oft, auf einen Teil ihrer Macht zu verzichten – »Das ist mein Haus. Ich bezahle die Rechnungen. Ich weiß, was am besten für dich ist.«. Und für gewöhnlich wollen Kinder mehr Macht haben, als sie in ihrer jeweiligen Entwicklungsphase bewältigen können – »Was soll schon passieren, wenn ich mit meinen Freunden zelten gehe, Ich weiß gar nicht, warum ihr euch solche Sorgen macht. Ich muss einfach mal abhängen.«. Solche Konflikte lassen das Familienleben manchmal eher wie ein zähes Ringen erscheinen als sonst irgendetwas.

Setzen Sie sich mit der *ganzen* Familie zusammen und diskutieren Sie über Macht. Lassen Sie nicht zu, dass diese Fragen unterbewusst, unausgesprochen, unhöflich und letztlich unglücklich in Ihr Familienleben eindringen. Andere Möglichkeiten, die Macht in der Familie in unterschiedlichen Altersstufen zu teilen, sind unter anderem: einem Siebenjährigen erlauben, dass er einen Freund zum Spielen einlädt, und ihm die Entscheidung überlassen, mit wem er spielen will; eine Elfjährige zum Lebensmittelladen schicken, um etwas für das Abendessen einzukaufen, und sie entscheiden lassen, welche Pizza die Familie isst; die Kinder ab und zu entscheiden lassen, was die Familie im Fernsehen anschaut (wahrscheinlich wird es nicht Phoenix oder arte sein); und Jugendliche mit Führerschein die jüngeren Kinder zum Musikunterricht oder zum Sport chauffieren lassen.

Darauf achten, dass jeder seine Aufgabe hat

Stellen Sie sich vor, Sie erhalten einen Arbeitsvertrag und haben keine Stellenbeschreibung. Sie kriegen ein Büro, einen Schreibtisch und ein paar Aktenschränke, aber niemand sagt Ihnen, was Ihre Aufgabe ist. Oder stellen Sie sich vor, Sie gehören zu einer Basketballmannschaft und haben schon das Trikot an für das Spiel, aber der Trainer hat Ihnen nie gesagt, auf welcher Position Sie spielen sollen. Sie sitzen auf der Bank und warten, können aber nichts tun, das Ihnen das Gefühl vermittelt, zur Mannschaft zu gehören.

In glücklichen Familien hat jeder seine Aufgaben, eine Arbeit, eine Bedeutung, etwas, das er zum Familienleben beitragen kann. Es gibt keine Zuschauer, und niemand darf untätig an der Seitenlinie sitzen. (So entsteht Engagement, das ganz wichtig ist, um eine robuste Persönlichkeit zu entwickeln – mehr darüber können Sie in Kapitel 6 nachlesen.)

Kinder, selbst die ganz kleinen, müssen wissen, was von ihnen erwartet wird. Sie können beispielsweise Ihrem vierjährigen Sohn sagen: »Deine Aufgabe ist es, deine Spielsachen wieder wegzuräumen, wenn du damit fertig bist. Das ist nicht Mamas Aufgabe.« Jugendliche müssen wissen, dass es ihre Aufgabe ist, einen Teil ihrer Zeit damit zu verbringen, im Haushalt zu helfen – auch wenn es Millionen andere aufregende und verlockende Möglichkeiten gibt, die man nutzen könnte. Das Gleiche gilt für Eltern, deren Aufgaben viel weiter reichen, als das Brot auf den Tisch zu bringen und die Kinder in der Gegend herumzukutschieren (siehe Kapitel 21).

Flechten Sie in Ihre Familiengespräche Aussagen wie »Meine Aufgabe ist …« und »Deine Aufgabe ist …« ein. Angenommen, dass alle ihre Aufgaben beständig und gut erfüllen, muss dann die Familie nicht einfach glücklich sein? Wenn einer in der Familie nicht glücklich ist, weil er eine bestimmte Aufgabe nicht mag (etwa nach dem Essen die Küche aufzuräumen), gestehen Sie zu, dass es in Ordnung ist, wenn Aufgaben getauscht werden (vielleicht sträubt sich seine Schwester, mit dem Hund Gassi zu gehen), solange am Ende jeder eine Aufgabe übernimmt.

Faire Auseinandersetzungen

Auseinandersetzungen gibt es in jeder Familie. Die Frage ist, ob sie fair sind. Kinder kämpfen für mehr Autonomie, Eltern kämpfen um mehr Respekt. Familien kämpfen um alles Mögliche: Ideen, Werte, wofür Geld ausgegeben wird, wie lange man wegbleiben darf, wer das Auto fahren darf und so weiter und so fort. Es gibt Gewinner und Verlierer und manchmal sogar Kompromisse.

Auch glückliche Familien haben Auseinandersetzungen – sie achten nur auf Fairness. In glücklichen Familien

- ✔ **kämpfen Eltern und Kinder »für« etwas statt »gegen« etwas.** Es ist eine Sache, wenn sich ein Kind dafür einsetzt, zu einer angemesseneren Zeit nach Hause kommen zu dürfen – etwas ganz anderes ist es jedoch, wenn ein Kind sich seinen Eltern jedes Mal widersetzt, auch wenn diese versuchen, ein vernünftiges Angebot zu machen.
- ✔ **setzen Eltern keine körperlichen Disziplinierungsmaßnahmen ein.** Sie beschränken sich auf Dinge wie Hausarrest, Auszeiten, Einschränkung von Privilegien, etwa die Benutzung des Familienautos, und zusätzliche Aufgaben.
- ✔ **werden Konflikte häufiger nicht durch Wettbewerb geregelt.** Zum Repertoire gehören *Kompromisse* (jeder gibt ein wenig nach), *Anpassung* (sich mit dem einverstanden erklären, was der andere will, um einen weiteren Konflikt zu vermeiden) und *Zusammenarbeit* (beide Parteien arbeiten auf eine gemeinsame Lösung des Konflikts hin). In glücklichen Familien gibt es wenig Wettbewerb, und niemand gibt sich große Mühe, Konflikte zu vermeiden, was beides zu mehr Ärger unter den Familienmitgliedern führen würde. (In Kapitel 18 beschreibe ich, inwiefern diese Möglichkeiten des Umgangs mit Konflikten im Arbeitsumfeld von Erwachsenen eine Rolle spielen.)
- ✔ **behandeln sich die Familienmitglieder nicht mit Verachtung.** Sie würdigen andere nicht herab, beschimpfen und erniedrigen sich nicht gegenseitig – solches Verhalten soll dem anderen größtmöglichen Schaden zufügen, einem anderen, den man doch eigentlich liebt. (In Kapitel 20 geht es unter anderem darum, wie dieses Verhalten, das oft in der Familie gelernt wird, letztlich zum Scheitern von Partnerbeziehungen führt.)
- ✔ **zeigen Familienmitglieder bezüglich ihrer Gefühle und ihres Verhaltens Zurückhaltung.** Es gibt selbst gesetzte Grenzen, wie weit man beim Ausdrücken seiner Gefühle – etwa Ärger – gehen kann. Eine Mutter mag zwar das Bedürfnis haben, ihrer Tochter den Hals herumzudrehen, aber sie tut es nicht. Die Familienmitglieder gestatten sich zwar, gereizt oder verärgert zu sein, aber sie lassen keinen Wutanfall zu oder lassen sich nicht von *toxischem Ärger* überwältigen. (Wenn Sie mehr über den Unterschied zwischen Ärger und Wut erfahren möchten, lesen Sie *Nicht ärgern für Dummies* (Wiley-VCH).)
- ✔ **sind Auseinandersetzungen nur ein Teil des Familienlebens – es erschöpft sich nicht darin.** Es gibt viel mehr positive Aspekte des Zusammenlebens als negative.

Das Mantra einer glücklichen Familie

Eine glückliche Familie zeichnet sich durch wechselseitige Unterstützung, Interdependenz, verteilte Macht und wenigstens eine gemeinsame Mahlzeit aus, bei der alle am Tisch sitzen. All diese Aspekte lassen sich in einem Satz zusammenfassen, der meiner Meinung nach das *Mantra* (ein heiliges Wort, ein Satz oder eine Formel, die eine Art Zauberkraft heraufbeschwört) sein sollte:

> Wir sitzen alle im selben Boot.

Ich empfehle den Familienmitgliedern, dieses Mantra tagsüber immer wieder still vor sich hin zu sprechen – in guten und in schlechten Zeiten. Es schadet auch nichts, den Satz gelegentlich laut zu sagen, zum Beispiel, wenn sich Ihre Kinder aufregen, weil sie etwas nicht bekommen, was sie möchten. Sehen Sie ihnen in die Augen und sagen Sie: »Hey, weißt du noch: Wir sitzen alle im selben Boot.« Ich garantiere Ihnen, dass Sie auf diese Weise viele Konflikte entschärfen und die Bedeutung der Einigkeit in der Familie hervorheben können – zusammen.

Alle an einem Tisch: Die so wichtige gemeinsame Mahlzeit

Die modernen Familien unserer Tage haben ein großes Zeitproblem, viel zu viel zu tun und nicht annähernd genug Zeit, alles auf die Reihe zu kriegen. Die Eltern zieht es in die eine Richtung (Arbeit, Arbeit, Arbeit!), die Kinder in eine andere (Schule, Sport, Tanzen, für Eignungsprüfungen lernen). Da kann man schon glücklich sein, wenn man eine gemeinsame Mahlzeit am Tag hat – aber einige Psychologen sagen, dass das unter Umständen ausreicht.

Bei dieser wichtigen gemeinsamen Mahlzeit geht es nicht so sehr ums Essen, sondern um die Pflege der sozialen Bindungen (siehe Kapitel 16), die für ein glückliches Familienleben unerlässlich sind. Beim gemeinsamen Mahl kann die Familie

- ✔ sich darüber austauschen, was in ihrem Leben gerade los ist.
- ✔ über Veränderungen der Familienregeln verhandeln.
- ✔ ihre Gefühle äußern, ohne beurteilt zu werden.
- ✔ sich gegenseitig um Rat fragen.
- ✔ die Leistungen der einzelnen Familienmitglieder bestätigen.
- ✔ zukünftige Ereignisse planen.
- ✔ sicherstellen, dass jeder seine Aufgaben erledigt.
- ✔ über spirituelle Dinge reden.
- ✔ zu ihren biologischen Wurzeln zurückkehren.

Bei dieser Gelegenheit können sich die Familienmitglieder gegenseitig unterstützen und sich in einer größeren Einheit aufgehoben fühlen.

In unserer ungeheuer geschäftigen Welt kann es schwer sein, sich regelmäßig zu einer bestimmten Mahlzeit zusammenzufinden. Das ist nicht schlimm – man kann auch gemeinsam frühstücken, wenn es besser in den Zeitplan passt, oder sich zum Essen in einem Restaurant treffen. Für das Familienglück ist weder Zeit noch Ort entscheidend, sondern die Tatsache, dass die Familie jeden Tag wertvolle Zeit miteinander verbringt.

Machen Sie sich nicht zum Sklaven von Familienritualen

Ein Sklave hat per definitionem nicht die Wahl, was er mit seinem Leben anfängt.

Elke ist ein gutes Beispiel für eine Frau, die sich zum Sklaven von Familienritualen gemacht hat. Ihre Tochter kommt aus der Schule nach Hause und verkündet: »Heute Abend ist ein großes Basketballspiel in der Schule. Alle gehen hin. Können wir möglichst früh zur Turnhalle fahren, ja?«

Elke, die selbst gerade erst von der Arbeit nach Hause gekommen ist, antwortet: »Ich habe noch nicht mit dem Abendessen angefangen. Ich brauche schon noch etwas Zeit.« **Ritual Nr. 1:** Unsere Familie muss immer ein volles Abendessen gemeinsam einnehmen, egal was passiert.

Elke bereitet das Abendessen zu, die Familie isst zusammen, und als alle fertig sind, sagt die Tochter: »Fertig, dann müssen wir jetzt los, sonst kommen wir zu spät.« Ihr Bruder und ihr Vater sind bereit aufzubrechen, aber Elke nicht: »Geht nur. Ich muss noch die Küche aufräumen.« Die Familie protestiert: »Ach komm, die Küche kannst du aufräumen, wenn wir wieder zu Hause sind.« Aber Elke beharrt eisern auf **Ritual Nr. 2:** Man darf kein schmutziges Geschirr in der Küche herumstehen lassen, egal was passiert.

Nicht gerade glücklich machen sich die anderen zum Basketballspiel auf – ohne Elke. Elke fühlt sich schon schlecht genug, weil sie weiß, dass sie eine Gelegenheit sausen lässt, mit der Familie Spaß zu haben. Aber so richtig mies fühlt sie sich, als die anderen nach Hause kommen und ihre Tochter ausruft: »Das war vielleicht ein tolles Spiel! Das hättest du sehen sollen. Wir hatten schon fast verloren, aber dann haben wir den Spieß umgedreht. Das war toll! Die Halle war brechend voll. Alle haben gefragt, wo du warst.«

Vergessen Sie nicht: Rituale sind nicht mehr als Verhaltensmuster, die das Leben ein wenig vorhersehbarer und stabiler machen. Sie sollten aber nicht in Stein gemeißelt sein, und man sollte sich nicht sklavisch daran halten. Lassen Sie nie eine gute Gelegenheit sausen, nur damit die Teller sauber sind!

In intimen Beziehungen

20

In diesem Kapitel

- Was Partnerschaft bedeutet
- Warum es wichtig ist, sich einfühlen zu können
- Den einen Beziehungskiller meiden
- Wie und wann man um Hilfe bittet

Verliebt sein ist eine Sache. Mit einem Lebenspartner glücklich sein, eine ganz andere.

Leander und Karolin mussten das auf die harte Tour lernen. Was immer den Eindruck einer glücklichen Ehe machte, endete plötzlich nach 30 Jahren, kurz nachdem das letzte Kind aus dem Haus war. Eines Abends bat Leander seine Frau sich mit ihm an den Tisch zu setzen – es war nichts Ungewöhnliches passiert an diesem Tag. Dann kam es zu folgendem Gespräch:

Leander: Reg dich bitte nicht auf, aber ich werde morgen früh meine Sachen hier ausräumen.

Karolin: Was soll das heißen *hier ausräumen*? Wohin räumst du sie?!

Leander: In die Wohnung, die ich gestern gemietet habe.

Karolin: Ich verstehe nicht. Warum willst du in eine andere Wohnung ziehen?

Leander: Weil ich mich scheiden lasse. Ich war schon beim Anwalt, und er macht die Papiere fertig.

Karolin: Du willst dich scheiden lassen? Warum? Was ist denn passiert?!

Leander: Ich bin einfach nicht glücklich – schon seit Jahren nicht – und ich dachte, es wird Zeit, etwas daran zu ändern.

Trotz Karolins Bitten, zur Eheberatung zu gehen, blieb Leander bei seiner Entscheidung. Es gab für ihn kein Zurück. Besonders schlimm für Karolin war, dass sie diese Entwicklung nicht kommen sehen hatte. »Ich dachte, wir wären ein glückliches Paar«, sagte sie kopfschüttelnd. »Es gab nie ein böses Wort, wir haben drei gesunde Kinder großgezogen, uns um unsere Eltern gekümmert, zusammen im Garten gearbeitet, unsere Rechnungen immer pünktlich bezahlt.« Aber offensichtlich hatte etwas gefehlt – etwas Wichtiges.

In diesem Kapitel widme ich mich der Frage, warum intime Beziehungen nicht immer so glücklich sind, wie sie scheinen, und sage Ihnen, was Sie tun können, um nicht wie Karolin und Leander zu enden.

Partnerschaft: Was bedeutet das?

Wenn Sie in einer langfristigen Beziehung leben – ob Sie nun verheiratet sind oder nicht –, haben Sie einen Partner. Ihr Partner ist Ihr intimster Kamerad. Und diese Kameradschaft ist es – nicht Liebe, nicht sexuelle Erfüllung und ganz bestimmt nicht, dass man jemanden hat, mit dem man sich die monatlichen Fixkosten teilen kann –, die in intimen Beziehungen glücklich macht.

Beantworten Sie die folgenden Fragen, um herauszufinden, wie es um die Kameradschaft mit Ihrem Partner bestellt ist:

1. **Wie groß ist Ihre Bereitschaft, Ihren Partner auf dem Weg durchs Leben zu begleiten?**
   - Nicht sehr groß: 1
   - Es geht so: 2
   - Sehr groß: 3
   - Uneingeschränkt: 4
2. **Wie groß ist Ihre Bereitschaft, Ihren Partner in allen Fragen als gleichwertig zu behandeln?**
   - Nicht sehr groß: 1
   - Es geht so: 2
   - Sehr groß: 3
   - Uneingeschränkt: 4
3. **Genießen Sie das Gefühl des Zusammenseins mit Ihrem Partner?**
   - Nicht so sehr: 1
   - Es geht so: 2
   - Sehr: 3
   - Uneingeschränkt: 4
4. **Kann Ihr Partner Ihnen vertrauen?**
   - Nicht wirklich: 1
   - Es geht so: 2
   - Sehr: 3
   - Uneingeschränkt: 4
5. **Teilen Sie die täglichen Aufgaben und Verantwortlichkeiten einigermaßen gerecht auf?**
   - Meist nicht: 1
   - Es geht so: 2

- Überwiegend: 3
- Absolut: 4

6. Stellen Ihr Partner und Sie sich gemeinsam den Herausforderungen des Alltags?

- Nicht wirklich: 1
- Es geht so: 2
- Überwiegend: 3
- Absolut: 4

7. Passen Ihr Partner und Sie in Bezug auf Ihre Interessen und Persönlichkeit gut zueinander?

- Nicht wirklich: 1
- Es geht so: 2
- Überwiegend: 3
- Absolut: 4

8. Arbeiten Ihr Partner und Sie bei Konflikten mehr zusammen, anstatt sich als Wettbewerber zu betrachten?

- Nicht wirklich: 1
- Es geht so: 2
- Überwiegend: 3
- Absolut: 4

9. Finden Sie Unterschiede zwischen Ihnen beiden nicht nur erträglich, sondern gut?

- Nicht wirklich: 1
- Es geht so: 2
- Überwiegend: 3
- Absolut: 4

10. Schätzen Sie Ihren Partner genauso wie sich selbst?

- Nicht wirklich: 1
- Es geht so: 2
- Überwiegend: 3
- Absolut: 4

Addieren Sie die Punktwerte Ihrer Antworten. Liegt Ihr Ergebnis bei mindestens 25 Punkten, deutet das auf eine gefestigte Beziehung hin, zumindest von Ihrer Seite aus. Wenn Sie wissen möchten, ob Ihr Partner ein guter Kamerad ist, lassen Sie ihn die Fragen ebenfalls beantworten. Beide Ergebnisse zusammen sagen Ihnen etwas über den Zustand Ihrer Beziehung.

Eine Vertrauensperson ist gut fürs Herz

Redford Williams, ein früherer Kollege an der Duke University Medical School, fand heraus, dass Patienten, die sich einer Angiografie der Herzkranzgefäße (einer Röntgenuntersuchung der Blutgefäße nach der Injektion eines Kontrastmittels) unterzogen, mit dreimal geringerer Wahrscheinlichkeit in den darauf folgenden Jahren an einer Herzerkrankung starben, wenn sie verheiratet waren und/oder eine Vertrauensperson benennen konnten, mit der sie über ihre Probleme reden konnten. Interessanterweise hatten diese bemerkenswerten Unterschiede bei den Überlebensraten auch noch Bestand, wenn man die Schwere der jeweiligen Erkrankung berücksichtigte.

Das Gleichgewicht zwischen »ich« und »wir«

Ein glückliches Paar zeichnet sich dadurch aus, dass beide Partner ihre eigene Identität beibehalten, während sie sich gemeinsam den Herausforderungen des Lebens stellen und gemeinsame Ziele verfolgen.

Einer meiner Freunde, ein Pfarrer, weigerte sich einmal, ein traditionelles Hochzeitsritual durchzuführen, bei dem Braut und Bräutigam gemeinsam eine Kerze anzündeten – als Symbol ihrer Vereinigung – und dann ihre persönlichen Kerzen auslöschten. Er bestand darauf, dass es ein Fehler wäre, das Paar zu bitten, die jeweiligen individuellen Identitäten aufzugeben, um in den heiligen Stand der Ehe einzutreten – und da hatte er recht!

Auf der anderen Seite ist es gleichermaßen naiv, sich vorzumachen, dass man sich zu einer Beziehung verpflichtet (ohne Hintertürchen) und glücklich zusammen ist, ohne seine jeweiligen Interessen, Bedürfnisse und Lebensart aufeinander abzustimmen.

Es ist sicher nicht so einfach herauszufinden, wie weit man sich anpassen muss. Und an diesem Punkt muss man über das richtige Gleichgewicht nachdenken. Wenn Sie sich an das Beispiel von Karolin und Leander erinnern, das ich am Anfang dieses Kapitels gebracht habe, dann war das Problem, das Leander dazu bewog, die Scheidung einzureichen, dass er sich zu oft an seine Frau angepasst und sich daraus eine Ehe entwickelte hatte, in der es nur noch sie beide gab und ihn überhaupt nicht mehr. Er beklagte sich: »Ich habe es satt, immer nur zu tun, was sie will oder was die Kinder wollen. Jetzt bin ich an der Reihe. Ich werde mit meinen Freunden Golf spielen, da hingehen, wo ich hin will, das essen, was ich gerne esse, und meine Geld für Dinge ausgeben, die ich haben möchte.« 30 Jahre lang hatten Karolin, seine Kindern, seine Eltern und Schwiegereltern im Mittelpunkt gestanden – und jetzt war es Zeit für Leander, ins Rampenlicht zu treten.

Denken Sie darüber nach, wie Sie Ihre Zeit am Wochenende verbringen – mit wem Sie zusammen sind, was Sie tun, wohin Sie gehen und so weiter. Entscheiden Sie dann, was *Wir*-Aktivitäten und was *Ich*-Aktivitäten sind. Zu den Wir-Aktivitäten gehören zum Beispiel:

- ✔ Sich mit einem anderen Paar zum Essen verabreden
- ✔ Gemeinsam ins Kino gehen
- ✔ Gemeinsam zur Kirche gehen
- ✔ Gemeinsam im Garten arbeiten

Ich-Aktivitäten sind zum Beispiel:

- ✔ Einige Zeit allein in einer Buchhandlung herumstöbern
- ✔ Allein über einen Flohmarkt schlendern
- ✔ Mit ein paar Kumpeln Basketball spielen
- ✔ Mit ein paar Freundinnen in ein Wellnessbad gehen
- ✔ Lesen
- ✔ Mit einem guten Freund mittagessen

Wie ausgewogen sind diese Aktivitäten? Wenn die Zahlenwerte zu weit auseinander liegen (etwa mehr als 80 Prozent für die eine Sorte und weniger als 20 Prozent für die andere), dann ist es an der Zeit, etwas zu verändern.

Der Schlüssel zum Glück ist die Ausgewogenheit.

Glück in Beziehungen ist wie ein dreibeiniger Hocker

Psychologen, die sich mit der Frage beschäftigen, was zu einer erfolgreichen und von Liebe getragenen Beziehung gehört, haben drei entscheidende Komponenten ausgemacht:

- ✔ **Leidenschaft:** »Ich bin verrückt nach dir!«
- ✔ **Gemeinsame Interessen:** »Wir haben Spaß an denselben Dingen – Reisen, Golf!«
- ✔ **Intimität**: »Ich fühle mich dir sehr nahe.«

Stellen Sie sich Ihre Beziehung wie einen dreibeinigen Hocker vor. Wenn alle drei Beine da sind, fühlen Sie sich sicher. Wenn nicht, kann die Beziehung schon mal etwas wackeliger sein!

Deine Krankheit ist nicht meine Krankheit

Einige Jahre lang arbeitete ich mit Menschen, die an Multipler Sklerose (MS) litten, und ihren Familien. Die Symptome dieser Krankheit schränken nicht nur die Erkrankten erheblich ein, sondern verschlechtern auch die Qualität ihrer Beziehungen erheblich – besonders die der intimen Beziehungen.

Einmal hielt ich einen Vortrag vor einer großen Gruppe von Angehörigen von MS-Patienten. Das war für mich eine unglaubliche Erfahrung – und eine traurige. Gleich zu Beginn fragte ich die Zuhörer, wie die Erkrankung ihrer Ehepartner ihr Leben verändert hatte. Einer nach dem anderen stand auf und erzählte seine erschütternde Geschichte, die alle darauf hinausliefen, dass sie keine Freude mehr am Leben hatten.

Vor allem ein junger Mann berührte mich besonders, als er weinend erzählte, wie er alles aufgegeben hatte, was er liebte, seit seine Frau an MS litt. Er traf sich nicht mehr am Wochenende mit seinen Freunden, um durch die Berge zu radeln, er spielte nicht mehr Basketball mit seinen ehemaligen Schulfreunden und so weiter.

Als ich ihn fragte, warum er das alles aufgegeben hatte, antwortete er recht ungehalten: »Weil sie all das nicht mehr tun kann wegen der verdammten MS. Und deshalb muss ich die ganze Zeit bei ihr zu Hause bleiben.« Ich versuchte ihm so nett wie möglich zu vermitteln, dass ich das für einen Fehler hielt. Ich konnte erkennen, dass er seiner Frau und ihrer Krankheit gegenüber bereits einen Groll entwickelt hatte, weil die Krankheit sich so lähmend auf ihre Ehe auswirkte. Ich versicherte ihm, dass die Welt nicht untergehen würde, wenn er mit seinen Freunden eine Fahrradtour machte, während seine Frau zu Hause von einer Freundin betreut wurde.

Und dann fügte ich hinzu: »Wenn Sie alles aufgeben, was Ihnen Freude macht, nur weil Ihre Frau MS hat, dann könnten Sie auch gleich MS haben!«

Eine Beziehung, die auf einer Kombination aus Leidenschaft und Intimität gründet, in der aber wenig gemeinsame Interessen da sind, nennt man eine *romantische Beziehung*. Eine Beziehung, bei der Intimität und gemeinsame Interessen eine Rolle spielen und die körperliche Leidenschaft weniger ausgeprägt ist, wird auch als *kameradschaftliche Beziehung* bezeichnet. Und eine Beziehung, die sich vorwiegend aus Leidenschaft und gemeinsamen Interessen speist, aber keine Intimität kennt, gilt als *oberflächliche oder törichte Beziehung*. Auf welchem Hocker sitzen Sie?

Leidenschaft

Im Bild des dreibeinigen Hockers ist *Leidenschaft* körperliche Leidenschaft – das Gefühl der Erregung, wenn der Partner den Raum betritt und Sie ihn erblicken. Ihr Herz beginnt schneller zu schlagen, Ihr Blutdruck steigt und Sie fühlen sich von Kopf bis Fuß angeregt. Sie umfasst natürlich auch die sexuellen Handlungen, die aus solchen Gefühlen erwachsen können – sich an den Händen halten, sich umarmen, miteinander schlafen. Leidenschaft ist pure Biologie und pures Adrenalin. Leidenschaft ist Erregung!

Bewerten Sie auf einer Skala von 1 bis 10 (1 steht dabei für »überhaupt keine Leidenschaft« und 10 für »ausufernde Leidenschaft«) wie Sie für Ihren Partner empfinden. Schätzen Sie nun auf derselben Skala ein, wie Ihr Partner wohl für Sie empfindet – noch besser ist es, Sie fragen Ihren Partner! Wie passen Ihre Werte zusammen? Sind sie einen oder zwei Punkte auseinander oder hat einer von Ihnen drei und der andere 9 Punkte? Haben Sie beide das Gefühl, dass es in Ihrer Beziehung genug Leidenschaft gibt?

Leidenschaft muss sich nicht in Sex ausdrücken. Man kann auf vielfache Weise mit seinem Partner leidenschaftlich sein.

Wenn einer von Ihnen beiden das Gefühl hat, dass Ihre Beziehung nicht genug Leidenschaft hat, empfehle ich Ihnen *Sex für Dummies* von Dr. Ruth Westheimer (Wiley-VCH). In diesem Buch können Sie nachlesen, wie Sie Ihre Beziehung mit so viel Leidenschaft anreichern können, dass sie beide zufrieden sind.

Gemeinsame Interessen

Das Beste daran, dass man einen Partner hat, der die eigenen Interessen teilt, ist, dass man immer einen Spielkameraden hat, jemanden, mit dem man das Leben genießen kann. Mein Bruder Gene und seine Frau Syl sind da ein gutes Beispiel. Sie sind schon seit 50 Jahren verheiratet und haben an denselben Dingen Freude, Dinge, die ihr Leben mit Sinn und Spaß bereichern. In ihren frühen Jahren waren die beiden gemeinsam in einer Bowling-Mannschaft. Beide waren bei den Freimaurern (sie beim Orden des Eastern Star, er bei den Shrinern). Und beide arbeiteten viele Stunden daran, ihren Garten zu verschönern. Sie züchteten exotische Orchideen. Als ihr Sohn noch klein war, fuhren sie nicht nur regelmäßig zu seinen Baseballspielen, sondern engagierten sich auch als Trainer und Ansager. Oft fuhren sie zum Angeln (meinem Bruder hängt es immer noch nach, dass seine Frau den größten Fisch gefangen hat!). Sie unternehmen zusammen Glücksspielfahrten und reisen beide furchtbar gerne. Beide spielen in Shuffleboard-Mannschaften um die Meisterschaft in ihrer Altersklasse. Und nicht zu vergessen, beide sind Sammler – er hat seine Münzen und Murmeln, sie ihre Porzellanfiguren. Kein Wunder, dass die beiden ein glückliches Paar sind!

Bewerten Sie auf einer Skala von 1 bis 10 (1 steht für »keine Überschneidungen« und 10 für »Deckungsgleichheit«), wie weit sich Ihre Interessen mit denen Ihres Partners überschneiden. Fragen Sie Ihren Partner, wie er diesen Aspekt Ihrer Beziehung bewertet.

Wenn Sie am unteren Ende der Skala rangieren (1 bis 4), sollten Sie versuchen, ein Interesse zu entwickeln, das Ihrem Partner viel Freude macht. Fragen Sie ihn, was er an dieser speziellen Aktivität mag und ob er denkt, dass Sie sich auch dafür begeistern könnten. Lernen Sie alles, was Sie darüber in Erfahrung bringen können – je mehr Sie wissen, desto mehr spricht Sie die Sache möglicherweise an. Wenn er ein begeisterter Golfer ist und Sie nicht, können Sie vielleicht ehrenamtlich bei einem Golfturnier in Ihrer Gegend mitarbeiten – meine Frau und ich haben das einige Male gemacht und wir hatten Spaß daran. Sie können es aber auch mit einer neuen Aktivität versuchen, mit der weder Sie noch Ihr Partner bisher in Berührung gekommen sind, für die Sie sich aber beide interessieren. Entscheidend ist dabei nicht, was Sie tun, sondern dass sich eine Gelegenheit bietet, dass Sie beide etwas zusammen machen, was Ihnen Spaß macht.

Intimität

Die meisten Menschen denken bei dem Wort *Intimität* sofort an Sex. Aber die Intimität, die in einer Beziehung zum Glück führt, meint weit mehr als Sex. Vielmehr geht es darum,

- ✔ eine Nähe zu erleben, die man in anderen Beziehungen nicht findet.
- ✔ die Geheimnisse des anderen zu kennen – geheime Wünsche, Ängste und Verletzbarkeiten.
- ✔ eine gemütliche, warme, freundliche und entspannte Atmosphäre zu schaffen.
- ✔ offen miteinander zu kommunizieren.
- ✔ sich gegenseitig zu erlauben, in sein Innerstes zu blicken.
- ✔ seine Gefühle miteinander zu teilen.
- ✔ alles übereinander zu wissen, was es gibt.
- ✔ sich schutzlos auszuliefern – und darauf zu vertrauen, dass der Partner es nicht ausnutzt.
- ✔ sich zusammen als »eins« zu fühlen.

Bewerten Sie Ihre Beziehung in Bezug auf ihre Intimität auf einer Skala von 1 bis 10 (1 steht für »überhaupt keine Intimität« und 10 für »absolute Intimität«). Fragen Sie auch Ihren Partner, wie er die Sache sieht.

Wenn es in Ihrer Beziehung zu wenig Intimität gibt, bemühen Sie sich, jeden Tag etwas mehr Zeit zu zweit miteinander zu verbringen (genau – keine Kinder!). Gehen Sie zum Beispiel nach dem Abendessen eine halbe Stunde spazieren. Unternehmen Sie einmal im Monat etwas »Besonderes«, um sich gegenseitig darüber auf dem Laufenden zu halten, was in Ihrem Leben so los ist. Kuscheln Sie sich noch zehn Minuten im Bett aneinander, bevor Sie einen weiteren anstrengenden Tag in Angriff nehmen – oder nutzen Sie dazu die letzten zehn Minuten eines Tages, bevor Sie einschlafen.

Intimität braucht nicht viele Worte – es sagt schon sehr viel darüber aus, was Sie füreinander empfinden, wenn Sie sich ein paar Minuten lang innig umarmen.

Das böse V-Wort: Verachtung

John Gottman, Psychologe und Autor des Buches *Die 7 Geheimnisse der glücklichen Ehe* (Ullstein Tb), glaubt, dass ein Aspekt der Kommunikation zwischen verheirateten Paaren unweigerlich zu unheilbarem Unglück und letztlich zum Scheitern der Beziehung führt: Verachtung. Wenn man seinen Partner verächtlich behandelt (indem man Dinge sagt wie »Du bist ein Trottel!«, »Du machst mich krank!«, »Ich weiß wirklich nicht, was ich in dir gesehen habe, als wir uns das erste Mal begegneten.« oder »Ich muss wohl nicht ganz bei mir gewesen sein, dass ich dich heiraten wollte.«), kann man davon ausgehen, dass der andere darüber zutiefst unglücklich ist. Verachtung kommt meist in einseitigen Beziehungen zum Tragen, wenn sich ein Partner dem anderen überlegen fühlt. Und sie wirkt sich auch negativ auf die Art aus, wie man seinen Partner behandelt. Hier ein paar Beispiele:

- ✔ Verachtung verhindert, dass man sich seinem Partner gegenüber fürsorglich verhält.
- ✔ Verachtung führt dazu, dass man seinen Partner unhöflich behandelt.
- ✔ Verachtung verhindert, dass man seinen Partner trösten kann und sich von ihm trösten lässt.
- ✔ Verachtung zerstört jede Hoffnung, dass man sich bei seinem Partner für etwas bedankt, was er für einen getan hat.
- ✔ Verachtung führt dazu, dass ein Partner dem anderen abspricht, am Wohlergehen des anderen interessiert zu sein.
- ✔ Verachtung ist das Gegenteil von Herzlichkeit.
- ✔ Verachtung setzt sich über höfliches Verhalten hinweg.

Gottman zufolge besteht ein Gegenmittel gegen eine verachtende Haltung darin, den Partner genauer zu beobachten und nach etwas zu suchen, was er richtig macht. Finden Sie etwas, für das Sie Ihren Partner bewundern können – vielleicht ist er ungewöhnlich wahrheitsliebend, besonders freundlich zu Fremden oder backt einen wunderbaren Kirschkuchen. Wenn Sie etwas gefunden haben, lassen Sie ihn wissen, dass Sie diesen Teil von ihm bewundern. Dadurch steigt sein Status *in Ihren Augen*, und langsam, aber sicher verringert sich das Gefühl der Überlegenheit, von dem ich weiter vorn gesprochen habe. Je mehr Sie ihn als gleichwertig betrachten, desto mehr werden Sie ihn bewundern und er Sie.

Einfühlung zur Regel machen

Einfühlung – die Fähigkeit, sich in die Lage eines anderen Menschen zu versetzen – ist der Schlüssel zu einer glücklichen Beziehung. In einer von Einfühlsamkeit geprägten Beziehung bemühen sich beide Partner herauszufinden, was im Kopf und in der Seele des anderen vorgeht. Einfühlung in den anderen macht alles andere – Akzeptanz, Wertschätzung, Nachsicht, Vergebung, Toleranz und Verständnis – erst möglich. Manchmal fordert die Einfühlung, dass man dem Partner eine zweite Chance gibt. Sie kann den Blick auf alternative Erklärungen öffnen, warum sich Menschen in Beziehungen so verhalten, wie sie es tun, zum Beispiel: »Sie ist eigentlich nicht verärgert – sie ist wahrscheinlich nur müde. Sie arbeitet schließlich den ganzen Tag genauso hart wie ich.«

Fast alle in intimen Beziehungen lebenden Menschen haben hier und da Momente der Einfühlsamkeit, aber für viele ist es eher die Ausnahme als die Regel, sich in den anderen einzufühlen. Bei glücklichen Paaren ist Einfühlung immer da. Sie ist beständig, vorhersagbar und wird erwartet.

In den folgenden Abschnitten stelle ich Ihnen die zwei Hauptarten der Einfühlung vor und erkläre Ihnen, wie Sie dafür sorgen können, dass Einfühlung Teil Ihrer Beziehung wird.

Emotionale Einfühlung

Der ehemalige amerikanische Präsident Bill Clinton erzielte wichtige Sympathiepunkte, als er den heute berühmten Satz aussprach: »Ich fühle euren Schmerz.« Menschen lieben diese emotionale Einfühlung – es gibt jemanden, der in der Lage ist zu verstehen, was sie empfinden. Das ist eine Form der emotionalen Bestätigung. Wenn ich mit chronischen Schmerzpatienten spreche, die offensichtlich immens leiden – Ärger, Bitterkeit, Verzweiflung –, sage ich immer zu ihnen: »Natürlich fühlen Sie sich erregt und missverstanden. Natürlich sind Sie frustriert und verärgert. Natürlich haben Sie das Gefühl, dass die Ärzte Ihnen nicht glauben. Ich würde mich auch so fühlen, wenn ich an Ihrer Stelle wäre.« Ich meine, was ich sage – und sie wissen, dass ich es so meine. Dass ich meine emotionale Einfühlung meinen Klienten mitteile, verleiht mir viel Glaubwürdigkeit, die ich sonst nicht ohne Weiteres hätte.

Wenn auch Sie bei Ihrem Partner punkten wollen, hören Sie ihm aufmerksam zu. Wenn Ihr Partner sagt: »Ich bin müde«, achten Sie auf seine Stimme. Anstatt sich gegen die Gefühle Ihres Partners zu verteidigen, indem Sie etwa sagen: »Ist nicht meine Schuld, dass du müde bist« oder »Und was soll ich nun deiner Meinung nach tun?«, sagen Sie besser: »Natürlich bist du müde. Natürlich regst du dich auf. Natürlich bist du besorgt.« Und meinen Sie, was Sie sagen!

Rationale Einfühlung

Avery D. Weisman, emeritierter Professor der Psychiatrie an der Harvard Medical School spricht in seinem wunderbaren Buch *The Coping Capacity* (Human Sciences Press) von einer anderen Art Einfühlung, einer, die »Respekt vor der Irrationalität des Anderen« verlangt. Er meint die rationale Einfühlung, die seiner Meinung nach dem echten, authentischen Wunsch entspringt, die Welt durch die Augen eines anderen Menschen zu sehen. Rationale Einfühlung bedeutet nicht, dass Sie die Perspektive Ihres Partners übernehmen sollen – Sie sollen sie nur zu verstehen versuchen und in Betracht ziehen. Im Grunde verhindert rationale Einfühlung, dass verheiratete Paare als einander Fremde enden, die unterschiedliche Sprachen sprechen.

Einfühlsame Chirurgen

Forscher an der St. Louis University School of Medicine untersuchten den Zusammenhang von Einfühlung und den Erklärungen der Ergebnisse operativer Eingriffe bei 40 orthopädischen Chirurgen. Sie fanden heraus, dass die Chirurgen, die einfühlsamer waren – diejenigen, die sich die Perspektive des Patienten zu eigen machen konnten –, seltener dazu neigten, fehlgeschlagene Rückenoperationen auf psychische Probleme des betreffenden Patienten zurückzuführen. Mit anderen Worten: Sie dachten nicht, dass sich das ganze Problem im Kopf des Patienten abspielte. Das sind die Chirurgen, von denen ich mich lieber behandeln lassen würde.

Wenn Sie die Kunst der rationalen Einfühlung meistern wollen, müssen Sie

- ✔ aufgeschlossen und vorurteilsfrei sein.
- ✔ besonnen sein, wenn Sie Ihre Ideen und Überzeugungen mit Ihrem Partner teilen.
- ✔ ein aktiver Zuhörer sein.
- ✔ keine Anforderungen an Ihren Partner stellen.
- ✔ bereit sein, sich bei Diskussionen abzuwechseln, auch wenn die Debatte hitzig wird.
- ✔ Ihren Partner seine Gedanken und Sätze beenden lassen, ohne ihn zu unterbrechen.
- ✔ immer höflich und zuvorkommend sein.
- ✔ die Tatsache akzeptieren, dass es mehr als eine Sichtweise der Dinge gibt.
- ✔ dem anderen Respekt entgegenbringen.
- ✔ wissen, dass es gefährlich ist, Verachtung zu zeigen.

Intimität und Einfühlung gehen Hand in Hand. Je mehr Ihr Partner und Sie miteinander teilen und je mehr Sie übereinander wissen – über die oberflächlichen Dinge des Lebens hinaus –, desto leichter und natürlicher wird es sein, »in die Haut des anderen zu schlüpfen«.

Die Hand nach einem geliebten Menschen ausstrecken

Gregor und Manuela streiten schon seit Stunden, weil Gregor bei der Hochzeit eines Freundes zu viel getrunken hat. Ihrem Ärger haben beide schon mit einigen harschen Worten Luft gemacht. »Bäbäbäbä, ständig nörgelst du an mir herum. Ich kann noch nicht mal ein bisschen Spaß haben, ohne dass du etwas dazu sagen musst«, beschwert sich Gregor. Worauf Manuela entgegnet: »Spaß haben? Verdammt, du warst stockbesoffen!« Sie nähern sich dem Punkt, an dem Gregor sich unweigerlich aus der Diskussion zurückzieht und in brütendes Schweigen verfällt, während Manuela sich darauf vorbereitet, sich ihm zuzuwenden, sich dafür zu entschuldigen, dass sie die Beherrschung verloren hat, und ihm zu versichern, dass sie natürlich möchte, dass er Spaß hat.

Folgt man Dr. Shelly E. Taylor, der Direktorin des UCLA Social Neuroscience Laboratory, ist dieses Szenario bei Männern und Frauen sehr verbreitet, wenn es zu Stress und Konflikten kommt. Stress löst bei Männern die Kampf-Flucht-Reaktion und bei Frauen eine der Bindungs- und Arterhaltung dienende Hinwendungsreaktion aus. Beide Reaktionen werden von Sexualhormonen gesteuert – bei Männern Testosteron und bei Frauen Oxytocin – und beide sind angeborene Reaktionsmuster, die sich im Laufe der Geschichte der Menschheit entwickelt haben.

Die Hinwendung und Kontaktaufnahme – die Hand nach einem geliebten Menschen ausstrecken – fällt den meisten Frauen leicht. Sie liegt in ihrer Natur. Sie ist sehr wirksam, wenn es darum geht, eheliche Spannungen abzubauen und für eine sichere und glückliche Beziehung zu sorgen. Anders ausgedrückt, ist die Tatsache, dass ich nunmehr über 40 Jahre glücklich verheiratet bin, eher meiner Frau zu verdanken als mir. Wie bei den meisten Männern besteht meine natürliche Neigung darin, anzugreifen oder das Weite zu suchen, wenn die Situation brenzlig wird.

Aber auch Männer können lernen, die Hand auszustrecken. Und auch Frauen, für die es nicht so einfach ist, sich anderen zuzuwenden.

Nicht ganz das, was sie hören wollte

Ich hatte einmal eine Klientin, die ein Knötchen in ihrer Brust entdeckte, es untersuchen ließ und dann den Arzt aufsuchte, um herauszufinden, ob es sich um etwas Bösartiges handelte. Ihr Mann hatte sich bereit erklärt, sie zu begleiten. Als man den beiden jedoch eröffnete, dass der Test positiv war sie Brustkrebs habe und eine Mastektomie erforderlich wäre, reagierte ihr Mann verärgert und machte im Büro des Arztes eine Szene. Als wäre das nicht schon schlimm genug, betrank er sich, als sie zu Hause angekommen waren, und beschuldigte seine Frau den Rest des Tages, selbst Schuld daran zu sein, dass sie Krebs habe. Wörtlich sagte er: »Das können wir jetzt überhaupt nicht gebrauchen – die ganzen Kosten und alles – und davon abgesehen hättest du besser auf dich aufpassen sollen!« Das war nicht das, was die arme Frau gerne gehört hätte, als man sie vor die Wahl zwischen Tod und Verstümmelung gestellt hatte.

Vielleicht haben Ihr Partner und Sie noch nie vor einem so ernsten Problem wie einer Krebserkrankung gestanden, vielleicht aber doch. Wie dem auch sei, Sie haben die Macht, in jeder Situation entweder der Mensch zu sein, auf den Ihr Partner sich stützen kann, oder aber der Mensch, der ihm noch weitere Schmerzen zufügt. Sie können sich auf solch schwierige Situationen vorbereiten, indem Sie für Ihren Partner in den üblichen Alltagskämpfen da sind. Wenn dann eine Krise auftaucht, haben Sie schon so viel Übung, dass Sie der Fels in der Brandung sein können, ohne darüber nachdenken zu müssen.

Die entscheidende Frage: Genießen Sie die Reise?

Die meisten Menschen zäumen den Gaul von hinten auf, wenn es um intime Beziehungen geht. Sie betrachten die Beziehung als Ziel – solange sie allein leben, denken sie: »Wenn ich einen Partner hätte, wäre alles in Ordnung.« Also tun sie alles, was sie können, um so schnell wie möglich einen Partner zu finden. Haben sie dann eine Beziehung, können sie sich entspannen – von diesem Punkt an, so denken sie, läuft alles wie von selbst, nicht wahr? Pustekuchen! Eine Beziehung ist kein Ziel – sie ist eine Reise. Für manche Menschen ist sie eine einigermaßen ruhige Fahrt, die ein Leben lang dauert. Für andere ist sie ein recht kurzer und unruhiger Trip, der in einer Trennung oder Scheidung endet.

Die Frage, die sich Paare immer und immer wieder stellen sollten, während sie zusammen sind, lautet: »Genießen wir die Reise?« Wenn Sie diese Frage bejahen können, sind Sie glücklich. Wenn die Antwort lautet: »Hm, weiß nicht«, »Irgendwie schon.« oder »Nein«, dann sind Sie es nicht.

Sich einem anderen Menschen zuzuwenden und mit ihm Kontakt aufzunehmen, beinhaltet fünf Hauptelemente sozialen Verhaltens:

- ✔ **Fühlen Sie mit Ihrem Partner oder fühlen Sie sich in ihn ein.** Sie können zum Beispiel sagen: »Ich weiß, dass du Angst hast – ich auch. Aber wir werden das schaffen.«
- ✔ **Haben Sie keine Angst davor, die Hand auszustrecken und Körperkontakt herzustellen.** Umarmen Sie Ihren Partner, klopfen Sie ihm auf den Rücken, halten Sie seine Hand – mit solchen Berührungen signalisieren Sie Ihrem Partner, dass Sie auf seiner Seite stehen und er nicht allein ist.
- ✔ **Fragen Sie Ihren Partner: »Geht es dir gut?«** Schon diese Frage sorgt dafür, dass sich Ihr Partner besser zu fühlen beginnt. Außerdem öffnet sie eine Tür, die er nutzen kann, Ihnen mitzuteilen, wie es in ihm aussieht.
- ✔ **Seien Sie optimistisch.** Menschen brauchen dann am nötigsten Unterstützung, wenn sie sich hilflos und hoffnungslos fühlen. Sie brauchen jemanden, der ihnen sagt, dass auch wieder bessere Zeiten kommen. Sie können dieser Jemand für Ihren Partner sein.
- ✔ **Konzentrieren Sie sich auf die Bedürfnisse Ihres Partners, nicht auf Ihre eigenen.** Bei allem, was Sie sagen oder tun, sollte es um Ihren Partner gehen. Sagen Sie beispielsweise nicht gleich: »Wenn du dich aufregst, regt mich das nur auf. Es führt nur dazu, dass ich mich schuldig fühle, als hätte ich etwas getan, das ich nicht hätte tun dürfen.« Glauben Sie mir, das ist nicht das, was Ihr Partner hören möchte.

Die drei wichtigsten Worte in einer Beziehung

Ich wette, Sie dachten, ich würde jetzt sagen, dass die drei wichtigsten Worte in einer Beziehung »Ich liebe dich« lauten. Sicher, diese Worte sind wichtig, aber noch wichtiger sind die Worte »Tut mir leid«. Diese drei Worte können mehr für eine Beziehung tun als alle anderen. Ob nun »Tut mir leid, ich war so egoistisch« oder »Tut mir leid, dass ich deine Gefühle verletzt habe«, »Tut mir leid, dass ich unseren Hochzeitstag vergessen habe« oder »Tut mir leid, dass ich auf der Hochzeit zu viel getrunken habe«, wenn Sie sagen, dass es Ihnen leid tut, teilen Sie Ihrem Partner mit, dass Sie die Verantwortung für Ihren Teil der Beziehung übernehmen und sich nicht davor drücken, Grenzüberschreitungen zuzugeben.

Im Grunde ist das die Basis aller reifen Beziehungen – die Verantwortung für das eigene Handeln zu übernehmen. Selbst die kindischsten und unverantwortlichsten Menschen auf der Welt können »Ich liebe dich« sagen und es auch meinen. Aber um »Tut mir leid« sagen zu können, muss man wirklich erwachsen sein. Zu welcher Gruppe gehören Sie?

Liebe ist nicht genug

Meine Eltern haben 23 Jahre lang erfolglos versucht, eine glückliche Ehe zu führen. Sicher, es war schwierig, wenn man bedenkt, dass mein Vater ein unbeherrschter Alkoholiker war und meine Mutter auch nicht schlecht austeilen konnte, wenn sie sich stritten, was meistens der Fall war. Was meiner Meinung nach in dieser turbulenten Beziehung falsch lief, war, dass beide zu stolz und zu stur waren, dem anderen zu sagen: »Es tut mir leid.« Ich habe nie einen der beiden diese so wichtigen Worte sagen hören – und ich denke, dass war auch der Grund, warum ihre Ehe schließlich scheiterte.

Es reicht nicht aus, seinen Partner zu lieben. Man muss die Verantwortung für seine Schwächen, Fehler und Wunden übernehmen, die man der Beziehung zufügt. Wenn Sie das tun, hat Ihre Beziehung gute Überlebenschancen.

Teil VI

Der Top-Ten-Teil

»Ich weiß, du warst unglücklich, weil du nicht gewonnen hast. Aber musstest du gleich so weit gehen, den 100.000-Euro-Scheck für den zweiten Platz abzulehnen?«

In diesem Teil ...

gebe ich Ihnen zehn einfache Tipps, wie Sie Ihre Kinder zu glücklichen Menschen erziehen (das ist keine kleine Aufgabe!) und empfehle Ihnen zehn persönliche Lebensgewohnheiten, mit denen Heranwachsende und Erwachsene ihrem Ziel, glücklichere Menschen zu werden, entscheidend näher kommen können. Wenn man glücklich werden will, muss man nicht nur wissen, was man dafür tun kann. Es ist genauso wichtig, die Hindernisse und Fallgruben zu kennen, die ein unglückliches Leben begünstigen. In diesem Teil schärfe ich Ihr Auge für diese Hindernisse, damit Sie ihnen aus dem Weg gehen können.

Zehn Methoden, ein glückliches Kind großzuziehen

21

In diesem Kapitel

- Ein positives Vorbild werden
- Sich in die Welt Ihres Kindes versetzen
- Den Weg zum Glück lehren

Eltern sein ist eine unglaublich herausfordernde Aufgabe, insbesondere wenn es um die emotionale Entwicklung der Kinder geht. Kurz nach der Geburt sind die meisten Kinder glücklich: Sie lächeln und glucksen und zeigen damit, wie zufrieden sie mit der Nahrung und der Betreuung sind, die sie von ihren Eltern bekommen. Aber das ändert sich bald, wenn ihre Welt komplexer wird und ihre Bedürfnisse wachsen. Über den kindlichen Ärger, der sich in der Regel mit dem dritten Lebensmonat entwickelt, teilt das Kind den Eltern mit, dass diese es nicht geschafft haben, seine Bedürfnisse zu befriedigen.

Wenn auch die meisten Kleinkinder glücklich sind, so ist es doch alles andere als selbstverständlich, dass dies in der weiteren Kindheit und der Pubertät so bleibt. Wenn Kinder unglücklich sind, dann liegt das in den überwiegenden Fällen nicht daran, dass sie böse sind oder ein psychisches Problem haben – vielmehr hat ihnen niemand beigebracht, wie man glücklich ist. Und wenn sie als Kind schon nicht glücklich sind, stehen die Chancen nicht allzu gut, dass sie als Erwachsene glücklich werden. Dem eigenen Kind beizubringen, was notwendig ist, um glücklich zu werden, ist ein elterliches Geschenk, das ein Leben lang weiterwirkt.

In diesem Kapitel stelle ich Ihnen zehn Möglichkeiten vor, wie Sie Ihrem Kind beibringen können, selbst glücklich zu werden – ohne sein Glück ausschließlich über *Sie* zu erlangen. Das ist im Prinzip nichts anderes, als ihm beizubringen, wie es die Toilette benutzt, wie es seine Schuhe bindet oder wie es mit dem Fahrrad fährt – alle Fähigkeiten lernt man am besten früh im Leben.

Sorgen Sie dafür, dass Ihre Botschaft ankommt

Wenn Sie Ihrem Kind etwas beibringen möchten, müssen Sie sich in seine Welt begeben – und erkennen, dass sich Ihre Welt von der seinen unterscheidet. Ihr Kind ist kein »kleiner Erwachsener«, der nur etwas kleiner ausfällt, aber ansonsten die Sprache und Vorstellungen der Erwachsenen versteht und ihren Anordnungen folgen kann.

Hören Sie Ihrem Kind zu und passen Sie Ihre Sprache der seinen an. Wenn Sie ihm beibringen wollen, dass Sättigung eine gute Sache ist – und eine der Hauptzutaten des Glücks (siehe Kapitel 2) –, dann sagen Sie ihm: »Gesättigt sein bedeutet dasselbe wie *satt sein*, zum Beispiel wenn du dich an einem Eisbecher satt gegessen hast. Es heißt, dass du nicht noch mehr haben willst.«

Wenn Ihr Kind Sie nicht versteht, kann es nichts von Ihnen lernen. Ich hatte einmal einen Nachbarn – einen Ingenieur –, der mir erzählte, wie er seinem zweijährigen Sohn den Unterschied zwischen Gleichstrom und Wechselstrom erklärt hatte, damit er seine Finger nicht mehr in die Steckdose steckte. Ein Zweijähriger versteht nichts von Elektrotechnik – das muss er auch nicht. Er muss nur wissen, dass er seine Finger nicht in die Steckdose stecken darf. Konzentrieren Sie sich auf die Botschaft, die Sie Ihrem Kind vermitteln wollen, und entscheiden Sie sich dann für den *besten* Weg – nicht den kompliziertesten oder den fachlich richtigen –, ihm diese Botschaft klarzumachen.

Seien Sie der Gefühlstrainer Ihres Kindes

Heutzutage haben die Kinder alle möglichen Trainer – Fußballtrainer, Gymnastiktrainer, Schwimmtrainer, Menschen, die ihnen helfen, in der Schule bessere Noten zu erzielen, und so weiter und so fort. Egal um welchen Sport oder sonstigen Lebensbereich es sich handelt, ein Trainer ist jemand, der Kindern hilft, erfolgreich und konkurrenzfähig zu werden. Was vielen Kindern jedoch fehlt, ist jemand, der ihnen hilft, mit ihren Gefühlen – Ärger, Angst, Trauer und Glück – umzugehen.

Da sind Sie als Eltern gefragt. Als die ersten und potenziell einflussreichsten Erwachsenen im Leben Ihres Kindes haben Sie die einzigartige Gelegenheit, sein Gefühlstrainer zu sein. Dabei sollten Sie die folgenden Punkte immer im Hinterkopf behalten:

- ✔ **Machen Sie es sich zu Ihrem wichtigsten Ziel, ein glückliches Kind großzuziehen.** Ziehen Sie das Glück Ihres Kindes allen anderen Zielen, etwa Bildung, Sportlichkeit und Beliebtheit, vor, die zwar auch zum Erfolg Ihres Kindes beitragen, es aber nicht allein zu einem glücklichen Kind machen können. Sie haben Ihre Zweifel? Sehen Sie sich einmal all die unglücklichen, problembelasteten jungen Prominenten und professionellen Sportler an – ganz zu schweigen von den notenbesessenen jungen Erwachsenen, die an die renommierten Universitäten drängen, um ihre Eltern stolz zu machen –, und Sie werden sehen, dass ich recht habe.
- ✔ **Seien Sie aktiv und sorgen Sie für praktische Erfahrungen, wenn Sie mit Ihrem Kind zusammen sind.** Wer Kinder erziehen will, darf nicht passiv bleiben! Nehmen Sie Ihr Kind mit an Orte, an denen Sie glücklich sind, und erklären Sie ihm, was diese positiven Gefühle in Ihnen erzeugt. Wenn Sie beispielsweise am Strand glücklich sind, gehen Sie mit Ihrem Kind an den Strand und sagen Sie zum Beispiel: »Ich bin so glücklich, wenn ich am Strand sein kann. Hier kann ich schwimmen und lesen und mit der ganzen Familie zusammen sein. Das mache ich am liebsten.« Fragen Sie Ihr Kind, wo es glaubt, glücklich zu sein – im Kino, im Zoo? Gehen Sie mit ihm dorthin.

Glückliche Tage

Ob Sie's glauben oder nicht, von meiner gesamten Kindheit erinnere ich mich nur an zwei glückliche Tage mit meinen Eltern – einen Tag mit meiner Mutter und einen Tag mit meinem Vater.

Der Tag mit meiner Mutter war mein zehnter Geburtstag. Sie hatte es geschafft, alle anderen Kinder an diesem Tag woanders unterzubringen, und verbrachte den ganzen Tag mit mir allein. Ich half im Haushalt und durfte meinen eigenen siebenlagigen Geburtstagskuchen mitbacken. Es war ein sehr aufwendiger Kuchen. Wir buken die einzelnen Schichten nacheinander im Ofen, legten sie vorsichtig aufeinander und klebten sie mit mintgrünem Zuckerguss zusammen. Es war eine tolle Torte, aber noch toller war für mich, dass ich meine Mutter den ganzen Tag für mich hatte und sie mir glücklicher vorkam, als ich sie je zuvor erlebt hatte.

Der Tag, den ich mit meinem Vater verbrachte, war genau so denkwürdig. Er war ein passionierter Angler, aber nur sehr selten nahm er uns Kinder einmal mit. Er nutzte die Zeit überwiegend zur Entspannung, um den ganzen Stress in seinem Leben zu vergessen (darunter auch die Familie, die er sich nicht leisten konnte!) und viel Bier zu trinken. Aus irgendeinem unerklärlichen Grund kam er eines Tages auf mich zu und verkündete mir, dass ich mitkommen könnte. Ich war völlig baff! Der Tag übertraf alle meine Erwartungen. Mein Vater saß auf einer Bank und angelte. Er beschäftigte sich nicht viel mit mir, aber er ließ mich ungestört herumlaufen und spielen. Er gab mir Geld, damit ich mir etwas zu essen und zu trinken kaufen konnte (eine seltene Gelegenheit). Er war ungewöhnlich gut gelaunt und wurde weder laut noch kritisierte er mich in irgendeiner Weise. Und endlich einmal schien er keinerlei Eile zu haben, gleich schon wieder etwas anderes anzufangen. Er wirkte glücklich und zufrieden – das gab mir die Möglichkeit, mich ebenso zu fühlen.

Ich bin dankbar für diese beiden Tage. Es mag Ihnen vielleicht nicht viel erscheinen, aber mir bedeutete es – und bedeutet es immer noch – alles.

- ✔ **Verfahren Sie ebenso mit den Dingen, die Sie am liebsten tun.** Wenn Sie beispielsweise gerne lesen, nehmen Sie Ihr Kind mit in eine Buchhandlung oder eine Bücherei und lassen Sie es an Ihrer Freude teilhaben, wenn Sie durch die Regale stöbern. Wenn Sie den Geruch eines neuen Buches lieben (Ach kommen Sie, wer mag den nicht?), suchen Sie ein Buch, das Sie mögen, öffnen Sie es, stecken Sie Ihre Nase hinein und nehmen Sie einen tiefen Zug. Fragen Sie Ihr Kind, ob es auch mal schnuppern möchte. Zeigen Sie ihm die Buchcover, die Sie mögen, und fordern Sie es auf, ebenfalls Buchcover zu suchen, die ihm gefallen. Es spielt gar keine Rolle, ob Ihr Kind lesen kann und alle Wörter in einem Buch versteht – Sie können immer einen Weg finden, Erfahrungen miteinander zu teilen.
- ✔ **Finden Sie Spiele, die Ihr Kind gerne spielt, und spielen Sie mit ihm** – schicken Sie es nicht weg, um ein gleichaltriges Kind zu suchen, das mit ihm spielt. Kinder lieben es, wenn sich ihre Eltern mit ihnen auf den Boden setzen und spielen. Sprechen Sie mit Ihrem Kind über die glücklichsten und schönsten Zeiten in Ihrem Leben (siehe Kapitel 8), damit es auch solche Zeiten erleben möchte.

- **Ergreifen Sie die Initiative.** Warten Sie nicht, bis Ihr Kind unglücklich ist, bevor Sie aktiv werden. Greifen Sie der Entwicklung vor. Holen Sie Ihr Kind früh am Samstagmorgen aus dem Bett und sagen Sie mit Begeisterung: »Komm, wir machen uns heute einen richtig glücklichen Tag – nur du und ich!« Machen Sie es wie Marlon Brando in *Der Pate* und machen Sie Ihrem Kind ein Angebot, das es nicht abschlagen kann! Ich garantiere Ihnen, Sie werden sich an diesen Tag Ihr ganzes Leben lang erinnern.

Unterscheiden Sie zwischen Notwendigkeiten und Bedürfnissen

Der Mensch braucht nicht viel: Luft, Wasser, Schutz – Dinge, die unmittelbar zum Überleben beitragen. Alles andere im Leben sind Bedürfnisse. Ihr Kind *will* vielleicht mit den anderen Kindern seiner Altersgruppe auskommen, es *will* in der Schule gut abschneiden oder es *will* stundenlang Computerspiele spielen. Ob Sie's glauben oder nicht, alle Kinder *wollen* auf irgendeine Weise die Liebe und Anerkennung ihrer Eltern erringen. *Alle* Kinder wollen das – auch wenn sie sagen, es sei nicht so, oder so tun, als würden sie nicht im Entferntesten daran denken.

Ihre Aufgabe als Eltern ist es, Ihrem Kind dabei zu helfen, annehmbare und wirksame Möglichkeiten zu finden, seine Bedürfnisse zu erfüllen, damit es darauf hoffen kann, glücklich zu werden. Sie müssen ihm zeigen, welche Bedürfnisse – beim Spielen immer der Anführer sein, beim Einkaufen immer ein neues Spielzeug bekommen oder in Diskussionen immer das letzte Wort behalten – keine Freude in sein Leben bringen. (In den Kapiteln 2 und 3 finden Sie zu solchen Gesprächen die nötigen Hintergrundinformationen.)

Zeigen Sie Ihrem Kind, dass Großzügigkeit zu Hause anfängt

Schon die kleinsten Kinder können lernen, wie viel Freude es macht, zu geben. Wenn jemand an Ihrer Tür klingelt, um für eine gute Sache zu sammeln, geben Sie Ihrem Kind ein wenig Kleingeld für die Sammelbüchse und lassen Sie es das Geld hineinwerfen. (Stecken Sie selbst auch etwas hinein, damit es sieht, dass es Ihnen auch etwas wert ist, für andere zu geben.) Wenn Sie mit der Familie zum Gottesdienst gehen, geben Sie Ihrem Kind das Geld für die Kollekte und achten Sie darauf, dass es auch sieht, wie Sie Geld in den Klingelbeutel werfen.

Geben hat übrigens nicht nur etwas mit Religion zu tun. Wenn Sie nicht an Gottesdiensten teilnehmen, können Sie nach demselben Prinzip für andere wohltätige Zwecken spenden. Beispielsweise können Sie jedes Mal, wenn Sie Ihrem Kind sein Taschengeld geben, von einer guten Sache erzählen, für die es vielleicht einen Teil seines Taschengeldes spenden könnte. Sie können bei dieser Gelegenheit auch mit Ihrem Kind über Dinge sprechen, die ihm am Herzen liegen. Wenn es Tiere liebt, kann es beispielsweise etwas Geld für das nächstgelegene Tierheim spenden. Hat es bereits ein gewisses Umweltbewusstsein entwickelt, möchte es vielleicht für eine der zahlreichen Umweltorganisation spenden.

Großzügigkeit hat nicht nur etwas mit materiellen Dingen zu tun, sondern auch mit Zeit und Aufmerksamkeit. Seien Sie Ihrem Kind gegenüber großzügig, indem Sie ihm wenigstens so viel Zeit widmen, wie Sie für die Zubereitung der Mahlzeiten, das Wäschewaschen oder Gespräche mit Freunden und Familienangehörigen aufwenden. Wenn Sie mit Ihrem Kind in einem Restaurant essen, schalten Sie Ihr Handy ab und konzentrieren Sie sich ganz auf Ihr Kind. (Über die Jahre habe ich festgestellt, dass die Kinder, die sich in der Öffentlichkeit am schlimmsten danebenbenehmen, immer diejenigen sind, die von ihren Eltern ignoriert werden.)

Engagieren Sie sich als Familie für großzügige Aktivitäten. Sie können sich freiwillig für die Arbeit in einer Suppenküche melden oder im nächstgelegenen Tierheim freiwillig mitarbeiten. Wenn in Ihrer Nähe alte Menschen wohnen, schlagen Sie Ihrem Kind vor, dass es dort die Straße kehrt oder im Herbst die Blätter entfernt und im Winter den Schnee räumt.

Und wenn Ihr Kind sich großzügig zeigt – ob es Ihnen anbietet, die Spülmaschine auszuräumen, oder etwas von seinem Taschengeld spendet –, achten Sie darauf, dass Sie ihm sagen, wie stolz Sie auf es sind. Sie werden überrascht sein, wie glücklich Ihr Kind ist, wenn es Ihre Anerkennung spürt. So lehrt man Großzügigkeit – und Großzügigkeit führt zum Glück.

Wer ist hier reich?

Als Eltern kann man nur schwer erkennen, ob man seine Kinder gut erzogen hat. Man hofft immer darauf, aber man sucht auch immer nach Anzeichen dafür, dass man seine Sache gut gemacht hat. Mein Sohn Chris – ein wunderbarer junger Mann – erzählte mir eine Geschichte, die all das bestätigt, was meine Frau und ich jahrelang praktiziert haben, um eine glückliche, funktionierende Familie aufzubauen.

Chris machte mit einem Studienfreund Weihnachtseinkäufe und war gerade dabei, einige einzigartige, wohlüberlegte und recht teure Geschenke (zumindest für seine Verhältnisse) zu kaufen. Sein Freund – der aus einem reichen Elternhaus stammte – fragte ihn: »Warum kaufst du so schöne Geschenke für deine Familie? Warum machst du dir so viel Arbeit?« Chris lachte und meinte: »Weil es meine Familie ist und ich sie liebe.«

Darauf fiel seinem Freund nichts mehr ein – er blickte etwas verwirrt drein. Das war einer dieser klaren Momente, in denen mein Sohn zu schätzen begann, warum er so viel glücklicher war als sein Freund, trotz des viel kleineren Portemonnaies.

Machen Sie Ihr Kind zum Meister

Die unglücklichsten Kinder, die ich in meinem Leben gesehen habe, sind die Schüler der Mittel- und Oberstufenklassen, mit denen ich in meinen Ärgermanagement-Kursen zu tun habe. Man muss nicht studiert haben, um zu verstehen, warum sie allen anderen Menschen verärgert gegenübertreten. Sie sind verlorene Kinder, fehl am Platz in einer Welt, in der alle anderen Kinder irgendetwas gut machen – Lernen, Sport, Freunde gewinnen – nur sie nicht. Das Erschütterndste daran ist, dass diese Kinder wissen, dass sie Außenseiter sind! Sie haben keine erkennbare Anpassungsfähigkeit, sie sind sich ihrer Talente nicht bewusst, sie haben nie gelernt, wie man Probleme anpackt – es bleibt ihnen nur ihr Ärger. Und so sind sie im Grunde *Meister* des Ärgers.

Es ist ganz einfach: Ihre Aufgabe als Eltern ist es, Ihr Kind dazu anzuleiten, dass es irgendetwas gut macht. Es gibt genug Möglichkeiten für Sie, Ihrem Kind zu helfen, etwas zu meistern:

- ✔ **Lesen.** Lesen ist für manche Menschen eine lebenslange Quelle der Freude. Lesen Sie Ihrem Kind vor – auch wenn es selbst schon lesen kann. *Vergessen Sie nicht:* Kaufen Sie Ihrem Kind nicht nur Bücher, sprechen Sie mit ihm auch über die Bücher, die es liest.

  Meine Lektorin erinnerte sich daran, dass sie die Reihe *Anne auf Green Gables* als Kind liebte. Sie erzählte ihrer Oma, wie sehr sie diese Bücher liebte, und war hocherfreut, als ihre Oma die Bücher ebenfalls las, nur damit sie mit ihr darüber sprechen konnte.

- ✔ **Schreiben:** Hier reicht die Palette von der Brieffreundschaft über die richtige Grammatik bis hin zum Geschichtenschreiben. Auf der grundlegenden Ebene ist das Schreiben eine wichtige Kommunikationsform. Aber wenn Kinder kleine Geschichten oder Gedichte schreiben, kann das eine Glück bringende Erfahrung sein.

- ✔ **Gut mit anderen zusammenspielen:** Kinder müssen lernen, mit anderen Menschen zurechtzukommen. Sie müssen lernen, sich an Regeln zu halten, lernen, was ein fairer Umgang miteinander ist, und lernen, sich abzuwechseln – all das kann man »spielend« beim gemeinsamen Spiel lernen. Kinder, die es später im Leben zu etwas bringen, haben gelernt, mit anderen in einem Team zusammenzuarbeiten. Kinder, die schummeln und immer gleich Zeter und Mordio schreien, wenn es nicht nach ihrem Kopf geht, werden das auch später als Erwachsene tun.

- ✔ **Sich dafür interessieren, was andere Kinder wollen oder mögen:** Alle Kinder empfinden sich zunächst als das Zentrum des Universums. Sie erwarten, dass andere – ihre Eltern und andere Kinder – sich dafür interessieren, was *sie* wollen, was bis zu einem gewissen Punkt ja auch in Ordnung ist. Aber Ihr Kind muss auch anerkennen, dass es neben ihm viele andere Menschen gibt, deren Interessen auch berücksichtigt werden müssen. Da sind Geschwister oder Spielgefährten natürlich eine prima Sache – das Kind lernt zusammen mit ihnen, wie man teilt. Erklären Sie Ihrem Kind, dass »die Sonne zwar unglaublich hellt ist, aber nicht der einzige Planet im Universum« und dass es mit den Menschen genauso ist.

- ✔ **Beim Buntmalen innerhalb der Linien bleiben:** Wenn Kinder lernen, Konturen auszumalen, ohne über die Linien zu malen, legen sie damit die Grundlagen für gute organisatorische Fähigkeiten, die sie später im Leben brauchen.

  Es ist auch nicht so schlimm, wenn die Linien übermalt werden. Wenn sich Ihr Kind für Kunst interessiert – ob das nun Zeichnen oder Malen oder Töpfern oder Pappmaschee ist –, sollten Sie das unterstützen! Sollten Sie selbst nicht so kreativ sein, fragen Sie den Kunstlehrer Ihres Kindes nach Ideen, die Sie auch zu Hause umsetzen können, damit Ihr Kind auch dort seine Freude an der bildenden Kunst ausleben kann. Eine andere Möglichkeit sind Kunstkurse für Kinder.

✔ **Lernen:** Konzentrieren Sie sich hier auf ein gutes Lernumfeld und richtiges Lernen – zum Beispiel zuerst Hausaufgaben machen und erst dann fernsehen, die richtige Vorbereitung auf Klassenarbeiten und Tests oder aussagekräftige Notizen während des Unterrichts oder bei Leseaufgaben. Wenn Ihr Kind sich an diese Vorgaben hält und in der Schule gut mitarbeitet, hat es die wichtigsten Anforderungen schon erfüllt.

Ich habe die Schule immer als einen Ort betrachtet, an dem Kinder ihre ersten Erfahrungen mit Erfolgen machen können. Ich kann aber Eltern nicht ausstehen, die mit den Schulleistungen ihrer Kinder herumprahlen. Diesen Eltern möchte ich am liebsten sagen: »Nur zu, bringen Sie Ihrem Kind bei, dass es in der Schule Großes erreichen will. Aber seien Sie auch auf seine Leistungen stolz, wenn sie nicht bis ganz oben aufs akademische Treppchen führen, solange Ihr Kind sein Bestes getan hat.«

✔ **Andere respektvoll behandeln:** Ein respektloses Kind wird auch ein respektloser Ehemann, Nachbar und Mitarbeiter. Indem ich meinen Mitmenschen Respekt entgegenbringe, sage ich: »Ich *schätze* dich und das, was du tust.« Fangen Sie damit an, dass Sie immer »Bitte« sagen, wenn Sie etwas von Ihrem Kind wollen, und sich bedanken, wenn es Ihrer Bitte nachkommt. Respektieren Sie seine Meinung, wenn sie von der Ihren abweicht – dass es eine andere Meinung hat, bedeutet ja nicht, dass es ein Idiot ist. Respekt hat auch etwas mit *Grenzen* zu tun. Bringen Sie Ihrem Kind bei, dass es nicht in Ordnung ist, wenn man anderer Leute Post öffnet, in die Haushaltskasse greift, die Schubladen von Geschwistern durchwühlt oder Sachen an sich nimmt, die einem nicht gehören. Wir haben *alle* ein Recht auf Privatsphäre und Eigentum.

✔ **Sport treiben:** Dabei muss nicht der Wettbewerb im Vordergrund stehen – ein bisschen Tischtennis für den Hausgebrauch reicht aus.

✔ **Führen:** Anführer werden nicht geboren, sie werden gemacht. Das heißt indes nicht, dass manche Kinder öfter sagen, wo es langgeht, als andere. Das ist so. Aber Führungsqualitäten und -einstellungen können alle Kinder entwickeln. Das Beste, was Eltern dafür tun können, ist, ihren Kindern Möglichkeiten zu eröffnen, bei denen sie die Führungsrolle übernehmen können. Sagen Sie Ihrem Kind zum Beispiel ganz einfach: »Heute macht die ganze Familie, was du sagst. Du bestimmst, was wir heute machen.«

✔ **Ein Musikinstrument spielen:** Auch wenn Sie selbst kein Instrument spielen, können Sie trotzdem mit Ihrem Kind darüber sprechen, für welche Instrumente es sich interessiert, und es unter Umständen zum Unterricht anmelden oder in einem Schulorchester mitspielen lassen.

- **In Wettbewerb treten:** Es ist wichtig, dass Ihr Kind ein gesundes Verhältnis zum Wettbewerb entwickelt. Es ist eine tolle Erfahrung, wenn man gewinnen will und sich voll und ganz dafür einsetzt, andere zu übertreffen. Aber Sie müssen Ihrem Kind auch beibringen, dass Wettbewerb ungesunde Züge annehmen kann. Gewinnen ist nicht alles. Wichtig ist, dass man ehrenvoll miteinander konkurriert. (Lesen Sie dazu den folgenden Abschnitt »Helfen Sie Ihrem Kind, ein glücklicher Verlierer zu sein«.)

Niemand kann es auf allen Gebieten zur Meisterschaft bringen. Achten Sie auf die natürlichen Interessen und Stärken Ihres Kindes und versuchen Sie, ihm zu helfen, diese weiterzuentwickeln. Sicher sollten Sie ihm auch andere Aktivitäten näherbringen und ihm helfen, auf den Gebieten weiterzukommen, die ihm nicht so leicht von der Hand gehen, aber erwarten Sie nicht von ihm, dass es der kommende Beethoven wird, wenn es das Klavierspielen hasst und keine musikalischen Neigungen hat. Wenn Sie in der Schule ein Sportass waren, sind Sie vielleicht erpicht darauf, dass auch Ihr Kind eine Sportskanone wird. Wichtig ist, auf die Interessen *Ihres Kindes* zu schauen und *selbst* glücklich zu sein wenn Ihr Kind mit dem glücklich ist, was es tut.

Helfen Sie Ihrem Kind, ein glücklicher Verlierer zu sein

Lassen Sie Ihr Kind nicht in der Überzeugung aufwachsen, dass man nur glücklich sein kann, wenn man gewinnt – das ist Unsinn. Aber wenn Ihr Kind denkt, dass es so ist, wird es sich damit verrückt machen, gewinnen zu müssen – immer und überall –, und es wird sich hassen und unglücklich sein, wenn es verliert. Woher aber haben die meisten Kinder die verrückte Vorstellung, dass Gewinnen alles ist? Von Ihren Eltern. Wenn Sie aufs Spielfeld rennen und Ihr Kind anschreien, wenn es ein Spiel verliert (oder den Schiedsrichter anpöbeln, wenn er anders pfeift, als Sie das gesehen haben), zeigen Sie ihm damit, dass Ihnen das Gewinnen wichtiger ist als alles andere – mehr als freundlich sein, mehr als respektvoll sein, mehr als *alles*. Wenn Sie Ihrem Kind nicht schon in jungen Jahren beibringen, dass man ein glücklicher Verlierer sein kann, dann können Sie sicher sein, dass es später ein *schlechter* Verlierer sein wird.

Manche Eltern sind der Überzeugung, dass es falsch ist – ja sogar zu psychischen Schäden führt –, wenn man seine Kinder bei einem Spiel schlägt. Wenn ich für jedes Mal einen Euro bekommen hätte, wenn ich Eltern sagen hörte: »Man muss sie immer gewinnen lassen, nur so werden sie selbstbewusst«, dann wäre ich heute ein reicher Mann. Sicher wollen Sie, dass Ihr Kind lernt, wie man gewinnt, aber es ist genauso wichtig, ihm beizubringen, dass die Welt nicht untergeht, wenn man verliert.

Schlag ins Gesicht

Bei einem Fußballspiel einer Jugendmannschaft (es waren acht- bis zehnjährige Jungen) beobachtete ich folgende Szene. Beim Stand von 1:1 kurz vor Schluss wurde der Heimmannschaft ein Elfmeter zugesprochen. Der Trainer bestimmte seinen Sohn, auf den er nach außen hin immer große Stücke hielt, zum Schützen. Der Junge schnappte sich den Ball, legte ihn auf den Elfmeterpunkt und trat ein paar Schritte zurück. Er versuchte, Souveränität auszustrahlen, schaffte es aber nicht so ganz. Jeder, der schon einmal einen entscheidenden Elfmeter schießen musste, weiß, wie man sich fühlt, wenn man dem Torhüter gegenübersteht. Schließlich nahm er Anlauf, trat – in den Boden und der Ball kullerte langsam aufs Tor zu, ohne es jedoch zu erreichen. Alle schrien aufgeregt durcheinander. Der Junge blickte ängstlich in die Richtung, in der sein Vater stand. Was er sah, war ein zorngerötetes, verzerrtes Gesicht. Man sah förmlich, wie er in sich zusammensank. In seinen Augen zeigten sich die ersten Tränen. Nachdem der Schiedsrichter kurz darauf abgepfiffen hatte, traute sich der Junge kaum vom Spielfeld. Er wusste wohl warum. Anstatt seinen Sohn zu trösten, zischte der Vater ihn an: »Ich geb dir einen Grund zu heulen«, und gab ihm eine Ohrfeige. Was für eine furchtbare Lehrstunde hatte der Junge an diesem Tag erhalten: *Gewinnen ist alles, und wenn du mich glücklich machen willst, gewinne gefälligst.*

Fördern Sie alle Formen des Spiels

Das Spiel ist eine wichtige Glücksquelle für Kinder und Erwachsene. Es macht Kinder aber nicht nur glücklich, sondern bildet auch eine Grundlage für die soziale Entwicklung des Kindes. Was der Mensch als Kind im Spiel lernt, beeinflusst sein Sozialleben als Erwachsener in hohem Maße.

Es gibt beileibe nicht nur eine Form des Spiels. Für das Glück sind folgende Hauptformen zuständig:

- ✔ **Allein spielen:** Ruhig dasitzen und sich auf unterhaltsame Weise mit einem Objekt beschäftigen oder eine andere altersgerechte Beschäftigung (etwa ein Bild bunt ausmalen). Kinder im Alter zwischen zwei und fünf Jahren widmen sich häufig dieser Art des Spiels. Kinder, die gut allein spielen können, kommen auch als Erwachsene gut mit dem Alleinsein zurecht und fühlen sich nicht so schnell einsam.

- ✔ **Parallel spielen:** Neben einem anderen Kind spielen. In derselben Entwicklungsphase spielen Kinder nebeneinander, beschäftigen sich jedoch jeweils mit etwas anderem. So können beispielsweise zwei Kinder im selben Sandkasten spielen und dabei etwas ganz Verschiedenes machen.

- ✔ **Zusammen spielen:** Mit einem anderen Kind spielen. Wenn Kinder älter werden und ins Vorschulalter eintreten, interagieren sie beim Spiel häufiger miteinander (sie spielen etwa Vater, Mutter und Kind oder Schule).

Kinder müssen auch mit Spielen in Berührung gebracht werden, die Wettbewerbselemente enthalten (etwa Sportarten wie Fußball oder Basketball) und Zusammenarbeit erfordern (etwa beim gemeinsamen Lösen eines Puzzles). Sie müssen Spiele mit Regeln kennenlernen (zum Beispiel Brettspiele) und Spiele ohne Regeln (etwa ein Bild malen). Als Eltern sollten Sie Ihr Kind zu allen möglichen Formen des Spiels ermuntern.

Gestatten Sie Unzulänglichkeiten

Das Streben nach Perfektion kann in jedem Alter eine Last sein, um es einmal milde auszudrücken. Perfektion ist ein Ideal, keine Realität. Wenn Sie unbedingt ein perfektes Kind haben wollen, werden Sie am Ende enttäuscht und unglücklich sein – und Ihr Kind wird die Enttäuschung in Ihren Augen sehen.

Alle Menschen (auch Sie!) haben Schwächen, Macken, Gebrechlichkeiten und Unzulänglichkeiten, die zusammen mit ihren besonderen Talenten und Begabungen ihre Persönlichkeit ausmachen. So viele junge Menschen in unserer heutigen Welt *bringen sich buchstäblich um* (die Selbstmordrate bei Jugendlichen und jungen Erwachsenen steigt) bei dem Versuch, die unrealistischen und unerreichbaren Ziele ihrer Eltern umzusetzen. Kinder müssen wissen, dass es nicht möglich ist, perfekt zu sein. Sie müssen wissen, dass ein »Befriedigend« nicht das Ende der Welt ist. Und sie müssen wissen, dass sie keine »Loser« sind, nur weil sie nicht zu den beliebtesten Kindern in der Schule gehören.

Lehren Sie Engagement und Durchhaltevermögen

Zwei der wichtigsten Dinge, die Eltern ihren Kindern mit auf den Weg geben können, sind Engagement und Durchhaltevermögen. In Kapitel 6 erläutere ich, dass eine aktive Teilnahme am Leben – im Gegensatz zum passiven Zuschauen – zu den drei Elementen einer robusten Persönlichkeit gehört. Es kommt darauf an, belastbar und selbstständig zu sein und sich uneingeschränkt für das Leben zu engagieren. Ermutigen Sie Ihr Kind dazu, die Möglichkeiten zu erkunden – versuch es mal in der Leichtathletikmannschaft; versuch dein Glück im Schulchor; probier doch mal die Schauspiel-AG. Entmutigen Sie Ihr Kind nie, indem Sie so etwas sagen wie »Ich glaube nicht, dass du das gut kannst« oder »Das ist doch albern, warum willst du das machen?«. Wenn Ihr Kind versucht, das Richtige für sich zu finden – auch das braucht Engagement –, wird es schließlich auch fündig werden.

Durchhaltevermögen bedeutet, nicht aufzugeben. Geben Sie Ihrem Kind eine Chance, etwas Wichtiges zu vollenden, am Ende stolz darauf zu sein, etwas vollbracht zu haben, und darüber glücklich zu sein. Viele junge Menschen, die sich für ein Studium einschreiben, kommen im ersten Semester an einen Punkt, dass sie nach Hause wollen, weil es, wie sie sagen »viel zu schwer ist und ich nicht die Noten erreiche, die ich am Gymnasium hatte«. (Wenn Sie das für ungewöhnlich halten, fragen Sie mal an den Unis nach.) Eltern sollten ihre Kinder in solchen Fällen ermutigen und nicht nachgeben – geben Sie die Parole aus: »Da bleiben und sich durchbeißen«. In den meisten Fällen ist das alles, was die jungen Studenten tun müssen und wofür sie Ihnen später dankbar sind (die Universitäten übrigens auch, denn die brauchen die Studiengebühren!)

Lassen Sie Ihr Kind sehen, dass Sie glücklich sind

Gefühle sind ansteckend. Wenn Ihr Kind Sie dauernd traurig und unglücklich sieht, wird es sich am Ende auch so fühlen. Das gilt allerdings auch für das Glück: Sieht Ihr Kind *Sie* glücklich, wird es auch eher glücklich sein. Ihre Kinder haben das Bedürfnis, Sie lächeln zu sehen, Sie lachen zu hören und Sie ab und zu sagen zu hören: »Heute ist ein glücklicher Tag!«

Die Wissenschaftler nennen diese Übertragung von Gefühlen *emotionales Mimikry*.

Alfons war Ende dreißig, als er zu mir kam, um sich beraten zu lassen. Als ich ihn nach seinen Problemen fragte, antwortete er: »Ich weiß nicht genau, ich habe das Gefühl, nicht so glücklich zu sein wie die meisten meiner Freunde, auch wenn ich eine bessere Arbeit habe und komfortabler lebe als die meisten von ihnen. Wir gehen aus und mischen uns unters Volk und sie lachen und scheinen großen Spaß zu haben. Ich sitze dagegen herum und schaue zu. Irgendwie fühle ich mich von allem ausgeschlossen, was sie machen.« Als ich Alfons fragte, ob er denke, seine Eltern seien glückliche Menschen, verärgerte Menschen oder ängstliche Menschen gewesen, meinte er:

> Um die Wahrheit zu sagen, ich weiß es nicht. Sie haben in meiner Gegenwart selten Gefühle gezeigt. Ich erinnere mich, dass wir oft beim Essen saßen und meine Mutter mit mir sprach und mein Vater mit mir sprach. Aber sie sprachen nie miteinander und sahen sich auch nicht an. Manchmal sprachen sie wochenlang kein Wort und hinterließen sich gegenseitig Zettelchen. Unser Haus war sehr ruhig und ich habe viel Zeit in meinem Zimmer verbracht.

Alfons konnte sich nicht erinnern, seine Eltern jemals glücklich gesehen zu haben. Da war es keine Überraschung, dass *er* auch Probleme damit hatte, glücklich zu sein.

Kinder sind wie Schwämme: Sie saugen alles auf, was um sie herum passiert. Wenn Sie eines tun können, um Ihren Kindern zu helfen, ihr Leben lang glücklich zu sein, dann dass Sie selbst glücklich sind und Ihr Glück mit ihnen teilen.

Zehn Dinge, die Ihrem Glück im Weg stehen

22

In diesem Kapitel

- Ein realistisches Selbstbild entwickeln
- Toxische Gefühle ausschalten
- Glücklich werden statt sich rächen

Das Glück zu erlangen ist eine Reise, und wie bei jeder Reise gibt es unterwegs Schlaglöcher und Staus. Dieses Kapitel soll ein großes Warnschild sein, das Sie darauf vorbereitet, rechtzeitig auszuweichen.

Unrealistische Selbsteinschätzung

Man sieht sofort, dass Johanna und Sula Schwestern sind – beide sind brünett, beide haben das gleiche Lachen und beide lieben Pizza. Ihre Persönlichkeiten könnten jedoch unterschiedlicher nicht sein. Johanna sieht sich selbst als Superweib und glaubt, alles erreichen zu können, was sie sich vornimmt. Sie erwartet von sich selbst und anderen immer Perfektion. Sie hat ein unerschütterliches Selbstvertrauen und einen überschäumenden Optimismus (siehe Kapitel 5). Sula dagegen sieht sich eher negativ – sie spielt ihre Fähigkeiten herunter und betrachtet das Glas eigentlich immer als halb leer. Leider hat keine der beiden Schwestern ein realistisches Bild von sich selbst. Johanna *über*schätzt ihre Fähigkeiten, Sula *unter*schätzt ihre Fähigkeiten. Und das ist auch der Grund, weshalb beide nicht glücklich sind.

Egal was – oder wie viel – sie erreicht, für Johanna ist es nie genug. Immer erwartet sie mehr von sich: »Ich hätte mehr für diese Arbeit lernen müssen, dann hätte ich jetzt eine Eins plus statt eine Eins minus.« Ihre Erfolgslatte liegt immer höher und zwar immer gerade knapp außer Reichweite, was sie oft frustriert. Sula hat das entgegengesetzte Problem – sie fühlt sich unzulänglich, weil sie noch nicht viele Erfolge im Leben erzielt hat. Warum? Weil sie sich ständig unter Wert verkauft: »Ich hätte mich gar nicht um diesen Job bewerben sollen – ich wusste, dass ich ihn nicht kriege.« Auf diese Weise enthält sich Sula viele Möglichkeiten vor, bei denen sie ihre vielen Stärken schätzen lernen könnte.

Hören Sie Ihrem inneren Monolog zu. Wie oft denken oder sagen Sie das Wort *sollte*? Wenn man den kognitiven Psychologen folgt, ist *sollte* eines der giftigsten Wörter der Alltagssprache. Es vermittelt die Erwartungen, die Menschen an sich selbst und andere haben: »Das sollte sie nicht tun«, »Er sollte seinen Mund halten« oder »Ich bin vielleicht ein Idiot – das hätte ich nicht tun sollen«. Aber nicht nur das, es leitet auch das Verhalten der Menschen und sorgt dafür, dass sie mehr (oder weniger) wollen, als sie können, und weniger, als sie glücklich machen würde.

Anspruchsdenken

Anspruchsdenken – aus dem Gefühl heraus, dass man ein Recht auf etwas hat – ist die Wurzel des Unglücks vieler Menschen. Eltern sind unglücklich, wenn sie von ihren Kindern nicht die Liebe und den Respekt erhalten, auf die sie einen Anspruch zu haben glauben. Ehemänner sind unglücklich, weil sie nicht so viel Sex von ihren Frauen bekommen, wie ihnen eigentlich zusteht, und Frauen sind unglücklich, weil es in ihren Ehen zu wenig Intimität gibt. Mitarbeiter sind unglücklich, weil sie nicht die Gehaltserhöhung, die Beförderung oder die freien Tage bekommen, auf die sie Anspruch erheben. Arbeitgeber sind unglücklich, weil ihre Angestellten nicht den Einsatz zeigen, auf den sie einen Anspruch zu haben glauben.

Ich habe ein paar Dinge aufgelistet, auf die Sie *keinen* Anspruch haben:

- ✔ Einen Ehepartner, der immer dasselbe denkt wie Sie
- ✔ Kinder, die Sie immer lieben
- ✔ Eine Anstellung – jetzt oder in Zukunft
- ✔ Gute Gesundheit und ein langes Leben
- ✔ Ein Computer, der nie abstürzt
- ✔ Billiges Benzin
- ✔ Den Respekt und die Bewunderung Gleichaltriger
- ✔ Eine stabile Wirtschaft
- ✔ Ein Auto, das auch nach einer kalten Nacht anstandslos anspringt

Wenn Sie glauben, dass Sie auf diese Dinge einen Anspruch haben – und auf andere mehr –, können Sie das mit dem Glücklichsein vergessen. Gewöhnen Sie sich stattdessen daran, sich miserabel zu fühlen.

Stellen Sie sich das Leben wie eine nie endende Serie von Verhandlungen vor. Erarbeiten Sie sich den Respekt, den Sie wollen, anstatt ihn zu verlangen. Arbeiten Sie für die Beförderung – warten Sie nicht darauf, das zu bekommen, was Sie beanspruchen. Verhandeln Sie darüber, wie Ihre Ehe glücklicher werden könnte – achten Sie mehr auf Geben und Nehmen und versuchen Sie, die Bedürfnisse Ihres Ehepartners und Ihre eigenen zu berücksichtigen.

Toxischer Ärger

Wenn Sie sich ständig ärgern, können Sie nicht glücklich sein. Diesen Zustand nenne ich *toxischen Ärger* – Sie erleben jeden Tag intensiven Ärger. Ärger ist, für sich betrachtet, nichts Schlimmes, aber er kann zu Gesundheitsproblemen, Arbeitslosigkeit, Konflikten mit dem Gesetz, finanziellen Einbußen und zur Zerrüttung von Beziehungen führen, wenn Sie zu viel davon haben. Wenn es um Ärger geht, müssen Sie für Mäßigung sorgen – es ist in Ordnung, gereizt zu sein oder einfach verärgert, aber wenn dieses Gefühl sich zu Wut hochschaukelt, wird *immer* ein Problem daraus.

Damit Sie lernen, wie Sie Ihren Ärger besser in den Griff bekommen, und dafür sorgen, dass er Ihrem Glück nicht im Weg steht, habe ich für Sie ein paar Tipps zusammengestellt:

- ✔ **Lassen Sie Ihren Ärger heraus, aber lassen Sie keinen Dampf ab.** Beim Dampfablassen gehen Sie in die Luft und verlieren die Beherrschung. Lassen Sie Ihren Ärger lieber atmen und sprechen Sie vernünftig und höflich über Ihre Gefühle.
- ✔ **Gehen Sie besser mit Ihrem Stress um.** Nicht alles im Leben ist eine Katastrophe. Das meiste, was Ihnen im Alltag querkommt, sind Probleme, die Sie bewältigen können. Also, wenn etwas kaputt ist, reparieren Sie es!
- ✔ **Lassen Sie den Ärger der Vergangenheit los.** Ich habe mir zur Regel gemacht, ein Kleidungsstück, das ich drei Jahre lang nicht getragen habe, aus meinem Schrank auszusortieren. Das sollten Sie auch mit Ihrem alten Ärger machen. Wenn Sie sich immer noch über Dinge ärgern, die schon sehr lange zurückliegen, suchen Sie nach einer Möglichkeit, zu vergeben und zu vergessen. Befreien Sie sich von den Bürden der Vergangenheit, damit Sie sich den Gefühlen von heute zuwenden können.
- ✔ **Bekennen Sie Ihren Ärger.** Nehmen Sie sich täglich 15 Minuten Zeit, um alle Ihre negativen Gefühle – Ärger, Verletzungen, Trauer – aufzuschreiben. Lesen Sie, was Sie geschrieben haben und werfen Sie das Stück Papier dann weg. Diese einfache Maßnahme kann Ihnen helfen zu verhindern, dass Sie Ihren Ärger von einem Tag in den folgenden mitnehmen.

Wenn Sie denken, Sie könnten vielleicht Probleme mit Ihrem Ärger haben, kann ich Ihnen mein Buch *Nicht ärgern für Dummies* empfehlen, das ebenfalls bei Wiley-VCH erschienen ist.

Groll

Groll ist der Sammelbegriff für Ärger, den Sie nicht ausgedrückt und verarbeitet haben und der immer noch in Ihnen rumort. Groll ist wie der Fleck, den Sie in einer Tasse vorfinden, wenn Sie sie nie ganz leeren; wie der Kohlenstoff, der sich in einem Verbrennungsmotor ansammelt, oder wie das Teeröl, das sich in Ihrem Kamin niederschlägt, wenn Sie zu viel Holz zu langsam verbrennen. Grollende Menschen betrachten das Leben durch verdunkelte Brillengläser. Sie erwarten immer das Schlimmste und sind allzeit bereit, sich gegen Angriffe zu verteidigen. Bei ihnen steht der Ärger von gestern dem Glück von heute im Weg.

Wenn ich Menschen sagen höre: »Er ärgert sich schon sein Jahren über mich«, korrigiere ich sie und sage ihnen, dass Ärger ein Gefühl ist und deshalb nur vorübergehend erlebt werden kann. Ärger kommt und geht wie die Wellen am Strand. Ihr Körper gestattet Ihnen gar nicht, sehr lange verärgert zu sein. Er gestattet Ihnen aber, jahrelang Groll zu empfinden. Gefühle kommen und gehen, aber Groll kann – wenn Sie es zulassen – ein Leben lang andauern.

Ob man sich ärgert, kann man sich nicht immer aussuchen. Den Ärger loszulassen, ist jedoch eine bewusste Entscheidung. Meine eigenen Forschungen haben ergeben, dass sich Ärger bei den meisten Menschen in weniger als einer halben Stunde wieder in Luft auslöst. Dauert er länger an, ist es sehr wahrscheinlich, dass er sich in Groll verwandelt. Schrecken Sie nicht davor zurück, sich selbst zu sagen: »Die Zeit ist um«, wenn diese halbe Stunde verstrichen ist.

Gier

Die Botschaft des Films *Wall Street* aus dem Jahre 1987 könnte nicht klarer – und nicht aktueller – sein. Sie steckt in diesem einen Satz, den Gordon Gekko, gespielt von Michael Douglas, den Aktionären zuruft: »Gier ist gut!« Gekko ist überzeugt davon, dass Gier Wettbewerb schafft, die Gewinner von den Verlierern scheidet und sich schließlich in Reichtum auszahlt. Sein Plädoyer ist überzeugend.

Aber Gier stellt sich auch dem Glück in den Weg, und zwar aus denselben Gründen. Wenn Gier Sie zum Gewinner macht, dann werden sich alle anderen in Ihrem Umfeld – Familie, Freunde, Kollegen – als Verlierer empfinden. In manchen Fällen wird Gier Reichtum bringen, aber dieser Reichtum sorgt, wie ich in Kapitel 3 ausführe, nicht dafür, dass man glücklich wird – wenn das so wäre, hätte ich über die Jahre nicht so viele reiche Klienten gehabt. Und zuletzt macht Gier alles zu einem Wettbewerb, aber Glück entsteht eher aus dem *Miteinander* – aus dem Bemühen, mit seiner Umwelt in Harmonie zu leben.

Gier ist mehr als Ehrgeiz. Wer gierig ist, will nicht nur im Alltag gute Leistungen abliefern. Gier ist übersteigerter Ehrgeiz – grenzenloser und unstillbarer Ehrgeiz – der daraus entsteht, dass man ein größeres Stück vom Kuchen haben will als alle anderen. Gier ist ein anderer Ausdruck für narzisstischen Ehrgeiz, der dadurch gekennzeichnet ist, dass die eigenen Interessen immer über denen der anderen stehen und dass man ein Recht darauf zu haben glaubt, gierig sein und sich mehr als den gerechten Anteil sichern zu dürfen.

Warum enden immer mehr hoch bezahlte Manager und Führungskräfte heutzutage im Gefängnis? Haben sie sich bei ihren Schurkereien einfach zu dumm angestellt? Nein. Sie sind einfach zu gierig – sie sind nicht zufrieden damit, im Jahr ein paar Millionen Euro zu verdienen. Sie wollen *mehr* – und Sie glauben, dass sie das Recht haben, sich so viel zu nehmen, wie sie wollen, egal ob sie anderen Menschen damit schaden oder die Unternehmen zerstören, die sie erst reich gemacht haben.

Gier ist nicht nur eine Sache des Geldes. Menschen, die gierig nach Essen sind, haben irgendwann mit ihrem Gewicht zu kämpfen. Menschen, die gierig nach Alkohol sind, verfallen oft dem Alkoholismus. Menschen, die gierig nach Zeit sind, neigen dazu, ihren Terminkalender zu voll zu stopfen. Und Menschen, die gierig sind nach Kommunikation, reden meistens viel zu viel und lassen die anderen kaum zu Wort kommen.

Wonach sind Sie gierig? Hält Ihre Gier Sie davon ab, glücklich zu werden?

Aggression

Wörtlich bedeutet *Aggression* »sich gegen die Welt bewegen«. Im zwischenmenschlichen Bereich gibt es zwei Arten von Aggression – leistungsmotivierte Aggression und kampfbetonte Aggression. Leistungsmotivierte Aggression kann zum Glück führen, kampfbetonte Aggression mit Sicherheit nicht.

Menschen, die leistungsmotivierte Aggression an den Tag legen, sind

- ✔ wettbewerbsorientiert,
- ✔ energisch in der Verfolgung ihrer Ziele,
- ✔ ausdauernd,
- ✔ entschlossen,
- ✔ direkt in ihrer Kommunikation.

Menschen, die kampfbetonte Aggression zeigen, sind

- ✔ herausfordernd,
- ✔ ungeduldig,
- ✔ fordernd,
- ✔ heftig,
- ✔ dominant.

Leistungsmotivierte Aggression führt oft zum Glück, indem sie dazu beiträgt, dass man seine Arbeit gut und engagiert ausführt und am Ende das Gefühl hat, etwas erreicht zu haben. Man hat einen Grund, zufrieden zu sein und dankbar – beides gehört zu den Zutaten für echtes Glück (siehe Kapitel 2).

Kampfbetonte Aggression dagegen führt zu Auseinandersetzungen mit allem und jedem, das sich einem in den Weg stellt. Es geht darum, andere Menschen niederzuringen, und das Motiv ist oft, dass man erreichen will, worauf man im Leben ein Recht zu haben glaubt.

Leistungsmotivierte Aggression fördert den Wettbewerb *um* eine Sache oder einen Wert, während kampfbetonte Aggression immer den Wettbewerb *gegen* die Welt bedeutet.

Gehen Sie in sich und denken Sie einmal über die Merkmale dieser beiden Aggressionstypen nach. Fragen Sie sich – und antworten Sie ehrlich –, welches dieser Attribute Sie am treffendsten beschreibt. Ist es eine Mischung beider Typen oder herrscht einer der beiden bei Ihnen vor? Fragen Sie auch jemanden, der Sie gut kennt. Vielleicht entdecken Sie etwas über sich selbst, das Sie bisher nicht wussten – und fangen an zu begreifen, warum das Glück nicht zu Ihnen kommt.

Depression

Millionen von Menschen auf der ganzen Welt können aus einem einfachen Grund kein Glück erleben: Sie leiden an Depressionen. Depressionen sind so weit verbreitet, dass man sie bereits die »Erkältung unter den psychischen Krankheiten« nennt. Wenn Sie an einer Depression leiden, ist das mehr als ein schlechter Tag. Es gehören eine ganze Reihe Symptome dazu, unter anderem:

- ✔ Energielosigkeit, Lethargie und Unwohlsein
- ✔ Appetitverlust
- ✔ Schlafstörungen
- ✔ Spontane Weinanfälle
- ✔ Reizbarkeit
- ✔ Negatives Selbstbild
- ✔ Schuld
- ✔ Selbstmordgedanken
- ✔ Geringes sexuelles Interesse
- ✔ Zurückgezogenheit
- ✔ Verlust der Lebensfreude

Wie depressiv Sie sind, hängt von der Hartnäckigkeit und vom Grad der einzelnen Symptome ab.

Der psychiatrische Fachausdruck für den Verlust der Fähigkeit, Freude zu erleben – das betrifft das ganze Spektrum von Essen bis Sex –, ist Anhedonie, ein Zustand, der unter Umständen auf eine Fehlfunktion des Belohnungssystems des Gehirns zurückzuführen ist. Depressionen führen zu einer Absenkung des Dopaminspiegels im Gehirn, und dieses Dopamin (ein *Neurotransmitter*, im Volksmund auch Glückshormon genannt) ist für das Empfinden von Freude und Glück erforderlich.

Zum Glück kann man Depressionen behandeln. Wenn Sie die oben stehende Liste gelesen und entdeckt haben, dass Sie im vergangenen Monat drei oder mehr dieser Symptome bei sich festgestellt haben, sprechen Sie am besten erst einmal Ihren Hausarzt darauf an. Mit der Behandlung von Stimmungsstörungen (Ärzte sprechen von *affektiven Störungen*) beginnt man am besten, bevor sie sich einschränkend auswirken. (Eine ausführliche und umfassende Darstellung der Depression und ihrer Behandlungsmöglichkeiten finden Sie in *Depressionen für Dummies* von Laura L. Smith und Charles H. Elliott, ebenfalls bei Wiley-VCH erschienen.)

Einsamkeit

Man kann allein sein und trotzdem glücklich, besonders wenn man es schafft, in den Flow zu gelangen (siehe Kapitel 8). Einsamkeit ist eine andere Sache. Einsamkeit ist das Fehlen einer emotionalen Verbindung zur Umwelt. Man kann inmitten einer Menschenmasse einsam sein und sich nicht einsam fühlen, wenn man allein ist. Glück hat mehr mit Zugehörigkeit zu tun – mit bedeutsamen Bindungen an die Familie, Freunde und die Gemeinschaft –, weniger mit Geld, Macht und Erfolg.

Wenn Sie sich gegen die Einsamkeit wappnen möchten und mehr Verbindungen zu anderen Menschen haben wollen, können Sie es mit den folgenden Tipps versuchen:

- ✔ **Arbeiten Sie ehrenamtlich in Ihrer Gemeinde.** Suchen Sie sich eine Beschäftigung, bei der Sie mit anderen Freiwilligen zusammenarbeiten.
- ✔ **Werden Sie Stammgast in einem Café.** Kaffee trinken und essen können Sie im Grunde überall, aber wenn Sie einen Ort zu einem Teil Ihrer täglichen Routine machen, werden Sie das Gefühl entwickeln, dorthin zu gehören – und Sie lernen die anderen Stammgäste kennen.
- ✔ **Melden Sie sich für einen Volkshochschulkurs oder eine andere Veranstaltung im Rahmen der Erwachsenenbildung an.** Auf diese Weise lernt man Menschen mit ähnlichen Interessen kennen und lernt gleichzeitig etwas Neues.
- ✔ **Melden Sie sich zu einem Yogakurs an.** Sie können dort die Gesellschaft anderer Menschen genießen, ohne die ganze Zeit »auf Empfang« zu sein.
- ✔ **Treten Sie einer Theatergruppe bei.** Wenn das Schauspielern nicht gerade Ihre Stärke ist, können Sie auch Kulissen malen, Eintrittskarten verkaufen oder als Platzanweiser Ihren Beitrag leisten.
- ✔ **Treten Sie einer bürgerlichen Organisation oder einer Initiative bei, etwa dem Lyons Club oder einer Gruppe, die sich für den christlich-islamischen Dialog engagiert.**
- ✔ **Schließen Sie sich einer Hobbygruppe an, etwa einer Strick- oder Foto-AG.** Dort können Sie etwas lernen, spielen und andere treffen.
- ✔ **Gehen Sie zu Gottesdiensten und genießen Sie die Gemeinschaft.**

Rachsucht

Gehören Sie zu den Menschen, die nach dem alttestamentarischen Motto »Auge und Auge, Zahn um Zahn« leben? Wenn Sie sich über jemanden ärgern, sagen Sie dann Dinge wie »Du kriegst noch dein Fett weg – dafür sorge ich«, »Denk dran, man kriegt für alles eine Quittung« oder »Du kommst auch noch dran, warte nur«? Wenn ja, dann haben Sie, ob Sie wollen oder nicht, einen rachsüchtigen Zug.

Rachsucht trachtet, einfach gesagt, immer nach einem Ausgleich. Eine Verletzung oder Beleidigung wird mit einer erneuten Verletzung oder Beleidigung beantwortet. Dann ist man »quitt«. Oberflächlich geht es um Ärger und darum, seinen Ärger anderen zu vergelten. Aber im Grunde geht Rachsucht auf Verletzungen und erlittene Schmerzen zurück. Rachsüchtige Menschen glauben, dass sie sich irgendwie besser fühlen, wenn sie die Person verletzen, die sie verletzt hat – sei es körperlich oder emotional. Das Problem ist nur, dass dies ein Irrglaube ist!

So weit ich weiß, ist Vergebung das beste Gegenmittel gegen Rachegefühle. An irgendeinem Punkt müssen Sie zu sich selbst sagen: »Ich vergebe dieser Person, dass sie mich verletzt hat. Was sie getan hat, war falsch, aber ich vergebe ihr. Ich werde nicht vergessen, was sie getan hat, aber ich vergebe ihr.« Die Wiederholungen sind wichtig, also sagen Sie sich diese Sätze so oft vor, wie es dauert, die erlittenen Verletzungen loszulassen.

Denken Sie immer daran, dass Vergebung keine einfache Sache ist. Sie verlangt eine bewusste Entscheidung – niemand kann Sie zwingen, einem anderen Menschen zu vergeben. Vergebung braucht Zeit. Und sie braucht Unterstützung und verlangt Opfer – Sie müssen zum Beispiel aufhören, sich als Opfer zu fühlen, Sie können nicht länger darauf bestehen, dass das Leben fair sein muss, und Sie müssen auf Ihr Recht auf Rache verzichten. (Wenn es Ihnen schwerfällt zu vergeben, lesen Sie *Nicht ärgern für Dummies* (Wiley-VCH). Dort gehe ich ausführlicher auf dieses Thema ein.)

Drogenmissbrauch

In den immer zahlreicheren Kliniken für Drogen- und Alkoholentzug lernen die Patienten auf der ganzen Welt die immer gleiche Wahrheit: Chemikalien sind kein Ersatz für echtes Glück. Das durch Drogen herbeigeführte euphorische Hochgefühl ist nur von kurzer Dauer und mehr eine Illusion als Realität. Drogen können nicht das Gefühl der Sicherheit vermitteln. Sie verschaffen weder Befriedigung noch Dankbarkeit oder Gelassenheit – alles Glückszutaten. Und dann sind da noch die absehbaren negativen Folgen – sprechen Sie einmal mit einem Alkoholiker nach einer durchzechten Nacht.

Für viele Menschen sind Drogen eine Art Selbstmedikation, ein Versuch, den Gefühlen chronischen Unglücklichseins im Zusammenwirken mit Stimmungsstörungen wie Depressionen, krankhafter Angst und selbst Langeweile zu entrinnen. Ich weiß das, weil ich einige Jahre lang in einem Drogenentzugsprogramm gearbeitet habe und gesehen habe, was passiert, wenn die Betroffenen mit der Entgiftung anfangen – das ist kein schöner Anblick.

Wenn Sie mehr als zwei Portionen alkoholhaltiger Getränke am Tag zu sich nehmen (bei Frauen eine Portion) und/oder in der Regel mehr als vier Gläser in einer »Sitzung« trinken (bei Frauen drei), gilt das nicht mehr als verantwortliches Trinkverhalten. Sie müssen Ihren Alkoholkonsum zurückschrauben. Wenn Sie das nicht allein schaffen, brauchen Sie professionelle Hilfe.

Das Huhn oder das Ei?

Bei drogenabhängigen Menschen kommt es nach dem Entzug ihrer Droge zu einer Anhedonie (Unfähigkeit, Freude zu empfinden). Eine mögliche Erklärung dafür ist, dass die Abhängigen Drogen hauptsächlich deshalb konsumieren, um das Gefühl der Freude künstlich hervorzurufen, weil ihr Gehirn selbst nicht dazu in der Lage ist. Eine weitere Möglichkeit ist, dass der Missbrauch von Drogen, die das Denken beeinflussen, Veränderungen der Gehirnchemie hervorruft, die zum Verlust der Freude führt. Wie auch immer, in jedem Fall sind Drogenabhängige keine glücklichen Menschen.

Zehn Möglichkeiten, für mehr Glück im Leben zu sorgen

23

In diesem Kapitel

- Zeit für sich selbst freischaufeln
- Eine gesunde Lebensweise entwickeln
- Dankbar sein
- Spirituelle Verbindungen herstellen
- Andere in das eigene Leben einladen

Das Hauptthema dieses Buches ist, dass Glück kein Zufall ist. Man muss daran arbeiten, glücklich zu werden – je mehr und beständiger man sich bemüht, desto größer ist der mögliche Lohn. In diesem Kapitel biete ich Ihnen zehn ebenso einfache wie wirksame Strategien an, die Ihnen helfen werden, Ihr Leben mit positiven Gefühlen anzureichern, wenn Sie sie in Ihr Alltagsleben integrieren. Ich stelle Ihnen gewissermaßen ein Rezept aus für die zehn Geheimnisse eines glücklichen Lebens oder, wenn Sie so wollen, die Zehn Gebote des Glücks – Sie müssen sie nur noch in die Tat umsetzen!

Pflegen Sie ein morgendliches Ritual

Wenn Sie möchten, dass sich Ihr Tag positiv entwickelt, müssen Sie mit dem richtigen Fuß zuerst aufstehen. Eine Möglichkeit ist ein kleines Ritual, mit dem Sie den Tag beginnen können – etwas Verlässliches, etwas, das Sie unter allen Umständen machen können, etwas, das nicht zu viel Zeit und Energie braucht, aber einen positiven Ausgangspunkt für all das bietet, was danach kommt. Rituale sind automatische Verhaltensmuster, denen man folgt, ohne darüber nachzudenken – genau das Richtige für den frühen Morgen, wenn man sich auf den neuen Tag vorbereitet. Sehen Sie es einfach so: Was positiv anfängt, bleibt auch positiv.

Ich gehe jeden Morgen zu einem kleinen Bistro, frühstücke dort und lese die Zeitung. So habe ich 20 Minuten für mich. Das ist meine kleine Zuflucht – eine Zeit der Ruhe und des Friedens, bevor ich von den Anforderungen der Außenwelt mit fortgerissen werde. Mein morgendliches Ritual stärkt mich und wappnet mich für den vor mir liegenden Tag.

Meine Frau dagegen steht schon vor mir auf, lässt die Hunde nach draußen und liest etwa 20 Minuten lang die Zeitung und kümmert sich um die Hunde Max und Dixie. Das ist die Zeit, die sie für sich allein – und die Hunde – hat, da will ich auch nicht stören. (Das ist eine prima Ausrede, noch etwas länger im Bett herumzulungern, bis es nicht mehr geht!)

Ein Morgenritual kann auch aus Sport, Meditation, Gebeten und Erinnerungen an alles bestehen, wofür man dankbar sein muss. Oder aber Sie schreiben kleine Mitteilungen an Familienmitglieder und Freunde, denen es gerade nicht so gut geht. (Auf all diese Dinge komme ich weiter hinten in diesem Kapitel noch zu sprechen.)

Ernähren Sie sich gesund

Eine gesunde Ernährung liefert Energie und Nährstoffe. Beides ist für das körperliche und emotionale Wohlbefinden unerlässlich.

Nehmen wir nur einmal die Banane. Wussten Sie, dass Bananen nicht nur einen Energieschub liefern (Fragen Sie Sportler!), sondern auch die Stimmung verbessern können? Bananen enthalten ein Eiweiß, Tryptophan, das zu Serotonin umgewandelt wird, eine Gehirnchemikalie, die sich auf die Färbung (positiv oder negativ) der Gefühle auswirkt. In dieser Hinsicht funktionieren Bananen nach dem gleichen Prinzip wie Antidepressiva, die auch den Serotoninspiegel erhöhen.

Damit Sie sicher sein können, dass Sie sich gesund ernähren, müssen Sie auf Folgendes achten:

- ✔ **Eine ausgewogene Ernährung, zu der Nahrungsmittel aus allen fünf Nahrungsmittelgruppen gehören:**
  - Brot, Cerealien, Reis und Nudeln: 6 bis 11 Portionen
  - Obst: 2 bis 4 Portionen
  - Gemüse: 3 bis 5 Portionen
  - Milchprodukte: 2 bis 3 Portionen
  - Fleisch, Fisch, Bohnen, Eier und Nüsse: 2 bis 3 Portionen
- ✔ **Täglich drei Mahlzeiten.** Wichtig ist, dass Sie mit einem guten Frühstück anfangen – das ist die beste Vorbereitung für einen gesunden Tag.
- ✔ **Achten Sie auf die Größe der Portionen.** Wenn Sie Cracker oder Kartoffelchips essen, sollten Sie diese in eine Schüssel füllen, anstatt in eine Dose oder Tüte zu greifen. Legen Sie vorher fest, wie viel Sie essen wollen, und halten Sie sich daran – so verhindern Sie, dass Sie auch noch in die Tüte greifen, wenn Sie bereits satt sind.
- ✔ **Essen Sie, wenn Sie Hunger haben und entscheiden Sie sich bei Zwischenmahlzeiten für etwas Gesundes.**
- ✔ **Gehen Sie sparsam mit Zucker um.**
- ✔ **Begrenzen Sie Ihren Koffeinkonsum auf 250 Milligramm pro Tag.** Das entspricht etwa drei Tassen Kaffee. (Lesen Sie die Angaben auf Ihrem Lieblingskaltgetränk, damit Sie wissen, wie viel Koffein darin enthalten ist.)

- **Nehmen Sie mindestens 1.200 Kalorien täglich zu sich.** Wenn Sie nicht abnehmen wollen, werden Sie wahrscheinlich eher 1.800 bis 2.000 Kalorien am Tag brauchen.
- **Wählen Sie mageres Fleisch und Nahrungsmittel mit geringem Fettanteil.**
- **Trinken Sie etwa zwei Liter Wasser am Tag.** Oft denkt man, man hat Hunger, wenn man eigentlich Durst hat.

Treiben Sie Sport

Das alte Sprichwort »Wer rastet, der rostet« trifft zu. Wenn Sie sich nicht ausreichend bewegen, haben Sie weniger Energie und Durchhaltevermögen für die Bemühungen um Ihr Glück. Die einfachsten Verrichtungen des Alltags werden zur Last, und wer will sich schon solchen Belastungen aussetzen! Wenn Sie wieder mehr Freude am Leben haben wollen, müssen Sie Ihren Körper wieder in Schwung bringen und etwas mehr tun, als man üblicherweise im Alltag tut.

Viele Menschen bringen Sport mit anderen täglichen Bewegungen durcheinander – ich denke da etwa an den Haushalt oder das Treppensteigen zu Hause oder am Arbeitsplatz. Sport ist von Natur aus anstrengend – er trainiert Herz und Bewegungsapparat, und das bedeutet auch, dass man schwitzt! Sie können in einem Fitnessstudio trainieren (beispielsweise auf Laufbändern oder Crosstrainern) oder sich im Freien ertüchtigen (beispielsweise walken oder joggen).

Welcher Sport eignet sich am besten? Ein Freund von mir, der ein eigenes Fitnessstudio mit medizinischer Betreuung betreibt, meint, dass der beste Sport der ist, den man bereitwillig macht. Anders ausgedrückt: Was Ihren Körper betrifft, ist es nicht so entscheidend, *wie* Sie Sport treiben, sondern *wie oft*. Es leuchtet aber ein, dass Sie häufiger trainieren werden, wenn Sie etwa tun, was Sie gerne tun. Das sagt einem doch schon der gesunde Menschenverstand: Wenn man Schwimmen nicht ausstehen kann, wie gut stehen dann die Chancen, dass man jeden Tag routinemäßig ein paar Bahnen schwimmt? Nicht so gut. Ihr Ziel muss es also sein, eine sportliche Betätigung zu finden, an der Sie Spaß haben, damit Sie möglichst oft trainieren.

Wie viel sollten Sie trainieren? Ich empfehle Ihnen 25 bis 30 Minuten täglich oder viermal in der Woche 45 Minuten.

Sorgen Sie für ausreichend Schlaf

Schlaf ist wichtig für die Gesundheit und das Glück. Dennoch leiden Millionen Menschen unter akutem und chronischem Schlafmangel. So kommt es, dass sie

- Anzeichen gesteigerter Reizbarkeit zeigen.
- Konzentrations- und Erinnerungsprobleme haben.

- eine geringe Stresstoleranz zeigen.
- zu emotionalen Ausbrüche neigen.
- Durchhaltevermögen und Ausdauer vermissen lassen.
- zu Unfällen neigen.
- morgens nur schwer aus dem Bett kommen.
- auf andere pessimistisch und traurig wirken.
- während langweiliger Sitzungen und vor dem Fernseher einschlafen.

Kommt Ihnen das bekannt vor? Wenn ja, dann schlafen Sie zu wenig. Wie viel Schlaf ist genug Schlaf? Kinder brauchen um die zehn Stunden pro Nacht, Jugendliche acht bis neun Stunden. Erwachsene sollten sieben bis acht Stunden lang schlafen. Und Senioren kommen mit etwa sechs Stunden aus, sofern sie nicht ungewöhnlich aktiv sind – weil sie beispielsweise viel körperlich arbeiten oder auch im Rentenalter eine Vollzeitstelle ausfüllen. (Senioren machen meist mindestens einmal am Tag ein Nickerchen, sodass sie nachts etwas weniger Schlaf brauchen.)

Die folgenden Tipps sind Teil einer guten Schlafhygiene – so nennt man die Dinge, die einen guten Schlaf begünstigen:

- **Vermeiden Sie es, sich tagsüber länger als 30 Minuten hinzulegen.**
- **Gehen Sie jeden Abend in etwa zur selben Zeit schlafen, auch an den Wochenenden.**
- **Treiben Sie kurz vor dem Zubettgehen keinen Sport und meiden Sie anregende Tätigkeiten (auch Arbeit).** Gönnen Sie sich einen Puffer von etwa einer Stunde zwischen der letzten Beschäftigung des Tages und dem Zeitpunkt, an dem Sie das Licht ausmachen und die Augen schließen.
- **Konsumieren Sie vier Stunden vor dem Zubettgehen keinen Alkohol, Tabak oder Koffein mehr.** Sie denken vielleicht: »Aber Alkohol macht mich so schön schwer und schläfrig – das ist doch gut.« Es wird Ihnen vielleicht leichter fallen einzuschlafen, aber Sie werden auch unruhiger schlafen und mitten in der Nacht aufwachen.
- **Benutzen Sie Ihr Schlafzimmer nur zum Schlafen und für Sex.** Das bedeutet kein Fernsehen und keine Bücher im Bett.
- **Gehen Sie nicht verärgert ins Bett.**
- **Entrümpeln Sie Ihren Kopf.** Sie können nichts mehr von dem ändern, was tagsüber passiert ist, wieso sollten Sie also den ganzen Kram noch einmal im Kopf durchgehen? Und richtig vorbereiten auf das, was der morgige Tag bringt, können Sie sich auch nicht.
- **Achten Sie auf eine gute Matratze.** Das Geld, das Sie in eine gute Matratze stecken, ist gut angelegtes Geld. Eine gute Matratze hält zehn bis zwölf Jahre.

Schlaftabletten – ob rezeptfrei oder verschreibungspflichtig –, sind nie eine gute Option, wenn es darum geht, ausreichend Schlaf zu finden. Nehmen Sie sie zu oft, können sie unangenehme Nebenwirkungen mitbringen, etwa Müdigkeit am Tag, Ängste und nach dem Absetzen Rückfälle in die Schlaflosigkeit. Nehmen Sie nie Schlaftabletten, ohne vorher Ihren Arzt zu konsultieren.

Wenn Sie die Tipps in diesem Kapitel alle befolgen und trotzdem nicht genug Schlaf bekommen, haben Sie vielleicht eine Schlafstörung. Sprechen Sie mit Ihrem Hausarzt darüber.

Meditieren Sie

Meditation ist die älteste Technik, die der Mensch kennt, um einen Zustand innerer Ruhe und Entspannung herbeizuführen. Alle Religionen empfehlen irgendeine Form der Meditation, um eine spirituelle Verbindung herzustellen. Die Meditation hat eine ganze Reihe medizinischer Vorteile – sie bewirkt eine Absenkung des Blutdrucks, lindert Muskelschmerzen und verbessert den Schlaf – und steigert darüber hinaus das Selbstbewusstsein und das allgemeine Wohlbefinden.

Meditation wird als angenehm empfunden, weil dabei der Dopaminspiegel im Gehirn steigt. Dopamin ist ein Neurotransmitter, der entscheidend für das Empfinden von Freude ist.

Sind Sie für Meditationen geeignet?

So merkwürdig das auch klingt, extrovertierte Menschen (offene, gesellige, abenteuerlustige und risikofreudige Zeitgenossen) meditieren eher regelmäßig als introvertierte (ruhige, in sich gekehrte, reservierte Menschen). Vielleicht liegt das daran, dass die Introvertierten bereits viel Zeit in Ruhe und Stille verbringen, während Meditation für die Extrovertierten etwas Ungewöhnliches und deshalb besonders Erfrischendes ist. Wer weiß?

Entscheidend ist, dass Meditation funktioniert, ob Sie nun ein Plappermaul sind wie Ralf Schmitz oder zurückgezogen leben wie Bruno Ganz.

Um zu meditieren, müssen Sie Folgendes tun:

1. **Setzen Sie sich ruhig und bequem hin.**
2. **Schließen Sie Ihre Augen.**
3. **Atmen Sie durch die Nase ein und konzentrieren Sie sich auf jeden einzelnen Atemzug.**

4. **Sprechen Sie innerlich bei jedem Ausatmen ein beruhigendes Wort (zum Beispiel »Dom«) oder einen Satz (etwa »ich bin entspannt«).**

   Dehnen Sie diesen Prozess auf zehn bis fünfzehn Minuten aus. Atmen Sie locker und natürlich. Behalten Sie von Anfang bis Ende eine passive Haltung bei. Das Ziel ist, etwas Positives passieren zu *lassen*, nicht es aktiv *herbeizuführen*.

Dieser Prozess ist natürlich nur das Grundgerüst der Meditation. Weiter gehende Informationen zur Meditation und besondere Übungen sowie geführte Meditationen auf einer CD finden Sie in *Meditation für Dummies* von Stephen Bodian, das auch als Hörbuch bei Wiley-VCH erhältlich ist.

Stellen Sie eine spirituelle Verbindung her

Glauben Sie an eine höhere Macht, ein Wesen oder eine Seinsform, die über die menschliche Existenz hinausgeht und an die man sich immer wieder aus den verschiedensten Gründen wenden kann (Bestätigung, Führung, Seelenfrieden, Hoffnung)? Wenn ja, dann sind Sie dem Glück näher als andere Menschen – wenn auch nur, weil Sie sich im Kampf mit dem Auf und Ab des Alltags nicht so allein fühlen und Probleme »abgeben« können, wenn sie zu belastend werden.

Es spielt keine Rolle, welcher Religion Sie angehören oder ob Sie sich überhaupt als religiös betrachten (viele Menschen empfinden sich als spirituell, hängen aber nicht unbedingt einer bestimmten Glaubensrichtung an). Es kommt nur darauf an, wie oft Sie diese spirituelle Verbindung herstellen. Forschungen haben gezeigt, dass schon die bloße Teilnahme an einem Gottesdienst einmal in der Woche das Risiko einer Herzerkrankung halbiert. Wenn das kein Grund ist, glücklich zu sein!

In Kapitel 6 beschreibe ich die Beziehung zwischen Robustheit und Glück. Interessanterweise scheinen die robusten Persönlichkeiten – die ein Gefühl für innere Kontrolle haben, sich aktiv im Leben engagieren und in der Lage sind, Katastrophen als Herausforderungen zu betrachten – intensivere spirituelle Verbindungen zu haben als nicht robuste Menschen.

Seien Sie dankbar

Dankbarkeit ist eine der erkennbaren Hauptzutaten des Glücks. Erst werden Ihre Bedürfnisse erfüllt, und dann sind Sie dankbar – so *sollte* es sein. Für viele unglückliche Menschen ist das jedoch nicht so. Sie sind weder zufrieden noch dankbar für die Dinge, die das Leben ihnen materiell oder als Möglichkeiten bietet.

Wenn Sie nicht zu diesen Menschen gehören wollen, beginnen und beenden Sie Ihren Tag mit fünf Minuten, in denen Sie über die Dinge nachdenken, für die Sie dankbar sein müssen, wenn Sie an den vor Ihnen liegenden Tag oder an den hinter Ihnen liegenden Tag denken. Es geht dabei nicht um Selbstkritik (hätt ich, wollt ich, wär ich) oder darum, sich ein halb leeres Glas vorzustellen. Konzentrieren

Sie sich auf das Positive – die Segnungen des Alltags – und würdigen Sie die Tatsache, dass ein großer Teil dessen, was Sie glücklich macht, nicht von Ihnen selbst stammt.

Für alle, denen spontan nichts einfällt, wofür sie dankbar sein können, habe ich hier eine kleine Liste zusammengestellt:

- ✔ Seien Sie dankbar für Ihren Partner, der da ist, um Sie in guten und in schlechten Zeiten zu trösten und zu unterstützen.
- ✔ Seien Sie dankbar für Ihre Gesundheit.
- ✔ Seien Sie dankbar, dass Sie gesund genug sind, anderen zu helfen.
- ✔ Seien Sie dankbar für die höhere Macht (wenn Sie an eine solche glauben), die den Hoffnungslosen Hoffnung und den Hilflosen Hilfe bringt.
- ✔ Seien Sie dankbar dafür, dass Sie nüchtern sind (falls Sie in der Vergangenheit ein Alkoholproblem hatten).
- ✔ Seien Sie dankbar für Ihre positive Stimmung (wenn Sie zu Depressionen neigen).
- ✔ Seien Sie dankbar für Ihre Kinder, die Ihrem Leben Sinn und Bedeutung verleihen.
- ✔ Seien Sie dankbar für den Sonnenschein.
- ✔ Seien Sie dankbar dafür, dass Sie genug Geld haben, um die grundlegenden Notwendigkeiten des Lebens bezahlen zu können.
- ✔ Seien Sie dankbar dafür, dass andere Menschen Sie als intelligent, geistreich und kreativ betrachten.
- ✔ Seien Sie dankbar dafür, dass Sie ein Gefühl dafür haben, wofür Sie dankbar sein können.

Bittgebete und Dankgebete

Irgendwann in meinen mittleren Jahren – ich weiß nicht mehr genau, wann – ging ich von nächtlichen Bittgebeten (demütige Bitten an Gott, er möge mir doch die Dinge geben, die ich zum Glücklichsein brauchte) zu Dankgebeten für all das über, was ich bereits erhalten hatte. Ich merkte, dass ich vom sogenannten guten Leben bereits eine üppige Portion bekommen hatte – mehr als den gerechten Anteil an positiven Erfahrungen in der Ehe, der Familie, mit Freunden, finanziell und im Beruf. Um weitere Segnungen zu bitten, wäre meiner Meinung nach arrogant und undankbar gewesen.

Wenn ich heute Gott um etwas bitte, dann für andere Menschen – zum Beispiel meine Kinder, die noch jung sind und noch ihr ganzes Leben vor sich haben, für Freunde, die mit den unausweichlichen Besonderheiten des Alters zu kämpfen haben, und für meine geliebten Hunde. Und das Tolle dabei ist: *Je weniger ich um etwas bitte, umso mehr bekomme ich weiterhin.*

Seien Sie mitfühlend in Gedanken, Worten und Werken

Alle Weltreligionen und alle großen Figuren der Weltgeschichte haben eines gemeinsam: Sie lehren, predigen und leben Mitgefühl. Mutter Theresa, Gandhi, Jesus und Martin Luther King Jr. – sie alle waren Meister des Mitgefühls.

Ich wuchs im Süden der USA auf, als dort noch Rassentrennung herrschte, in der Zeit vor und nach der Bürgerrechtsbewegung. Ich glaube, dass Martin Luther King mit den weißen Südstaatlern Mitgefühl hatte, die er als Gefangene eines etablierten kulturellen Rassismus sah. Indem er versuchte, seine eigenen Leute zu befreien, befreite er auch die Weißen und machte den »neuen Süden« zu einem sichereren, gerechteren und attraktiveren Lebensumfeld.

Wenn Sie nicht sicher sind, ob Sie der Typ sind, der sich regelmäßig von Mitgefühl leiten lässt, beantworten Sie einmal die folgenden Fragen:

- ✔ Glaube ich, dass Menschen, die weniger Glück haben, mehr Liebe verdienen?
- ✔ Enthalte ich mich eines Werturteils, wenn ich das Unglück anderer Menschen sehe?
- ✔ Glaube ich, dass einer der Hauptgründe, warum ich auf der Welt bin, darin besteht, dass ich bedürftigen Menschen helfe?
- ✔ Zeigt meine Haltung gegenüber meinen Mitmenschen, dass ich »für sie da bin«?
- ✔ Glaube ich, dass Gleiches mit Gleichem vergolten wird, dass also Mitgefühl mehr Mitgefühl hervorruft?

Wenn Sie auf die meisten dieser Fragen mit Ja geantwortet haben, sind Sie auf einem guten Weg zum Glück. Legen Ihre Antworten nahe, dass es bei Ihnen mit dem Mitgefühl eher »dünn« aussieht, könnten Sie damit anfangen, mitfühlend zu handeln (also dort mit Hand anlegen, wo es am nötigsten ist – siehe den folgenden Abschnitt), und mitverfolgen, ob sich Ihr Denken und Fühlen Ihren Mitmenschen gegenüber dadurch verändert.

Helfen Sie

Meine Tante Judy hatte recht, als sie mir eintrichterte: »Doyle, Gott hat uns aus einem einzigen Grund auf die Erde geschickt – nicht um Geld zu verdienen, nicht um jedes Rennen zu gewinnen, sondern um unseren Mitmenschen zu helfen.« Ich spreche hier nicht von Mitgefühl – dem von Anteilnahme getragenen Handeln zugunsten weniger glücklicher Menschen (darum ging es im vorigen Abschnitt). Ich spreche von praktischer Hilfe, einfach weil man helfen kann und weil man sich danach glücklicher fühlt.

Die beste Hilfe ist die, um die man nicht bitten muss – mein Nachbar etwa begann eines Tages in meinem zwei Morgen großen Garten, den Rasen zu mähen, ohne zu fragen. Ich eilte hinaus und sagte zu ihm: »Sie müssen das nicht machten – ich weiß, dass Sie heute noch genug andere Dinge zu tun haben.« Aber er antwortete: »Ich weiß, aber ich möchte es machen – ich mache es also genauso gut für mich, wie ich es für Sie tue.«

Was haben Sie in letzter Zeit getan, um anderen zu helfen? Sie müssen beileibe kein Ritter in schimmernder Rüstung sein. Die einfachsten Dinge zählen auch. Im Alltag können Sie zum Beispiel Folgendes tun:

- ✔ Wenn Sie eine junge Mutter sehen, die mit vollem Einkaufswagen auf ihr Auto zusteuert und heulende Kinder im Schlepptau hat, können Sie ihr anbieten, den Wagen zu schieben und die Sachen in den Kofferraum zu räumen.
- ✔ Wenn Sie sehen, dass der Bürgersteig bei Ihrem Nachbarn voller Schnee liegt, können Sie ihn für ihn wegschaufeln.
- ✔ Wenn Sie sehen, dass Ihr Kind Probleme bei den Hausaufgaben hat, können Sie sich zu ihm setzen und ihm helfen herauszufinden, wo das Problem liegt.
- ✔ Wenn Sie sehen, dass die Spülmaschine ausgeräumt werden muss, können Sie das übernehmen (und diese Arbeit Ihrem Ehepartner oder Ihren Eltern ersparen).
- ✔ Wenn Sie erfahren, dass die Mutter Ihrer besten Freundin gestorben ist, schicken Sie ihr Blumen und schreiben Sie einen Brief dazu, in dem Sie ihr versichern, dass Sie sie lieben.
- ✔ Wenn jemand, den Sie kennen (auch wenn Sie ihn nicht sehr gut kennen), eine schwierige Zeit durchmacht, beten Sie für ihn.
- ✔ Wenn Sie sehen, dass eine Kröte eine viel befahrene Straße überqueren will, halten Sie an, heben Sie sie auf und tragen Sie sie auf die andere Straßenseite.
- ✔ Wenn Sie in einem Artikel in der Zeitung lesen, dass für eine gute Sache noch Freiwillige gesucht werden, rufen Sie an und bieten Sie Ihre Dienste an.
- ✔ Wenn Ihre Buchhandlung die Kunden dazu einlädt, Bücher zu kaufen, die dann an Kinder verteilt werden, die sich sonst keine Bücher leisten können, kaufen Sie ein paar und helfen Sie einem Kind, seinen Horizont zu erweitern.

Zeigen Sie Humor

Machen Sie sich locker! Versuchen Sie, das Leben nicht so bierernst zu nehmen. Lächeln Sie (siehe Kapitel 12). Lesen Sie nicht nur die Sportseiten der Zeitung – lesen Sie die Cartoons! Beenden Sie den Tag, indem Sie eine amüsante Late-Night-Comedy-Show anschauen. Verbringen Sie ein wenig Zeit mit einem respektlosen Freund, einem der viel Sinn für die Absurditäten des Lebens hat. Schon die Bibel sagt: »Es gibt eine Zeit zum Weinen und eine Zeit zum Lachen.« Achten Sie darauf, dass Sie das richtige Gleichgewicht finden.

Zehn Gedanken, die zum Glück führen

24

In diesem Kapitel

- Nach vorn schauen statt zurück
- Den wahren Sinn des Lebens erkennen
- Wissen, wann es genug ist
- Schwierige Zeiten überstehen
- Sich selbst gestatten, glücklich zu sein

Beim Glück kommt es eher auf das Denken als auf die Sache an. Wichtig ist, was in Ihrem Kopf vorgeht. Ärgerliche Gedanken verursachen Ärger, traurige Gedanken machen traurig und glückliche Gedanken machen glücklich. In diesem Kapitel verrate ich Ihnen zehn positive Gedanken, die auf der Suche nach dem Glück hilfreich sein können.

Das Leben liegt vor Ihnen – darauf sollten Sie sich konzentrieren

Es ist einfacher, sich mit der Vergangenheit zu beschäftigen – da weiß man, womit man es zu tun hat. Die Zukunft – das, was vor Ihnen liegt – ist weit weniger sicher. Aber denken Sie doch mal nach: Macht nicht gerade diese Unsicherheit das Leben auch aufregend und interessant? Es könnte doch sein, dass etwas Wunderbares – eine neue Karrierechance, eine neue Beziehung – in Ihrem Leben passiert. Ihre Zukunft steckt voller Möglichkeiten, Ihre Vergangenheit dagegen ist bereits entschieden.

Ich bin am Neujahrstag immer glücklich. Warum? Weil ich an diesem Tag das alte Jahr offiziell vergesse und mich auf das neue Jahr freuen kann. Ich denke ein paar Minuten über die einmaligen Herausforderungen und Möglichkeiten nach, die sich mir in den vergangenen zwölf Monaten geboten haben, und verabschiede mich dann davon, damit ich mich mit meiner Zukunft beschäftigen kann. Das ist, als würde ich jedes Jahr neu geboren – ich fange neu an, fühle neue Energie in mir pulsieren und bedanke mich für all die guten Dinge, die noch nicht passiert sind, von denen ich aber glaube, dass sie passieren werden.

Menschen, die längst Vergangenes mit sich herumschleppen, sind selten glücklich. Sie verbringen zu viel Zeit damit, zurückzuschauen statt nach vorn, und übersehen dabei oft die positiven Dinge in ihrem Alltagsleben. Gehören Sie auch zu den Menschen, die durchs Leben gehen und dabei ständig über die Schulter blicken?

Beginnen Sie jeden Tag mit ein paar ruhigen Minuten, in denen Sie darüber nachdenken können, was in den nächsten 24 Stunden alles Positives passieren kann. Öffnen Sie sich für die unbekannten, unvorhersehbaren Entwicklungen eines Tages und vertrauen Sie darauf, dass Sie damit umgehen können und Vorteile davon haben.

Es ist nie zu spät, »Es tut mir leid« zu sagen

Wir alle machen Fehler. Wir sagen etwas, was wir später bereuen, wir verletzen die Gefühle anderer Menschen, wir sind arrogant und egoistisch. (Nichts für ungut, ich spreche aus persönlicher Erfahrung!) Wir können zwar nicht die Zeit zurückdrehen und unsere Fehler ungeschehen machen, aber wir können »Es tut mir leid« sagen und es auch so meinen.

Kann man sich auch zu spät entschuldigen? Nein. Es ist nie zu spät, einen anderen Menschen wissen zu lassen, dass man sich schlecht fühlt, weil man sich nicht richtig verhalten hat. Jede Entschuldigung ist willkommen, ob sie nun fünf Minuten später oder erst nach zwei Jahren erfolgt.

Wenn man sich entschuldigt, weil man eine Grenze überschritten hat, ist das so ähnlich, als wenn man ein Steinchen aus dem Schuh entfernt. So wird jeder weitere Schritt leichter und weniger schmerzhaft.

Es reicht nicht aus, nur zu denken, dass Sie jemanden verletzt haben und dass es Ihnen leid tut. Sie müssen auch entsprechend handeln. Die Person, die Sie verletzt haben, muss Sie sagen hören: »Es tut mir leid, was ich dir angetan habe«, und Sie müssen es auch hören. Stille Entschuldigungen mögen sich zwar gut *anfühlen*, aber sie *bewirken* nicht viel Gutes.

Wir sind auf der Welt, um uns gegenseitig zu helfen

Meine Tante Judy hat mir diesen Gedanken in den Kopf gepflanzt, als ich ein kleiner Junge war, und seitdem habe ich ihn nicht vergessen. Sie erklärte mir, dass wir nicht nur geboren werden, um zu lernen, Geld zu verdienen, Sachen zu kaufen, den Rasen zu mähen oder den Müll rauszubringen. Das alles dient nur unserem Überleben. Der eigentliche Sinn des Lebens liegt darin, andere Menschen zu unterstützen, zu lieben, zu ermutigen und uns gegenseitig auf alle möglichen Arten zu helfen. Wenn Sie das beherzigen, sind Sie glücklich. Wenn nicht, dann sind Sie es nicht.

Nehmen Sie sich einen Moment Zeit und beantworten Sie die folgenden Fragen:

- ✔ Wem habe ich heute geholfen?
- ✔ Wer braucht heute meine Hilfe?
- ✔ Wie kann ich jemandem eine Hilfe sein, der mir am Herzen liegt?

- ✔ Was hält mich davon ab, anderen zu helfen?
- ✔ Wie fühle ich mich, wenn ich jemandem geholfen habe, der Hilfe nötig hatte?
- ✔ Wenn sich die Menschen, um die ich mich kümmere, auf mich verlassen, auf wen kann ich mich verlassen?

Ziehen Sie los und tun Sie jemandem etwas Gutes! Sie werden glücklich darüber sein, es getan zu haben.

Sie müssen nur fragen

Der berühmte Golfspieler Chi Chi Rodriguez erzählt gerne die folgende Geschichte: Als junger Mann ertappte sein Vater einen Mann, der mitten in der Nacht aus seinem Garten Bananen stehlen wollte. Der Mann stellte sich als sein Nachbar heraus, der seine Arbeit verloren hatte und seine Familie nicht mehr ernähren konnte. Anders als Chi Chi erwartet hatte, wurde sein Vater nicht böse, sondern schnitt eine große Portion Bananen ab und gab sie dem Nachbarn mit den Worten: »Wenn du etwas zu essen brauchst, frag einfach und ich gebe dir etwas von dem ab, was ich habe – du musst es nicht stehlen.« Diese Lektion hat Chi Chi nie vergessen, denn er wuchs zu einem sehr großzügigen Mann auf, der sein Leben lang denen half, die weniger Glück im Leben hatten als er selbst.

Ich hatte schon, was mir zusteht

Ob das Leben nun endlich ist oder nicht, ich glaube daran. Wenn mich jemand fragt, warum ich keinen Alkohol mehr trinke, antworte ich: »Weil ich schon das hatte, was mir zusteht.« Mag sein, dass er mit dieser Antwort nicht zufrieden ist, aber ich bin es. Zu denken, dass ich meinen angemessenen Anteil bereits hatte – jene hypothetische Menge, die mir in meinem Leben zugeteilt war –, hat es mit leichter gemacht, mich vom Alkohol zu lösen, ohne das Gefühl zu haben, dass mir etwas vorenthalten wird, was mir zusteht. Ich bin überzeugt, dass die meisten Alkoholiker Probleme damit haben, das Trinken aufzugeben, weil sie *nicht* das Gefühl haben, den ihnen zustehenden Anteil am Alkohol bereits erhalten zu haben. Solange sie dieses Gefühl nicht haben, wird sich keine Therapie der Welt als wirksam erweisen. Denn erst mit dem Gefühl, dass man bekommen hat, was einem zusteht, entsteht das Gefühl der Sättigung, Befriedigung und Zufriedenheit – allesamt Hauptzutaten des Glücks (siehe Kapitel 2).

Wenn Sie ein für alle Mal mit dem Rauchen aufhören wollen, wiederholen Sie immer wieder innerlich den Satz: »Ich hatte schon das Nikotin, das mir zusteht.« Wenn Sie Gewicht abnehmen wollen, sagen Sie sich während jeder Mahlzeit: »Ich hatte schon das Essen, was mir zusteht – jetzt ist es Zeit, mit dem Essen aufzuhören.« Wenn Sie keine Lust mehr haben, in Gesellschaft anderer Menschen das Gespräch an sich zu reißen, und zur Abwechslung auch mal hören möchten, was andere so denken, sagen Sie sich: »Ich habe genug Redezeit gehabt – jetzt soll jemand anderes im Mittelpunkt stehen.« Wenn Sie es leid sind, immer wegen irgendeiner Sache verärgert zu sein, sagen Sie sich immer dann, wenn Sie auf die Palme gehen wollen: »Ich hatte schon den Ärger, der mir im Leben zusteht.« (Mehr Möglichkeiten, mit übertriebenem Ärger fertig zu werden, finden Sie in *Nicht ärgern für Dummies* (Wiley-VCH) beschrieben.)

Sie müssen die schlechten Erfahrungen im Leben nicht überwinden – Sie müssen sie nur hinter sich lassen

Als Therapeut werde ich häufig von meinen Klienten gefragt: »Wie lange wird es dauern, bis ich das überwunden habe?« Meine Antwort ist immer die gleiche: »Sie werden es nie überwinden – ich kann Ihnen nur helfen, es hinter sich zu lassen.« Zunächst ist diese Antwort für die Betroffenen kein wirklicher Trost, weil sie natürlich denken, dass sie nur dann hoffen können, wieder glücklich sein zu können, wenn sie ihren momentanen Tiefpunkt überwinden.

Es ist aber einfach so, dass das menschliche Gehirn schlechte Erinnerungen für alle Zeiten speichert, ebenso wie die guten. Über schlechte Erfahrungen hinwegzukommen bedeutet nicht, dass man vergisst, was passiert ist – es bedeutet nur, dass man sich emotional davon lösen und mit seinem Leben weitermachen muss.

Als Johanns Bruder im Alter von nur 40 Jahren an Krebs starb, wurde Johann von Trauer übermannt. Er konnte nicht über seinen Bruder sprechen – wie sehr er ihn vermisste, welche schönen Erlebnisse sie zusammen hatten –, ohne in Tränen auszubrechen und von seiner Trauer überwältigt zu werden. Als diese Gefühlslage sich nach vier Monaten immer noch nicht verändert hatte, erkannte Johann, dass er Hilfe brauchte, und ließ sich beraten. Es dauerte eine Weile, aber schließlich gelangte Johann an einen Punkt, an dem er sich über die guten Erinnerungen an all die Jahre freuen konnte, in denen sein Bruder ein wichtiger Teil seines Lebens war. Johann hat heute den Tod seines Bruders hinter sich gelassen, auch wenn er ihn nicht überwunden hat.

Im Anhang finden Sie einen Hinweis auf Viktor Frankls Buch *Der Mensch vor der Frage nach dem Sinn* (Piper). Ich kann Ihnen dieses Buch nur wärmstens empfehlen, wenn Sie mit unglücklichen Umständen in Ihrem Leben hadern und nicht darüber hinwegkommen.

Das Leben ist nicht fair – je schneller Sie die Realität akzeptieren, desto besser

Geben Sie es ruhig zu: Sie hätten gerne, dass es im Leben fair zugeht, und Sie haben Ihre eigenen Vorstellungen davon, wie Fairness aussieht. Wenn Ihre Kinder gesund sind, wenn die Menschen die Arbeit würdigen, die Sie leisten, und wenn Sie endlich befördert werden, wie Sie es seit Langem zu verdienen glauben, dann halten Sie das für fair. Werden Ihre Kinder krank, schert sich niemand darum, was Sie alles leisten, und werden Sie bei der nächsten Beförderungsrunde wieder nicht berücksichtigt, dann betrachten Sie das als unfair. Nun ja, da sind

Sie nicht allein. Für die meisten Menschen bedeutet »fair«, dass sich alles zum Guten wendet, und »unfair«, dass nicht alles so läuft, wie sie es gerne hätten.

In Kapitel 1 erzähle ich von Hermann, einem sechzigjährigen Mann, der seit seiner Kindheit an einer Behinderung litt, die nach einer Krankheit auftrat. Hermanns Leben war überwiegend glücklich, weil er und seine Familie akzeptierten, wie unfair das Leben ihm mitgespielt hatte, und dann mit ihrem Leben fortfahren und Hermann in jeder Hinsicht als einen normalen Menschen behandeln konnten.

Überlassen Sie das Nachdenken darüber, was fair und was unfair ist, den Philosophen und Theologen. Nutzen Sie Ihre Energie lieber für die praktische Bewältigung des Lebens und beschäftigen Sie sich mit der Frage, was Sie glücklich macht und was nicht.

Im Zweifel die Stange nach links

Seit über einem Jahrzehnt fahren im Staat Virginia jeden Sommer Dutzende Kähne (Bateaux) mit einigen Hundert Menschen an Bord 138 Meilen den James River bis zur Küste hinunter. Die Besatzungen schieben die Kähne mit langen, stabilen Stangen voran, genau wie ihre Ahnen im 19. Jahrhundert. Jeder Tag auf dem Fluss ist anders – an manchen Tagen passiert gar nichts, an anderen kommt es zu Unfällen, bei denen auch schon mal Kähne beschädigt und Besatzungsmitglieder verletzt werden.

Die Kahnschiffer haben eine Redewendung, die etwas darüber aussagt, wie sie mit auftretenden Hindernissen umgehen: »Im Zweifel die Stange nach links.« Dahinter steht die Vorstellung, dass in akuten oder bevorstehenden Krisenzeiten Unentschiedenheit gefährlich ist. Selbst wenn Sie nicht sicher sind, wie sich die Dinge entwickeln werden, wenn Sie den Kurs plötzlich ändern, ist es immer besser, *etwas* zu tun, als *nichts* zu tun. Denn wenn Sie nichts tun, ist klar, wo Sie enden werden – auf den Felsen!

Menschen, die durch die Gewässer des Lebens navigieren, ohne zu wissen, wie sie mit Widrigkeiten umgehen sollen – Entscheidungen treffen, Risiken eingehen, den Kurs ändern –, machen meist mehr unglückliche Zeiten durch als Menschen, die wissen, was in solchen Fällen zu tun ist.

Wasser fließt immer bergab

Eine Wahrheit, wie sie schlichter nicht sein könnte. Wasser kann nicht anders, es fließt unweigerlich bergab. Deshalb ist dieser Gedanke auch so wichtig. Zu oft versuchen wir Menschen, das Leben komplizierter zu sehen, als es ist. Wir sind zu analytisch, wir suchen nach Hintergedanken und zweifeln alles und jeden im Nachhinein wieder an. Selbst Freud hat einmal gesagt: »Manchmal ist eine Zigarre nur eine Zigarre.«

Viele meiner chronischen Schmerzpatienten haben Schwierigkeiten, Hilfe von anderen Menschen anzunehmen, selbst die von engen Freunden und Familienangehörigen. Warum? Weil sie diese Hilfe in einem negativen Licht sehen – »Die haben nur Mitleid. Die denken, ich kann das nicht mehr allein, jetzt, wo ich Schmerzen habe.« Die schlichte Wahrheit ist, dass die guten Leute nur helfen wollen, das ist alles.

Die schlichte Wahrheit ist ...

Oft greife ich in meinen Ärgermanagement-Seminaren mit Erwachsenen zu Kinderbüchern. In jedem Kinderbuch steckt gewöhnlich eine wichtige Botschaft, wie man besser mit seinen Gefühlen umgeht. Eines meiner Lieblingsbücher ist *I Was So Mad* von Mercer Mayer (Western Publishing). In dem Buch geht es um einen kleinen Jungen, der sich immer wieder furchtbar ärgert, weil seine Familie immer »Nein« sagt, wenn er etwas machen will – zum Beispiel die Badewanne mit Fröschen voll machen.

Schließlich ärgert er sich so sehr, dass er von zu Hause weglaufen will. Aber bevor er seine Sachen gepackt hat, kommen seine Freunde vorbei und wollen mit ihm Ball spielen. Seine Mutter sagt »Ja«, und plötzlich ist der Ärger verflogen. Es ist eine schlichte Wahrheit: Menschen – Kinder wie Erwachsene – sind frustriert und verärgert, wenn sie nicht tun können, was sie wollen, aber das ändert sich schnell, wenn sie etwas finden, was sie tun *können*. Glück und Ärger können nicht gleichzeitig existieren. Wenn Sie also das nächste Mal Frust schieben, suchen Sie sich etwas Positives, das Sie glücklich machen *kann*.

Ich habe, was ich brauche

Menschen haben nur wenige echte Bedürfnisse – im Grunde nur das, was sie zum Überleben brauchen. Wir brauchen Luft, Wasser, Essen, Schutz und eine gute Mütze Schlaf. Alles andere – Schmuck, Autos, schicke Klamotten, ein Ferienhaus, ein riesiger Flachbildfernseher, 300-Euro-Schuhe – sind Dinge, die wir im Leben haben *wollen*. Den Unterschied zwischen Bedürfnissen und Wünschen zu kennen, ist entscheidend, wenn man glücklich werden will.

In Kapitel 1 spreche ich darüber, dass junge Menschen zwar glücklich sind, aber viele Menschen berichten, dass sie mit zunehmendem Alter noch glücklicher wurden. Ein Grund dafür ist, dass die Menschen irgendwann im mittleren Lebensalter nicht mehr so viele Wünsche haben, während ihre Bedürfnisse unverändert bleiben. Sie *müssen* immer noch essen, trinken und sich warm halten, *wollen* aber nicht unbedingt mehr alle drei Jahre ein neues Auto haben.

Ich verdiene es, glücklich zu sein

Zeit meines Lebens bin ich immer wieder überrascht, wie viele der Menschen, mit denen ich zusammengetroffen bin, das Gefühl hatten, dass sie es nicht verdienten, glücklich zu sein. Und ich spreche nicht nur von meinen Klienten, die zu mir kommen, um sich beraten zu lassen – ich spreche auch von meiner Familie und meinen Freunden. Sie reden davon, sich über Wasser zu halten, schon zurechtzukommen, sich mit dem zufriedenzugeben, was sich ergibt, oder gerade das Nötigste zu tun, um über die Runden zu kommen.

Sagen Sie sich jeden Morgen zehn Mal laut vor: *Ich verdiene es, glücklich zu sein. Ich verdiene es, glücklich zu sein. Ich verdiene es, glücklich zu sein.* Denn Sie verdienen es!

Etwas zu verdienen – wie Glück – ist etwas anderes als *einen Anspruch auf etwas zu haben*. Einen Anspruch zu haben bedeutet, ein *einklagbares Recht* zu haben, und das haben Sie in diesem Fall nicht. Was Sie verdienen, ist eine Chance, eine Gelegenheit, nach Ihrem Glück zu streben und schließlich Glück zu empfinden. Dieses Buch kann Ihnen den Weg zum Glück zeigen, aber es kann Ihnen nicht die Erlaubnis erteilen, die Reise auch anzutreten. Die müssen Sie sich selbst geben!

Quellen

A

Ich habe in dieses Buch alles gepackt, was Sie über das Streben nach dem Glück wissen müssen. Vielleicht möchten Sie sich aber noch eingehender mit diesem Thema beschäftigen. Glücklicherweise gibt es über die positive Psychologie zahlreiche Bücher und Websites, die Ihnen zusätzlich zu diesem Buch weitere Informationen bieten. Die hier aufgeführten Quellen stellen nur eine begrenzte Auswahl dessen dar, was es auf dem Markt gibt – aber sie bieten einen guten Einstieg.

Selbsthilfebücher

- ✔ **Die Sucht, gebraucht zu werden, von Melody Beattie (Heyne Taschenbuch, 2007):** Seit zwei Jahrzehnten hilft dieses Buch Millionen Menschen, ihr Glück zu finden, indem sie sich mehr darauf konzentrieren, ihre Energie für sich selbst einzusetzen als für andere. Die Botschaft ist einfach: Überlasse dein Glück nicht anderen, nimm es selbst in die Hand!
- ✔ **Fühl dich gut: Angstfrei mit Depressionen umgehen, von David D. Burns, MD (éditions trèves, 1992):** Auch dieses Buch ist seit über zwanzig Jahren ein Bestseller. Es bringt Menschen bei, besser mit ihrer Depression fertig zu werden. Sie erfahren in diesem Buch sehr viel über wissenschaftlich fundierte therapeutische Ansätze, die die Entwicklung einer positiveren Lebensperspektive unterstützen.
- ✔ **100 Regeln für ein gutes Leben, von Richard Carlson (Knaur, 2005):** Dieses Buch wirft ein ganz neues Licht auf den Alltagsstress. Sie finden darin einhundert einfache Verhaltensregeln, die es Ihnen ermöglichen, mitten im Alltagsstress die Ruhe zu bewahren. Wenn Sie zu den Menschen gehören, die zu Panik neigen, wenn die Dinge mal nicht so laufen, wie sie sollen, dann ist dies das richtige Buch für Sie.
- ✔ **Die Kunst zu verzeihen. So werfen Sie Ballast von der Seele, von Dr. Fred Luskin (mvg-Verlag, 2003):** Dieses Buch aus der Feder eines führenden Wissenschaftlers leitet Sie dazu an, in neun Schritten sich selbst und anderen zu verzeihen und die Rolle des Opfers nach Misshandlungen, tragischen Ereignissen und Verletzungen abzustreifen.
- ✔ **Das Flow-Erlebnis: Jenseits von Angst und Langeweile – im Tun aufgehen, von Mihaly Csikszentmihalyi (Klett-Cotta, 2008):** In diesem Buch wird das Flow-Phänomen in vier völlig unterschiedlichen Bereichen menschlicher Tätigkeit untersucht: beim Schachspielen, beim Klettern im Fels, beim Tanzen und bei der Arbeit. Ein sehr lebendig und anschaulich geschriebenes Buch.

- **Der Glücksfaktor: Warum Optimisten länger leben, von Martin E.P. Seligmann (Lübbe, 2005):** Wenn Sie Ihr Leben überwiegend als halb volles Glas betrachten, können Sie in diesem Buch erfahren, wie Sie eine optimistischere Lebenseinschätzung aufbauen. Dr. Seligmann zeigt Ihnen, wie der Optimismus in allen Lebensbereichen eine Rolle spielt – Arbeit, Erziehung, Bildung, Sport, Politik und Gesundheit.
- **Der Mensch vor der Frage nach dem Sinn, von Viktor E. Frankl (Piper, 2008):** Eine fesselnde Darstellung der Erfahrungen des Psychiaters und Überlebenden des Holocaust Viktor E. Frankl. Die Hauptmotivation des menschlichen Handelns sieht er in der Suche nach dem Sinn im Alltagsleben, der gleichermaßen ein Schlüssel zum Glück ist.
- **Sag, was dich bedrückt. Die befreiende Kraft des Redens, von James W. Pennebaker (Econ Tb, 1991):** Gefühle – positive wie negative – müssen ausgedrückt werden. Wenn Sie glücklich sind, müssen Sie Ihr Glück mit anderen teilen. Sonst haben weder Sie noch sonst jemand etwas davon. In diesem Buch geht es zwar in großen Teilen um negative Gefühle, aber die Ratschläge und Perspektiven, die Pennebaker anbietet, gelten auch für positive Gefühle.
- **Lebe intuitiver. Der Flow und die Kraft des Zufalls, von Charlene Belitz und Meg Lindstrom (Droemer-Knaur, 1999):** Dieses Buch bietet eine erweiterte Definition des Flow, der eine natürliche, mühelose Entfaltung des Lebens eines Menschen mit sich bringt und ihn zu Harmonie und Glück führt. Es umfasst unter anderem vierzehn Strategien, wie man Synchronizität erreicht, zum Beispiel Stille erzeugen, seiner Intuition folgen und Risiken eingehen.
- **Gesund im Stress. Eine Anleitung zur Entspannung, von Herbert Benson (Ullstein, 1982):** Dieses Buch ist dreißig Jahre nach seiner ersten Veröffentlichung immer noch ein Bestseller. Es verdeutlicht die Verbindungen zwischen Körper und Geist und zeigt, wie man mithilfe der uns eigenen Entspannungsreaktion Gesundheit und Wohlbefinden aller Menschen fördern kann.
- **Soziale Intelligenz. Wer auf andere zugeht, hat mehr vom Leben, von Daniel Goleman (Droemer-Knaur, 2008):** Der renommierte Autor erklärt, dass der Mensch von der Anlage seines Gehirns her ein soziales, an einem friedlichen Zusammenleben interessiertes Wesen ist. Erreicht er dieses Ziel, ist er glücklich. Goleman beschreibt, wie uns negative Gefühle vergiften und positive Gefühle uns aufblühen lassen.
- **Dienstags bei Morrie. Die Lehre eines Lebens, von Mitch Albom (Goldmann, 2002):** Diese inspirierende Geschichte, die sich tatsächlich so abgespielt hat, erzählt von einem todkranken Mann, der dennoch bis zum letzten Atemzug Freude am Leben hat. Das Buch steckt voller Weisheiten und Philosophien, die ein glückliches Leben möglich machen.
- **Achtsamkeit und Meditation im täglichen Leben (Audiobook), von Jon Kabat-Zinn (Arbor-Verlag, 2007):** Im Mittelpunkt der geführten Meditationen stehen Atem, Gedanken, die Umweltgeräusche und die sinnliche Präsenz des Körpers. Sechs geführte Meditationen lassen Sie zur Besinnung kommen und laden Sie ein, Ihr Leben mit größerer Wachheit, Klarheit und Akzeptanz zu leben und Ihr inneres Gleichgewicht wiederzuerlangen.

Andere wichtige Bücher

Und hier noch eine Liste anderer Bücher, die sich mit dem Glück beschäftigen. Ich muss zugeben, dass sie zu meinen persönlichen Lieblingsbüchern gehören!

- ✔ **Anne Frank Tagebuch (Fischer Tb, 2006):** Die zeitlose, wahre Geschichte über außergewöhnliche Zivilcourage und das Glück einer jungen Frau, die unter der Tyrannei der Nazis in Deutschland lebte. Es ist eine Geschichte des Glaubens, des Edelmuts und des Überlebenswillens.
- ✔ **Die Möwe Jonathan, von Richard Bach (Ullstein, 1998):** Die ergreifende Geschichte macht deutlich, wie schwer es sein kann, echte Freiheit zu erlangen und sein wahres spirituelles Potenzial zu erkennen.
- ✔ **Das Spiel, von Wally Armstrong und Ken Blanchard (Brunnen-Verlag, 2008):** Ein international renommierter Schriftsteller und ein professioneller Golfer tun sich zusammen und nutzen das Golfspiel als Metapher für die These, dass man glücklich werden kann, wenn man sich im Leben eine zweite Chance gibt. Sehr unterhaltsam und voller Lebensweisheit.
- ✔ **Der wunderbare Weg: Eine neue spirituelle Psychologie, von M. Scott Peck (Goldmann, 2008):** Der bekannte Psychiater und Autor beschreibt, wie man spirituell wachsen und gesund werden kann. Der Wegbereiter der positiven Psychologie betont die Bedeutung von von Liebe getragener Beziehungen, von Gelassenheit, Selbstfindung und glücklichen Zufällen – alles Themen, die auch in *Glück für Dummie*s zur Sprache kommen.
- ✔ **Wenn Erfolg allein nicht glücklich macht, von Harold Kushner (Ullstein, 1990):** Viele Menschen stellen fest, dass materieller Erfolg nicht ausreicht, um glücklich zu sein. Etwas Entscheidendes fehlt – ein Lebenssinn. Dieses Buch hilft Ihnen in dieser Frage weiter.

Biografien von Menschen, die sich selbst verwirklicht haben

- ✔ **Benjamin Franklin. Erfinder, Freigeist, Staatenlenker, von Jürgen Overhoff** (Klett-Cotta, 2006)
- ✔ **Churchill. Eine Biografie des 20. Jahrhunderts, von Christian Graf von Krockow** (Dtv, 2001)
- ✔ **Hemingway, von Kenneth S. Lynn** (rowohlt tb)
- ✔ **Seine Exzellenz George Washington: Eine Biografie, von Joseph J. Ellis** (Beck, 2005)
- ✔ **Nelson Mandela, von Anthony Sampson** (DVA, 1999)

Informationsquellen und Anlaufstellen

Wenn Sie dauerhaft unglücklich sind, sollten Sie erwägen, sich zumindest kompetent beraten zu lassen und sich gegebenenfalls professionelle Hilfe zu holen. Sprechen Sie mit Ihrem Hausarzt darüber. Er kennt in der Regel das Beratungs- und Behandlungsangebot in Ihrer Gegend. Ein wichtiger Ansprechpartner ist auch Ihre Krankenkasse. Weiter gehende Informationen finden Sie unter den im Folgenden angegebenen Adressen und Webadressen.

Organisationen in Deutschland

Berufsverband Deutscher Psychologinnen und Psychologen
Am Köllnischen Park 2
10179 Berlin
Telefon: 030-20 91 66 600
Fax: 030-20 91 49 66
E-Mail: `info@bdp-verband.org`
Internet: `http://www.bdp-verband.org/bdp/verband/bgst/index.html`

Deutsche Gesellschaft für Verhaltenstherapie (DGVT)
Neckarhalde 55
72070 Tübingen
Telefon: 07071-41211
Internet: `http://www.dgvt.de/`

Deutscher Fachverband für Verhaltenstherapie (DVT)
Georgskommende 7
48143 Münster
Telefon: 0251-44075
Fax: 0251-44074
Internet: `http://www.verhaltenstherapie.de/`

Organisationen in Österreich

ÖBVP Österreichischer Bundesverband für Psychotherapie
Löwengasse 3/5/6
1030 Wien
E-Mail: `oebvp@psychotherapie.at`
Internet: `http://www.psychotherapie.at/`

Organisationen in der Schweiz

Psychologische Beratung- und Forschungsstelle (Abteilung Klinische Psychologie)
Schmelzbergstraße 40
8044 Zürich

SVGT Schweizerische Gesellschaft für Verhaltenstherapie
Geschäftsstelle SGVT
11, av. Du Casino
1820 Montreux
Telefon: 021 0632927

SVG Schweizerischer Verein für Gestalttherapie und integrative Therapie
Postfach 3308
8021 Zürich
Telefon: (044) 341 09 08

SBAP Schweizerischer Berufsverband für Angewandte Psychologie SBAP
Merkurstrasse 36
8032 Zürich
Telefon: 043 268 04 05
Internet: `http://www.sbap.ch/`

Schweizerischer Verband Die dargebotene Hand
Zähringerstraße 53
Postfach 835
3000 Bern 9
E-Mail: `verband@tel-143.ch`
Internet: `http://www.143.ch/web/`

Webadressen

www.psychologie.de

Gutes Einstiegsportal bei der Suche nach Anlaufstellen und Informationen.

www.klinische-psychologie-psychotherapie.de/institutsambulanzen.html

Die Institutsambulanzen der Lehrstühle für Klinische Psychologie haben häufig gute verhaltenstherapeutische Angebote und bieten in der Regel umfangreiche Diagnostik an.

www.patienten-information.de

Dieses Portal besteht aus einfach aufgebauten und durchsuchbaren Übersichten mit mehr als 1.000 verlässlichen Informationsquellen unterschiedlicher Krankheiten und psychischer Störungen, qualitätsgeprüfte Gesundheitsinformationen durch Betreiber gemeinsam mit Patienten, Links zu Leitlinien und Patienteninformationen der Kompetenznetzwerke für Schizophrenie, Depression und andere.

www.therapie.de

Wegweiser für Psychotherapeutensuche (17.000 Einträge), mit interner Qualitätssicherung (nur approbierte Psychotherapeuten, Projektpartner des Bundesministeriums für Gesundheit zur Qualitätssicherung von Informationen im Internet).

www.kompetenznetz-depression.de

Das Kompetenznetz Depression ist ein bundesweites Netzwerk zur Optimierung von Forschung und Versorgung im Bereich depressiver Erkrankungen. Der daran angeschlossene gemeinnützige Verein Deutsches Bündnis gegen Depression e.V. verfolgt das Ziel, die gesundheitliche Situation depressiver Menschen zu verbessern und das Wissen über die Krankheit in der Bevölkerung zu erweitern.

www.boep.or.at/psychnet

PSYCHNET ist ein Online-Informationssystem für psychologische Dienstleistungen (ein Service des Berufsverbands Österreichischer Psychologinnen und Psychologen).

Stichwortverzeichnis

A

B

F

G

H

I

Q

R

S

T

U

V

W

Z